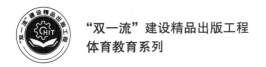

"双一流"建设精品出版工程
体育教育系列

雪地软式曲棍球运动

XUEDI RUANSHI QUGUNQIU YUNDONG

关晓龙　主编

哈尔滨工业大学出版社
HARBIN INSTITUTE OF TECHNOLOGY PRESS

内 容 简 介

《雪地软式曲棍球运动》这部教材,是响应习近平总书记"三亿人上冰雪"的号召,是作者通过多年的教学实践、比赛成果、丰富的裁判经验,将理论与实践紧密结合,根据雪地软式曲棍球的发展、青少年身心健康的需要,同时能赏冰乐雪而精心编写。本教材主要从起源发展、技术战术、教学训练、比赛规则、如何组织大型赛事等十个方面介绍了雪地软式曲棍球运动项目,整部教材深入浅出、图文并茂、通俗易懂,是大、中小学教学、训练、比赛、享受冰雪乐趣的一部很好的实用性教材。

图书在版编目(CIP)数据

雪地软式曲棍球运动/关晓龙主编. —哈尔滨:哈尔滨工业大学出版社,2022.4
ISBN 978-7-5603-9184-7

Ⅰ.①雪… Ⅱ.①关… Ⅲ.①雪上运动-曲棍球运动-基本知识 Ⅳ.①G863

中国版本图书馆 CIP 数据核字(2020)第 226924 号

策划编辑	李艳文 范业婷
责任编辑	孙 迪 付中英
出版发行	哈尔滨工业大学出版社
社　　址	哈尔滨市南岗区复华四道街 10 号　邮编 150006
传　　真	0451-86414749
网　　址	http://hitpress.hit.edu.cn
印　　刷	黑龙江艺德印刷有限责任公司
开　　本	787 毫米×960 毫米　1/16　印张 29　字数 557 千字
版　　次	2022 年 4 月第 1 版　2022 年 4 月第 1 次印刷
书　　号	ISBN 978-7-5603-9184-7
定　　价	88.00 元

(如因印装质量问题影响阅读,我社负责调换)

编写委员会

顾　问：陶永纯　袁　勇
主　编：关晓龙
副主编：查显峰　赵秀云　董晓琪
编　委（按姓氏笔画排序）：
马业强　邓振杰　田志鹏　付宝华
闫　生　张建中　张振军　赵　平
赵　健　董　杰

序 FOREWORD

随着2022年冬奥会的临近,冰雪项目越来越受到广大人民群众的关注,参与度也节节攀升,我国与世界冰雪运动组织之间的交流也越来越多。人类在竞技体育活动过程中,发展并建立了众多各具特色的冰雪运动项目。雪地软式曲棍球结合了冰球、板球、曲棍球等项目,在近几十年快速发展。

在国际软式曲棍球联合会、中国曲棍球协会软式曲棍球委员会以及哈尔滨工业大学的大力支持下,在兄弟院校业内专家的帮助下,本教材得以编写成形,内容涵盖雪地软式曲棍球的技术原理、技术分析、教学、训练、管理等多个方面。作者紧密结合学校雪地软式曲棍球体育课程,对教学内容、如何成为一名优秀的雪地软式曲棍球裁判以及如何组织大型雪地软式曲棍球赛事等内容进行精心编排,提高教材在教学、训练、赛事组织等方面的实用性,明确了教材在整个培训体系中的重要性。本教材不仅适合体育院校的专科生、本科生和研究生使用,还适合全国高校及中小学教学与训练使用。

由于编写时间的关系,本书中图片多数为室内拍摄,同时也引用了其他图书中的图片和百度图片。

本教材主编由哈尔滨工业大学关晓龙老师担任,副主编查显峰、赵秀云、董晓琪。本教材共11章,全书由关晓龙主要负责统稿。具体分工如下:

(1)前言,第3章中第1节至第6节,第4章第1节,第2节中第一、二部分,第7章:关晓龙。

(2)序,第1章,第2章,第11章:董晓琪。

(3)第3章第7节,第4章第2节中第三部分:赵平。

(4)第5章,第6章:付宝华。

(5)第8章,第9章:查显峰。

(6)第10章:赵秀云。

本教材在编写过程中吸取和借鉴了国内外众多专家、学者的研究成果,在此表示诚挚的谢意! 由于时间及水平有限,书中的不当之处恳请广大读者多提宝贵意见,以便日后修改完善。

希望这本教材能有助于我国冬季体育项目竞技水平、教学水平、训练水平的提高和理论研究的深入,同时也希望雪地软式曲棍球能在更广泛的领域展示出它强大的生命力。

董晓琪
2020 年 4 月

PREFACE 前言

  雪地软式曲棍球运动（Snow Floorball）转瞬间已推广普及四年多的时间，在这期间，中国黑龙江省哈尔滨工业大学原创的雪地软式曲棍球运动发生了一系列较大的变化：黑龙江省雪地软式曲棍球协会成立；黑龙江省12所高校雪地软式曲棍球学生社团成立；黑龙江省以及其他省市地区多所大、中小学雪地软式曲棍球运动队成立。

  通过四年多的推广、教学、训练、比赛及交流等实践，雪地软式曲棍球运动正逐步走向正轨、走向繁荣。四年多的推广、规范，虽然起到了很好的示范作用，但是也发现许多不足，现急需一部正规教材进行指导，其他地区也希望我们尽快编撰一部全面系统的有关雪地软式曲棍球的实用性教材，以便指导他们的教学、训练、赛事组织等。

  在黑龙江省雪地软式曲棍球协会、哈尔滨工业大学体育部、上海理工大学体育部领导的大力支持下，在兄弟院校业内专家的帮助下，编委会讨论了如何成为一名优秀的雪地软式曲棍球裁判以及如何组织大型雪地软式曲棍球赛事等内容，紧密结合学校雪地软式曲棍球体育课程，提高教材在教学、训练、赛事组织等方面的实用性,明确了教材在整个培训体系中的重要性。历经无数昼夜、历经多次讨论修订,本教材终于完稿。

本教材总体有以下几个特点:

一、结构体系完善。本书共分11章,对雪地软式曲棍球概述、雪地软式曲棍球基本技术、教学与训练、竞赛规程、裁判、赛事组织等做了详细的论述,力求把雪地软式曲棍球放在现代社会发展的大背景下,以符合现代体育教育规律为主要原则,以提高学习者兴趣为主线,以更开放的视野把握雪地软式曲棍球运动的基本内涵。

二、内容具有完整性、新颖性与时代性。本教材全面介绍了雪地软式曲棍球运动的发展,介绍了最新的雪地软式曲棍球器材,增加了最新的雪地软式曲棍球技战术教学与训练方法,吸收了当今最流行的技战术打法,讲述了最规范的雪地软式曲棍球比赛规则等,力求能更有效、更充分地发挥本书的指导作用。特别增加了如何成为一名优秀的雪地软式曲棍球裁判员、如何制订教学计划等内容,节省学习者自我摸索的时间,留给其更多创新和思考的空间。

三、理论与实践相结合。本教材避免以纯理论来与读者进行交流,既用通俗易懂的语言,简明扼要地解释动作要领,又用丰富的图片加强读者的直观体验;既注重教学过程、遵循教学规律,又注重激发读者练习的兴趣;全书的具体范例既用文字进行详细描述,又以详尽的路线图进行标识,使读者一目了然。

四、以学生为本进行教材设计。教材的开发设计以学生认知规律和技能发展规律的研究为基础,以学生创新精神培养和教育教学实践能力培养为落脚点。注重范例评析,使范例既成为学生直观的学习材料,又不局限于范例,有助于激发学生的创新思维,促进学生实践能力的提高。

本教材在编写过程中,涉及教育科学、运动与训练、体育教育学、体育人文社会等多学科的理论知识,也参考吸收了其他运动项目的研究成果与经验,并借鉴了众多专家和学者的研究成果与经验。无论是涉及、引用还是吸收借鉴,鉴于编者的经验和水平有限,如有使用不当之处,还请同行、读者多加批评指正。本书在编写过程中得到了哈尔滨工业大学赵秀云、邓振杰、董杰、闫生、董晓琪、张建中(副教授)、赵健(讲师),东北农业大学查显峰、马业强(副教授)、黑龙江省工程学院张振军(副教授)、哈尔滨尚志小学赵平(小高)、哈尔滨第五十八中学田志鹏(中二)、浩良河镇中学(小学部)付宝华(排名不分先后)的倾力支持。

前　言

　　本书在成稿过程中得到了中国雪地软式曲棍球协会副主席秦善政先生的指导,在这里表示衷心感谢。本书作为哈尔滨工业大学精品本科系列教材,在编写过程中也得到了哈尔滨工业大学的大力支持!感谢本书的图文制作!感谢编委老师们的动作演示!感谢哈尔滨工业大学体育部主任陶永纯老师、上海理工大学体育部主任袁勇老师对我们工作的指导与支持。

　　本书是哈尔滨工业大学指定教材,既可作为大、中、小学体育教师的教学用书,也可作为各培训机构学习参考书,还可作为广大体育运动爱好者自学用书,以及学校体育管理部门的业务参考书。

关晓龙

2020 年 4 月 8 日

目录

第1章　雪地软式曲棍球运动概述	1
第1节　软式曲棍球的起源和发展	1
第2节　中国软式曲棍球运动的发展简况	4
第3节　中国雪地软式曲棍球运动的发展简况	9
第2章　雪地软式曲棍球器材及其保养	11
第1节　购买正确的球杆	11
第2节　雪地软式曲棍球其他器材和装备的选购	25
第3节　雪地软式曲棍球器材保养	37
第3章　雪地软式曲棍球基本技术	45
第1节　雪地软式曲棍球技术的概念及其分类	45
第2节　运球与运球过人	47
第3节　传球	57
第4节　停球	62
第5节　抢球与断球	69
第6节　射门	74
第7节　守门员技术	82
第4章　雪地软式曲棍球技术教学与训练	87
第1节　雪地软式曲棍球技术教学的基本原则、练习方法、练习方法的要素及教学步骤	87
第2节　雪地软式曲棍球技术教学与训练方法	91
第5章　雪地软式曲棍球战术理论与原则	157
第1节　雪地软式曲棍球比赛的时间和空间特征	157
第2节　雪地软式曲棍球比赛的攻防战术原则	159
第3节　个人攻防战术行为准则	161
第4节　队员角色扮演和转换	162

第6章 雪地软式曲棍球战术教学与训练 …… 164
- 第1节 雪地软式曲棍球战术教学与训练的基本顺序 …… 164
- 第2节 雪地软式曲棍球战术教学与训练的主要内容 …… 166
- 第3节 雪地软式曲棍球战术教学与训练的基本方法 …… 176

第7章 雪地软式曲棍球学校课程教学文件 …… 198
- 第1节 教学大纲 …… 198
- 第2节 教学计划 …… 202
- 第3节 教案范例 …… 204

第8章 雪地软式曲棍球竞赛的组织及竞赛规程 …… 272
- 第1节 雪地软式曲棍球竞赛的组织 …… 272
- 第2节 雪地软式曲棍球竞赛规则 …… 279

第9章 如何成为一名优秀的雪地软式曲棍球裁判 …… 314
- 第1节 裁判职业道德 …… 315
- 第2节 裁判专业知识 …… 316
- 第3节 裁判在赛场上的移动和站位 …… 339
- 第4节 裁判体能测试 …… 352
- 第5节 优秀裁判注意事项 …… 354

第10章 如何组织一次成功的雪地软式曲棍球大型赛事 …… 356
- 第1节 总论 …… 356
- 第2节 竞赛组织工作 …… 363
- 第3节 后勤保障 …… 378
- 第4节 赛会工作人员和志愿者 …… 390
- 第5节 其他关联活动 …… 401

第11章 运动伤病与康复 …… 403
- 第1节 常见的运动损伤及处理 …… 403
- 第2节 常见的生理反应、运动性疾病及处理 …… 415
- 第3节 常见的体育康复锻炼内容与方法 …… 426

参考文献 …… 448

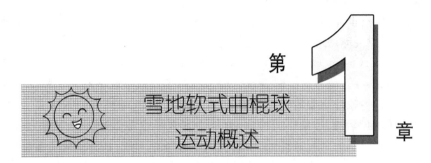

第1章 雪地软式曲棍球运动概述

第1节 软式曲棍球的起源和发展

一、软式曲棍球的起源

软式曲棍球(Floorball),又名旱地冰球、福乐球、地板球,20世纪50年代起源于美国明尼苏达州,因其与曲棍球的相似性,早期被称为地板曲棍球,20世纪70年代传入瑞典,经过不断改良和发展形成今天的运动形式。目前全世界共有80多个国家在推广该运动,并且还在以极快的速度扩张,相信在不久的将来,软式曲棍球运动必将以广受欢迎的方式进入奥林匹克大家庭,成为奥运会正式比赛项目。

软式曲棍球作为一项新兴的现代体育运动项目,出现在人们视野中不过短短的几十年。其雏形出现在20世纪50年代。当时美国明尼阿波利斯市的莱克维尔地区(Lakeville,Minneapolis)塑料制品工业比较发达,工人们在业余时间经常制作各种塑料玩具。一次偶然的机会,他们设计并生产出一种类似于曲棍球、带有拍头的塑料球杆。闲暇时光,工人们就使用这种球杆进行类似于冰球的体育活动,并在游戏中不断积累经验,形成了相应的规则。为了方便推广这项运动,他们将这项运动命名为地板曲棍球,注册了 Cosom 品牌并生产出各式塑料球杆以及与运动相关的产品。之后在相当长的一段时间里,Cosom 地板曲棍球在加拿大和美国流行起来。北美也相继举办了一系列地板曲棍球比赛,但主要是在儿童和青少年之间开展。20 世纪 60 年代初期,美国密歇根的巴特格里克(Battle Greek)举行了一次规模盛大的地板曲棍球锦标赛。此后,地板曲棍球逐渐走上了竞技体育的大舞台。

  1968 年,Cosom 塑料球杆被引进瑞典。瑞典哥德堡人卡尔·阿尔奎斯特(Carl Ahlqvist)去荷兰旅游时在玩具店里购买了几根 Cosom 塑料球杆。当时,他觉得拿这些球杆玩耍肯定比较好玩,于是就把这些球杆带回了瑞典。回到哥德堡,他和学生们经常一起打球,并从中发现了很多乐趣。几年后,卡尔成立了一家专门生产塑料球杆的公司,进行了规模化生产,开始了软式曲棍球的推广之路。尽管卡尔将软式曲棍球带进了瑞典,但并不能说是他发明了软式曲棍球,因为当时的软式曲棍球运动仅仅是个雏形,缺乏完整的竞赛规程,场地也没有进行标准化,一切都还处于摸索阶段。软式曲棍球运动真正的兴起还得追溯到 20 世纪 70 年代。1976 年以来,瑞典的学校普遍开展了软式曲棍球的教学课程,萨拉市的学校也不例外,而且学校都提供相应的器材。当时,萨拉一位名叫克里斯特·加斯特瓦松(Christer Gustavsson)的高中生由于兴趣的关系经常和朋友们一起打软式曲棍球,但也仅限于兴趣爱好。高中毕业后,克里斯特计划为那些无所事事的年轻人做点事情。于是他召集了一些好友在家里开始制定一些软式曲棍球的竞赛规则,例如扩大球场的范围、增加更大的球门、增加专职守门员等,进一步将软式曲棍球规范化。有了统一的竞赛规程,小伙伴们就按照既定的规程开始了软式曲棍球比赛,开始是在好朋友之间,后来慢慢地推广到全市范围。随着竞赛的逐渐规范,各级比赛不断增多,这项运动在萨拉大获成功。1979 年 9 月 21 日,萨拉成立了瑞典历史上第一个,也是世界上第一个专业软式曲棍球俱乐部——萨拉软式曲棍球俱乐部。随着软式曲棍球运动在瑞典的开展,很多业余俱乐部逐渐转为职业软式曲棍球俱乐部。如果说 20 世纪 70 年代是瑞典软式曲棍球运动的开始时期,那么 80 年代就是瑞典软式曲棍球运动的发展时期,90 年代瑞典软式曲棍球运动的发展取得了突破性的进展,全国范围内有超过 1 600 家软式曲棍球俱乐部,大约有 90 000 人参与到软式曲棍球这项运动当中,其中三分之一是青少年,这给瑞典软式曲棍球的腾飞打下了坚实的基础。

二、软式曲棍球的发展历程

1986年4月12日,由瑞典、芬兰和瑞士联合发起,在瑞典的胡斯克瓦纳(Huskvarna)成立国际软式曲棍球联合会(IFF)。1991年丹麦和挪威也加入了IFF。1993年,国际软式曲棍球联合会第一次全体会议在瑞士的苏黎世举行,IFF正式投入运行。同年,匈牙利也加入国际软式曲棍球联合会。次年,在丹麦的赫尔辛基和瑞典的斯德哥尔摩分别举行了第一届欧洲杯女子软式曲棍球比赛和欧洲男子软式曲棍球比赛,标志着软式曲棍球运动正式走上世界体育竞技大舞台。1994年在丹麦举行了第一届欧洲男子软式曲棍球锦标赛,同年,捷克和俄罗斯加入IFF。1996年在瑞典举行了第一届世界男子软式曲棍球锦标赛,1997年在芬兰举行了第一届世界女子软式曲棍球锦标赛。2001年在德国举行了第一届男子19岁以下世界软式曲棍球锦标赛。2002年在瑞典举行了第一届世界大学生软式曲棍球锦标赛。2000年国际软式曲棍球联合会正式被吸纳为国际奥委会认可的国际体育联合会协会(ARISF)成员,2011年7月正式获得国际奥林匹克委员会的认可。IFF也是体育联合会协会和国际世界运动协会(IWGA)的成员。

IFF实行的是董事会负责制,由11人组成中央董事会。主席瑞典人托马斯·埃里克森(Tomas Eriksson)、副主席捷克人菲利普·苏门(Filip Suman)、秘书长芬兰人约翰·里杰兰德(John Liljelund)以及另外两名董事会成员组成IFF执行委员会,负责IFF日常工作。IFF下设仲裁委员会、纪律委员会、道德委员会、医学委员会、裁判委员会、规程和竞赛委员会以及运动员委员会等分支机构。运动员委员会由4名女性运动员和4名男性运动员组成。在2009年之前主要由董事会提名委员人选,2009年之后则由参加世界锦标赛的人员投票选举产生,女性委员由参加女子世界锦标赛的运动员选举产生,男性委员由参加男子世界锦标赛的运动员选举产生。主要任务是利用运动员的经验和专业知识来进一步推动软式曲棍球的发展,并不断对竞赛规则进行进一步的完善。

自1986年国际软式曲棍球联合会成立以来,短短的三十几年间,这项运动得到飞速的发展。截止到2016年10月,全世界共有62个国家加入国际软式曲棍球联合会成为其会员(图1.1)。注册的软式曲棍球职业俱乐部有4330家,注册的职业运动员人数在2015年底达到309 397人,业余选手则高达310万人。软式曲棍球社区的社交媒体上有超过100多万活跃的粉丝,各种各类社交媒体每月访问量超过50万,每月互动量超过300万。由国际软式曲棍球联合会主办的大型赛事如世界锦标赛、欧洲锦标赛以及欧洲冠军杯每年举办一次。每奇数年举办世界男子19岁以下软式曲棍球锦标赛,每偶数年举办世界女子19岁以下软式曲棍球锦标赛。2017年在波兰举行的世界运动大会和在澳大利亚举行的特殊奥林匹克大会上,软式曲棍球也首次成为正式项目。在几乎所有重要赛事中,瑞典、芬兰和瑞士三国都占据着当今世界软式曲棍球运动的制高点,基本上垄断了各大赛事的冠军席位。特别是瑞典,世界上65%的职业运动员来自瑞典。

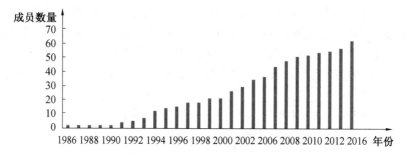

图 1.1　国际软式曲棍球联合会成员数量

第2节　中国软式曲棍球运动的发展简况

软式曲棍球运动大约在21世纪初出现在国内,在北京、上海等大都市首先出现了软式曲棍球的身影,当时主要是在一些在华工作、学习的北欧人士圈内流行,例如北京有北京鸭外籍俱乐部,上海有大鲨鱼俱乐部等。

2006年5月,时任国家体育总局局长助理晓敏率队访问了国际软式曲棍球联合会总部,开启了中国软式曲棍球破冰之旅(图1.2),同年12月14日,时任国际软式曲棍球联合会中国区首席代表肖刚先生参加了在新加坡举行的国际软式曲棍球联合会发展论坛,将软式曲棍球引入中国,肖刚先生也成了中国第一位获得IFF认证教练员证书的中国人。

北欧公司于2006年6月在北大附中举行了中国首次大学体育老师软式曲棍球培训班(图1.3)。同月,在国际软式曲棍球联合会、国家体育总局社会体育指导中心、教育部学生体育协会的支持和帮助下,北欧体育用品(北京)有限公司分别与北京邮电大学、北京大学、清华大学、中国人民大学、中国农业大学、北京师范大学、北京航空航天大学七所高校正式签署了软式曲棍球赞助协议(图1.4)。

根据协议,该公司将为这七所高校赞助软式曲棍球器材,培训软式曲棍球

第1章 雪地软式曲棍球运动概述

图1.2 中国软式曲棍球破冰之旅

教练和提供教材,组织和安排这几所高校之间以及这几所高校与其他单位间的软式曲棍球比赛。这七所高校将安排专人负责这一项目,并在2007年第二学期开设"地板球"选修课。这拉开了软式曲棍球在中国推广的序幕。

图1.3 北大附中举行的培训　　图1.4 北邮校长接受赞助

北大附中也在与芬兰罗素中学的交流和合作中将软式曲棍球项目引入,在学校开设了选修课程。严格意义上来说,北大附中是中国第一所开设软式曲棍球课程的学校。2007年6月,北京邮电大学、北京大学、清华大学等七所高校正式签署了开展软式曲棍球的相关协议。2007年12月,北欧体育用品(北京)有限公司与北京市教委联合举办了北京市中学软式曲棍球教练员培训班,开启了软式曲棍球进校园推广的第一步。

2007年4月24日,国际软式曲棍球联合会主席托马斯·埃里克森、副主席勒纳托以及秘书长约翰·里杰兰德对国家体育总局进行了回访并拜会时任国家体育总局局长助理晓敏,双方就共同推动软式曲棍球(当时使用音译名福乐球)在中国的发展达成了共识。会后,晓敏表示将由国家体育总局社会体育指导中心等单位拟订可行方案,开展相关推广工作。之后由国家体育总局体育科学研究所与芬兰EXEL公司合资成立的北欧体育用品(北京)有限公司开始在北京进行推广活动,当时公司总经理是肖刚先生。肖刚曾是专业乒乓球运动员,分别获得武汉体育学院和英国西伦敦教育学院体育科学硕士学位,是中国运动项目推广和产品营销专家,2006年正是在他的牵线下,中国从芬兰引进了软式曲棍球和持杖健走运动项目。因此,肖刚可以说是中国真正意义上推广软式曲棍球运动第一人。

  2008年,上海外国语大学老师陈新在上海外国语大学体育部主任王俊教授的大力支持下,开始在上海高校进行软式曲棍球推广。软式曲棍球这个译名就是由其首先提出并通过上海高校相关专业老师共同激烈讨论确定下来的。在王俊教授、陈新老师的推动以及上海各高校教师和其他爱好者的不懈努力下,软式曲棍球这项运动在上海得到了蓬勃发展,软式曲棍球成为上海市大学生阳光体育联赛的正式项目,每年定期举行,已然成为全国软式曲棍球运动开展的翘楚。2008年12月在同济大学举办了上海高校地面球(当时叫地面球)培训班,有十多所大、中学教师参加,软式曲棍球正式进入上海高校的教学序列。截止到2018年底,上海共有东华大学、上海理工大学、上海大学等十多所高校开设了正式的软式曲棍球课程,并定期举行各校之间以及与外籍俱乐部之间的交流比赛(图1.5)。这些活动使得越来越多的学生认识、加入并喜欢上这项充满魅力的新兴体育项目。2013年开始,国际软式曲棍球联合会与上海赛我体育有限公司展开合作,连续三年开展软式曲棍球教练员及裁判员培训班,分别在珠海、北京和武汉等地举行。培训期间,IFF派出了以秘书长约翰·里杰兰德为代表的培训团队,显示了对中国软式曲棍球发展的高度重视。这几次培训为软式曲棍球的发展储备了一定的专业人才,培养了一批有志于从事软式曲棍球运动的爱好者。

图1.5 各校及外籍俱乐部之间交流赛

  全国软式曲棍球从业人员历经十年的共同努力开拓,2016年6月11日,历史性的一刻终于到来,在IFF全体董事会议上,全体与会人员一致通过决议,接收中国成为国际软式曲棍球联合会的正式成员,直属于国家体育总局的

第1章 雪地软式曲棍球运动概述

中国软式曲棍球协会(CFF)也同期成立,标志着中国软式曲棍球的发展走向了正轨。IFF 也正式发文宣布中国软式曲棍球协会为中国软式曲棍球管理机构并授权 CFF 为国内唯一开展 IFF 认证的教练员及裁判员培训机构。中国软式曲棍球协会的主要任务是在总局的领导下,组织、指导中国软式曲棍球运动的发展,在国际软式曲棍球联合会中代表中国。

中国软式曲棍球协会成立之后,在国家体育总局的支持下,于当年 7 月在哈尔滨举办了第一届全国旱地冰球(软式曲棍球)冠军杯赛,共有来自全国各地八支代表队参加了这项中国软式曲棍球最高水平的赛事。东华大学和上海理工大学分获冠、亚军(图1.6)。

图 1.6　2016 全国旱地冰球冠军杯赛

2016 年 11 月 20 日,由国家体育总局冬季运动管理中心、中国软式曲棍球协会(CFF)主办,哈尔滨市软式曲棍球协会、上海理工大学承办的"2016 年全国软式曲棍球(旱地冰球)冠军赛(青少年组)"在上海理工大学体育活动中心拉开帷幕。

2016 年 CFF 委托哈尔滨体育学院组建了第一支软式曲棍球女子国家队(图1.7),开始进行系统的专业化训练,并参加了 2017 年第十一届世界女子软式曲棍球锦标赛。

图 1.7　软式曲棍球女子国家队

2017年5月，CFF组建第一支中国国家男子软式曲棍球队（图1.8），通过两个多月的艰苦集训，参加了7月初在泰国曼谷举行的第一届亚太杯软式曲棍球锦标赛（AOFC），获得第六名。这支国家队主要由上海理工大学、东华大学、上海应用技术大学等校的在校学生以及一些已经毕业的学生组成，代表了2017年国内最高水平。

图1.8 软式曲棍球男子国家队

2017年是第一届亚洲杯比赛，为更好地促进该项目的发展，2018年国际曲棍球联合会将Floorball纳入业务指导范畴，并将Floorball中文名暂定为软式曲棍球，归入中国曲棍球协会统一管理并开展了一系列的活动。

2018年8月中旬，首届全国青少年软式曲棍球锦标赛在江苏扬中举办，获得了圆满成功。

2018年11月26日，《青少年软式曲棍球（Floorball）运动技能等级标准与测试办法》在上海理工大学正式发布。Floorball中文名正式定名为"软式曲棍球"，业务指导归入中国曲棍球协会。

2019年6月，经中华人民共和国外交部和国家体育总局批准，中国曲棍球协会软式曲棍球委员会代表中国加入国际软式曲棍球联合会。经IFF确认，中国曲棍球协会软式曲棍球委员会（CFU）是唯一合法在中国境内开展软式曲棍球业务的组织。

2019年11月26—28日，中国曲棍球协会软式曲棍球委员会第一届全国会员代表大会在上海体育学院交流中心召开，会议通过了软式曲棍球委员会章程，选举了管理机构，确定了Floorball中文唯一官方名称为"软式曲棍球"。软式曲棍球是一项具有速度和激情，富有挑战性、娱乐性、趣味性的团队运动项目，场地可以用木板或塑胶等材质制成，标准的场地大小与手球或室内五人制足球场形同（40米×20米的圆角矩形），其四周有50厘米高挡板，挡板用木板或塑胶等材质制成。通过使用球杆控制球并将其打入对方的球门而得分。正规比赛每方有6名队员上场（5+1），其中包括一名守门员。每队最多可由

20名队员组成一支球队,其中一般包括两名守门员。

软式曲棍球作为一项新兴的体育运动项目,被人们所认识、熟悉、接受并喜欢还有一段相当漫长的路要走,这需要所有热爱软式曲棍球人士的共同努力。令人欣喜的是,在短短的几年内,全国已有十几个省市的大、中小学开展或准备开展软式曲棍球运动,说明软式曲棍球这项运动越来越得到人们的认可。相信在不久的将来,软式曲棍球运动必将走进各级各类学校,走进家家户户,成为人们业余体育生活中不可或缺的一部分。

第3节 中国雪地软式曲棍球运动的发展简况

随着软式曲棍球在全国范围内的推广,哈尔滨工业大学关晓龙与黄家亮原创的雪地软式曲棍球运动应运而生。黑龙江省凭着天然的优势,大有后来居上的势头,不仅有各种正式比赛,还根据当地实际情况开展了别开生面的雪地软式曲棍球比赛(图1.9)。雪地软式曲棍球运动(Snow Floorball)转瞬间已推广普及近四年的时间,在这期间,哈尔滨工业大学原创的雪地软式曲棍球运动发生了一系列较大的变化:黑龙江省雪地软式曲棍球协会成立,黑龙江省12所高校雪地软式曲棍球学生社团成立,黑龙江省以及其他省市地区多所大、中小学雪地软式曲棍球运动队成立。

图1.9 雪地软式曲棍球比赛

2016年,由于中国加入了国际软式曲棍球联合会成为第62个会员,当年7月举办了第一次正式的全国大型赛事"全国软式曲棍球冠军赛",软式曲棍球参与的人越来越多,影响力越来越大,所以黑龙江省的冰球专业及从事体育教学的体育教师们开始关注、参与雪地软式曲棍球项目的研发、推广、普及与发展。

根据黑龙江省地域情况,关晓龙老师的团队开始研发适合北方,尤其适合

雪地软式曲棍球运动

东北极冷地区的雪地软式曲棍球运动。团队首先开始研发适合东北地区气候的设备、训练比赛器材，如比赛专用球、球拍的材质抗压力、抗寒力，球的直径多少，场地面积多大，场地雪的厚度及硬度等一系列问题，经过无数次的讨论、实践，根据实验数据的论证结果，终于使所有的器材、设备基本满足训练和所有级别的比赛使用，同时根据雪地软式曲棍球的器材及场地的特点，结合冰球、曲棍球、软式曲棍球的基本技术、基本战术及技战术打法，初步完成适合雪地软式曲棍球的竞赛规则，组织培训裁判员。2016年冬季，该团队开始在黑龙江省哈尔滨市宣传推广普及，随之在黑龙江省各大、中小学、社会团体及俱乐部推广，深受学生及广大爱好冰雪运动人士的喜爱。

2017年12月，在社会各界团体的大力支持下，举办了第一届"雪地软式曲棍球冠军杯"赛，哈尔滨工业大学"雪地软式曲棍球队"获得这次冠军杯赛亚军。首次"雪地软式曲棍球冠军杯"赛，有大、中小学20多所学校通过各地区选拔晋级来争夺冠军杯，吸引了很多中小学专业人士及社会团体来参观学习，影响力很大，比赛的看点、参与度及比赛效果，得到了黑龙江省、哈尔滨市领导的肯定。

2018年初，黑龙江省雪地软式曲棍球协会开始有计划地分批进行教练员、裁判员的培训工作，针对北京、河北省、辽宁省、吉林省、陕西省、新疆维吾尔自治区、内蒙古自治区等地的培训，黑龙江省雪地软式曲棍球协会每年都分期派出国家级教练员、裁判员，对他们进行培训指导。

为了落实习近平总书记"冰天雪地也是金山银山"的指示精神，为了响应"三亿人上冰雪"的号召，雪地软式曲棍球团队成员近四年一直持续到各省、各地区宣传、推广及培训。虽然雪地软式曲棍球技战术要求高，但由于雪地软式曲棍球具有趣味性强、上手快、运动强度大、参与度高（没基础也可参与）、锻炼身体效果好等特点，在各地区领导的大力支持下，越来越多的大、中小学开设"雪地软式曲棍球"课程，很多地区出现了雪地软式曲棍球的俱乐部，赛事也越来越多，影响力越来越大。目前全国有80多所高校，200多所中小学开展此项运动及教学，100多万人次参与雪地软式曲棍球运动。

截至2020年，黑龙江省成功举办了四届"雪地软式曲棍球冠军杯"赛，哈尔滨工业大学获得了2017年第一届亚军，2018年第二届、2019年第三届、2020年第四届三次冠军。

雪地软式曲棍球通过四年多的推广、教学、训练、比赛及交流等实践，正逐步走向正轨、走向繁荣。四年多的推广、规范起到了很好的示范作用。

第2章 雪地软式曲棍球器材及其保养

第1节 购买正确的球杆

雪地软式曲棍球运动迅速兴起以来,其器材的数量和质量以及样式均不断得到改进。雪地软式曲棍球在发展初期,大多数的器材都大同小异。而如今,设备全面升级,所面临的选择可谓多样。这是一种积极的发展态势,因为只有这样,现在每名运动员才可以购买到各自得心应手的软式曲棍球运动器材,从而更好地促进这项运动的发展,首先我们详细介绍一下如何正确地进行球杆的选择。

一、完整的球杆

在购买或者选择一根球杆时,有很多方面值得去考虑和注意,本部分内容将帮助雪地软式曲棍球运动员更好地进行球杆的选择。应该考虑的每一点都很重要。第一点,根据个人习惯选择左手或右手杆绝对是在购买球杆时要优先考虑的最重要因素。第二点,根据个人身高考虑球杆的长度。在设备越来越人性化并且不断升级的现在,球杆的长度是可以进行调节的,这意味着如果购买的球杆过长,就不必再购买新的球杆,只需将原有球杆缩短即可,当然,如果购买的球杆过短,则无法进行修改,只能重新购买新的适合自身身高的球杆。第三点要考虑的是拍头的弧度以及硬度。通过以上三点的慎重考虑,接下来就可以对自己要使用何种球杆进行一个比较好的选择。

购买球杆时,一般情况下要购买具有国际软式曲棍球联合会(International Floorball Federation)认证标志的球杆(图2.1,图2.2,图2.3)。这种认证不仅仅是各级联赛或官方正式比赛所要求的,更重要的是一种安全认证。厂商生产的球杆只有达到国际软式曲棍球联合会的严格要求并通过可靠的安全检测,才被获准将IFF认证标志贴于球杆之上。

图2.1　认证标志球杆之一　　　图2.2　认证标志球杆之二

图2.3　球杆商标

下面我们用图片来更清晰明了地了解一下球杆。

图2.4可以让我们直观地理解软式曲棍球球杆的不同部分。整个球杆的完整状态我们称之为球杆(图2.5),拍头是进行击球的部分,杆体是长条圆柱形部分,杆体的顶端部分通常都包裹着手胶,这部分为手柄。手胶有助于我们更好地握紧球杆。

第 2 章　雪地软式曲棍球器材及其保养

图 2.4　球杆各部位图示

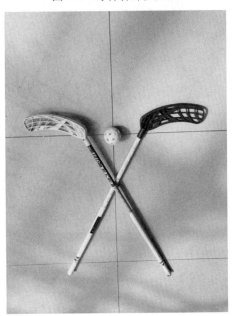

图 2.5　球杆

二、拍头的选择

拍头是整个球杆中非常重要的一部分,击球、传球、射门、对球的控制都要依靠拍头来完成。在进行球杆的选择时,挑选拍头的方向是最重要的一步。选择拍头时,习惯非常重要,当手握住球杆时,可以自由选择右手握在球杆上端或者左手握在上端,只要觉得握得舒服、合适,挥拍顺畅就可以。不用以习惯性的思维通过使用者是左撇子或者右撇子来判断左、右拍头的使用。也不要受高水平运动员使用哪种拍头的影响,选择左手拍或右手拍完全取决于自己的习惯。如果做出了错误的选择,将会在很大程度上影响自身技术水平的发挥。右手拍头如图2.6所示,左手拍头如图2.7所示。

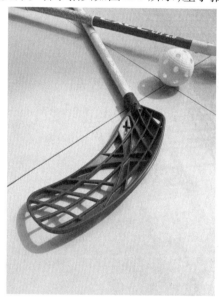
图2.6　右手拍头

图2.7　左手拍头

使用者适合使用左手杆还是右手杆,可以通过一个简单的动作来判断,只需任意拿起一根球杆,随意在地面上挥舞,短短的几秒钟内,就会发现何种方向拍头的球杆使用更顺手。如果还不能确定,可以分别使用左手方向拍头的球杆和右手方向拍头的球杆进行几分钟的传球、射门练习。这里的左手拍或右手拍是指射门时身体所在的左、右两侧。如果传球和射门时,拍头处于身体的左侧,且右手握在球杆的顶端,左手握住手胶包裹处的下端,即左手在下方,并且原地站立时,拍头弧度和左脚外侧贴合,我们通常称之为左手杆

第2章 雪地软式曲棍球器材及其保养

（图2.8），此时，拍头凹面与射门方向相反；如果传球或射门时，球杆处于身体的右侧，且左手握在球杆的顶端，右手握住手胶包裹处的下端，即右手在下方，我们通常称之为右手杆（图2.9），此时，拍头凹面与射门方向相反，并且原地站立时拍头的弧度和右脚外侧贴合。在一些曲棍球运动盛行的国家，运动员倾向于选择右手杆，而在一些冰球盛行的国家，运动员倾向于使用左手杆。但是，具体个人在选择使用何种球杆时，并无参考价值，只需选择最适合自己的球杆即可。

图2.8 左手杆

图2.9 右手杆

作为右力手，选择在身体左侧方向进行射门通常会有更好的球感。有些人发现，通过几周时间的练习，可以从右手杆改为左手杆进行练习。而有些人又发现，即使通过长时间的练习也无法改变最初习惯的射门方向。那么就不必强迫自己来改变，即使与所有队友使用球杆方向都不同。这也能从另一方

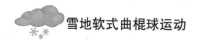

面更好地解释,为什么有的拍头是直的而不是弯曲有弧度的,这种球杆对于左、右手球杆使用者而言都适用。然而,对于右力手来说,通常都使用左手杆,即右手在球杆的顶端,因为右手握住球杆顶端可以更好地掌控和运用球杆。反之,左力手通常习惯于使用右手杆。

三、球杆长度的选择

球杆长度是使用者在购买或选择球杆时应该考虑的第二要点。如果可能的话,尽可能尝试不同长度的球杆。本书只针对一般情况下,对球杆长度选择的建议(表2.1、图2.10)。具体选择使用何种长度球杆,则以个人使用体验为主。

表2.1 球杆长度对比

身体高度/米	球杆长度/厘米
<1.10	66
1.10~1.30	76
1.30~1.45	86
1.40~1.50	93
1.50~1.65	98
1.55~1.70	101
1.60~1.75	103
1.75以上	112
1.80以上	114

选择好球杆后,可以对球杆进行缩短。有些厂商生产的球杆通常都较标准稍长,便于购买者对球杆进行改造,但是必须注意的一点是,绝对不可以将球杆从拍头位置进行缩短,这不仅是因为软式曲棍球运动规则对此行为予以了禁止,更重要的是这种行为将带来很大的危险性。

一般而言,我们在选择适合个人的球杆长度时,以个体原地站立,球杆顶端置于地面,拍头位置抵达肚脐或超过肚脐5厘米的长度为最佳(图2.11)。儿童和青少年有时会使用较长的球杆,高度到达胸部。但是,即使是更小的练习者,球杆高度也不能超过胸部的高度,因为那样会引起错误的移动,从而伤害到背部。

使用更长的球杆通常能增加队员的控制范围,对运动员的背部也有好处,不至于长期弯着腰,弓着背,使得背部肌肉得到放松。防守型队员通常乐意选择较长的球杆,有助于增加防守范围。然而,并非越长越好,最重要的一点还是要基于本人使用时的舒适程度,以有利于技术水平发挥为主。相反,稍短的

第 2 章　雪地软式曲棍球器材及其保养

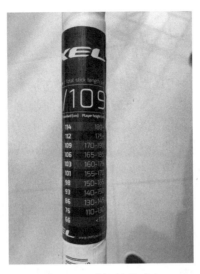

图 2.10　球杆长度对比

图 2.11　球杆长度示范

球杆更有利于快速控制球。当跑动中进行运球、变向、假动作时,短球杆具有充分的优势。

当购买或选择球杆时,我们可以根据上述表格里的数据进行选购。选择时,结合自己的身高和使用感受进行综合考量。

四、球杆强度的选择

杆体是具有弹性指数的,球杆的硬度和弹性是雪地软式曲棍球术语中很重要的一部分。弹性表述了球杆的柔韧程度,而硬度则表述了球杆的刚性程度。选择正确的硬度和弹性绝对有助于更好地进行雪地软式曲棍球练习。弹性是在选择球杆时要考虑的第三个要点。如果不能确定使用何种弹性球杆,可以从弹性较低的球杆开始尝试。

力量型队员倾向于使用硬度高、韧性好的球杆,这是因为他们在击球时通常使用更大的力量在球杆上,使得球杆弯曲,充分借助球杆自身的弹力从而产生更大的击球力量。硬度高的球杆有时产生的作用力也大,但这并非绝对的。

一根球杆的硬度指数通常都会直接标在球杆上,有些球杆标出的是毫米,有些球杆标出的是带小数点的系数,它们相对应的都是球杆的硬度系数。一般24毫米表示非常硬;27毫米表示硬;30毫米表示中等程度;35毫米表示柔软即弹性较高。女性队员使用的球杆,典型的硬度在26毫米到32毫米之间。男性队员使用的硬度范围通常在24毫米到28毫米之间。青少年队员使用的球杆硬度范围通常高于30毫米。这意味着儿童、青少年不能使用顶级的球杆,因为好的球杆硬度通常都很高。儿童、青少年使用太硬的球杆会影响到技术水平的提高。

就专业技术而言,弹性是指当球杆被作用300牛顿的力时,杆体的弯曲程度(图2.12)。有一小部分球杆有两种弹性指数,取决于在球杆上施加作用力的位置。例如有些球杆在底端和顶端标志着不同的弹性指数(图2.13)。

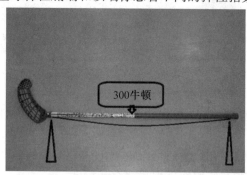

图2.12　球杆弹性测试

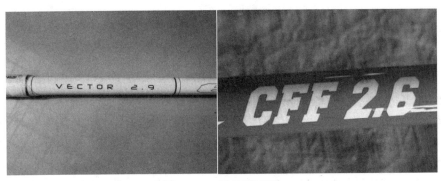

图 2.13　球杆弹性指数

五、球杆重量的介绍

大多数使用者喜欢使用分量较轻的球杆,球杆越轻越容易控制球,同时也节省体力。有利就有弊,轻质的球杆往往也很脆弱,在使用过程中经常容易断裂。通常情况下,较轻的球杆价格也更昂贵。因为在制作分量轻的球杆时,使用的材料都是比较昂贵的。随着软式曲棍球的发展,越来越多的人参与到这项运动当中,生产厂家也加大了研发力度,使得球杆质量不断得到提高,分量逐渐减轻,同时价格也不断下降,出现断裂的情况越来越少。

选择球杆时应该选用分量轻的球杆以便于增强对球的控制。分量重的球杆也许可以给球员更大的击打力,在追求更大击打力的同时所需要的就是足够的力量素质,以应付这额外多出来的重量。除了重量以外,击球时还有其他一些因素比球杆重量更能影响到击球的力度,比如技术的运用或者不同的拍头类型等。如果球杆太重,手臂及手腕就会快速倦怠,引起本体感觉疲劳,造成控制球能力的下降。在购买或选择球杆时,通常都会被告知球杆的具体重量。在选择时进行仔细识别,有些球杆标识的是杆体的重量而非整根球杆的重量(包括拍头和手胶)。一根完整的球杆重量通常在 250 克到 300 克之间。

在制作雪地软式曲棍球球杆的杆体时,有多种材料可以选择,例如玻璃纤维、聚碳酸酯以及碳素纤维等。一般情况下,使用何种材料直接反映在球杆的价格上。碳素纤维的价格最高,聚碳酸酯的价格最低。软式曲棍球发展到今天,球杆的材质呈现多样化的趋势,复合型材料应用得也很普遍,例如碳复合材料,石墨和碳结合的材质是价格最高的一种。一般而言,玻璃纤维材质的球杆比较适合初学者使用。

六、杆体的形状

杆体有不同的形状,杆体的形状也显而易见。杆体有 S 形、椭圆形、圆柱形、矩形等。究竟选择哪种形状杆体的球杆,这取决于个人偏好,不同形状杆体的球杆彼此之间并无优劣之分。在通过一段时间的练习后,练习者很快就会适应不同形状的球杆。高水平运动员可以在圆柱形或椭圆形杆体的球杆之间自由切换。

半椭圆形杆体的球杆是个普遍的选择,这种球杆顶端是椭圆形,底端是圆柱形。其他还有一些特殊的形状,例如气泡形状和弯曲形杆体,这种气泡就像定点技术,可以增加击打时的力量。这种气泡数量没有固定值,一般是在 1 到 9 个之间。尽管气泡看上去会比较特别,但是并不会影响到个人使用。弯曲形状杆体的球杆存在的目的是更好地改善球杆对球的控制力。对大多数队员而言,这种改变并不会很明显,通过一段时间的练习,也感觉不到对提高控制球能力有什么促进,只有那些高水平运动员才有可能觉得类似特殊形状杆体的球杆会对提高控球能力有所帮助。

在握杆时要注意的是手掌的位置(图 2.14),上侧的手要包裹住球杆根部,在争球时下侧手不可以超过球杆上的标志线(图 2.15)。

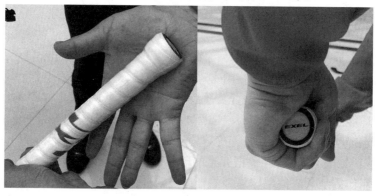

图 2.14　握杆时手掌的位置

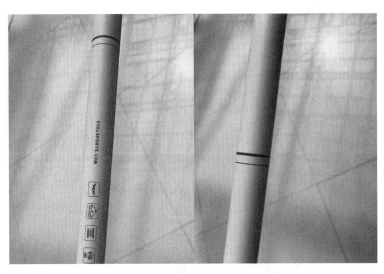

图 2.15　标志线

七、拍头的介绍

拍头是球杆不可或缺的最重要的一部分,球的控制主要是由拍头来完成的。在杆体上套上拍头才是一根完整的球杆。

1. 拍头材质

拍头是由塑料或者尼龙复合物制成的(图 2.16)。添加不同的材质会改变拍头的硬度。拍头的软硬程度由制造商来决定,拍头的颜色与软硬度毫无关联,许多硬度一致的拍头,颜色都不相同。偏软的拍头更有利于对球的控制,因为偏软的拍头可以对球的撞击进行更好的缓冲。偏软的拍头也更有利于进行精准的传球和手腕发力射门。相反,偏硬的拍头击打力更强,更有利于击出更快速度的球。我们在衡量所有这些选择时,个人的喜好总是扮演着决定性的角色。大多数队员似乎更乐于选择那些硬度介于最软和最硬之间的拍头。一般而言,尼龙(PA)和聚丙烯(PE)材质较硬,而高密度聚乙烯(HDPE)材质较软。也可以通过添加其他一些材料来改变拍头的软硬程度。

2. 拍头开口

开口是对拍头形状的描述(图 2.17)。我们说一个拍头具有开口时是指当拍头垂直于地面,底端触地部分向前突出形成一定的弧度。通常我们用百分比来表示这个弧度,例如 5%。这个百分比越高,拍头的开口就越大。

一般而言,拍头的弧度大,提拉球就相对容易一些,让球滚上拍头或者将

图 2.16 各式拍头

图 2.17 拍头开口

球传上高处。然而,如果拍头弧度太大,传球时就很难将球控制在雪地上。选择弧度很大的拍头进行射门时,球很大概率会高出球门横梁。因此,在选择球拍时一般不建议使用开口过大的拍头。如果个人觉得弧度不合适,可以再进行相应的调整,大多数使用者都会选择具有一定弧度的拍头。无论如何选择,最好的方法就是进行实际体验,以寻找最适合个人使用的拍头。

3. 拍头凹处

由于可以对拍头的弧度进行调整,而拍头的凹处又是拍头的一个重要特性,它描述了拍头增加与球接触程度的高低。如图 2.18 所示,拍头凹处是指拍头中间部分向外凸起,而上、下两端保持不变所形成的凹面。其中拍头凹处最深处与拍头两端水平线之间的距离受到雪地软式曲棍球竞赛规则的限制,即不能超过 3 厘米。具有更深凹处的拍头意味着更加快速的手腕发力击打以及对球更好的控制感。与此相对应,凹处较浅则意味着可以更加精确地传球。这里所指的这种精确和控制是相对的,并非绝对化。如果竞技水平高超,拍头凹处深浅与否并不会显著影响传球的精确程度。

并非所有拍头都具有弧度和凹处。如果有的话,通常也是以毫米计算。

第 2 章　雪地软式曲棍球器材及其保养

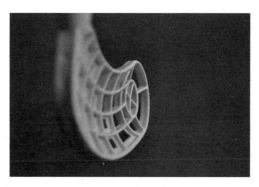

图 2.18　拍头凹处

对于厂商来说,更常用的表述方式即具有凹处拍头(相对于扁平状拍头)或具有更深凹处的拍头(相对于轻微凹处的拍头)。而有些拍头是专门为花式表演使用而设计的,这些拍头通常都具有很深的凹处,而且这种凹处不受竞赛规则的限制。由于这种设计的拍头可以做出难度更大的花式动作,使用者通常表演难度更高的球技,从而展现出独特的技术特色。

4. 拍头形状

拍头的形状多种多样,种类也繁多。不仅不同的厂商生产的拍头形状各不相同,就连同一家厂商通常也会生产不同形状的拍头。通常意义上,设计体型稍小的拍头是为了更加快速地控制球,而设计个头较大的拍头则是为了增加与球的接触面。较细的拍头可以给队员更好的触感,而较厚的拍头则在击球时表现得更稳定。有一点需要注意的是,不是所有的拍头都适用于所有的球杆(具体见第 2 章第 3 节)。一旦拍头和球杆之间可以相互搭配,则更换拍头就变成了一件相对容易的事情。

就拍头的形状而言,没有什么是最好的,更多的还是根据个人喜好。拍头的改进和革新则交由生产厂家的设计团队根据队员的使用反馈进行相应的改进。虽然拍头形状没有固定的选择,但是有些拍头还是根据队员在球场上的位置来进行设计,例如后卫用拍头或前锋用拍头。大多数队员不太在意拍头的具体形状如何,就像不太在意球杆的形状一样。一般通过一段时间的训练,队员很快就会适应新的拍头。

5. 拍头置于地面时的位置

拍头置于地面时的位置是指拍头底端与地面平行且置于地面时,球杆杆体与地板之间的角度。它描述了球杆与身体之间的距离(图 2.19)。角度越大则球杆离身体越近,角度越小则球杆离身体越远。大角度有利于快速转身及做假动作。球杆的位置通常不被要求,经过一段时间的训练,队员会逐渐适应。

图 2.19　球杆置于地面时的位置

八、手胶

手胶对于雪地软式曲棍球选手来说,是比较重要的,无论是专业选手,还是业余爱好者,都应该使用品质良好的手胶——主要功能是防滑。而且手胶对手也具有很好的保护作用,同时还要勤于更换。

手胶的种类五花八门,选择何种手胶,完全依据个人喜好。有些队员喜欢黏性强的手胶,而有些队员则喜欢真皮材质的手胶。大多数新的手胶都有一定的黏性,摩擦力较强,但是通过一段时间的使用,黏性会逐渐降低,此时可以用肥皂水对手胶进行清洗。

我们常说的手胶大致分两类:握把胶(或称为外握把胶)和龙骨手胶。一般我们说的手胶都是外握把胶。所有手胶都有一定的使用期限,最终都会磨损。有些手胶可以进行一定程度的缝补,从而延长其使用寿命。当握把胶损坏或者失去了基本性能的时候,应及时更换。

使用手胶的好处是当手胶破损以后,不必借助任何工具就可以进行更换。可采用叠加缠绕法,在缠绕时加大握把胶重叠的面积。与拍头相比,手胶并不需要和特定的球杆进行匹配,几乎适用于任何球杆。

有些运动员喜欢使用网球专用的手胶,这也未尝不可。但是相比较而言,雪地软式曲棍球专用手胶还是具有更多的优势。首先,它是雪地软式曲棍球专用,设计时就考虑到雪地软式曲棍球的特性,所选用的材质也更适合雪地软式曲棍球使用。其次,雪地软式曲棍球专用手胶一般都更细、更轻,这意味着整根球杆的分量也不会过重。再次,雪地软式曲棍球专用手胶长度合适,而网球专用的手胶则需要一至两根才能完全包裹住球杆的手柄。最后,雪地软式曲棍球专用手胶都修剪得体,打开包装即可使用,无须进行进一步的加工,而

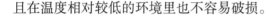

且在温度相对较低的环境里也不容易破损。

九、总结

购买或选择球杆时有很多要考虑的因素。有些因素对许多队员来说微不足道，而有些因素则相当重要。选择正确的拍头方向非常重要：是习惯在身体左侧射门还是在右侧射门。球杆的长度也很重要，对于长度而言有一点值得欣慰，即球杆可以进行缩短处理。球杆的强度是另外一个关键因素。总而言之，最好的办法就是使用球杆进行实践，但是当一时无法做出正确的选择时，至少考虑以上三点重要的因素。

最后，购买或选择球杆最好的办法就是选择一根球杆进行实践体验，因为，通常我们考虑的许多方面都最终取决于个人喜好。如果感觉正确，可以使用球杆进行良好的传球、接球以及精准的射门，那就说明已经选购了一根正确的、适合自己的球杆。

第2节　雪地软式曲棍球其他器材和装备的选购

一、球鞋

目前为止为软式曲棍球特制的球鞋非常少。这意味着队员的选择非常有限。虽然理想当中软式曲棍球专用球鞋具有很多好处，但是也有一些是在选购球鞋时应该优先考虑的事情。首先，球鞋必须合脚，在购买前必须进行试穿，并且跑上一小会儿。球鞋必须与脚贴合，但又不能贴得太紧。其次，在试鞋时，必须穿上运动时所用的袜子并垫上鞋垫。穿好后食指可以放进鞋后（图2.20），如果在实体店里买，试穿是必需的。穿着一双不合脚的鞋运动非常危险，有可能给自身带来严重的伤害。

雪地软式曲棍球比赛通常都在室外进行，购买一双适合室外运动穿的鞋非常重要。球鞋应该是非常牢固、保暖的雪地鞋（图2.21）。因为打球时经常会做急停、急转动作，可能会造成一定的伤害，所以雪地鞋鞋帮的硬度就很关键了。另外雪地鞋鞋底的花纹要深（图2.22），而且复杂一些的花纹与雪地的摩擦会更大，有利于运动员灵活地发挥技术与战术，让比赛更精彩。

雪地软式曲棍球运动

图 2.20　试穿球鞋

图 2.21　雪地鞋

图 2.22　鞋底花纹

穿着合适的鞋打球非常重要。好的鞋可以支撑球员更好地移动,最大程度上避免运动伤害。选择一双适合雪地运动的球鞋也是非常重要的。这种类型的球鞋可以给球员的急停、快速变向等提供足够的支撑。专门为雪地软式曲棍球设计的球鞋少之又少,因此在选择时不必纠结,选择适合雪地运动的鞋即可。期待将来随着雪地软式曲棍球的发展越来越好,雪地软式曲棍球的各类装备也越来越完善。

二、配件及队员配饰

虽然雪地软式曲棍球是一项新生运动,但对于队员而言有大量的配件可以选择。出于安全目的的考虑,防护眼镜或滑雪镜是最重要的配件。相比较于其他一些安全措施,雪地软式曲棍球防护眼镜不仅能保护眼睛的安全,更是一种时尚。队员一般都会被推荐使用保护眼镜(图 2.23),一旦被偏离航道的球、球杆或者肘部击打到眼睛,防护眼镜就会起到保护作用。在大多数情况下,防护眼镜被击打的瞬间,眼睛会下意识地及时紧闭以避免眼球受到冲撞,

第 2 章 雪地软式曲棍球器材及其保养

因此,防护眼镜的安全防护作用还是很明显的。当然,这种保护不是绝对的,如果冲击力过强,也有可能对眼睛产生严重伤害,引起外伤,防护眼镜的作用就是预防此类事情的发生。由于雪地的原因,建议选用带有偏光功能的护目镜,防止长时间在雪地运动引起雪盲症。

图 2.23　雪地软式曲棍球保护眼镜

头部保暖在寒冷条件下是非常重要的,温度越低,头部散热比例越大,最高可达60%,15 ℃时三分之一热量从头部散失,零下15 ℃时热量则会散失四分之三。长头发队员常用保暖帽子式发带来约束头发,以免头发遮住视线,影响打球。雪地软式曲棍球生产厂家也会生产专业的保暖帽子式发带,使用具有厂家认证和标注的发带很重要。出于安全考虑,比赛中绝不允许佩戴任何含有坚硬部分的饰品,例如有搭扣的帽子或发带等(图2.24)。

图 2.24　发带

可以佩戴护腕对腕关节进行保护(图2.25),但手表、珠宝、耳环等配饰原则上在比赛中是不允许佩戴的。这些配饰可能对自身或他人造成伤害,因此在赛前应该取下。除了安全因素,比赛中可能损坏珍贵的饰品也是一个重要的原因。有些耳环取下来很麻烦,但是佩戴着又不安全。如需佩戴,须将耳环与耳垂用胶布贴住固定,贴的时候确保正反两面都固定好。这些要求看似烦琐,但是如果不采取相应措施,任何形状的耳环都可能被其他队员的衣服钩住,很有可能就伤害到运动员的耳朵。有些队员喜欢佩戴鼻钉,比赛前,也必须加以覆盖,以免造成伤害。这些规定都是为了避免所有可能会对运动员造成伤害的客观因素。因此很有必要通过配饰的固定来减少伤害事故的发生。

图 2.25　护腕

球杆包也是很多队员乐于投资的配件(图 2.26)。球杆包价格适中,而且能装多支球杆,尤其是在比赛中建议多带几支球杆以免在比赛中因球杆损坏而失去比赛的机会。球杆包不仅可以装球杆还可以装其他装备,其实可以说是一包多用。对于那些拥有多根球杆的队员来说,球杆包的使用就相当便捷,而且便于携带。球杆包多种多样,选择时最重要的参考因素就是球杆包的容量,如果球杆多,很明显球杆包容量要大。但是如果球杆特别长,球杆包可选择的余地就小。不同的球杆包针对不同的需求,也有特别设计的球杆包,例如可以挂在自行车上的球杆包。

当然,一块速干的毛巾、一个速干的护脸和一个保温效果良好的保温杯也是雪地软式曲棍球运动员必不可少的装备(图 2.27)。

图 2.26　球杆包

第 2 章　雪地软式曲棍球器材及其保养

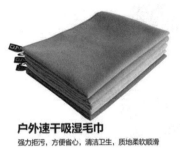

图 2.27　速干毛巾、护脸、保温杯

三、守门员装备

守门员的职责是防止对方击球进入本方球门。守门员的危险性比较高，所以守门员装备一定要把安全放在第一位，其次是舒适性和便捷性，穿上装备要能保证安全，同时还要保证移动依然敏捷。一般而言，价格高的装备，安全性、舒适性、便捷性也相对较高。

1. 上衣和裤子

雪地软式曲棍球守门员的装备不同于场上其他队员。他们需要防护裤子和防护上衣（图 2.28），对于上衣的长度和颜色，并没有特别的规定。正式比赛中，守门员上衣应该印上号码。如果守门员的防守区域没有增加，还可以在衣服上加装衬垫。在日常训练中，守门员往往需要加装更多的衬垫以保护自己。尽管球是塑料制品，但是强有力的射门仍然可能对守门员产生伤害，因此，合适的守门员装备显得尤为重要。

守门员裤子膝关节位置一般都加装了衬垫（图 2.29）。初学者使用的裤子都是简单加装衬垫，为守门员提供足够的保护，更高级别守门员装备在材料运用及造型上都有所改进。质量上乘且耐磨材料的使用，使得这种裤子更加耐用，通常也更易于在地板上滑动。而特殊的形状设计也使得守门员移动更加方便。除了依靠衣服和裤子的保护，守门员也必须掌握快速自如的移动方法以获得更大程度上的自我保护。

由于守门员的动作特点，需要在手臂肘关节位置上加装防护垫保护肘关节（图 2.30）。衬垫加装在胸部位置也是尤为重要的，它通过一种特殊的保护罩来保护守门员的胸部，这种装备可以给胸部特殊的保护。

选择守门员装备时不仅要考虑对身体的保护程度，也要考虑穿着的舒适性以及便捷性，不能影响守门员的移动。

图 2.28　守门员上衣和裤子

图 2.29　守门员裤子衬垫

图 2.30　守门员衣服衬垫

　　守门员装备相对其他场上队员的装备而言要贵一些,特别是那些技术含量很高的装备。现代守门员装备是专为守门员而特制,集舒适性、保护性于一体。

2. 护膝

　　由于守门员位置特点及大部分时间双膝着地,绝大多数守门员比赛时会佩戴护膝(图2.31)。市面上专门为雪地软式曲棍球设计的护膝并不多见,即使有也不便宜。选用排球运动员专用的护膝不失为一个两全其美的选择。合适的护膝在中间一般都加装厚厚的衬垫,由于膝关节的特殊性,在运动时,护膝经常会滑脱,因此选择一个正确尺寸的护膝也是相当重要的。太紧,影响跑动和血液循环;太松,则容易滑脱。正确的方法就是多试用几次,多咨询经验丰富的守门员,从而找出最适合自己的护膝。

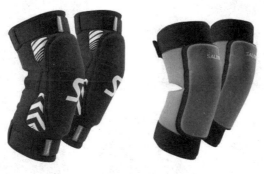

图 2.31　护膝

3. 护裆

守门员装备通常不会对腹股沟位置(裆部)提供特殊的保护。其中一个原因是如果在裆部加装衬垫,会影响守门员的移动,另外一个原因则是厂商假设守门员事先已经穿上护裆,因此没有必要对守门员的裆部进行任何特殊的保护。这种类似的护裆在其他运动项目都有提供,比如拳击、冰球和跆拳道等运动的专业装备可以拿来使用。也许以后随着该项目的普及性越来越广泛,生产厂家会研究制造适合雪地软式曲棍球守门员使用的专用护裆(图2.32)。

图 2.32　护裆

4. 头盔

守门员必须佩戴头盔(图2.33),而且头盔必须通过国际软式曲棍球联合会的认证。守门员必须佩戴专用头盔的一个重要原因在于它可以在守门员遭受拍头、球杆甚至球的击打时,给守门员的面部提供安全的保护。专用头盔比其他头盔更轻,佩戴更方便,视野更开阔,使得守门员可以更从容地参与防守,做出各种防守动作。

图 2.33　守门员专用头盔

5. 鞋

守门员用鞋和场上其他队员基本一致，要求牢固，鞋底与雪地应保持合理的摩擦系数。但是，有一点比较特别的是，当守门员双膝跪地时，需要鞋尖和鞋面相对较滑，以利于守门员快速移动。因此，有些守门员会在自己的鞋尖和鞋面贴上具有润滑作用的胶带。对守门员来说，双膝跪地防守时扭伤脚趾司空见惯，因此坚固的鞋子有助于保护守门员的脚趾，使之免受伤害（图 2.34）。

图 2.34　守门员专用鞋

6. 手套

在雪地软式曲棍球的比赛中,建议守门员选择佩戴手套(图2.35),不建议裸露双手。守门员裸露双手意味着手指可以更加运用自如,因此更加容易抓住球,但是不足之处也很明显,即双手可能受到强有力的来球袭击而受伤,皮肤和手指都可能因此而受到严重损伤。由于项目在冬季进行的特殊性,手的保暖对守门员来说极其重要,一是防止冻伤,二是避免来自球、球杆以及队员鞋的伤害。如果比赛时间过长手部血液循环不好,手会被冻僵,更加影响运动和拦截球的技术动作的准确性与灵活性。佩戴手套的好处是可以保暖与缓冲球速,不利之处在于增加了实际抓住球的难度。不论佩戴手套与否,均不允许守门员在手上或者手套上添加黏性物质。

图2.35 手套

四、球门

由于雪地软式曲棍球是有身体对抗的项目,在正式比赛中使用的球门,必须通过国际软式曲棍球联合会的认证,这种认证在能确保球门尺寸标准统一的情况下,还能更大程度地保证使用的安全性。比赛使用的球门标准是高115厘米,宽160厘米,深65厘米(图2.36)。通常是由圆形钢管做支架,钢管上涂上红漆,出于安全考虑,球门支架必须用圆形钢管制作。一个完整的球门不仅要悬挂球网,还需要在开口后面一个球的距离处悬挂抓网。抓网,顾名思义,主要功能是用来抓住球,用来更准确地判断球打在内侧立柱弹出是否穿越球门线而进入球门。

图2.36 球门

正式比赛专用球门价格也比较昂贵,但是这是比赛的必需品,所以必须购买。球门的体积一般都比较庞大。许多俱乐部训练时采用不同规格和标准的球门,甚至是小球门,无论从安全还是规范的角度考虑,对于真正从事职业化训练的俱乐部,一副标准球门都必不可少,守门员也可以尽早熟悉正确的球门尺寸,从而培养和建立正确的位置感。

五、界墙

雪地软式曲棍球比赛和训练都需要一整套完整且规格标准的界墙(图2.37)。在购买或选择界墙时,也有很多需要考虑的因素。界墙是否采用耐寒材质和如何存放界墙就是其中重要的因素,购买界墙前必须知晓是否有合适的地方来摆放或存放界墙,也应该知道如何拼接和回收界墙。大多数厂商生产的界墙都配有专用小推车,以便于收集和移动大批界墙。

图 2.37 界墙

标准尺寸的界墙高度为 50 厘米,长度为 2 米。比赛使用的是周长为 120 米的界墙。各个生产厂家的制作原材料和质量都不尽相同。不同界墙之间最大的区别就在于界墙的组装方式和配件,有的界墙受到冲撞会大批倒塌,而有的可能只有少数几片倾倒。这是在购买或选择时要考虑的问题。

质量优良的界墙可以使用的年限也相对较长,如果有一套完整的符合国际比赛要求的界墙,且有合适的场地,每次训练能够按照这种标准进行,可以帮助队员更好地适应标准场地,提高比赛的适应性。通过界墙反弹传球也是雪地软式曲棍球不可或缺的技术之一。如果平时训练不能使用标准界墙,而是改用墙、凳子等其他设施作为界墙,则会引起球感差异性和训练技术有缺陷的问题。

六、场上队员的着装

目前雪地软式曲棍球运动员的比赛服多为滑雪服或保暖性比较好且利于

第 2 章 雪地软式曲棍球器材及其保养

运动的服装。也可以使用护腿板,但是护腿板必须包裹在袜子里面,不能裸露出来。竞赛规则对队员号码也有所规定,号码必须同时贴在服装的正面和反面,服装上可以加印赞助商的广告(图2.38)。

图 2.38 正式比赛服装

由于雪地软式曲棍球运动受天气影响,通常在温度比较低的情况下进行比赛和训练,建议把服装分为三层来穿着。第一层为内层服饰,维持皮肤表层温度及舒适,须贴身才能充分发挥保暖的功用,且不会造成过度摩擦,选择时注意贴身适中而切勿过紧。代表材质:Coolmax 和 Thermolite。第二层为中间层服装,主要提供保暖功能。在衣物内形成空气层。选择中间层服装时应注意调节性与方便性。代表材质:羊毛/绒、羽绒、抓绒和 Primaloft 类制品(Primaloft 最大的特点就是湿了以后还有一定的保暖性,质轻、柔软、可压缩性和羽绒差不多,所以比羽绒类稍好)。第三层为外层服装,提供隔绝冷、热和防风、防水的保护功能。以方便活动、容易穿脱为原则。代表材质:Gore-tex、Event 和 Symp-Tex 面料。代表衣物：冲锋衣物(硬壳)、复合面料(软壳)。

在夏季训练时可选择速干材质或纯棉材质的短袖、短裤。鞋可以选择软式曲棍球专业用鞋或者适合运动的运动鞋。

七、比赛用球

雪地软式曲棍球发展到今天，球变化并不大，因为竞赛规则规定了标准球的尺寸。球体上印有 IFF 认证字样。所以，基本上生产厂家生产出的球都大同小异，只是在质量上有所差异。今天更加广泛被使用的球是所谓的高精密球。与普通球不同的是，高精密球的表面不是光滑的，而是覆盖着成千上万的小突起，使得软式曲棍球看上去更像是高尔夫球，这种球飞行时的稳定性更好（图2.39）。

所有雪地软式曲棍球都由两面半圆形塑料焊接而成，中间有镂空的 26 个小洞。经过一段时间的使用，球会破裂，大多数是从焊接处开始破裂的，或者从洞口处开始破裂。破裂的球不能再被使用，否则在击打时会产生不规则运动，从而影响击球效果。

雪地软式曲棍球的颜色可以多样，但是常用软式曲棍球都是白色的。

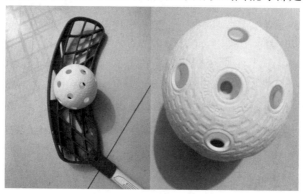

图 2.39　雪地软式曲棍球

八、标志墩、标志碟及其他训练辅助器材

日常训练中，需要购买大量辅助器材，例如标志墩(图2.40)、标志碟、训练背心(图2.41)和空间标识器等。这些辅助器材价格相对便宜，而且在实际训练中经常要使用到。而其他一些雪地软式曲棍球辅助器材，例如放置球杆、

第 2 章　雪地软式曲棍球器材及其保养

球和服装的箱子以及长凳价格相对较高，而且比较占用空间，所以可以根据经济条件选择购买。

战术板（图2.42）在比赛和训练中可以为教练与队员直观地提供进攻和防守时每个队员位置关系的演示，是非常重要的教学用具。

图2.40　标志墩（碟）　　　图2.41　训练背心　　　图2.42　战术板

第 3 节　雪地软式曲棍球器材保养

所有雪地软式曲棍球的器材装备购买齐全之后，接下来就要在日常训练中做好对器材的保养维护工作。

一、手胶

更换球杆的手胶是一个简单的过程，当手胶破损、脱胶或使用感觉不舒适时，就可以对手胶进行更换。与拍头的更换不同，使用何种手胶没有严格的限制。

1. 手胶的选择

更换手胶最简单和最好的办法就是选择雪地软式曲棍球专用手胶，它们通常长度匹配、设计合理，也非常容易安装。也有队员选用网球或羽毛球拍专用手胶，但是此种手胶长度较短，所以必须得同时使用两根，而且分量也较重，在使用中连接处也容易开胶。

2. 更换手胶的步骤

更换手胶的实际步骤较为简单（图2.43）。首先取下球杆上的旧手胶，从旧手胶的底端开始撕开，直至从顶端扯下旧手胶；其次开始换上新手胶，更换新手胶时注意手胶的正反方向，将有黏性并贴有塑料纸的一段朝下紧贴球杆顶端,撕去塑料纸,按照同一方向紧绕球杆开始缠绕,缠绕时保证一定的紧密度并始终保持平行。雪地软式曲棍球专用手胶的起始端已经做了相应的剪裁,确保粘贴时与手柄顶端保持平行,因此无须担心粘贴时的角度问题。缠绕时褶皱之间的距离可以自行控制,缠绕时相互之间的误差尽量不要超过2~3毫米,手胶的黏性部位应该尽可能紧贴球杆体,而不是贴在手胶自身。当缠绕到手柄尾部时,利用手胶上另外一根胶带将手胶尾部紧紧粘贴在杆体上,确保不会松开。最后如果缠绕结束以后,手胶还有结余,则用剪刀剪去多余部分。此时更换手胶的工作就正式完成。

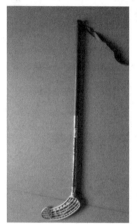 →  →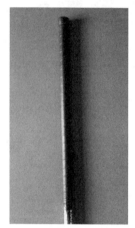

图2.43 手胶更换过程

二、更换球杆拍头

雪地软式曲棍球更换拍头实际操作起来是较为简单的。当球杆拍头出现破损或者底端磨损很厉害,此时就需要对拍头进行更换,在进行更换以前,必须对所需要的拍头型号和类型有所了解,确保更换的拍头能够和球杆匹配。

1. 选择与球杆匹配的拍头

雪地软式曲棍球的球杆形状有所不同,拍头也型号各异,所以并非所有拍头都能装在每一根球杆上面,即使同一家生产厂家生产的拍头和球杆也不一定匹配,所以在更换拍头的时候要注意型号的匹配。

进行雪地软式曲棍球练习、比赛的球杆上,必须贴有国际软式曲棍球联合会的认证标志,这种认证标志不仅表明,该球杆通过了严格的测试和检验,符合竞赛规程的要求,更是一种安全保证。在这里要说明的是,这种认证是对一根完整球杆的认证,即包括球杆杆体和拍头部分。

第2章　雪地软式曲棍球器材及其保养

如果要进行拍头的更换，最简单的方法就是选择与原型号一致的拍头，如果想要选用不同的拍头，必须首先确定这个拍头是否是通过认证的。瑞典国家检验和研究机构是唯一的检验机构，他们在网上有大量在线的数据。通过上网搜寻自己球杆的生产厂家和型号，找出认证号码，就可以选择合适的、通过认证的拍头。如果购买的球杆是最新款，来自同一生产厂家的拍头通常都是适用且通过认证的。

如果选购的拍头没有通过认证或者是无效的认证，出于安全考虑，最好不要将此种拍头和球杆相匹配使用。一旦确定了具体的拍头，接下来需要特别注意的就是要选择正确的左手拍或右手拍。

更换拍头时需要准备一把合适的螺丝刀、一些强力胶水、纸巾以及吹风机。

2. 更换拍头的步骤

雪地软式曲棍球更换拍头并不是很复杂的过程。更换前要确保选择正确的拍头。首先，使用螺丝刀拧开旧拍头上的螺丝，卸下旧拍头，由于拍头在安装时除了有螺丝的固定以外，还涂有一定的胶水。因此，取下拍头需要不停地旋转、拖拉并用电吹风对球杆进行加热或者将拍头整体泡在热水中以软化甚至融化胶水。取下旧拍头后，一定要及时清理干净球杆上多余的胶水和其他杂质，以免影响新拍头的安装效果。其次，进行新拍头的安装前要在球杆上涂上新的胶水，将拍头套进球杆，确保拍头上的螺丝眼和球杆上的固定点对齐，许多球杆上会有明显的标志线，标注了拍头应该安装的正确位置。将拍头安装到正确的位置相当重要，特别对杆体不是圆形的球杆而言。找准正确的位置以后，即可保持现状，把初步装好拍头的球杆放在一边等待一段时间，将胶水晾干，如果胶水涂抹过多，用抹布将多余的胶水擦去。最后，等胶水干透以后，拧上螺丝（图2.44），一个崭新的拍头就安装完毕了。

图2.44　拍头螺丝

三、拍头分类、改形及其具体步骤

(一)拍头分类

雪地软式曲棍球拍头类型的不同主要是通过不同的开口以及不同的凹面来体现。尽管有些拍头已预先设计了一定程度的开口,但对于使用者来说,也很容易就可以对这种已经具有开口的拍头进行重新的改形。拍头开口通常都是开在拍头前部,使用这种开口的拍头可以比较容易击打出飞行角度较大的球,多数队员都喜欢使用有一些开口的拍头。当然,使用开口太大的拍头经常会使球高出球门上端,而且在雪地上传球的精度也会下降。开口具体的大小很大程度上取决于个人习惯,如果无法确定哪种最适合,可以进行各种尺寸开口实验,然后选择最合适的一种。现代雪地软式曲棍球拍头都有专门设计的凹面,更深的凹面可以改善队员的球感,提升控球技巧。对拍头的凹面进行改形,需要一些技巧。

1. 香蕉状拍头

香蕉状拍头是拍头改形里面最容易的一种(图2.45)。使用这种形状的拍头在运球跑动过程中更容易做出各种转向动作,缺点是传球和射门的准确度会有所下降。

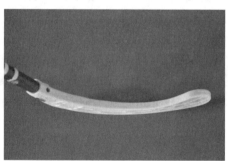

图 2.45　香蕉状拍头

2. L形拍头

L形拍头是指将拍头最前端弯曲成L形,这种拍头钩状相当突出,只有在拍头完全被软化的情况下才可以将之弯曲成L形。此种形状的拍头优点在于可以用拍头直接将球拉回。图2.46是L形拍头模型,L形拍头顶端突出位置的长度各不相同,但顶角到两点连线之间的直线距离最大还是不能超过3厘米。

第 2 章 雪地软式曲棍球器材及其保养

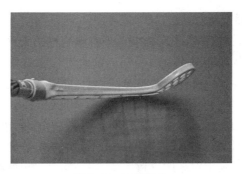

图 2.46　L 形拍头

3. 爪状拍头

爪状拍头是指将拍头顶端处稍做弯曲，无须考虑拍头其余部位的形状。对于有些凹处较深的拍头，将顶端再进行弯曲使之成爪状还是比较困难的。特别要注意，在确保拍头具有一定的柔软度的情况下才能进行此操作，而且要分几个阶段进行，拍头越柔软，越容易成形。此种形状拍头优点在于可以用拍头对球进行来回直线推拉，这也是运球中很重要的技巧之一。如果不小心把拍头弯曲成 L 形，则应在拍头还没有硬化之前，按压 L 头的顶端，使之成为爪状。

4. 篮兜状拍头

如果想让击打出去的球形成一道弧线，则需对拍头做出特别的改形。最重要的一点是拍头前段需要形成一个篮子状，包裹住球，以便在做各种技巧时，球能保持在拍头上而不会滚落（图 2.47）。在多数情况下，这种形状的拍头类似于爪状拍头，区别在于篮兜状拍头的底部也向前弯曲形成包裹状。在进行篮兜状拍头改形时，有些队员使用雪地软式曲棍球或铅球来做压模，在拍头软化时，用球紧按住拍头前端使之形成篮兜状，确保拍头全部包裹住球，最后使用冷水冷却拍头使之硬化成形。注意不要让深度超过 3 厘米即可。

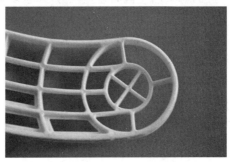

图 2.47　篮兜状拍头

(二)拍头改形

对雪地软式曲棍球拍头进行钩状改形意味着将拍头弯曲成某一特定的形状,弯曲成什么形状则取决于个人喜好。每个使用者对拍头进行钩状改形目的都不尽相同,好的改形可以改善打球的效果,而不好的改形则会影响在比赛中的发挥。在个人无法确定适合何种钩状拍头之前,可以进行多种类型的尝试,使用不同拍头的球杆。本书中对拍头进行各种形式的改形是指弯曲成钩状。有些人会在钩状弯曲和改形之间做出区别:钩状弯曲是指按照拍头的长度进行弯曲,而改形是指对高度进行改变,如果同时对长度和高度进行改形则称之为杯状改形。

要熟练掌握拍头的钩状改形需要花几堂训练课的时间,经过几次练习也会很快掌握其中的技巧。大多数运动员对拍头进行钩状改形的目的是更好地提高球杆对球的控制力,更有利于提拉球,提高击打后球飞行的高度,从而改善个人运球能力。在实际训练中,改形得当的拍头能够提高控球能力,队员也可以做出各种花式动作,但是如果拍头过度弯曲,则会导致传球失误、射门准确度下降。还有值得注意的是,雪地软式曲棍球竞赛规则规定拍头弯曲度是有一定限度的,拍头和拍尾水平线与拍头凹处最深点之间的直线距离不能超过3厘米。一个很简单的方法可以测量这个深度,将钩状拍头凸起面朝上平放在地板上,最高点与地板之间的直线距离即是要测量的深度。雪地软式曲棍球拍头钩状部位通常位于拍头的前部。

在进行拍头钩状改形时,一定要考虑到拍头的承受能力,如果拍头破裂或已熔化则无法使用。对拍头进行正确的钩状改形不会损害器材,反而会在大多数情况下改善球拍对球的控制力。拍头的材质选定了,队员就可以按照各自的需求对其进行多次弯曲改形,但是首先必须对拍头进行烘烤软化,然后按需进行修整。在软化状况下,这种改形不会对拍头本身造成损坏。大多数弧度较小的直拍头在出厂的时候已经被明显地区分了正、反面,即正手和反手。

1. 需要的工具

进行拍头钩状改形工作之前,要准备一些必要的工具。热源、冷却水、手套或毛巾。热源通常使用热水或者电热吹风,空气电热枪是快速而实用的热源,精度非常高,可以对特定的部位进行软化,从而达到想要的效果。不管使用哪种热源,必须注意保护好自己的手指避免烫伤。尽量避免使用明火或电炉来进行加热,因为使用这两种热源,拍头在软化的同时也可能会熔化,从而造成无法挽回的损坏。

2. 具体步骤

拍头改形的程序非常简单:首先对拍头进行加热,然后按需对拍头进行改

形,最后再冷却固定。具体操作如下:

第一步,加热拍头,按需对整个拍头或者局部拍头进行加热,注意一定要两面都加热,确定所要改形的部位具有足够的软度,一定不要在拍头软度不够时进行弯曲,否则将对拍头造成毁灭性的伤害。

第二步,拍头软化后,用双手将拍头改出想要的形状,在此过程中,切记务必事先戴上手套,防止烫伤,因为拍头被烤软以后温度会很高。如果拍头冷却太快,改形变得困难,则需再次进行加热。有些拍头很硬,很难进行改形,这种拍头的加热时间要足够长。有些队员在进行拍头改形的过程中,还会借助其他工具——比如钝刀——来帮助弯曲拍头。拍头的改形是需要经验和技术的,因此,只有当队员具备一定的经验才可进行此项工作。

第三步,当改形完成且对新的拍头形状满意以后,将拍头迅速放入事先准备好的冰水里快速冷却,保持拍头稳定直至拍头完全冷却。

四、球杆的改造

(一)缩短球杆

在缩减球杆的长度之前,先确认想要的长度是否是正确且符合要求的长度,球杆具体长度的标准可以参照之前章节。

(二)需要的工具

准备一把金属锯子、一些胶水、一卷胶带;某些过程也需要一定的热源,例如电吹风。

(三)具体步骤

对球杆进行缩短的工作并不复杂,也花费不了多长时间。在缩短之前,一定要确定球杆所要缩短的具体长度。切割只能从球杆手柄处开始,不允许从球杆和拍头的连接处着手。这一点不仅在规则上被予以禁止,更重要的是如果从拍头连接处开始切割,不仅拍头和新球杆不配套,无法进行正常的安装,也会对球杆的弹性和安全性造成毁灭性的损害。

第一步,要撕掉缠在手柄处的手胶。解开缠在手柄底端的手胶,松开手胶的头部,然后将手胶解掉。第二步,移除手柄底端的小盖帽(图2.48)。有时候,这个步骤会比较麻烦,因为小盖帽涂了胶水,粘得非常牢固,但还是可以被移除的。拿电吹风对小盖帽进行加热,软化胶水,再用螺丝刀进行拆卸,注意在此过程中要保护好小盖帽,不要损坏小盖帽。第三步,使用锯子从手柄处锯掉多余的部分,此部分工作最好在有操作台面的工坊里进行,因为球杆杆体较滑,最好能固定在某处。第四步,把小盖帽盖在原处。如果小盖帽和杆体结合太松，可以使用胶水粘牢，也可以使用强力胶带来固定小盖帽。小盖帽和球杆紧密结合非常重要。第五步，更换新的手胶。缠手胶从手柄顶端开始，力度稍大，手胶和手柄必须紧密贴合，必要时可以使用胶水来增加手胶的黏性。最后一步，用一些手胶对手柄底端进行固定。

　　球杆是绝无可能在原基础上加长的，一旦被缩短就无法再复原。因此，在无法确定具体长度的时候，可以逐渐减少球杆的长度，然后多次重复相应的程序，直至达到个人想要的球杆长度。

图2.48　小盖帽

五、器材的清理

　　雪地软式曲棍球的球、球拍、球门、界墙、号码服、标志墩等设备都需要定期进行消毒和清洁。所有设备的清洁最好使用中性清洗液，避免使用具有强烈腐蚀性的清洁剂对设备进行清洁。拍头中间结构比较复杂，可以使用软毛刷进行清洁；拍杆部分可以用柔软的毛巾进行擦拭；手胶部分擦拭时毛巾不宜湿度过高，擦拭后放在阴凉处晾干，避免暴晒；界墙的清理可以使用毛刷或毛巾。对器械定期进行检查和清洁既可延长设备的使用年限，也可避免病菌的滋生。保持器械及场地卫生是非常重要的环节，干净的场地和器械不仅能为我们带来良好的比赛和训练环境，使人心情愉悦，也对运动员的健康提供了有力的保障。

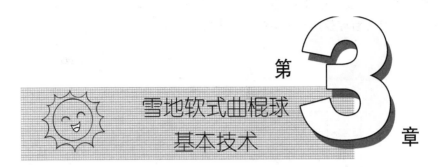

第3章 雪地软式曲棍球基本技术

 ## 第1节 雪地软式曲棍球技术的概念及其分类

雪地软式曲棍球技术,是运动员在雪地软式曲棍球比赛中进攻和防守过程中所运用的专用方法的总称。它是在比赛中不断实践、完善和发展起来的。

雪地软式曲棍球发展的短短几年间,各种基本技术得到不断的提高,在比赛中追求胜负结果的同时,双方球队把激烈的攻防转换、高效的配合、赏心悦目的进球等内容作为重要的组成部分。为了最终达到这样的效果,队员只有熟练掌握雪地软式曲棍球的基本技术,才能在比赛中采取有效的行动,正确合理地处理球,才能更好地贯彻教练的战术意图,从而到达战术上的要求。

任何一项体育运动,特别是集体项目运动,技术是完成战术配合的保证,战术的发展又反过来进一步促进技术的不断优化和完善。雪地软式曲棍球拼抢激烈、全攻全守的战术打法,对进攻和防守技术都提出了较高的要求。因此,雪地软式曲棍球基本技术无论是在具体内容上、难度上,还是在教学与训练的方法要求上,都向着全面、快速、实用的方向发展。

雪地软式曲棍球运动

雪地软式曲棍球运动是一项技术动作较为复杂的运动项目,根据队员在场上的位置,雪地软式曲棍球基本技术主要可以分为锋卫队员技术和守门员技术两大部分。但是,不管是守门员还是场上其他队员,在比赛中既要完成有球技术动作,也要完成许多无球技术动作,因此,雪地软式曲棍球技术动作主要又可以分为有球技术和无球技术两大类(图3.1)。

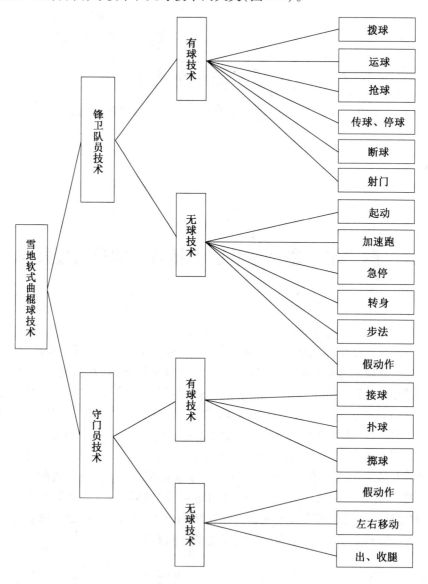

图 3.1 雪地软式曲棍球技术动作分类

第2节 运球与运球过人

运球与运球过人是队员个人控制球能力和在进攻区所体现能力的综合体现,熟练掌握运球及运球过人的基本技术并能在比赛中加以合理运用,对掌控雪地软式曲棍球比赛节奏、丰富战术体系、寻找进攻突破口并最终形成射门都具有很高的实战意义。运球与运球过人是队员通过有目的地控制球将球逐渐推进到对方防守区形成得分之势,它与毫无目的地运球向前推进有着不同的意义。在学习运球与运球过人的过程中需要熟悉每个动作的实战目的,通过不断的刻苦练习,最终掌握相应的技术动作,并在此基础上最终形成自己的技术风格。

一、运球技术

运球是队员在原地或跑动中使用球杆有目的地连续推、拉、拨、扣球,将球控制在可控范围以内的技术动作。而运球过人则是指队员采用不同的运球方法晃过防守队员并继续控制球的技术动作。运球技术主要包括跑动和球杆对球的控制两个要素。雪地软式曲棍球运球的跑动具有重心低、频率快、变向多等几个主要特征。这种跑动方式有助于队员及时调整身体与球的位置关系,适应运球急停、变速和变向等需要。球杆对球的控制主要通过双手对球杆的控制来完成,因此正确的握杆显得尤其重要,在进行运球技术动作介绍前,我们先来了解正确的握杆方式。

(一)正确的握杆方式

首先根据拍头弧度方向,球杆分为左手杆、右手杆。一般而言,右手握在球杆的尾部,形成右手在上、左手在下握住拍头凸面朝左方向的球杆,我们称之为左手握杆法;反之,则称之为右手杆握杆法。在日常生活中,右撇子通常习惯使用左手杆,而左撇子习惯使用右手杆,但这并非适用于所有情况。我们以左手握杆法为例详细介绍正确的握杆方法。

右手掌心张开将球杆顶端握住,以球杆尾部不超过掌根或完全被掌心所包裹为最佳(图 3.2)。右手不可握得过紧,以免影响动作的流畅性。

握杆时,球杆尾部不可超过掌根。左手自然握在离右手 20~30 厘米的距离,两手之间的距离没有固定,一般而言,两手距离越远,越有利于进行大力射门,而两手距离较近则有利于更好地控球及运球(图 3.3)。右手握杆法则是左手握在球杆顶端,右手在下方,且拍头的凹面向身体的前方(图3.4)。

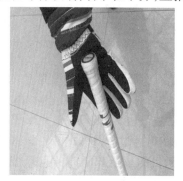

图 3.2　正确的握杆方法

图 3.3　左手杆　　　　　　　　图 3.4　右手杆

拿起球杆时,时刻注意不要拍头朝上举着球杆。在进行练习和比赛时,拍头的高度不允许超过腰部高度,否则将受到相应的处罚。进行练习时,尽可能保持双手握杆的习惯。

(二)运球基本技术特点及动作要领

运球技术主要分为原地运球和行进间运球两种。

1. 原地运球(正、反拍面)

原地运球的基本姿势:

双脚自然开立,保持与肩同宽或略超过肩宽的距离,双膝微屈,身体重心落在两腿之间,眼睛看着球(初学者眼睛可以跟随球的运动,之后逐渐过渡到眼睛余光观察球,主要靠手上感觉来控制球)。上身稍微前倾,拍头放在身体前方侧面并与身体成三角形。

特点:

有利于快速控制球,为下一个技术动作做准备,一般停球后接做原地运球动作。

动作要领:

运球时身体稍前倾,背部呈自然稍弯曲状,膝盖弯曲,重心落在两腿上。双手握杆,眼睛盯住球(初学者),用拍头的中部(正、反面皆可)控制球并拨动球向左(右)两侧移动。迅速提杆换位阻挡球的运行并改变球的运行方向。拍头必须紧贴球并追随球的滚行方向,到达左右两侧时,拍面稍倾斜压住球。具体过程(图3.5)。

图3.5 原地运球(正、反拍面)

易犯错误:

(1)双脚保持直立,膝关节没有弯曲,球离身体位置过远。

(2)提杆过高,运球时拍头没有贴住球,双手握杆过紧,动作生硬。

纠正方法:

(1)开始重点强调保持正确的身体姿势,放慢运球的速度,提高运球的稳定性,反复进行练习。

(2)开始运球初期,眼睛紧盯球,运球时强调拍面紧贴球并跟随球的运行方向,提杆改变运动方向时,拍面必须紧贴球,不可提杆过高,左右运行距离不必过大,反复进行练习。

(3)熟练的基础上,逐渐加快拨球速度,眼睛逐渐过渡到目视前方,利用眼睛余光观察球。

2. 原地运球（球拍正手单面）

基本姿势：

双脚前后分开，左脚在前（右手杆为例），中间保持肩部左右宽度，双膝微屈，把球放在身体右侧靠近中间位置，依然与身体成三角形状。

特点：运球动作幅度较小，运球速度快，可以较好地将球保护在自己可控范围之内。

动作要领：

运球时身体重心稍下压，用拍头凹面向前运球，运球即将结束时迅速将拍头竖起，停住球，然后继续向后做拉球动作，把球沿原路拉回，不断重复相同动作（图3.6）。

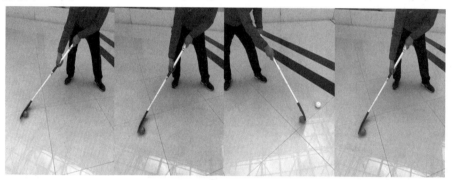

图3.6　原地运球（正手单面）

易犯错误：

（1）双脚保持直立，膝关节没有弯曲，球离身体位置过远。

（2）运球即将结束时拍头立起以及拉拍动作不够迅速，导致球失去控制。

纠正方法：

（1）始终保持基本的传球姿势，将球控制在自己身边。

（2）练习初始，保持动作缓慢，先体会动作，熟悉球性再加快速度。

3. 行进间运球

特点：

运球动作的幅度较大，控球难度增加，但易于改变运球方向，是比赛中必须掌握的运球方法，是运球过人技术的基础。

动作要领：

行进间运球时身体重心下压，双脚前后分开，移动时身体自然放松，双手握杆，拍头紧贴并推动球向斜前方移动，移动过程中依然保持左右运球动作。

行进间运球大致可以分为：直线运球、曲线运球、变向运球及运球转身

第3章 雪地软式曲棍球基本技术

4种。

(1)直线运球时,保持自然跑动,上身稍前倾,步幅可以适当加大。双手握杆,球置于身体侧面靠前的位置,拍头控制好球向前移动。

(2)曲线运球时,上身稍前倾,重心压低,步幅较小,拍头控制好球进行斜前方向的左右运球推进。

(3)变向运球时,根据变向角度的大小,调整球杆的位置,身体移动过程中,重心突然变向,球保持直线运行,变向时再改变球的运动轨迹。

(4)运球转身时,身体急停,用正手拍头凹面紧扣住球,绕着身体做转体360度并控制好球。反手反拍运球转身动作与正手正拍相反。

易犯错误:

(1)运球时,球离开身体的位置太远从而失去对球的控制。

(2)重心太靠前,主要靠腰部力量来支撑,没有利用腿部力量。

(3)手上动作太慢,再做转向时,球杆没有贴住球,无法控制球的运动方向。

(4)运球时,球杆离地太高,造成丢球,转体速度过慢。

纠正方法:

(1)加强手腕力量练习,提高自身对球杆的控制能力。

(2)练习中强调控制好身体重心,保持与球的正确距离。

(3)练习中强调球拍对球的控制力,始终用球杆感知球的存在。

4.根据不同的握杆方式,又可以分为单手运球和双手运球两种

(1)单手运球。

特点:

动作简洁自如,活动范围和空间较大,防守区域增加,易于加快奔跑速度。

动作要领:

单手握住球杆手柄顶端(不可握住手柄中间),身体自然放松,以前臂和手腕的力量来控制球杆。

易犯错误:

①运球或击打球时,由于单手力量较差的原因,导致挥杆过高。

②稳定性较差,容易失去对球的控制。

纠正方法:加强力量练习。

(2)双手运球。

特点:双手握杆运球稳定性强,控球能力强,运球速度较慢。

动作要领:

见原地运球技术动作。

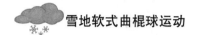

一般而言,日常练习中,主要以双手握杆运球为主,单手运球为辅。单手握杆法主要应用在防守技术当中。在进行任何形式的运球时,切记眼睛不可长时间盯住球看,主要是靠球拍和球的接触来感知球的位置(初学者可以目视球进行运球),应该时刻注意观察场上的具体情况,为下个技术动作做好准备。

二、运球过人

(一)运球过人动作分析

运球过人是队员在控制好球的基础上,根据战术需要及对手的防守位置和重心变化情况,利用速度、方向或身体变化等因素,获得时间和空间位置上的优势,从而突破防守的一种技术动作。运球过人从动作过程上大致分为三个阶段。

1. 运球接近阶段

当持球队员运球接近防守队员时,身体重心略下降,加快步频,减小步幅,同时牢牢控制好球,利用身体的变向、变速或球的来回移动等假动作迷惑防守队员,使对方发生判断失误并做出错误的防守动作。

2. 运球超越阶段

持球队员利用假动作及快速的变向移动等创造出足够的空间和时间,成功突破防守队员的防线。

3. 跟进保护阶段

在球穿越防守队员的防线时,运球队员的身体重心要跟上球的移动,保证突破防守后,身体和球一起通过防线并重新控制好球以利于进行下一个动作。

运球过人时应注意掌握良好的突破时机、合适的突破距离以及选择合适的突破速度和突破方向。提高动作的隐蔽性、突然性和敏捷性,准确掌握突破对方防守的时机,高效地完成运球过人的任务。

(二)运球过人的技术方法

运球过人有着形式多样的技术方法,但无论怎么变化,基本都是通过快速改变球的运行方向和运球者的速度来达到突破防守的目的。以下为几种常用的运球过人方法:

1. 强行突破

强行突破是指队员突然运球启动,依靠自身的速度强行超越对手的过人方式(图3.7)。可以双手握杆运球突破也可以使用单手运球突破。通常须具备以下几点才可进行强行突破过人:

第3章 雪地软式曲棍球基本技术

图3.7 运球强行突破

（1）队员爆发力强，奔跑速度快，启动速度快。
（2）突破时机恰当，通常在防守队员犹豫不决之时。
（3）防守队员身后有较大的空档，突破后其他队员不能及时补防。
（4）拍头推球距离要稍远些，以便加快奔跑速度超过对手。

2.运球假动作突破

运球队员利用身体的虚晃、球杆的变化、佯装射门或传球等动作迷惑对手，使其产生防守错误的判断，从而抓住时机运球突破防守（图3.8）。采用运球假动作突破应注意以下几点：

图3.8 运球假动作突破

（1）进行突破前，首先观察防守队员的站位与反应。
（2）握杆的手腕关节要灵活，保证球始终在控制范围内。
（3）假动作要真假动作相结合并且逼真，球杆和身体要配合协调。

(4)做虚晃动作时,不可失去身体重心,球速要快。

(5)假动作过人后,要加速摆脱防守队员。

3. 快速推、拉、拨、扣球突破

双手紧握球杆快速推、拉、拨、扣球,不断变换球的运行方向,使防守队员无从判断运球队员的真实意图。通过不断的运球来寻找突破的空间进行快速的突破。采用此运球方法应注意以下几点:

(1)熟练掌握运球的技巧,推、拉、拨、扣等动作必须快速而准确。

(2)注意观察防守队员的反应,找到突破的时机。

(3)主要通过腕关节的变化来改变球的运行方向。

(4)身体重心起伏不宜过大,球杆和身体要协调配合。

4. 身体掩护运球突破

双手紧握球杆侧身掩护球,利用运球速度的变化,来摆脱身体侧面防守队员(图3.9)。采用此方法应注意以下几点:

图3.9 身体掩护运球突破

(1)必须借助身体的掩护使防守队员远离球来保护球。

(2)双手紧握球杆,运球速度变化要突然且隐蔽。

(3)控球能力要强,能随时控制住球的速度变化。

5. 利用界墙反弹运球突破

利用界墙反弹运球突破是指运球者在靠近界墙处运球突破防守队员时,利用界墙的反弹,将球击打至界墙,球反弹越过防守队员,运球者快速超越防守队员并接住反弹球从而达到突破防守的目的。采用此方法应注意以下几点:

(1)事先计算好球的反弹角度,既要保证能绕过防守队员,又要保证自己突破后能接到球。

(2)击打的力量要适中,确保不会被防守队员抢断。

(3)要有足够快的速度以突破防守队员。
(三)运球过人时球杆和拍头的基本动作
1. 推球

推球是用球拍的正面或反面触球,使球向前方或侧前方滚动。用球拍的正面推球叫"正拍推球",用球拍的反面推球叫"反拍推球"。推球动作主要发生在身体两侧,球拍拍头始终保持着地状态(图3.10)。

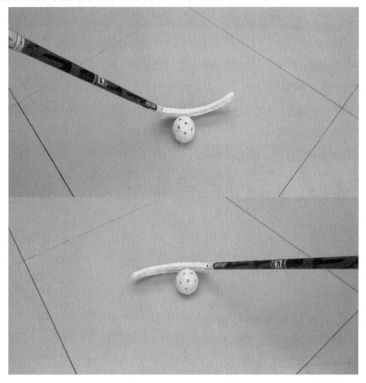

图 3.10 推球

易犯错误:
(1)推球时拍头离地,失去对球的控制。
(2)推球时拍头击打球而没有紧贴球,眼睛紧盯球。
(3)拍头离身体的位置过远,身体重心偏高。
2. 正、反面拨球

拨球是使用拍头中后部触球,使球向左、右两侧移动的技术。拨球时拍头必须紧跟球的运行方向(图3.11)。

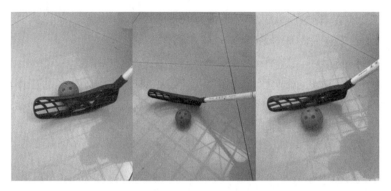

图 3.11　正、反面拨球

易犯错误：

（1）拨球时拍面没有紧贴球而是击打球，使拍头不能与球同步运行，无法控制球的运行方向与节奏。

（2）正、反拍换位时，提杆过高，失去对球的控制。

（3）左、右拨球速度过慢，无法达到过人的目的。

（4）身体重心过于前倾，膝关节没有弯曲。

3. 扣球

扣球是运球时队员使用球杆拍头的凹面突然扣压滚动中的球，使球突然停止或改变运动方向的技术动作。扣压时，拍头着地，拍面倾斜下压，身体重心稍下降。

易犯错误：

（1）扣压时速度不够快，拍面倾斜度不够。

（2）握杆不紧，失去对球的控制。

（3）身体重心过高。

4. 拉球

拉球是运球时队员腕关节转动，使用球杆拍头的凹面将球停住并迅速往自己身体内侧拉回，使球更靠近自己身体的技术动作。

易犯错误：

（1）腕关节僵硬，不灵活，没有转腕，无法将球拉回自己身体内侧。

（2）拍头离地，球与身体之间的距离过远。

5. 挑球

挑球是用拍头的凹面将球挑起，挑起后将球抛向空中或自己重新停球或穿越防守队员或在空中飞行朝向本方队友的技术动作（如图3.12）。

第3章 雪地软式曲棍球基本技术

图3.12 挑球动作过程

易犯错误：
(1)挑球的部位掌握不好,无法将球挑起或角度或方向不对。
(2)无法掌握合适的挑球力度,传球精准度不够。
(3)挑球后,拍头的随挥动作过大,高度超过腰部而犯规。
(4)挑球后重心跟进迟缓,影响控球和快速衔接下一个动作。

推、拨、扣、拉、挑等技术动作既是最基本的又是在日常训练中进行熟悉球性练习行之有效的方法。在实际运用过程当中,这些动作既可以单独使用,也可以有机组合在一起使用,通过不断的练习,最终达到自如使用的程度。

第3节 传球

传球是比赛得以顺利进行的重要环节,是所有技术中最基本,也是重要的技术。它是组织全场进攻、贯彻战术意图、渗透突破、创造射门机会并得分的重要手段。传球的方法主要有正手长距离传球、正手短距离传球、反手短距离传球、反手击传球、空中球等。

一、传球前的准备姿势（以左手杆为例）

双手紧握球杆,侧身双脚前后站立,比肩稍宽,右脚在前,左脚在后。双膝微屈,重心落在两腿之间,拍头触地置于体侧,目视传球方向。球放置在拍头中间(图3.13)。

图 3.13 传球准备姿势

三、各种传球技术特点和动作要领（左手杆为例）

（一）正手长距离传球

特点：

正手长距离传球是常用的传球动作，这种方式控球时间长，可以更容易地掌控传球的方向，传球的准确度高，传球力量大。通常在伴装射门后或用侧身掩护运球后使用，是进行长距离传球的理想方法（如图3.14）。

图 3.14 正手长距离传球

动作要领：

（1）传球时，球放在身体侧后方，拍头控制好球从侧后方向前移动，速度逐渐加快，目视传球方向。

（2）球在离开拍头前，始终保持与拍头的紧密接触。

（3）球超过前脚时与拍头分离，此时速度达到最快。

（4）拍头在移动过程中，始终指向传球方向，拍头始终压住球，左手用力压住球杆，使球杆保持一定的弹性。

（5）保证足够的转体幅度和速度，从而保证出球速度，从身体后方挥杆的距离越长，传球的准确度越高。

易犯错误：

（1）面向传球方向双脚平行站立，造成无法转体，不能使用腰部力量进行传球。

（2）挥拍时下手不用力，造成拍头压住球向前移动时，稳定性不够，出球不顺畅。

（3）传球时，眼睛盯住球而没有目视传球方向。

（4）双手之间距离太近，转体不够，出球力量太小，随挥动作过高。

纠正方法：

（1）分解练习传球的基本姿势，先进行无球练习，再进行有球练习。

（2）在练习中强调拍头对球的控制，将球放在身体侧后方开始传球，强调拍头移动的稳定性。

（3）传球后有意识地控制随挥动作，拍头高度尽量控制在腰部以下。

（二）正手短距离传球

特点：

正手短距离传球动作隐蔽性强，球与拍头的接触时间短，挥杆动作快速，球杆没有随挥动作。拍头的弧度过大或击球点过于靠近球的下方容易传出空中球。此种传球方法快速准确，适用于各种情况下的传球，特别是在受到防守干扰、运球空间狭窄时使用，传球力量较小，距离较短（图3.15）。

图3.15　正手短距离传球

动作要领：

（1）双手握杆方法基本同正手长距离传球一致，拍头与球的运行距离短。

（2）膝关节微屈，重心稍向前移动，转体幅度小，出球后球杆没有随挥动作，目视出球方向。

（3）将球控制在两腿之间，出球时，不必超越前脚即可出球。

易犯错误：

（1）出球位置不对，身体重心过于靠后。

（2）击球点过于靠近球的下方，从而传出腾空球。

（3）出球后挥杆过高。

纠正方法：

（1）将球放置在正确的位置，进行原地固定点练习。

（2）传球前，拍头有意识地下压，控制出球方向。

（3）传球时，拍头紧挨地面，进行短促有力的传球练习。

（三）反手短距离传球

特点：

反手短距离传球通常在反手停球后使用，具有挥杆动作小，出球较为平稳但控球难度较大的特点（图3.16）。进攻中，正手传球遇阻时也可换反手进行传球。也可单手进行反手短距离传球。

图3.16 反手短距离传球

动作要领：

（1）准备姿势基本同正手传球，两脚之间距离更短。当主动将球从正手拉至反手时，左脚可以上步，形成左脚在前、右脚在后的姿势。

（2）双手握杆方法保持不变，但双手之间距离更近。

（3）身体微右转，用反拍接停球时，进行必要的缓冲将球停下。从后往前移动过程中拍头和球始终保持接触直至将球传出。

（4）传球时，身体重心逐渐前移，出球后没有随挥动作。

(5）左脚在前时，传球动作同正手，保持左手在下将球推送出。

易犯错误：

(1）双手握杆的距离过远，转体不够。

(2）反拍推送球的过程，由于凸面光滑，失去对球的控制。

(3）重心过于靠前，失去对身体的控制

(4）眼睛盯住球，没有目视传球方向。

纠正方法：

(1）先进行原地反手长距离传球练习，体会控球的感觉。

(2）在练习中，注意拉球、上步、转体协调配合。

(3）推送球动作要快，拍头保持稳定。

（四）反手击传球

特点：

反手击传球挥杆动作幅度较大，传球力量较大，但传球稳定性不高（图3.17）。

图 3.17　反手击传球

动作要领：

(1）身体转体动作幅度不大，双手握杆拍头朝后方做后引动作，传球力度大小由引拍动作幅度大小决定。

(2）传球时拍头不可着地，直接与球进行接触并用拍头反面中部位置击打球。

(3）重心基本保持不变，目视传球方向。

易犯错误：

(1）向后引杆动作幅度太大，击球时拍头击地。

(2）传球时上身后仰，传球后随挥动作过大，特别是单手反拍传球时由于

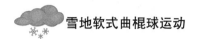

手臂力量的缘故,无法控制球杆随挥高度。

纠正方法:

(1)加强手臂力量练习,双手握杆距离稍近。

(2)先进行原地练习,体会挥杆动作,正确掌握击球点。

(五)空中球

特点:

当防守队员阻挡住地面的传球路线时,可利用拍头的凹处进行挑高球技术传球,空中球不易停住,容易造成对方防线混乱。

动作要领:

(1)重心稍下降,球杆略放平,拍头置于球的中下部位。

(2)击球瞬间,腕关节发力,利用拍头的凹处将球挑向高空,以穿越防守队员的防线为最佳。

(3)目视传球方向,控制球杆的随挥动作,避免造成高杆犯规。

易犯错误:

(1)击球点过于靠上,出球高度过低。

(2)击球后,球杆的随挥动作过大,拍头高度超过腰部。

(3)传球时没有目视传球方向,影响球的落点。

纠正方法:

(1)进行原地使用球杆捡球练习,直至能使用球杆熟练将球挑起并保持球稳定在拍头上为止。

(2)进行双人近距离的相互之间的挑传球,掌握腕关节发力的方法,控制球杆的随挥高度。

 第4节 停球

一、停球动作技术分析

在雪地软式曲棍球比赛中,除守门员在守门员区域内可以用身体的任何部位触球外,其他任何场上队员都不允许用手臂、头停球。除此之外,身体的其他部位几乎都可以用来作为停球的部位。但必须在身体与地面保持接触的情况下,如双脚离地则只允许用球杆触球。在对方队员使用球杆触碰球之前,可以用脚触球一次,脚部不得进行连续的触球。

第 3 章　雪地软式曲棍球基本技术

停球是利用球杆或身体允许部位将运动状态中的球控制住的过程,从雪地软式曲棍球停球的动作结构来分析,一个完整的停球动作主要包括判断、准备、触球和后续动作四个环节。

(一) 判断

队员在停球前,应该迅速对来球的速度、落点、运动的路线等做出正确的判断,同时注意观察场上同伴的位置,做好停球后再传球的准备。在正确判断的基础上,合理地移动选位,占据有利的停球位置。

(二) 准备

良好的停球准备姿势和正确合理的选位是接好球的保证,停球效果的好坏主要取决于身体和球杆的准备情况,因此在停球时身体重心稍下降,双膝微屈,拍头置于地上,目视来球方向。

(三) 触球

触球是整个停球动作中最重要的环节,通过削弱来球的冲击力来降低球速,最终将球停稳。而削弱来球的冲击力通常可以采用缓冲或改变球的运行路线的方法。

1. 缓冲

缓冲是削弱来球冲击力的有效方法之一。通常情况下,球杆停球部位触球时间越长,其对球的缓冲作用越好。为了延长触球时间,队员可以事先通过使用球杆拍头停球部位的前迎来加大触球后引球后撤的距离,从而减缓球的冲击力。迎撤动作的幅度和速度取决于来球的速度,来球速度慢,则拍头迎撤幅度小且速度慢,来球速度快,则拍头迎撤幅度大且速度快。球杆迎撤动作主要靠手和身体的协调配合来完成,因此,停球时身体也需跟随球杆稍做后撤动作,缓冲动作主要由球杆来完成。

2. 改变球的运行路线

通过改变球的运行路线来减弱球的速度也是停球的有效方式。在身体与地面保持接触的前提下,除头部和手以外,身体其他任何部位和球杆都可以作为停球的部位。球以一定的角度触及地面、拍面或人体时,会因为能量受到损耗而削弱冲击力。因此,队员可以通过推压、收挺、拉引等动作使球改变原来的运行方向,最终达到降低球速将球控制住的目的。

缓冲和改变球的运行路线都可以削减来球的速度,从而减轻球的冲击力。一般而言,迎撤球的准备时间较长,拍面与球的接触时间长,通常在具有相对宽松的时间和空间时使用该动作技术,而迎击球准备期短,动作幅度小,拍面触球时间短,通常适用于快节奏的拼抢状态。

比赛中常用的停球方式主要有以下几种:

（1）迎撤：是指以球杆拍面部位迎接球，在触球的刹那向后引撤以缓冲来球冲击力的方法。停球前的迎球动作和触球后的后引动作要协调连贯，后引的时机要恰到好处，迎撤的幅度和速度与来球速度相对应，从而达到最佳的缓冲效果。

（2）推压：是指推和压合二为一的连贯动作，多用于停反弹球。在对来球的落点做好判断的前提下，使拍头呈一定角度对准球的落点，在球落地的刹那，迎着球的反弹方向下压，随即与推合成一个动作，其作用力与球的反弹力形成的反作用力，使球改变运行方向、减弱速度并最终被球杆所控制。此停球方法须准确判断来球的落点、反弹时间和反弹路线，掌握好推压的角度和时机。

（3）按压：是利用拍头与地面所形成的角度来夹紧球，迫使球停止滚动的方法，多用于停地滚球。按压时，拍头必须与地面成锐角，迎球的瞬间，稍后撤同时用力下压，增大球与地面和拍头之间的摩擦阻力，使来球力量得到削弱，从而达到控制球的目的。

（4）收挺：收挺动作多用于停空中球，主要由身体某一部位完成。收是指停球部位的后缩动作，具有引撤缓冲动作的效果；挺是指停球部位呈一定角度主动迎接球并推送的动作，其作用是通过向上改变来球方向以达到停球的目的，通常胸部停球较常使用该动作。

（四）后续动作

停球的后续动作影响着停球的最终效果。不管是球杆还是身体部位停球，停球后都须迅速调整身位，利用球杆将球控制在自己可控范围之内，并迅速决定下一个技术动作——运球过人或传球。后续动作会为贯彻球队战术意图打下坚实的基础。

二、停球的技术特点和动作要领

从雪地软式曲棍球停球的部位来看，主要分为球拍、胸部、大腿三大类。脚部也可以作为停球的部位，但是在对方队员触球前，只能用脚部触球一次。

（一）球拍停球

球拍停球是雪地软式曲棍球比赛中最为常用，也最为重要的停球方法。它可分为正手和反手两种停球方式。

1. 正手缓冲式停球

特点：

动作幅度较大、用途广泛、接球平稳、可靠性强。

第 3 章　雪地软式曲棍球基本技术

动作要领(图 3.18)：

图 3.18　正手缓冲式停球

(1)停地滚球：首先准确判断来球的速度和方向，及时调整身体姿势，做好停球前的准备。拍头置于地面，拍面与地面成锐角角度摆放。在球即将到达身体附近时，拍面上前迎接球，在即将触球的刹那，拍头随即后引缓冲球速，将球控制在体前。身体微侧转并与双手协调配合，双膝微屈。

(2)停空中球：双手紧握球杆，目视来球方向，拍头的凹面朝向来球。拍面触球瞬间，拍头快速下引缓冲将球卸下并控制好。拍头迎接球的高度须在膝盖以下。

(3)停反弹球：双手握杆，目视来球，判断球的落点，在球落地弹起的瞬间，用拍面往下压停住球并迅速控制球。

易犯错误：

(1)无法准确判断来球的位置或落点，不能选择最佳的迎球位置，没有做好停球准备。

(2)迎接球时机掌握不好，无法准确掌握来球的速度，缓冲效果差。

(3)做引撤动作时，双手和身体过于僵硬，不柔和，导致控球不稳。

(4)停球后没有进一步的保护动作，造成停、控动作脱节。

纠正方法：

(1)先进行分解动作和无球模仿练习，提高动作的协调性。

(2)提前做好停球前的准备，保持正确的停球姿势。

(3)对墙传球，待球落地弹起时，进行停球练习，提高手、眼的协调配合能力。

(4)在停空中球时，握杆双手放松，可先进行借助屈膝下蹲的缓冲来降低球速，而后再练习拍头下撤后引动作。

2. 正手压迫式停球

特点：

动作简捷、幅度小，但失误率较高，变化较少，主要在停地滚球且来球速度较快时使用。

动作要领(图3.19):

图3.19 正手压迫式停球

(1)拍面置于地面与地面形成锐角,双膝弯曲,身体重心前倾。

(2)停球前稍做迎球动作,触球瞬间,拍面用力下压,将球夹在地面与拍面之间。

(3)停球结束时,球位于身体后侧方。

易犯错误:

(1)拍头离开地面,造成漏球。

(2)后引时机和速度掌握不好。

(3)没有用力压球杆,球与拍面和地面之间的摩擦力不够。

纠正方法:

(1)练习时拍头始终保持与地面的接触。

(2)加快来球速度,练习时保持拍面与地面合适的锐角。

3. 反手反拍迎撤式停球

特点:

动作幅度稍大、技术难度较高、停球范围较大(单手停球)。

动作要领(图3.20):

(1)目视来球方向,判断来球速度和路线。

(2)身体重心稍前移,拍头置于地面,凸面朝向来球方向。

(3)触球瞬间,拍面迅速后撤缓冲来球冲击力,随后将球控制稳定。

(4)其他动作要领同正手缓冲式停球技术动作。

第 3 章　雪地软式曲棍球基本技术

图 3.20　反手反拍迎撤式停球

易犯错误：
(1) 对来球路线和速度判断能力差，站位不当，影响整个动作的完成。
(2) 控制不好拍面触球点，造成球从拍面两侧滑出。
(3) 单手停球时，无法掌握快速后引的速度。

纠正方法：
(1) 原地练习球杆后撤动作，熟悉凸面触球的特点。
(2) 加强手臂力量练习，提高握杆的稳定性。

（二）胸部停球

雪地软式曲棍球比赛中，主要的停球方式都是通过球杆来完成的，身体部位停球只是对停球方式的补充且主要用来停空中球。

特点：
触球点较高、停球面积大，适用于停胸部以上高度的来球。

动作要领：
(1) 挺胸式停球：准确判断来球落点，单手握杆，拍头朝下。身体正对来球，两脚自然开立，双膝微屈，上体稍后仰与来球形成一定角度。触球瞬间，胸部主动挺送，使球触胸后弹起落于体前，随即快速双手握杆将球控制。
(2) 缩胸式停球：准确判断来球落点，单手握杆，拍头朝下。球触胸瞬间，迅速收腹、缩胸，缓冲来球的力量，使球落于体前，随即快速双手握杆将球控制。

胸部停球时，双脚不可离地，球杆高度不可超过腰部，且不能使用胸部连续触球。由于雪地软式曲棍球重量轻、速度快，因此，将球停下之后，必须快速控球并进行下一个技术动作（图 3.21）。

图3.21 胸部停球

易犯错误：
（1）对来球落点的判断有误，站位不当。
（2）触球时，身体协调性不够，收挺时机掌握得不好，缓冲效果差。
（3）挺胸接球时，上体仰角不合理，球的反弹角度和落点不理想。
（4）胸部卸下球后，球杆没有及时跟进，失去对球的控制。

纠正方法：
（1）原地进行分解动作练习，提高身体协调性。
（2）先进行近距离一对一手抛球练习。
（3）队员可以进行自抛自停，体会上身的仰角、收挺动作、角度控制。
（4）先原地练习停反弹球，再过渡到胸部卸球后停反弹球。

（三）大腿停球

特点：

大腿的停球部位面积较大，肌肉丰富而有弹性，动作较简单，适用于接有一定弧度的高球。

动作要领：

（1）接高空下落球：双手或单手握杆，拍头置于地面，身体正对来球，停球腿屈膝上抬，以大腿中部位置对准来球。触球瞬间，接球腿积极下撤后引，同时肌肉放松，加强缓冲的效果，将球停于身前，并迅速用球杆控制球（图3.22）。

（2）接快速平直运行的空中球（高度在腰部以下）：身体正对来球，支撑脚先跨出屈膝。停球腿膝关节朝下，大腿与地面垂直或小于90度。停球瞬间，

第 3 章　雪地软式曲棍球基本技术

停球腿快速后引下撤,同时肌肉放松,加强缓冲,将球停于身前并迅速用球杆控制球(图 3.23)。

图 3.22　大腿停高空球

图 3.23　大腿停低平球

易犯错误:
(1)停球时,大腿引撤的时机和速度掌握得不好,缓冲效果差。
(2)停球时,球杆上举,手腿不协调。
(3)大腿停球的部位不正确,停球效果不理想。
纠正方法:
(1)先原地不持球杆进行抛球、停球练习,掌握腿部合适的引撤时机。
(2)用球杆挑球,将球传向对方队员进行一对一腿部停球练习。

第 5 节　抢球与断球

雪地软式曲棍球比赛中,抢球是指队员使用球杆将对手控制的球直接抢夺过来或破坏其下一步控球动作,使其失去控球权的动作方法。断球则是在规则允许的前提下,队员使用球杆或身体部位将对方队员之间所进行的传球截断的动作方法。这两种动作方法是主要的防守手段,雪地软式曲棍球比赛对抗激烈,攻防转换瞬息万变,合理有效的抢、断球对提高球队的防守水平非常重要。本节主要介绍抢球和断球的基本动作方法,常见错误及纠正方法。

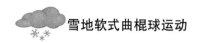

一、抢球和断球的技术动作分析

抢球和断球是两种不同的技术动作,但是从具体动作环节上来分析,主要都是由判断选位、原地或上步出杆抢断和抢、断球后的衔接动作三个部分组成。

1. 判断选位

预判是所有准备防守技术动作的前提,因此,准确的判断是进行有效抢、断球的前提条件,是进行移动选位的依据。防守队员在防守并准备进行抢球时,首先要对进攻方的动作意图、动作动机、动作变化、控球距离等情况进行分析判断,并据此选择和调整自己的防守站位,调整自己的球杆位置。通常情况下,防守队员应该站在对手与本方球门中点连线上,阻止对手往中路传球或进行射门。当对手背对球门时,可采用贴身逼抢防止其转身,并伺机进行抢球。

断球时,防守队员应准确判断进攻方的传球意图、传球时间、传球方向以及传、接队员的位置关系等,选择或调整自己的防守位置及球杆的摆放位置。通常情况下,防守队员应该站在对手与本方球门中点连线上,并偏向有球一侧,与对手的距离应该是向前有利于断截,向后有利于封堵,在封堵好对手传球路线的基础上,争取断球机会。

2. 原地或上步出杆抢断

队员原地或上步伸出球杆进行抢、断球要掌握合适的抢断时机,使用正确的抢断动作。抢球时,要时刻观察进攻队员的运球动向,在封堵过程中寻找机会进行抢断,只要有机会就要积极抢先断截对方的球,但是切忌不顾后果盲目抢断。

当球在空中运行距离较长,接球队员把注意力放在球上并消极等球时,此时是断球的良好时机。此时,利用有利的身体位置,原地快速抢先一步伸出球杆触到球,将球断下。

而抢球的时机多是在对手触球瞬间,球暂时失控或远离控制时,抢先伸出球杆将球抢下。

抢、断球时既可以使用双手握杆法也可以使用单手握杆法,抢、断球的动作方法也较为多样。但是无论采用哪种动作,都应具备突然、迅猛、准确的技术特征,出其不意使对方反应不及。抢、断球时,重心前移,双手紧握球杆,加大力量积极前伸,动作硬朗,保证抢断时的动作力度。

第3章 雪地软式曲棍球基本技术

3. 抢、断后的衔接动作

抢、断球的主要目的是获得球或球的控制权,但是在危机情势下也具有破坏的性质。因此,在进行抢球和断球时应该考虑后续的动作,一旦抢、断成功,球杆应该迅速回收或向球的方向快速移动,保证抢、断球和控球的连贯性。

二、抢、断球的技术特点和动作要领

(一)抢球

1. 正面抢球

进攻队员运球准备正面突破防守队员,防守队员使用球杆将对手所控制的球抢过来的技术动作,称为正面抢球。包括原地出杆抢球和上步出杆抢球。

动作要领:

(1)原地出杆抢球:双脚左右开立,双膝微屈,身体重心下移并落在两腿之间,正面迎向对手。在对手运球试图突破时,判断好球的运行方向,双手紧握球杆并迅速伸出,用拍头将球抢下(图3.24)。

图 3.24 原地出杆抢球

(2)上步出杆抢球:出杆抢球前,双脚左右开立,双膝微屈,重心落在两腿之间,正面迎向对手。出杆的同时,迈步向前,重心前移落在前脚,形成弓箭步。双手紧握球杆,拍头下压前伸,动作简洁有力(图3.25)。

图 3.25　上步出杆抢球

易犯错误:

(1)抢球前的站位不正确,身体重心不稳,上步抢球时,重心没有前移,不能及时控球。

(2)抢球的时间掌握不好,无法抢先触球。

(3)出杆动作慢,双手没有握紧球杆,抢球动作力量小。

(4)出杆抢球时动作不合理导致违例。

纠正方法:

(1)首先进行原地无球动作练习,体会身体重心位置。

(2)从弱到强进行对抗练习,提高爆发力。

2.侧面抢球

侧面抢球是当防守队员与运球队员平行跑动或从后方前追成平行位时使用球杆实施抢球的动作。主要包括合理身体接触抢球和卡位抢球两种。

动作要领:

(1)合理身体接触抢球:当防守队员与运球队员并肩跑动时,身体重心稍下移,同对手接触一侧的手臂紧贴自己的身体,肌肉紧张,全身用力,用肘关节以上部位挤、靠对手相应部位,使其失去平衡而乘机用球杆将球抢夺过来(图3.26)。

(2)卡位抢球:当防守队员与运球队员并肩跑动时,在身体靠近对手的瞬间,突然加速,迈步上前,使用髋关节将对手位置卡住并乘机用球杆将球抢夺过来(图3.27)。

易犯错误:

(1)跟不上运球队员的速度,无法进行合理的身体接触或卡位。

(2)冲撞部位错误,造成犯规。

(3)冲撞时,肘关节展开,以肘部推人,造成犯规。

第 3 章　雪地软式曲棍球基本技术

图 3.26　合理身体接触抢球

图 3.27　卡位抢球

3. 侧后方抢球

侧后方抢球通常发生在进攻队员已突破防守或背对防守队员之时。由于位置上的劣势,多数情况下,防守队员都使用单手持杆法,以增加防守距离和面积,从而达到抢断的目的(图 3.28)。

动作要领:重心稍前移,单手持杆,从身体一侧将球杆伸出。另一只手放置在胸前倚靠住对手背部进行保护,干扰对手的运球。

图 3.28　侧后方抢球

易犯错误：
(1) 动作不连贯，单手力量不足，球杆移动位置过高。
(2) 身体重心过于靠前，手部有推搡动作，造成犯规。
(3) 抢断时，球杆从对方双脚之间穿过，造成犯规。

第6节　射门

　　雪地软式曲棍球是以双方进球数来决定胜负的对抗性体育项目，而射门直接决定着进球数的多少。比赛中所有的进攻与防守的变化最终目的都是为了形成射门并取得进球。雪地软式曲棍球的射门是指队员运用球杆将球击打进对方球门的技术动作。比赛中射门的技术动作多种多样，要想在对方严密的防守和拼抢下，有效地完成射门，必须要有强烈的射门欲望，善于把握射门时机，选择正确的射门方法。

一、射门动作的技术分析

　　射门是指队员利用球杆拍头的某一部位将球击向预定目标的技术动作。射门的基本技术同传球类似，其完整的动作过程包括引拍、击球及随挥动作三个环节。

1. 引拍

　　引拍是指队员击球前的向后挥杆动作。其作用是调整球杆与球之间的相对位置，使击球前获得相当的动量，通过动量传递，增加击球的力量和速度。任何方法的射门都离不开引拍动作，一般来说，引拍动作越大，距离越远，击球时的力量和速度越大。但切记在引拍过程中，拍头的高度不可超过腰部，以免造成犯规。

2. 击球

球拍击打球是射门技术的核心,是决定射门质量的关键。它包含击球部位、击球时间和击球动作等。

(1) 击球部位：是指击球时球拍与球的接触点,如球的后中部、中下部还是侧面部位等。它决定了球被击打出去后的飞行方向。

(2) 击球时间：是指球拍作用于球的时间。在固定条件下,增加触球时间,能加大击球力量,并有助于控制球的飞行方向。而缩短触球时间,则可加快求得飞行速度。

(3) 击球动作：是指击球时球拍作用于球面时的形状及发力状况。根据不同的射门方法选择不同的拍头形状,触球的瞬间,双手紧握球杆,确保击球时拍头的稳定。

3. 随挥动作

随挥动作是指球杆击球完毕后的一段随球前摆的过程。这种随挥动作既可以很好地衔接前面的动作,也可以对尚未达到最高速度的球起进一步加速的作用,同时也有利于身体和球杆的协调配合。需要注意的是随挥动作结束时,拍头的高度不得超过腰部。

二、各种射门技术特点与动作要领

射门的目的是为了取得进球,因此在出球时尽可能地让球速更快、更有力。根据不同的情况,射门的方法也有所不同,主要的射门方法有扫射射门、弹射射门、正手击射、击球射门、大力击射、空中球、转身射门、背身射门、反手射门等。

（一）扫射射门

特点：

球位于体侧,挥杆动作幅度较大,出球前的运行轨迹较长,射门精度高,射门力量相对较小。通常在队员具有较多准备时间的情况下使用,由于手腕发力射门时,球在离开拍头前始终保持与拍头的紧密接触,因此,在发任意球时,不可使用手腕发力射门动作（图3.29）。

动作要领：

(1) 双脚前后分开站立,双膝微屈,重心落在后脚上。

(2) 球杆后引,拍头着地,控制好球置于后脚附近。

(3) 拍头控制好球,保持与地面的接触,从后往前逐渐加速挥杆,同时双

图 3.29 扫射射门

手逐渐加力,球杆下压,充分利用球杆的弹性,增加出球的速度和力量。

(4)转体,重心逐渐前移,出球点在体前或超越前脚的位置,出球瞬间,手腕发力将球射出,并控制好拍头使之指向出球方向。

(5)出球后,重心在前脚,抬头,目视射门方向。

易犯错误:

(1)球离身体过远,不利于控球,运行距离过短。

(2)双手没有下压,重心没有前移,转体不够,影响出球效果。

(3)出球后,随挥动作过大,眼睛盯住球,没有目视射门方向。

纠正方法:

(1)可先进行分解练习或无球模仿练习,也可结合固定球进行练习。

(2)练习中强调球杆下压,重心由后往前移动并转体。

(3)保持正确的握杆姿势。

(二)弹射射门

特点:

速度快、准确度高,反应时短,可以在各种不利条件下使用,通常在离球门很近时使用。

动作要领:

(1)双脚前后分开站立,重心落在双脚之间,胸部朝向射门方向。

(2)双手握杆距离稍近,引杆动作小,球置于两腿之间,出球点在体前或超越前脚的位置。

(3)稍转体,腕关节发力,控制好拍头将球射出。

易犯错误:

(1)拍头位置控制不稳,造成出球方向远离目标方向。

(2)随挥动作过大,拍头高度超过腰部。

第3章 雪地软式曲棍球基本技术

（三）正手击射

特点：

正手击射是最简单、最原始的射门方法。挥杆动作幅度大、出球力量大、速度快，对球杆要求不高。通常在队员有较长准备时间时使用，后卫在中场位置进行击射居多，也适合初学者使用（图3.30）。

图3.30　正手击射

动作要领：

（1）双脚分开，前后站立，充分利用转体的力量。

（2）球稍远离身体置于体前或前脚前方，大幅度后引拍，但高度不可超过腰部。

（3）触球前，拍头不与地面接触，保持拍头运行轨迹平直。

（4）双手握杆距离较近，转体，用拍头的中下部位击球，出球后控制球杆随挥的高度。

易犯错误：

（1）双手握杆距离过远，减少了击球时的力量和速度。

（2）击球时拍头着地，影响击球的效果。

（3）没有充分利用转体的力量。

纠正方法：

（1）练习正确的击射握杆方法，先进行无球练习，控制后引拍和出球后随挥动作球杆的高度。

（2）注意力高度集中，确保击打球的正确部位。

（四）击球射门

特点：

出球速度快、力量大，击球稳定性高，是队员较为喜欢使用的射门方法之一（图3.31）。

图 3.31 击球射门

动作要领：

（1）双脚分开，前后站立，双膝微屈，重心稍靠后。

（2）双手紧握球杆，拍头着地，球杆呈弧线向后引拍，球位于前脚附近。

（3）转体、重心逐渐前移，目视射门方向，拍头着地，快速向前挥杆并逐渐加压，击球瞬间速度和力量达到峰值。

（4）全程始终保持目视射门方向，出球后，拍头指向出球方向，控制球杆随挥高度。

易犯错误：

（1）球杆向前挥动时，拍头离地。

（2）眼睛盯着球，没有目视射门方向。

（3）挥杆速度和力量不够，击球部位不当，影响出球方向。

（4）出球后，球杆随挥高度超过腰部。

纠正方法：

（1）先进行原地分解动作练习，重点体会击球前加压、加速动作。

（2）出球时，有意识着重加强拍头的指向，控制拍头的高度。

（五）大力击射

特点：

挥杆幅度大，出球力量大，具有一定的难度和不可预测性，通常在较远距离或具有较多准备时间时使用（如图3.32）。

动作要领：

（1）双脚分开，前后站立，双膝微屈，重心落在前脚。

（2）双手分开距离稍大并紧握球杆，向后方做大幅度引拍。

（3）逐渐加快速度，从后往前挥杆，拍头不触地。击球前瞬间，拍头短暂

第3章 雪地软式曲棍球基本技术

图 3.32 大力击射

触地,双手下压使球杆弯曲,充分利用球杆的弹力。

(4)击球点及拍头的弧度决定了出球的高度,控制球杆的随挥高度。

(5)全程保持目视射门方向。

易犯错误:

(1)站位过于靠后,重心没有落在前脚。

(2)击球前,拍头触地时间过长,影响出球效果。

(3)眼睛盯着球,击球时机掌握不好,击球点不正确,挥杆过高。

纠正方法:

(1)先原地进行分解动作练习,着重练习击球前拍头下压并击球的动作。

(2)固定点进行多球练习,体会球杆下压弹起击球。

(3)目视射门方向进行,固定点多球练习。

(六)空中球

特点:

速度快、力量大、难度大,留给防守队员和守门员的反应时间少。击球点不易掌握,击球点必须位于膝盖下方的空间。通常在接半高球或反弹球时使用空中球射门动作。

动作要领:

(1)保持正确的握杆姿势,拍头朝下,正确判断来球的落点。

(2)球即将落地或落地反弹时,先向后迅速引拍随即向前挥拍迎球击打,目视来球方向。

(3)击球后控制球杆的随挥高度,不得超过腰部。

易犯错误:

(1)无法准确判断球的落点,掌握不好击球时机,经常漏击。

(2)击球后挥杆过高,造成犯规。

纠正方法:

多进行颠球练习,提高掌握击球时机的能力。

(七)转身射门

特点:

动作隐蔽性强,具有相当的突然性,借助身体旋转产生的动能加大出球的速度和力量(图3.33)。

图3.33 转身射门

动作要领:

(1)射门动作要领同扫射射门,只是球的位置还要靠后,球在地面运行轨迹更长。

(2)原地或移动中运球,背对射门方向,球紧贴拍头。

(3)射门时,拍头成弧线运行,前脚后撤步,同时转体,身体重心移到后脚。

(4)球紧贴身体出球,出球后,拍头指向射门方向,继续转体,重心继续移动至两腿中间,目视射门方向。

易犯错误:

(1)转体时重心不稳,失去对球的控制。

(2)转体时无法准确判断射门方向,眼睛盯着球看。

(3)射门时没有充分利用转体产生的力量,随挥动作过大。

纠正方法:

多进行原地运球转体练习,提高旋转时控球能力。

(八)背身射门

特点:

动作较隐蔽,具有一定的突然性,力量较小,速度较慢且难度较高,适合具有一定训练水平的队员(图3.34、图3.35)。

动作要领:

(1)双脚分开,前后或左右站立,重心落在两腿中间,持球背对射门方向。

(2)球位于两腿中间或靠近正手位置,双脚不动转体,使用手腕发力、拖杆、拉杆或抽击等射门方法将球击出。

图 3.34　胯下背身射门

图 3.35　体侧背身射门

（3）出球后，目视射门方向。

易犯错误：

（1）球离身体太远，失去对球的控制。

（2）出球后，失去身体重心，挥杆过高。

（九）反手射门

特点：

射门动作难度较大，出球力量较小、速度较慢，由于现代雪地软式曲棍球比赛中所使用的拍头反面通常都较为光滑，因此，控球难度较大。通常在正手位置被防守队员阻挡或无法进行正手位置射门时使用（图3.36）。

动作要领：

（1）双脚前后开立，肩部指向射门位置。

（2）双手靠近握紧球杆（也可使用单手握杆法），球位于反手体侧靠近前脚位置。

（3）身体稍右转，反手位向后引杆，大臂后摆，随即重心前移向前挥杆击球，拍头保持空中运行，不可触地。

（4）击球后，控制球杆随挥高度。

易犯错误：

（1）双手握杆距离太远，造成挥杆困难。

（2）球的位置在身体后侧，造成击球困难。

图 3.36　反手射门

（3）挥杆过高，特别是单手挥杆时，由于手腕力量不足，造成球杆的随挥高度超过腰部。

 ## 第 7 节　守门员技术

守门员是球场上承受压力最大，也最关键的位置，是防止对方球队得分的最后一道屏障。守门员最大的职责是确保球门安全，阻止对方球员攻入己方的球门，尽量在比赛中不失球或者少失球，这是为球队赢得比赛的前提。守门员在场上的位置决定了其与场上其他队员在技术、战术、活动方式和心理方面都有着极大的区别。由于守门员所处位置便于观察场上情况，要求守门员要善于观察全局，分析比赛动向，协助指挥本队的防守和进攻。守门员在守门员区域内充分利用规则赋予的权利和合理的技术动作来完成防守，在守门员区域的空间，完成扑救、封堵对方的射门。同时当他接、截获到球后，能够快速又有效地发动进攻。守门员在比赛中都是不轻松的，既要精神高度集中，又要能在处于跪姿的情况下，不停顿地快速移动和连续快速地堵抢及扑救球。好的守门员也能控制好本队队员的节奏和情绪，因此，守门员既是本队防守的组织者、协调者，又是进攻的始发者，对比赛胜负起着举足轻重的作用。守门员场上的发挥会影响到整个球队的士气，俗话说一个好守门员等于半个球队。守门员除具备应有的身体素质、娴熟的技术和较高的战术意识外，更应具备良好的心理素质。上场参赛的守门员，既要做好身体上的准备也要做好心理上的准备。

第3章 雪地软式曲棍球基本技术

一、守门员装备

由于雪地软式曲棍球比赛的特殊性,在正式比赛中,守门员必须穿戴一整套完整雪地软式曲棍球专业守门员装备才能上场比赛。

1. 手套

为了安全起见,建议在开始练习雪地软式曲棍球的初始阶段,特别是青少年球员要佩戴厚一些的手套,以免冻伤和运动创伤。手套应该具有足够的紧度,以便在抛球时不会影响守门员对球的控制。比赛时可以使用雪地软式曲棍球专用手套,也可以使用符合比赛要求的其他球类运动守门员手套。

2. 头盔

守门员专用头盔必须适合守门员的头围,大小适中。面部防护栏应该具有良好的视野,但是面罩的空隙不能太大并且牢固,以免拍头或球伤及面部。

3. 衬垫

衬垫通常用在肘关节和膝关节部位,防止关节扭伤,减轻关节部位的受力。衬垫应该紧密地贴在衣裤上,以免在练习或比赛时脱落,但是不能太紧而影响到守门员的动作。

通常在守门员上衣胸部位置会缝制衬垫以保护胸部。

在开始练习的初期,练习者可以穿着较厚的衣服代替衬垫,但是从长远的角度来看,专业的衬垫必不可少。

4. 守门员专用裤子

守门员专用裤子在前部都会装有特殊的衬垫,通常是由尼龙和聚酯混合材质制作而成。练习初期,可以使用宽松、长度适中的滑雪裤来代替专业的守门员裤子,并注意膝关节的保暖。

5. 守门员专用上衣

守门员专用上衣具有一定的宽松度,不易过紧,在肘关节部位缝有特殊的衬垫以保护肘关节,正面胸部和腹部位置也缝有特殊的衬垫,通常也缝有衣领以保护咽喉部位。

二、守门员技术分析

守门员技术是指守门员围绕球门区所采取的有效防御性动作和组织发动进攻时所采用的动作方法的总称。其主要的表现形式是用手、腿进行接球、推挡球、扑救、抛球及用身体阻挡球等。

守门员在运用各种技术时大致经历以下几个阶段。

1. 观察预判

对场上情况进行观察并做出相应的预判是守门员防守的第一步。观察时,可以起身,视野要开阔,纵观全局,时刻关注攻防队员的位置变化,对持球队员进行重点观察。在观察的基础上,通过思维分析进行预判,从场上形势的变化和对手的跑位来判断其进攻意图。从球的运行状态,判断其路线、性能、速度和落点,关注极有可能传球的对方球员,从而为防守做好积极的心理准备和动作准备。

2. 移动选位

在前期观察和预判的基础上,守门员要根据来球的运行变化,进行相应的选位和移动。雪地软式曲棍球守门员的防守移动主要有站立滑步、跪立滑步等。

首先要明确球门的高度、宽度与自己的关系(图3.37)。

图3.37 熟悉球门高度与宽度

守门员的选位是指通过有目的的移动调整自己与球和球门之间的位置关系。从防守角度上应选在球与球门线中点的连线上;从站位距离上,向前应能最大限度地封堵射门的角度,向后侧能有效地增大防守面积。

选位的好坏取决于下一个动作是否有效。当然位置不好也可以扑救,但是位置好,扑救的成功率会更高,为了能有更好的移动,守门员需要学会利用球场上的标志物——例如争球点等固定位置来做标记,以便在移动中确定更好更合理的位置。

雪地软式曲棍球比赛,近距离的射门比较多,这就要求守门员的移动具有机动性、协调性、技巧性,而且敢于面对近距离的射门,不躲不闪,还要注意的一点是,由于场地是在雪地上,随时可能有被扬起来的雪影响视线,守门员既要有准确的判断,还要注意积累经验,对射来的球做出准确的判断和回应。

3. 准备姿势

准备姿势是指守门员采取防守行动前的身体姿势。

双膝着地略宽于肩,重心落在双腿膝盖上以便身体快速移动;上身略前倾保持平衡以便双脚自由移动;两臂曲肘于身体两侧,双手五指自然分开,掌心向前,双脚脚尖体后相对,间隔不能大于球的直径防止球从双脚之间穿过(图3.38)。

图3.38　守门员基本姿势正面、侧面

除了基本的准备姿势以外,还有一些守门员根据自身特点而形成个人独特的准备姿势,守门员要善于利用自己优点发挥,也要规避动作的弊端或弥补不足。但不管什么姿势,只要有利于更敏捷的反应、更快速的移动都可以作为基本姿势。

一般而言,守门员无法长时间保持基本准备姿势,因此,如果球在对方半场,或者对方球队没有射门的可能,可以保持站立或半蹲的姿势。一方面可以有更好的视野,另一方面也可以放松一下踝关节、膝关节,更是保护守门员腿部,避免受凉。

4. 防守应答

防守应答是指守门员对射向球门范围内有威胁的来球做出相应反应的动作行为,包括心理反应和应答动作。其中反应的准确性和敏捷性直接影响应答动作的完成,而应答动作的速度与合理性则直接影响防守动作的效果。

在进行出击或门区防守中,守门员应根据场上的具体情况选用不同的动作技术,例如接球、出腿、推挡、扑救等应答动作。对于球速慢、角度正的射门应尽量采用接球方法;对于球速快、角度刁的射门可采用推挡、扑救等方法。

5. 接球后的行动

守门员在扑球结束且控制好球后,往往意味着防守行动的结束和本方进攻的开始。因此,高水平守门员不仅要具备极高的防守能力还要具有强烈的快速进攻反攻意识。接到球后的第一反应是能否发动快攻,要迅速观察本队队员跑动意图及对方队员所处位置,以便确定反攻的路线方向,当队友有前插进攻的意图且位置较好时应迅速将球抛出,发动快速进攻。若没有快速进攻的机会则将球抛给处于安全位置的本方防守队员。雪地软式曲棍球竞赛规程规定,守门员持球时间不能超过三秒,因此,守门员必须在很短的时间内迅速做出判断,并采取合理的行动将球掷向本队球员。

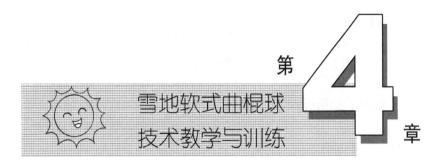

第4章 雪地软式曲棍球技术教学与训练

第1节 雪地软式曲棍球技术教学的基本原则、练习方法、练习方法的要素及教学步骤

一、雪地软式曲棍球技术教学的基本原则

(一)循序渐进原则

循序渐进原则是指在教学中由易到难、由简单到复杂、由已知到未知、由具体到抽象逐步深化的过程。

(二)直观性原则

直观性原则是指在教学训练中运用多种直观手段,通过学生的感觉器官,激发活跃的形象思维,建立正确的动作表象,启发学生积极思考与实践,提高学生竞技水平的原则。

(三)巩固提高原则

巩固提高原则是指教学中要使运动员或学生牢固掌握所学的基本技术动作和技能,逐步提高和完善,建立正确的动力定型。

(四)适宜负荷原则

根据运动员承受负荷的能力、人体机能的训练适应规律,以及提高运动员竞技能力的需要,在训练中给予相应量度的负荷,并使大、中、小负荷科学结合,以取得理想的训练效果。

(五)自觉积极性原则

充分发挥教师的指导作用,充分调动运动员学习的主动性和创造性,发挥运动员学习的主体作用,使学习和掌握技术动作成为运动员的自觉行为。

二、雪地软式曲棍球技术的练习方法

(一)分解练习法

分解练习法是指将完成的动作分成几个部分,逐段进行教学的方法。这种方法的优点是把动作技术的难度相对降低,复杂过程予以分解,便于突出教学重点和难点,同时还有利于提高学生学习的信心。其缺点是不利于学生对完整动作的领会,有可能形成对局部和分解动作的单独掌握,甚至妨碍完整地掌握动作。

(二)完整练习法

完整练习法是从动作开始到结束,不分部分和段落,完整、连续地进行教学和练习的方法。完整练习法的优点是教学中能保持动作结构的完整性,易于形成动作技术的整体概念和动作间的联系。其缺点是用于应该分解而不易分解的动作时给教学带来困难。

(三)领会教学法

领会教学法是完整练习法的变形和提高形式。它试图通过从技能整体开始学会新教程,改变以往只追求技能、甚至是次要枝节的技能,而忽视了学生对整个运动项目的认识和对运动特点的把握的缺陷,以提高教学质量。

(四)循环练习法

循环练习法是根据教学和锻炼的需要,选定若干联系手段,设置若干相应的练习点,学生按规定顺序、路线和练习要求,逐点依次练习并循环的方法。

三、雪地软式曲棍球技术练习法的构成要素

（一）练习方式

1. 静态练习

静态练习是指原地进行技术动作的练习。初学者在进行基本技术学习时多采用静态练习方法。例如，学习运球时，首先进行原地无球模仿练习，体会球杆运行的轨迹、提拉球杆时的力度，建立初步的本体感觉，为下一步动作学习打下坚实的基础；从而再进行原地的运球，体会拍头与球紧密接触的感觉及控球方法。

2. 动态练习

动态练习是指在运动过程中完成技术动作的练习。在动态练习中，学生练习的路线可进行适当的变化，如练习路线由不换位到换位，直线变成曲线等。另外，学生的练习范围可随着学生技术水平的提高逐渐加大，如在学习运球技术时，可先进行直线运球，然后再过渡到曲线运球，最后再进行直线和曲线结合的运球。

（二）练习速度

指学生完成练习时的速度，包括奔跑速度、动作速度及组合技术中单个动作的连接等。在练习过程中，根据学生掌握和完成技术动作的基本情况，可逐渐要求由慢到快，即跑动快、完成动作快、动作衔接快等。

（三）组合动作

指学生完成技术动作的各种组合形式。初学者大多以完成单个技术动作为主，随着技术水平的不断提高，可完成各种形式的组合技术动作，如停球—运球—传球—接球—突破—射门等。

（四）动作练习次数

在学生初步掌握动作之后，一定要让学生多次长期、反复完成各种技术动作，逐渐在大脑皮质高级神经系统中建立巩固的条件反射活动模式，形成动作定型。当发现学生有技术动作的错误时，要及时提出并改正，以免形成错误的动作定型，待纠正后再进行多次反复的练习。

（五）练习参与人数

在同一个练习中，参与的人数越多，练习密度就越小，反之则密度越大。例如一些需要在跑动中完成的练习，参与的人数越多活动方式可能越复杂，练习难度也就相应地增大。因此，初学者练习时应当减少练习参与人数，以掌握、巩固和提高技术动作为主。在技术动作水平提高之后，可安排一些人数较

多、难度较大的练习以便于巩固和提高技术动作。例如在练习传接球时,可进行单人对界墙传、接球→双人传、接球→三人相互之间传、接球→四人组抢传、接球等技术动作的练习。

（六）对抗练习强度

指练习时对手参与的激烈程度。在练习初级阶段,一般不安排对抗性练习,随着技术水平的不断提高,双方对抗强度逐渐由消极被动到积极主动,从而逐渐增加练习难度和对抗强度,以适应比赛的需求。

（七）辅助练习器材

练习时要适当利用能更好完成技术动作的器材,如标志墩、标志碟、小球门、单片界墙等,以增加练习的目的性和控制性,帮助学生更好地掌握某一技术动作。

（八）练习信号

在进行雪地软式曲棍球练习时可以利用哨音、口令、手势等信号控制学生完成各种技术动作的练习,对初学者应多采用口令、哨音等听觉信号,使学生初步掌握技术动作与信号的配合,在巩固、提高技术动作时多采用手势等视觉信号,从而提高难度,有利于培养学生综合运用各种感官的能力,例如,在移动中进行运球练习时,教练员可以将球杆举至头顶,要求学生目视球杆的指向在移动中进行运球。

四、雪地软式曲棍球技术教学具体步骤

雪地软式曲棍球技术教学在遵循基本的教学原则和教学方法的基础上,通常采用以下教学步骤：

（1）首先对技术动作进行讲解和示范,详细阐述动作要领和演示动作过程,使学生建立技术动作的概念,形成初步动作表象。

（2）独立自主进行原地模仿练习,先进行无球技术动作练习,再进行有球练习,以进一步明确动作概念。

（3）在简单的条件下进行练习,如在原地、慢速、近距离、定位球等情况下多次反复进行某一动作的练习,在此过程中,教练员要及时指出不足并加以纠正,使学生更快掌握正确的技术动作,形成动作定型。

（4）在复杂的条件下进行练习,如学生在简单条件下已经可以正确并独立完成相关技术动作,则可以进一步改变练习的条件,提高练习的难度,如改原地练习为移动中练习；慢速练习变为快速练习；近距离练习变为远距离练习；单个动作变为组合动作等,以此达到巩固、提高技术动作的目的。

(5)在对抗条件下进行练习。对抗练习的强度可由消极对抗逐渐过渡到积极进攻,增加对抗练习既可以提高学生的学习兴趣,又可以增加比赛中的实际演练效果,提高运动能力。

(6)在比赛或竞赛性练习中提高技术动作的运用能力,从而完整掌握技术动作。

第 2 节　雪地软式曲棍球技术教学与训练方法

一、熟悉球性和增强球感的练习

(一)熟悉球性的练习

1. 教学目的

对于初学者来说,熟悉球性和增加球感是必修课程,只有具备良好的球感,才能为进一步掌握各种动作技术技能奠定基础。

2. 组织形式

一般以个人为主,多人为辅。

3. 方法和形式

熟悉球性通常是指队员使用球杆利用推、拉、挑、扣、颠等技术动作来增加手对球杆与球的感觉以及对球控制的熟练性。练习的形式多种多样,通常绝大部分动作都由球杆来完成,但也可以使用大腿、胸部等比赛规则允许的身体部位进行辅助练习。通过提高对不同形式来球的感觉和控制能力,尽可能地多接触球,使球杆、身体、球三方达到一定程度的协调统一。初学者从使用球杆捡球开始,用反拍压出球,向后下方下拉,随后迅速将正拍置于球的后下方,待球滚进拍头,迅速提拉拍头并置于水平位置,使球稳稳地停在拍头上,将球捡起并稳稳地控制在拍头或迅速提拉球并向上挑球,抛球后进行相应的练习。还有一些其他熟悉球性的练习,如原地正拍左右弧线球练习、转体正拍绕圈练习等。

4. 练习要点

练习时,注意力要高度集中,双手握杆,身体放松,保持身体、球杆的协调配合,也可使用不固定的方式练习,例如使用自己独特的触球方式进行练习。

(二)颠球练习

1. 目的

颠球是增强球感的一种有效的练习方式,它是指队员利用球杆的拍头部位将球挑起并不停地在空中触球,使球保持在空中上下运行的一种方法,它可以有效地提高队员对球落点的判断能力,进一步提高球杆击球时控制力度的能力。

2. 组织形式

通常以个体练习为主,也可进行双人相互颠球练习。

3. 方法和形式

初学者开始进行颠球练习时,可以使用拍头的正面或反面来练习,降低练习的难度。通过面积较大的正面或反面击打球的下中部,使球保持向上运行,待球落下时再次进行击球,使球始终保持在空中。当可以熟练进行拍面颠球时,则可以转为使用狭窄但较为平整的拍头立面进行颠球练习,期间也可借助大腿、胸部等身体部位练习颠球,进一步提高对球控制的自信心(图4.1)。

图4.1 球拍立面和平面颠球

对初学者来说,颠球是一种很有趣的练习手段,追求的目标就是"使球不落地",练习目的是加强球杆对球的感觉,掌握触球的方法,要求拍头触球的部位要正,注意力要集中在球上,身体应随球的方向进行移动和调整。

主要的练习形式有:自捡自颠式,限定时间的颠球比赛,组合部位颠球,行进间颠球,双人传、接颠球等。

4. 要点

使用拍面颠球时,拍头高度不要超过腰部,使用拍头立面颠球时,高度尽

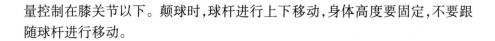

量控制在膝关节以下。颠球时,球杆进行上下移动,身体高度要固定,不要跟随球杆进行移动。

二、原地拨球和运球过人技术练习

(一)原地拨球

1. 目的

掌握拨球的基本方法,体会拨球时拍头对球的推、拨、拉等动作,提高控球能力,更好地完成技术动作。

2. 组织形式

队员分成若干组列队站立,相互之间间隔一定的距离。

3. 练习方法和形式

(1)原地小幅度拨球练习。速度由慢到快,初学者应目视球的运行方向进行练习;待熟练掌握动作后,则应目视前方,靠手的感觉来控制拨球。

(2)原地大幅度拨球练习。拨球距离应当至双手握杆伸展最大程度,球在运行过程中,拍头应始终保持与球紧密跟随,进行方向转换时,速度要快,拍头紧贴球面进行正、反拍位置的交换。

(3)原地重心左右移动大幅度拨球练习。身体重心应跟随球运行的轨迹,保持与球杆移动同步。重心交换时,拍头紧贴球面进行快速的正、反拍位置交换。

(4)原地体前左右绕8字拨球练习。进行绕8字练习时,当球变向时,须使用推球、扣球、拉球等技巧,先进行慢速练习,进一步熟悉球的运行轨迹后适当增加练习难度。

(5)原地胯下8字拨球练习。以双脚为标志,使用拉、拨、推、挡等技术使球穿越双脚中间形成8字形运动轨迹,先进行慢速练习,进一步熟悉球的运行轨迹后适当增加练习难度。

(6)原地转圈运球练习。以扣、压球为主,以单脚为支点,拍头始终保持与球的紧密接触进行转圈连线,随时调整拍头的方向,以免产生惯性,导致失去对球的控制。

4. 要点

初学者可以全程目视球的运行轨迹,在逐渐掌握相关技能后,仅使用余光观察球,主要靠手感觉球的运行。开始时先进行慢速练习,在体会控球的部位和方法后,则应逐渐加快速度或快慢结合进行运球练习。运球时尽量使用双手握杆,必要时可使用单手握杆法。

(二)直线运球

1. 目的

掌握运球的基本方法,体会运球时拍头对球控制的感觉,从而提高控球能力。

2. 组织

队员 5~8 人一排,持球保持相应距离,分成若干组位于中线或球门延长线附近听教练口令进行直线运球。运球结束按原路返回后,换组继续进行;两组队员相距 20 米左右持球列队站立。

3. 方法和形式

(1)慢速使用球杆将球控制在体侧或体前拉球或推球前进。

(2)队员面对面分成两组,相距 20 米。一组队员持球直线运球至对面将球传给对面一组第一人后跑到队尾,如此循环反复进行练习。

(3)直线变速运球。运球变速的距离可长可短;变速节奏可快可慢;线路也可进行多种形式的变化。

4. 要点

初学者可以适当降低移动的速度,重点体会控制球的能力,熟练后再逐渐加快运球速度;可以适当调整运球的距离,提高运球的控制能力;运球时目视运球方向,不可盯住球;根据学生掌握技术的熟练情况,调整练习的强度。

(三)曲线运球

1. 目的

掌握运、控球的路线和方法,体会运球的部位和角度,以及身体重心的移动、变化和跟进,发展移动控球能力。

2. 组织

队员 5~8 人一组,每组排成一列持球位于出发线前。标志碟若干,间隔一米距离排成两排。

3. 方法和形式

(1)队员排成一路纵队,由排头开始从起点运球绕过标志碟,在直线运球后返回到起点,将球传给下一个人,然后跑到队尾循环反复进行练习。

(2)队员排成一路纵队,由排头开始从起点运球绕过标志碟,在原路绕杆运球后返回到起点,将球传给下一名队员,然后跑到队尾循环反复进行练习。

4. 要点

初学者开始运球时速度应稍慢,重点体会运球时身体方向和重心如何移动与变换;运球时要目视运球方向,不可紧盯球。

第4章 雪地软式曲棍球技术教学与训练

5. 应用

（1）训练时可以调整场地的大小，增加标志碟数量或调整标志碟的摆放形式，从而提高曲线运球的变向能力和熟练程度。

（2）运球时应按熟练程度改变路线，既可以是折线，也可以是弧线，变换的角度可大可小，可在运行中变向，也可在急停后变向。

（四）综合运球练习

1. 目的

主要以发展运球时对触球部位、运球距离、方向、速度等练习要素的控制和应变能力为主，培养队员运球时的节奏感、距离感，以及重心的移动和应变的机动性，提高队员控制运球力量、速度和方向的能力。

2. 组织

队员持球分散在固定区域内；分成若干人一组成两路纵队位于起点，一边一组队员持球。

3. 方法和形式

（1）在固定的区域内，每人一球。队员听哨音后开始在区域内自由运球。在听到教练员鸣哨后，迅速做一个运球变向的动作。

（2）两路纵队，第一人在听到口令后出发，在运球中做变向变速，随后的队员听口令接连出发，重复做相同动作，待所有人跑至对面后，换位重复相同动作练习。

（3）两路纵队的第一人听口令同时出发，其中一人运球，一人做消极防守，干扰运球队员的动作，分散其注意力。随后的队员在听到口令后接连出发，重复做相同动作，待所有人跑至对面后，换位重复相同动作练习。

4. 要点

先直线运行，后曲线运行，然后再进行直线、曲线结合运球练习；在练习初始阶段，速度应稍慢，重点体会运球时如何迅速变换方向和身体重心的移动变换，熟练后再进行逐渐加快速度或快慢结合的运球练习。

5. 应用

在练习时可根据熟练程度，逐渐增加练习人数，提高抗干扰能力，着重关注球变换的方向，提高运球的准确性；练习的对抗强度也可以适当进行调整，从无对抗到有对抗，从消极对抗到积极对抗；增加标志碟数量，改变标志碟的摆放位置，提高曲线变向的运球能力。

(五)运球过人练习

具体范例及图示标识说明(图4.2)

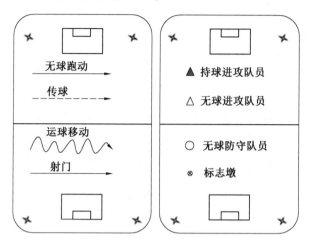

图4.2 技、战术练习标识示意图

练习一

1. 目的

发展队员运球过人的能力,初步掌握利用身体保护球和进行合理假动作运球突破。

2. 组织

两人一组在规定场地内进行相互之间的运球突破练习。

3. 方法和形式

(1)一过一练习:两人一球,做一过一练习,运球队员向防守队员做运球过人练习,防守队员消极防守。待熟练掌握后,防守者做积极防守。

(2)一对一运球突破对抗练习:两人相距5~8米,B传球给A后迎上逼抢,A接球以后运球突破B的防守,突破以后拉开相应的距离。如此循环反复交替进行练习。

(3)突破传球练习:在限制区域内,进攻和防守队员各一人,其他队员不许进入。供球队员可把球传入限制区任何地点。进攻队员控球后必须先突破对手以后才能传出。在限制区内,防守队员可让进攻队员接球转身后再开始抢球。

4. 要点

初始阶段过人的方法要简单易行,实用有效;开始速度稍慢,重点体会身体重心的移动变换,熟练掌握后逐渐加快速度或快慢结合运球;练习的对抗程度要从开始无对抗到有对抗,从消极对抗到积极对抗,再到比赛中运用;注意变换动作的组合方式,提高学生练习兴趣,及时调整练习强度。

练习二

1. 目的

发展队员的控球能力。

2. 组织

每名队员持球站在教练面前。

3. 方法

队员抬头面向教练进行运球;教练通过不同的手势来指挥队员进行移动运球:手臂上举,队员前移;手臂前指,队员后移;左手上举,队员左移;右手上举,队员右移;鸣哨,队员原地转圈;鸣哨两次,队员运球进行5米左右距离的冲刺,再回到原位。

4. 要点

握杆正确,抬头目视教练。

练习三

1. 目的

培养队员运球、做假动作和保护球的能力;热身运动。

2. 组织

队员持球分散在球场内,相互之间保持一定的距离。

3. 方法

教练事先安排好口令具体内容,队员按照口令进行练习。口令1:原地逆时针转圈。口令2:改变方向,进行运球冲刺。口令3:原地顺时针转圈。口令4:将球挑起再接住球。

4. 要点

抬头,目视前方;按照比赛中的状态进行练习;运球时,利用身体做各种假动作;快速移动中,保持对球的控制。

练习四

1. 目的

发展队员控球能力、保护球能力;提高身体和球的相互配合能力。

2. 组织

全场练习,队员平均分成两组,分前后半场各一组,每人一球,A、B组分组练习。

3. 方法

A组按照标志物的摆放位置进行四个标志物的折返跑,然后运球绕两个标志物做"8"字运球,最后射门。

B组直线拨球过标志物,然后挑球过标志物停球,再向界墙传、接反弹球,最后运球射门(图4.3)。

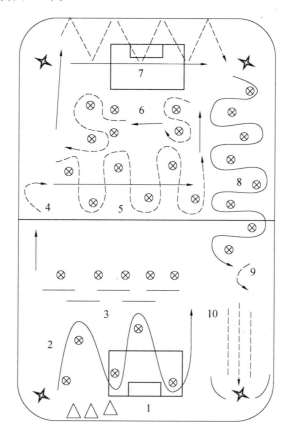

图4.3 运球过人练习四

A组做完练习之后接B组队尾,B组做完练习接A组队尾,循环练习。

4. 要点

A组折线练习时要求启动快、急停快、控球稳定。"8"字运球时要求绕标志物时转弯半径小,球尽量贴近标志物转弯,360度转弯时要求动作完整、协调、速度快。全部练习掌握好球与身体间的距离,距离太近影响练习速度,距离太远绕标志物时运动半径过大,并且容易造成运球失误。

B组直线拨球过标志物时双腿跨在标志物两侧,拨球过标志物时要有节奏并且拨球幅度不宜过大。挑球过标志物时要控制挑球的高度,高度以30~40厘米为最佳,停球时掌握球落地的时机,争取做到球与球拍同时落地停球。

第 4 章　雪地软式曲棍球技术教学与训练

向界墙传反弹球练习时要根据界墙的反弹力度掌握好传球的力量与反弹角度，接球时不要影响运球的速度。射门练习时要求利用扫射技术练习射门，射门前抬头观察球门位置（如果有守门员时，要观察守门员的位置，并寻找球门的空隙再射门），切忌不观察球门空隙而盲目射门。射门时要利用全身六大关节充分发力，增加射门的力量与速度。

5. 应用

可以增加不同技巧的练习，例如射门和传球；可以先进行无球、无杆练习，先进行身体素质练习，提高协调性，也可使队员充分熟悉线路。

练习五

1. 目的

提高队员保护球与过人的能力；提高队员在对方干扰的情况下运球过人的能力。

2. 组织

前后半场练习，A1、A2 组分别站在场地中线的左右两端，每人一球，两人一组做传接球练习，并在场地的中间设一名防守队员。

3. 方法

A1 跑位，A2 传球，A1 接到球后运球过 B 防守队员，然后运球射门结束练习。A2 在跑位接球，A3 传球，如此循环练习。B 防守队员在练习若干人之后再替换他人做防守者。A1、A2 练习结束后互换位置练习（图 4.4）。

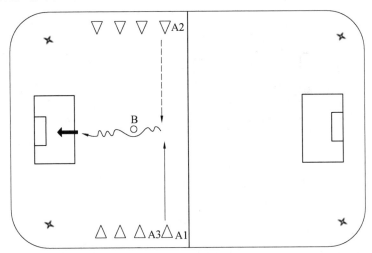

图 4.4　运球过人练习五

4. 要点

A1 无球跑位接应要求，必须将球拍放置地面上，球拍正面正对来球方向，这也将明示给 A2 的传球方向。A2 及时传球给 A1，要求此传球是准确到位的地滚球，切忌将球传离地面而造成 A1 的接球失误。A1 接到球后快速调整运球过 B 防守队员，由于队员刚刚开始练习过人技术，所以要 B 防守队员消极防守，待队员过人技术熟练后再加强防守强度。A1 过人后快速运球并射中球门。

练习六

1. 目的

提高队员保护球与过人的能力，提高队员在对方干扰的情况下运球过人的能力。

2. 组织

半场练习，A1 组 A2 组分别站在场地的左右底角，两人一组分组练习。

3. 方法

A1 沿着界墙无球跑动，A2 等 A1 跑到中线附近时将球传给 A1，及时迎上防守 A1 的进攻并阻止 A1 射门，练习结束后 A1、A2 互换位置循环练习（图 4.5）。

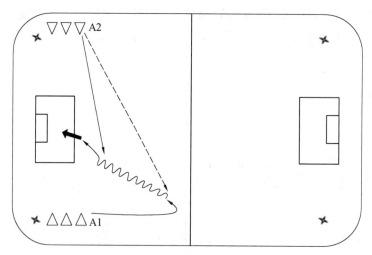

图 4.5　运球过人练习六

4. 要点

A1、A2 做练习时互相示意同时做练习，以免缺乏沟通时，A1 跑位做练习而 A2 注意力不集中没有传球，而造成练习失败。A1 跑位时要转望 A2，以便及时接到 A2 的传球，A2 一定要传地滚球并且准确到位，A1 接到球后快速调整控球稳定,A2 传球后快速前迎及时占到防守位置。运动中的一对一对抗,进攻队员尽量用身体和球杆保护好球,而防守队员用身体来进行占位,合理地阻挡,即将进攻队员逼向场地死角而造成进攻队员失去射门的时机。而进攻队员尽力创造合适的射门位置和空间,充分利用个人的控球技术,使用最佳的射门方法进行射门。

5. 应用

练习的队员要有一定技术基础,才能练习此训练方法。

练习七

1. 目的

提高进攻队员运球变向过人的能力,在防守队员的干扰下变向强行突破过人。

2. 组织

半场练习,队员分成 A、B 两组练习,B 组每人一球,A 组接球,二人一组分组练习。

3. 方法

A 为进攻队员,B 为防守队员。B 站在底角争球点附近,A 站在中线界墙附近,B 传球给 A,B 传球后快速前迎防守,A 接球后运球过防守队员后射门。射门后 A、B 互换位置(图 4.6)。

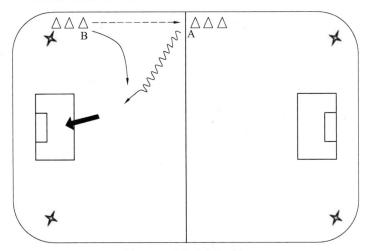

图 4.6　运球过人练习七

4. 要点

防守队员 B 传球时要传地滚球并且准确到位,也可以利用界墙传反弹球给 A,B 前迎防守时不要轻易伸球拍抢球,以免失去重心被进攻队员轻松过掉。A接球后快速运球至防守队员150～200厘米时快速变向,向球场中间行进,并利用自己的身体将球与防守队员隔开,利用身体掩护球而使防守队员无法抢到球。身体护球成功后抓住时机快速射门。

5. 应用

此练习适用于有运球过人技术基础的队员,增强进攻队员与防守队员的身体对抗能力。另外此练习可加强进攻队员过中线后向场地中间横走的意识,以达到与全场进攻队员都能做战术配合的目的。

练习八

1. 目的

培养队员使用假动作运球过人的能力。

2. 组织

队员分别位于球场的四个底角。

3. 方法

A1开始跑向中间空位接A2的传球,同时A2继续跑向中场附近。与此同时,B1和B2重复相同的动作。A1接球后运球往对方半场前行,与B2形成一对一的局面。B1运球前行与A2形成一对一的局面。进攻队员尽量运用各种假动作,力争晃过防守队员(图4.7)。

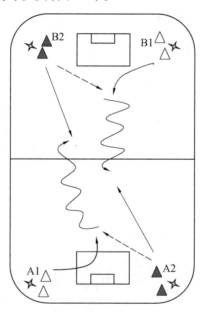

图4.7　运球过人练习八

第4章 雪地软式曲棍球技术教学与训练

4. 要点

两组队员必须同时出发;队员在练习时尽量保持在自己场地一侧,一面互相碰撞;进攻队员必须运用各种假动作以突破防线;B1必须尽快到达中场附近对A1形成压迫;防守队员尽量避免击打到对手的球杆,并且保持防守姿势,重心前倾下降,以随时启动,双手握杆前移。

练习九

1. 目的

在界墙底角位置一对一的情况下,提高进攻队员的控球技术与防守摆脱的进攻能力。

2. 组织

半场练习,队员分成A、B两组,在界墙底角位置练习,练习队员将球给教练员,由教练员发起练习。队员两人一组,分组循环练习。

3. 方法

教练员站在A、B两排练习队员中间,将球传向界墙底角,A、B两名队员快速下底抢球,先抢到球者为进攻队员,没有抢到球者为防守队员,进攻队员摆脱防守后,射门练习结束,如果防守队员抢到球后变为进攻队员,而丢球的进攻队员则变为防守队员(图4.8)。

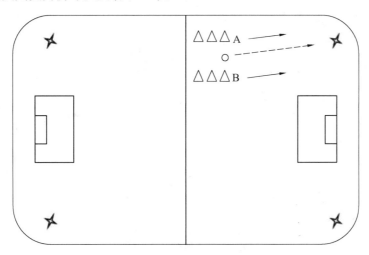

图4.8 运球过人练习九

4. 要点

教练员发起练习传球后,不提示A、B两名训练队员,目的是提高训练队员的注意力集中能力,对他们的灵敏性进行训练。先抢到球的队员不要等防守队员站好防守位置再开始进行摆脱练习。此练习为了加强实战能力而进行的实战训练。

5. 应用

此练习用于高水平队员的实战练习,练习队员充分地应用身体掩护球、真假动作相结合等手段摆脱防守队员的全力防守。

练习十

1. 目的

提高队员控制球与运球过人的能力;提高队员在强力干扰下运球过人的技术。

2. 组织

半场练习,队员两人一组,分组练习,A1 为进攻队员,B1 位防守队员不持球。A1 与 B1 练习后互相交换位置与角色,循环练习,A2、B2 练习方法与 A1、B1 相同。

3. 方法

A1 直线运球至防守队员 B1 体前 150 厘米时运球转体 360 度过人后运球射门(图 4.9)。

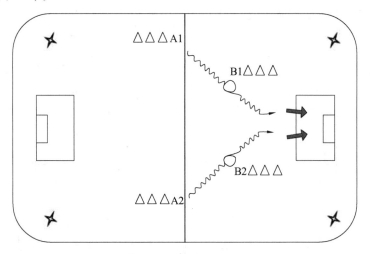

图 4.9 运球过人练习十

4. 要点

进攻队员 A1 做转体 360 度时过人动作完整协调而且非常熟练、快速方能摆脱防守。这需要平时多做控球转体 360 度技术的练习,才能在实战中产生奇效。转体 360 度半径一定要非常小,而且转体时后背尽量靠近防守队员的身体,才能彻底摆脱防守。

第4章 雪地软式曲棍球技术教学与训练

5. 应用

此技术需要高水平的运动员具有熟练的转体360度基本功才能在比赛中运用自如,这项技术非常实用与华丽,如果成功摆脱防守经常会获得满堂喝彩。

练习十一

1. 目的

发展队员保护球和控制球的能力;提高队员对是否进行运球突破进行良好判断的能力。

2. 组织

队员三人一组进行分组(或四人一组,其中一人为替补);场地一分为二,每半场安排两个球门。也可以使用标志墩代替球门。

3. 方法

进行半场三对三练习,队员只允许进行回传,所以必须首先运球前移,然后才有回传的空间。进行射门前,队员之间只能进行一次传、接球。当对手得分时,防守方必须接受惩罚,例如做俯卧撑或仰卧起坐(图4.10)。

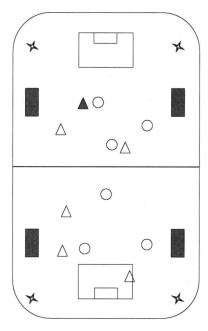

图4.10 运球过人练习十一

4. 要点

队员必须随时观察本方队友或防守队员的位置;无球队员应该在后方为队

友创造传球机会,因为只能进行回传。所有练习者必须严格遵守相关规定。

(六)传、接球练习

练习一

1. 目的

提高传、接球技术的熟练性和准确性,发展队员之间相互配合的能力。

2. 组织

队员两人一组,相互之间距离不限。

3. 方法

利用各种传球方法进行传球;接球时只可以用球杆、身体或者球杆和身体。

4. 应用

可以利用界墙进行单人传、接球练习;可以利用界墙进行单人空中传、接球练习。

5. 要点

不可低头,要抬头看向传球方向;保持比赛状态,脚趾和膝盖轻微弯曲;根据不同的传球方法选择相应的握杆方法;接球时,队员需上前迎接球;接空中球时,球杆应位于身体和球之间,万一球杆没有接住,可以利用身体将球停住。

练习二

1. 目的

发展传、接高球的能力;锻炼身体各个部位和球杆的协调配合能力。

2. 组织

队员持球两人一组,保持一定距离。

3. 方法

队员之间保持一定的距离互相传高球,接球后迅速将球控制住。

4. 应用

传球时球可以是在空中飞行直至对方接住球,也可以在地板上反弹一次然后再接住球。

5. 要点

注意保持合适的距离;眼睛要盯住球;双膝和握杆的双手保持放松,控球瞬间进行缓冲并迅速控制球。

练习三

1. 目的

发展移动中传、接球的能力。

2. 组织

队员持球二人一组,移动练习。

3. 方法

两人在同时向前向后移动中练习传球接球技术

4. 应用

接球后除完成调整的动作外,也可原地运球转身,然后再将球回传给对方队员。

练习四

1. 目的

提升移动中传、接球的能力;提升传、接球前的准备和预判能力;提高对球的控制能力。

2. 组织

队员三人一组,其中两名队员相距 10~15 米,另一名队员持球位于两人中间。

3. 方法

中间持球队员面向其中一名队友稍带几步传球,待队友回传,接球后转身反方向运球再传球给另一名队员,如此反复往返,50~60 秒后进行轮换(图4.11)。

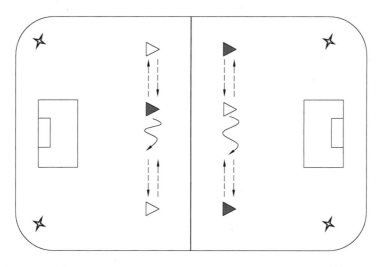

图 4.11 传、接球练习四

4. 应用

由两边的队员各持一球进行传球,中间队员跑动中接球,并回传给传球队员再反向跑动接另一队员传球,如此反复往返。50～60秒后进行轮换。必须随时做好传、接球的准备并做出相应的预判。

5. 要点

抬头目视传、接球方向;握杆双手放松;保持比赛状态;控制传、接球的时间,做好传、接球的准备;拍头始终保持在地面上。

练习五

1. 目的

提升移动中传、接球的能力。

2. 组织

队员按5～7人一组进行分组;每组队员又分为两队,一半队员一路纵队排好站在标志线前,另一半队员持球一路纵队站在对面,两队之间相距5～8米;每一组配一个球。

3. 方法

队员A1传球给对方队员B1并追随球的运行方向跑到对方队伍尾端入列,B1接球后将球传给A2并跑向对方队伍尾端入列,A2接球后再传球给B2并跑向对方队伍尾端,如此循环反复(图4.12)。

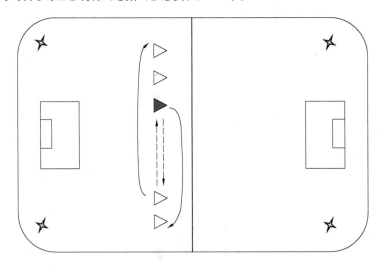

图4.12　传、接球练习五

4. 应用

可以在传球时加入不同的传球方法,例如正手传球、反手传球、高空球、反弹球等。

5. 要点

抬头目视传、接球方向;传球后立即跑动;球员跑动方向与传球方向一致

第4章 雪地软式曲棍球技术教学与训练

并且跑向对方队伍尾端入列;做好传、接球的准备;拍头始终保持在地面上;不可追逐打闹,避免发生伤害事故。

练习六

1. 目的

练习不停球的一拍传球的技术与不同方向传球的准确性。

2. 组织

练习队员 5~6 人一组一球,站成圆形(图 4.13),分组练习。

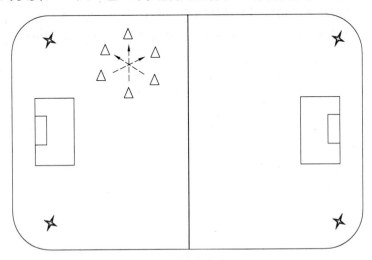

图 4.13 传、接球练习六

3. 方法

持球队员无顺序地向任意一名队员传球,接球队员也无规律地向其他队员传球,如果其中一人因传球不到位而导致练习中断,罚做俯卧撑 5 个,其他队员将球捡回继续练习。

4. 要点

传球队员时刻保持比赛状态并抬头目视传球方向;拍头放在球场地面上,面向来球方向;接球队员时刻做好接球准备;不可以将球传给与自己相邻的队员;场上时刻用语言与队友保持交流。

5. 应用

此练习适用于有一些基础的队员练习。在比赛对抗激烈的情况下与队友及时做战术配合的技术手段。

练习七

1. 目的

练习利用界墙传反弹球,认识利用界墙反弹各种传球的入射角度与反射角度的反弹路线,而达到传球过人的目的。

2.组织

全场练习,练习队员二人一组一球,分组练习。二人练习时位置不固定,每个人可以前、后、左、右移动,向界墙传球后观察球的反弹角度。

3.要点

初做此项练习的队员尽量用传接地滚球的技术,以便更好地观察球的反弹角度;另外传界墙反弹球时一定要具有充足的传球力量,否则传的球反弹之后就没有速度传到接球队员的位置而造成战术配合失误。在此技术熟练的情况下也可以做离地面300~400厘米的高度反弹球,切记不要高于界墙的高度(图4.14)。

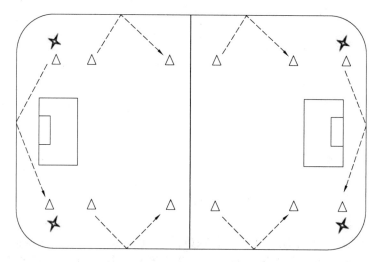

图4.14 传、接球练习七

4.应用

在利用界墙传反弹球技术中,界墙充当了一位默契的队员,球员平时训练中掌握的技术能力有多少,界墙与之的战术配合就有多默契。利用好界墙传反弹球无疑相当于在场地上又多了一位并肩作战的队友。

练习八

1.目的

提高队员在跑动中正、反手传、接球的能力,增强在实战当中运用个人技术的能力;提高队员在攻区传球、跑位和射门的技术水平。

2.组织

半场练习队员,A1、A2两组分别站在界墙的两个底角。A1组持球,A2组无球,二人一组一球,分组循环练习,A1、A2 练习后互相交换练习位置(图4.15)。

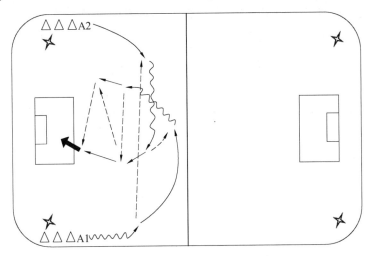

图 4.15 传、接球练习八

3. 方法

由 A1 组发起练习,A1 沿界墙直线运球,传给无球跑位接应的 A2,A2 接球后运球与 A1 交换,留球换位,A1 接到 A2 的留球后向球门方向运球,并及时地将球传给插上接应的 A2,A1 与 A2 做 2~3 次传球后再进行射门。练习后二人交换位置,循环练习。

4. 要点

A1 与 A2 留球交叉换位是重点,A2 留球方向要与 A1 跑动方向一致,这样 A1 才能顺利地接到球。如果 A1 与 A2 迎面传球,这就需要二人有长期的默契合作并且技术成熟稳定,否则失误率极高。另外两人在完成射门前要完成 2~3 次的传球,两人传球次数越多说明两人练习的效果越好,水平越高。

5. 应用

此项练习适用于具有一定训练基础的队员练习,比赛时在攻区会给对方球门带来极大的威胁。

练习九

1. 目的

提高队员在跑动中传、接高远球的能力,加强在实战中熟练地传高远球的准确性,提高接高远球的熟练稳定性及时快速调整的能力。

2. 组织

全场练习,队员分为 A1、A2 两组,分别站在界墙的两个底角。A1 组持球,A2 组不持球,二人一组一球,分组循环练习(图 4.16)。

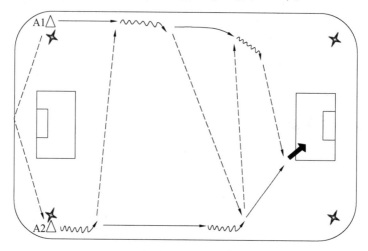

图 4.16　传、接球练习九

3. 方法

由 A1 组发起练习,A1 在原地利用球门后界墙传反弹球给 A2 后向进攻方向跑位接应,A2 接到球后给 A1 传高远球。A1 接到球后运球再传给 A2,如此 3~4 次传球后在对方球门前最后一传时要传地滚球,插上的同伴做一拍射门,A1、A2 练习后互相交换练习位置。

4. 要点

要点一:传高远球时要将球放在球拍的根部位置,利用全身六大关节充分发力将球传离地面 1.5 米高为最佳,另外要严格控制传球后球拍的随摆高度,不要造成高杆犯规。

要点二:接高远球时切忌头顶球,或做双脚离地及高杆击球、手挡、抓球等犯规动作,要合理运用胸部停球、大腿停球或者球地停反弹等合理的动作完成停高远球。利用身体停高远球后,要用球拍及时控制落在地面的球,以防止防守队员将球抢截而失去控球权。

5. 应用

传、接高远球技术需要队员长期磨合,在实战中能够隔着防守队员传球给同伴,或者由后场前场发动快攻,还可以在射门时射球门上面的两个死角等等。

第4章 雪地软式曲棍球技术教学与训练

练习十

1. 目的

提高队员一拍传球的准确性以及传球后快速跑位的能力。进攻队员调整不接球一拍射门的技术。

2. 组织

半场练习,球员都集中在界墙 A 处,每人一球,分别在场地 B、C、D 每处设置一名队员不拿球。

3. 方法

从 A 发起练习,A 将球传给 B 后,A 绕过 B 跑向球门前。B 将球传给 C 后,B 跑向 A 处。C 将球传给 D 后,C 跑向 B 处。D 将球传给门前的 A,A 一拍射门。A 射门后跑位到 D 处,D 跑到 C 处。然后在起点 A 处第二个队员再继续循环练习。在本项传球练习中全部使用一拍传球练习方法,不要停球(图 4.17)。

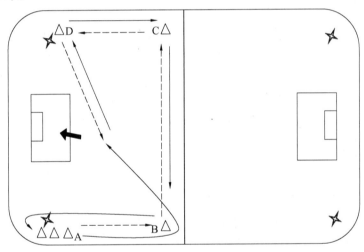

图 4.17　传、接球练习十

4. 要点

由于练习的是一拍传球技术,所以要求传球队员传球准确并且是地滚球。接球队员时刻保持实战状态,注意力集中,将球始终放在地面上,正对来球,传球后快速移动到上一个位置以便衔接练习,切记射门队员射门后不要去捡球,要及时地回到 D 的位置完成整体练习。

5. 应用

此练习适合一拍传球基本功扎实的队员训练。本项训练会使队员视野开阔,养成观察全场的好习惯,并且掌握传球后快速移动摆脱防守等技术,在比赛中非常实用。

练习十一

1. 目的

提高移动中传、接球的能力；提高球场随机应变和观察能力。

2. 组织

队员三人一组，场地一分为三。

3. 方法

队员分组在规定范围内进行三对三练习，持球队员不得移动，无球队员持续跑位，为持球队员创造更好的传球机会；控球一方尽可能通过队员间传、接球来增加本方的控球时间；如果一方控球时间超过 90 秒则为胜方；队员接球后控球时间不得超过 3 秒；如果传、接球过程中被对方队员抢断，则攻防双方角色自动转换；固定比赛时间，在规定时间内胜方继续留在场上，换组上场继续进行练习。

4. 要点

保持比赛状态，做好传、接球的准备；无球队员必须持续跑位，不得站在防守队员的身后；必须严格遵守比赛规则。

5. 应用

可以在练习中增加不同的比赛规则，例如只允许向前方传球、只允许一次触球等；通过加快传、接球的速度，提高队员的反应能力，提高防守方的水平；重点强调进攻。

练习十二

1. 目的

提高队员观察全场队员站位的意识，并且加强传球后跑位接应与其他队员主动做战术配合的意识。提高队员一拍射门的准确性。

2. 组织

全场练习，球员每人一球并集中在场地的 A 点。分别在场地 B、C、D、E 处各设置一名队员不拿球。

3. 方法

从 A 发起练习，A 将球传给 B 后向攻区球门前插上接应射门。B 接到球后传给 C，然后 B 跑向 A 处。C 接到球后将球传给 D，然后跑向 B 处。D 接到 C 的传球后将球传给 E，然后 D 向 C 处跑位。E 接到 D 的传球后将球传给插上接应射门的 A，然后 E 向 D 的位置跑位接应。A 接到 E 的传球不停球一拍射门，然后跑向 E 处位置接应做下一组练习，重复循环练习(图 4.18)。

第 4 章 雪地软式曲棍球技术教学与训练

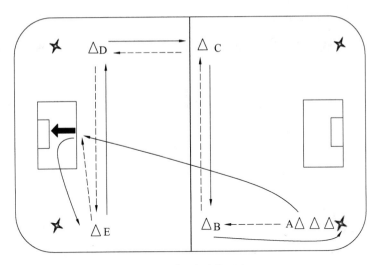

图 4.18 传、接球练习十二

4. 要点

首先接球要稳定,注意拍头下压与地面成锐角。接球后快速调整,用传地滚球的方法将球传给下一位接球的队员。A 插到球门前准备射门时如果反拍面对来球,要马上转身面对来球射门,尽量不使用反拍射门,因为反拍射门的准确性与射门速度相对正手射门都差。尽管队员刚开始练习时,存在调整慢、身体很不协调等问题,但是队员都要在训练中加强练习,以便提高射门的技术水平。

5. 应用

此练习适用于初级、中级、高级队员的水平训练。

练习十三

1. 目的

提高在前场进攻区域的传球能力;加强两个边锋之间利用球后界墙传反弹球做战术配合的能力。

2. 组织

半场练习,A1 组每人一球站在攻区界墙的中部,A2 不拿球,站在攻区另一端界墙角处争球点附近。

3. 方法

A1 发起练习,沿界墙直线运球,利用球门后界墙传反弹球给 A2 后,快速向球门前跑位。A2 接球后及时将球传给插到球门前的 A1,A1 不停球一拍射门,完成练习后 A1 与 A2 互相换位,循环练习(图 4.19)。

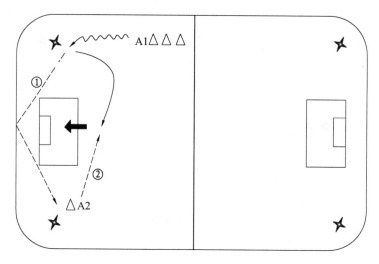

图 4.19 传、接球练习十三

4. 要点

A1 要特别注意控制传球和跑位的时机,确保练习流畅进行;另外,A1 传反弹球时一定要准确到位,而且具有充分的传球速度。A2 接到 A1 的传球后迅速调整,及时将球传给插到球门前的 A1,尽量做到人到球到。

5. 应用

此项练习内容二人需要有默契的战术配合,长年在一起训练的队员就会掌握好传球的时机,达到完美的战术配合效果。

练习十四

1. 目的

提高队员原地传球的准确性,以及掌握跑动中传球、接球和射门的技术。

2. 组织

全场练习,将全队球员平均分成 A、B、C、D 四个组,分别站在界墙的四个转弯角处,A 组、C 组两个队伍每人一球,B 组、D 组队员不拿球。为了让练习队员清楚自己的跑动路线,可以在场地中放置两个标志物。

3. 方法

由 A 发起练习,A 沿界墙无球跑位过中线后,跑弧线向 C 要球,C 及时传球给 A,A 接球后运球至中线将球传给 B,A 传球后快速插到球门前,B 将球传给 A,A 射门练习结束,A、B 互相换位。在 A 运球至中线传球给 B 时,C 开始跑位要球发起练习,练习方法与 A 相同,练习后 C 与 D 互相换位循环练习(图 4.20)。

第4章 雪地软式曲棍球技术教学与训练

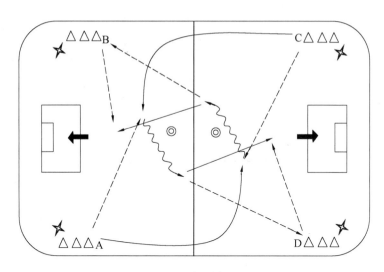

图4.20 传、接球练习十四

4. 要点

队员必须保持移动状态,做好随时传、接球的准备;拍头始终放在地面上,面对来球方向,拍面下压与地面成锐角以便达到稳定的接球状态。B和D在给A与C传球时一定要传球准确到位并传地滚球,这样才能提高A与C的射门效果。

5. 应用

此练习方法适用于具有一定技术水平的队员练习;能够让队员之间的全场战术配合更加默契流畅。

(七)射门练习

通常情况下,进攻队员运球到对方半场,或在对方半场抢断球后即可选择进行射门,根据射门时的难易程度,可以将射门区域分为三片,1号区域是最有威胁、进球效率最高的区域;2号区域次之,守门员防守面积最大,适合中远距离的射门;3号区域射门角度小,守门员较易进行防守(图4.21)。

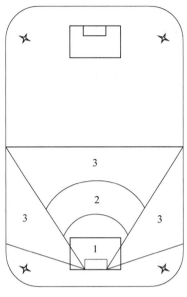

图 4.21 射门练习

练习一

1. 目的

提高各种技术形态射门的能力;提高抬头目视射门方向进行射门的能力;发展射门时保持正确握杆和身体姿势的能力;为守门员进行热身。

2. 组织

队员持球呈扇形分布在距离球门 8 米处的位置;队员相互之间保持一定的距离为各自的射门创造足够的空间。

3. 方法

队员站在各自的位置上按一定顺利依次射门;允许使用不同的射门技术;练习刚开始时进行采用较为简单的射门技术,如手腕发力射门;当守门员热身基本结束时,可以采用力量较大的射门技术,如大力抽射(图 4.22)。

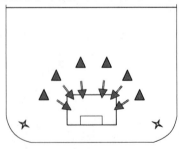

图 4.22 射门练习一

第4章 雪地软式曲棍球技术教学与训练

4.要点

抬头目视射门方向;保持正确的握杆方法和身体姿势;为下一位射门的队员留出足够的射门空间;队员要尽可能快地按顺序在射门动作结束后将球捡回并快速归位;球员射门练习结束前,应该避免从球网里面或球门后面捡球,以免造成伤害事故。

5.应用

可以从底线先开始射门,促使守门员快速移动进行防守;可以采用运球向前突破两步进行射门;可以进行多次重复射门或者采用单人原地多次射门的练习方法。

练习二

1.目的

提高队员在不同角度和位置进行射门的能力;对守门员进行热身。

2.组织

一名队员站在球门前面(A1);其他队员持球呈扇形分布做好传球准备。

3.方法

队员按顺序逐一开始给 A1 传球,A1 接球后不分角度和位置直接射门,A1 接球员传球并在所有射门结束后跑向队伍的开端与第一位传球给 A1 的队员互换位置,依次类推,每个队员都进行射门练习(图4.23)。

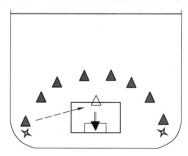

图 4.23　射门练习二

4.要点

队员注意力需高度集中,做好随时进行传球和射门的准备;根据不同的传球选择相应的射门技术动作;保持比赛的状态和身体姿势,如双膝微屈,身体重心下降。

5.应用

可以进行传空中球练习,锻炼队员的手眼协调能力;对于技术水平较高的队员,可以进行多次传球而后再射门,例如第一次进行传球的队员可以将球传给其他队员,由其他队员再传给 A1 进行射门,这样就减少 A1 对传球方向的预判,提高 A1 的反应和自我调整能力。

练习三

1. 目的

熟悉不同射门类型的技术动作;提高运动中射门的能力;对守门员进行热身。

2. 组织

队员分三组相距一定距离持球排队站在中线附近;在球场底角各摆放一个标志碟。

3. 方法

每组出一名队员同时往球门运球并进行射门;不同的线路,采用不同的射门方法,如手腕发力射门、大力抽射、反拍射门及拖杆射门等;按照迫使守门员进行移动的顺序进行射门;射门后,为避免阻挡下一位队员的射门路线,队员必须绕过标志碟跑到其他组队伍尾端入列;从中间出发的队员需绕过球门;队伍按顺时针的顺序进行轮换(图 4.24)。

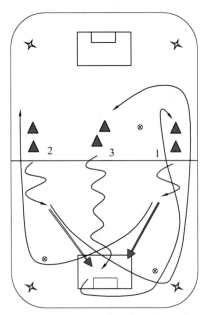

图 4.24　射门练习三

4. 要点

根据不同的射门方式,采用相应的握杆方法;射门后继续向前跑位;不可阻挡下一位队员的射门路线;队员应等守门员做好下一次扑救的准备动作再射门;1 队和 2 队的队员不能离球门太近,但射门必须保证一定的准确度;守门员充分热身后即可进行各种难度的射门。

第4章 雪地软式曲棍球技术教学与训练

5. 应用

可以采用不同的射门方式;可以由边锋传球给中锋,并向球门区域跑动,中锋再回传边锋,边锋接球后立即射门,所有传、接球动作皆一次完成。

练习四

1. 目的

提高在行进间射门的技术与运球转体过人的能力;对守门员进行热身,提高守门员封球门的角度与抓、挡球的技术。

2. 组织

半场练习,队员分成 A1、A2 两组,每人一球。A1、A2 组分别站在中线的两端,分组练习。

3. 方法

A1 无球直线跑动接应 A2 的传球,A1 接到 A2 的传球后在跑动中做运球转体 360 度过人技术然后射门,练习后 A2 如 A1 的练习方法相同。全队如此循环练习,并在练习后 A1 与 A2 互相交换练习位置(图 4.25)。

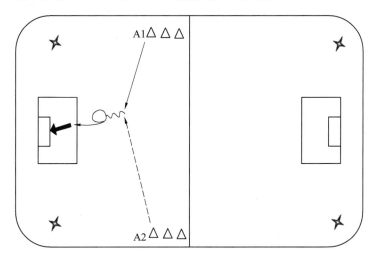

图 4.25　射门练习四

4. 要点

A2 传球给 A1 时要求传地滚球并且传球准确。A1 跑动中将球拍放在地面上,拍面正对来球方向接应 A2 的传球,以明示 A2 的传球方向,A2 及时将球传到 A1 的球拍上。A1 接到球后在跑动中做转体 360 度过人时要求球离身体不宜过远或过近,球距离身体 30~40 厘米为最佳,可以保持动作的完整流畅。另外做转体过人技术动作时,进攻队员尽量身体靠近防守队员,身体紧贴防守队员身体为宜，便于摆脱防守过人。

5. 应用

此动作技术练习适用于技术动作掌握熟练的队员，是在比赛对抗非常激烈时非常实用的一种摆脱防守射门的技术，在原地转体360度摆脱防守射门时也有奇佳的效果。

练习五

1. 目的

提高移动中射门的技术；加强队员在跑动中不停球，面对传球直接击球射门的能力；守门员热身练习，提高守门员快速左右移动封锁球门角度的能力。

2. 组织

半场练习，队员分成A1、A2两个组，分别站在界墙两个底角上，并在场地设置两个标志物。每人一球，两人一组，分组循环练习。

3. 方法

A1发起练习，无球跑动绕过标志物转向球门时，A2将球传给A1，A1及时插上射门，A1传球给A2练习方法相同，全队交换位置练习（图4.26）。

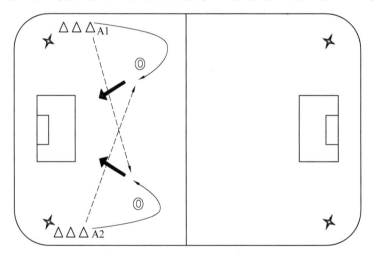

图4.26 射门练习五

4. 要点

A1无球跑动绕过标志后马上调整身体侧对传球方向以达到射门的最佳姿势，同时将球拍放在地面上准备随时射门，如果队员球拍不放在地面，容易使队员射门时打不上球而造成射门练习失败。同时要求队员抬头观察守门员防守球门的空档而射门，切忌盲目射门。把握传球时机，必须达到队员跑动到位时传球到位，并且要求不停球一拍射门。

第 4 章　雪地软式曲棍球技术教学与训练

5. 应用

此技术练习适用于各种技术水平运动员,是在实战中得分较多的一种手段,也是易于掌握的一种训练方法。

练习六

1. 目的

提高传球队员假射门真传球的逼真假动作的能力;加强接球队员跑动中不做调整直接射门的能力;提高守门员快速左右移动封堵射门角度的能力并且热身。

2. 组织

半场练习,练习队员分为 A1、A2 两组,两组分别站在中场中线的两侧,A1 组每人一球,A2 组不持球,二人一组分组练习。

3. 方法

由 A1 发起练习,A1 横传球转移至 A2 后快速插上到门前时刻准备好射门。A2 接球后做出远距离射门动作,实际传球给插上的 A1 直接一拍射门,练习后 A1 与 A2 互换位置交叉循环练习(图 4.27)。

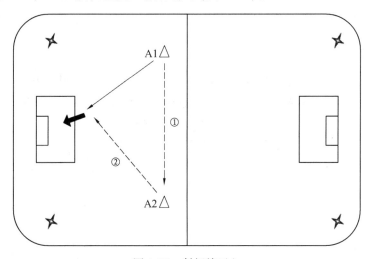

图 4.27　射门练习六

4. 要点

A1 作为一名后卫持球队员不要暴露出要给另一名后卫传球的意图,防止对方防守队员判断出传球者的意图而抢断传球,造成对方形成一打零的局面,所以 A1 持球时,先做出远距离射门的动作来吸引防守队员来正面防守射门路线,然后再传球传给 A2,随后快速前插至对方球门前接应射门位置。A2 接到球后首先要寻找远距离的射门机会,将防守队员及守门员的注意力完全吸引到这里来,而忽略了 A1 的插上威胁,这时 A2 用射门的动作将球传给 A1,A1 不做调整直接一拍射门。

5. 应用

此项练习适用于比赛中多打少的局面,例如:五打四、五打三以及四打三的时候。这需要队员长期在一起训练磨合而产生出来的默契战术配合,甚至达到传球队员不需要看 A1 插上射门位置,就知道那里有人接应射门。如果队员互相之间不默契向 A1 插上位置看一眼,就会引起防守队员的警惕,而造成 A1 插上射门位置被严防死守失去绝佳的射门得分机会。

练习七

1. 目的

提高后卫与边锋之间的配合意识,加强后卫寻找时机插上及时射门的能力;提高边锋创造射门空间的能力;提高守门员左右快速移动及近距离扑救球的能力。

2. 组织

半场练习,队员分为 A1、A2 两组,两组分别站在界墙一侧的底角争球点为 A1 组,中线靠近界墙一侧争球点为 A2 组,A2 组每人持一球,A1 组不持球,二人一组分组练习。

3. 方法

由 A2 组发起练习,A2 将球顺着界墙传给 A1,也可以利用界墙传反弹球给 A1,A2 快速向球门前插上接应 A1 的传球,A1 接到球后快速传给 A2,A2 及时射门,练习后 A1 与 A2 互换位置交叉循环练习(图 4.28)。

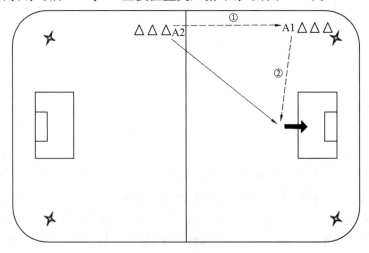

图 4.28　射门练习七

第 4 章　雪地软式曲棍球技术教学与训练

4. 要点

A2 插上射门时一定要找好时机，在与 A1 有足够的默契配合情况下，主动插上接球射门。A1 给 A2 传球时一定要摆脱对方后卫防守或者利用稍纵即逝的空档及时准确地将球传给及时插上射门的 A2。如果 A2 主动插上配合，A1 却传球失误，由于 A2 插上已经失位了，很容易造成对方反击以多打少，所以，要求 A1 要有极强的传球配合能力。万一传球失误，A1、A2 要及时回追抢回防守位置。

5. 应用

这是比赛中队员在攻区经常做的一个战术射门，无论场上是以多打少还是五打五，它都非常简单实用的一种后卫与边锋的配合战术。

练习八

1. 目的

提高边锋利用界墙传反弹球的技术与后卫配合的能力，以及在球门前补射的能力，增强后卫在运球时远射的能力。

2. 组织

半场练习，练习队员分为 A1、A2 两个组，边锋 A1 组站在界墙角争球点处，后卫 A2 组站在中线界墙处的争球点附近，A1 组每人一球，A2 组不持球，二人一组分组练习。

3. 方法

由 A1 发起练习，A1 利用界墙传反弹球给 A2 后，快速插上到门前补射。A2 接到反弹球后沿中线横走并射门，练习后 A1 与 A2 互相交换位置循环练习（图 4.29）。

4. 要点

首先 A1 利用界墙传反弹球给 A2 时必须掌握好反弹球的角度与传球的力量，然后快速到攻区门前干扰影响守门员的视线，但不要进入球门区以免造成进攻违例，干扰守门员最佳距离在 1 米左右，并且时刻准备进行补拍射门，如果后卫射门击到守门员或防守队员身上，反弹落地后迅速进行补射。

5. 应用

在比赛中出现多打少的局面时，如五打四、五打三、四打三，应用比较多也较容易得分的一种手段。首先，A1 到门前干扰守门员时同样也吸引了对方后卫等防守队员的防守注意力，而给 A2 创造了远距离射门的机会，A2 既可以直接射门也可以与其他队员做配合射门得分。应该强调的是 A2 远距离射门时要具有准确性与力量，射门后应注意对方队员快速反攻，不要失去防守位置。

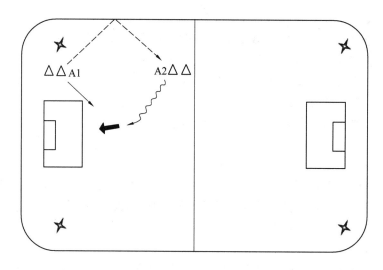

图 4.29 射门练习八

练习九

1. 目的

增加射门队员射门时的方向变化及假动作的逼真性。

2. 组织

半场练习,练习队员分成 A1、A2、A3 三个组,A1 组每人一球站在中线位置,A2、A3 组不持球分别站在球门后两侧界墙处,三人一组一球,分组练习。

3. 方法

由 A1 发起练习,A1 将球传给在底线的 A2 后快速向门前跑动,A2 接到 A1 的传球后再迅速将球传回给 A1,A1 接到球后将球传给从球门后移动到球门前的 A3,A3 及时射门,练习后 A1、A2、A3 互相交换位置循环练习(图4.30)。

4. 要点

A1、A2 反复做传球时目的有二:其一是给 A1 真正创造射门的机会;其二是吸引防守队员的注意力,使其忽略对 A3 的防守。A3 尽量站在球门线后方,给防守队员一种错觉,当防守队员认为 A3 对球门没有威胁时,A1、A2 互相配合吸引防守队员的注意力,尤其是 A1 接到 A2 的传球时,防守 A3 的队员会主动前迎防守 A1 的射门路线,这时 A3 快速移动到球门前,A1 似乎在射门,其实球已传到站在球门前的 A3 处,A3 不做调整一拍射门。此练习看似简单,其实蕴含了丰富的内容与经验,如 A1、A2 的传球是否能吸引其他防守队员的注意力就靠 A1、A2 的表演天分了,还有 A1 接到 A2 的球需要做两种准

第4章 雪地软式曲棍球技术教学与训练

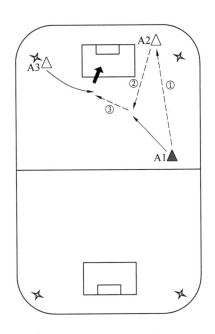

图4.30 射门练习九

备：一是如果面对球门迎来恰当时机就必须要射门，二是没有射门时机也要装作射门，吸引所有防守队员的注意力，给A3创造良好的射门时机。

5. 应用

在比赛中进攻队员在攻区一种良好的得分手段，往往会以少胜多，并且让守门员无从判断球的去向而失分。

练习十

1. 目的

提高进攻队员摆脱防守，跑位接应时不做调整一拍射门的能力。

2. 组织

半场练习，练习队员A1、A2为进攻队员，B为防守队员。A1站在中线，A2站在球门后界墙处，B站在A1面前防守处。A1持球，A2、B不持球，三人一组一球，分组循环练习。

3. 方法

由A2发起练习，A2沿界墙向场地另一端争球点跑动接应要球，A1将球传给接应的A2，防守队员B向A2阻截防守，A2沿界墙利用身体掩护球反上，A1到界墙处接应A2的传球，A2向界墙同侧利用反弹球或转体180°传给A1，利用防守队员找球分神的时机快速插到门前接A1的传球后射门，练习后A1、A2、B互相交换位置练习(图4.31)。

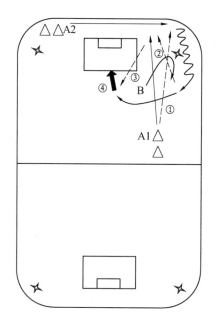

图 4.31　射门练习十

4.要点

A1 面对 B 的防守无法突破过人时，A2 主动跑位接应要球，可以高声提醒 A1 传球以吸引 B 来防守，同时 A1 传球给 A2 后快速跑位到底线去接应。A2 如果吸引到 B 来防守，这时要充分利用身体掩护球，并利用界墙传反弹球给 A1，注意动作一定要隐蔽。如果 B 不来防守 A2，A2 则直接运球射门。A2 传球后面对防守 B 队员，向他明示自己已传球了，自己没有控制球，这时防守队员 B 会扑向 A1 防守。A2 这时快速插到门前接应，A1 接球不做调整一拍传球给 A2，A2 调整身体后接球直接射门。

5.应用

如果队员能够默契熟练地掌握此项战术，将互相配合，令防守队员眼花缭乱，因找不到球而失去防守位置。

练习十一

1.目的

提高练习队员三人之间传、接球配合及运球射门的技术，以及守门员封锁面对进攻队员射门的角度和扑救球的能力。

2.组织

全场练习，练习队员分为 A1、A2、A3 三个组，A1 持球站在界墙处，A2、A3 分别站在场地中间中线争球点处，相距 7 米左右，不持球，三人一组一球，三组循环练习。

3. 方法

由 A1 发起练习，A1 由界墙向中线方向运球，传给 A2 后转身跑弧线向球门方向跑位接应要球。A2 接到 A1 的传球后连续与 A3 互相一拍传球两次后，待 A1 跑到接球位置时及时将球传给 A1，A1 运球面向球门直接射门。练习后 A1、A2、A3 互相交换位置练习（图 4.32）。

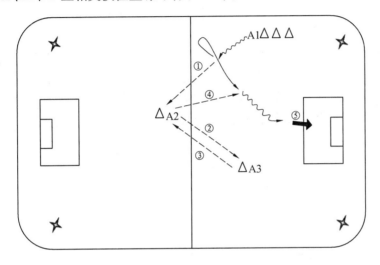

图 4.32 射门练习十一

4. 要点

A1 作为进攻到攻区的边锋遇到防守队员强烈的阻截时，向回运球并且与 A2 为本队后卫做回传球配合，然后跑弧线到界墙，其目的为躲开防守队员的注意力。同时 A2 与 A3 连续两次做传、接球配合是为了吸引防守队的注意力及防守，这时 A1 找准时机及时向球门方向跑位，A2 利用防守空当将球传给 A1，A1 运球面向守门员射门。成为一名成熟的运动员要掌握好比赛场上的表演，A1 回传球给 A2 后要装作不跑位不接应要球的一个脱离比赛的进攻队员，其目的是使防守队员放松对他的防守，而在机会出现时及时摆脱防守跑位接应进攻。而 A2、A3 互相传球时更是要吸引防守队员的注意力与防守，给 A1 创造进攻插上接应的良好时机与无人防守的空间。

5. 应用

这个练习既锻炼了 A1 的射门技术，也锻练了 A2、A3 做假动作配合的表演能力，在比赛中做好彼此配合战术，一定会创造出良好的射门时机。

练习十二

1.目的

提高队员连续传接球技术与进攻持球队员面对守门员的防守射门得分的能力。

2.组织

半场练习,练习队员分为 A1、A3 两组,A1 组每人一球站在中场中线与界墙交界处。A3 组每人一球,站在中线对面,二人一组分组循环练习。

3.方法

由 A1 发起练习,A1 沿中线跑位到中线争球点附近时快速急停,转身接 A2 的传球并且立刻回传球给 A2 后,马上转身向球门方向跑位接 A3 的传球,然后直线运球射门,练习结束后 A1 换位到 A3 组练习。同时 A3 开始做练习,与 A1 方法相同并且换位练习(图 4.33)。

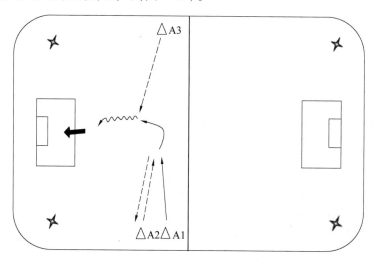

图 4.33　射门练习十二

4.要点

首先 A1 跑位、急停、转身动作要快,A2 传 A1 球时必须是地滚球并且及时准确,A1 回传 A2 球时也要快,A1 转身接 A3 传球时,A3 也要传球及时准确。A1 接到 A3 的传球后要快速调整,寻找守门员防守的缝隙射门,切忌盲目射门,以免失去一个良好的得分时机。

5.应用

此技术需要有一定基础训练水平的队员训练,在比赛场上任何位置都可以运用这项技术。

练习十三

1. 目的

提高练习队员跑动中运球射门的能力;同时也训练队员在跑动中接球运球的能力。

2. 组织

全场练习,练习队员分为 A、B、C、D 四个组,其中 A、D 为一个练习组,B、C 为一个练习组,每人一球,A、B 组不持球。A、B、C、D 组分别站在中线界墙两端,并在前后半场分别摆放一个标志物。二人一组一球,分组循环练习。

3. 方法

由 A、B 同时发起练习,向对方半场接应跑动,D、C 分别给 A、B 传球,A、B 接到球后分别绕过标志物运球射门,练习后 A 与 C 换位,B 与 D 换位练习(图 4.34)。

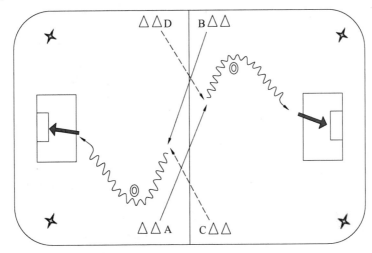

图 4.34　射门练习十三

4. 要点

A 与 B 在跑动中接球时球拍一定要放在地面上,并且使球拍面向来球方向,接球时球拍下压,拍面与地面成锐角,防止球与球拍接触后,球跳起来,而很难控制球。运球射门时一定要抬头观察守门员防守的漏洞再射门,切忌盲目射门而无练习效果。

5. 应用

此练习适用于初级教学手段,使队员尽快掌握传球、接球、运球、射门等综合技术的训练水平。

练习十四

1. 目的

提高练习队员传球、接球、运球过标志物与射门的技术水平；同时也充分合理地利用场地。

2. 组织

分左右半场训练，利用标志物将场地一分为二。练习队员分 A、B 两组，分别站在同侧界墙的底线，争球点上为 A 组，站在中线争球点附近为 B 组，每人一球二人一组，分组循环练习，两个半场同时练习。

3. 方法

由 A 发起练习，A 沿界墙直线运球，同时 B1 跑弧线接应 A 的传球后，运球过标志物射门。A 传球给 B1 后快速前插接应 B2 的传球，运球过标志物射门，练习后 A 与 B1 交换位置练习（图 4.35）。

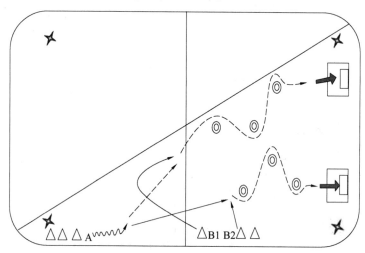

图 4.35　射门练习十四

4. 要点

B1 跑弧线时回头看 A 的传球，同时 B1 的球拍要放在地面上以明示 A 的传球路线，同样 A 接 B2 的传球时也要将球拍放在地面上，以明示 A2 的传球方向。运球绕过标志物后快速调整射门，切记射门时要抬头观察守门员防守的空隙再射门，不要盲目射门。

5. 应用

此练习是适用于初、中级队员的练习方法，使队员尽快提高传球、接球、过人、射门等技术水平。此练习也适用于人数较多时，能更充分地利用场地，让更多人同时训练。

第4章 雪地软式曲棍球技术教学与训练

三、守门员技术练习

守门员技术包括有球技术和无球技术,在进行专项技术练习前需做好准备活动,避免在练习中受伤

守门员可以和其他队员一起做热身运动,但是要特别注意多活动肩部、臀部、膝关节、手腕和踝关节,以保持关节的灵活性,避免受伤。

(一)拉伸练习

目的:有助于缓解肌肉紧张,使身体更加舒展,身体能更加轻松自如地运动,从而提高身体的协调性,并且有助于扩大身体的动作范围,预防肌肉损伤等运动伤害。(强健的、柔韧的、拉伸过的肌肉比强健的、僵硬的、未经拉伸的肌肉更能承受压力。)

控制拉伸的时间,每一项的拉伸时间不宜过长。

运动后的恢复练习

目的:运动后的拉伸,在一场训练课后或比赛结束后,应当通过降低运动的幅度来进行整理,使心率降低至休息时的水平,然后再拉伸,以防止肌肉酸痛和僵硬。

1. 提肩

动作要领:首先将双肩向耳朵方向提起,直到颈部和肩膀处产生轻微的紧张感,保持这个姿势5秒钟,然后放松肩膀自然下垂。保持5秒做3次,之后肩部绕环(图4.36)。

图4.36 提肩

2. 肩背拉伸

动作要领:两腿开立,两脚打开略宽于肩,双手举过头顶在脑后交叉,用左手握住右手臂的肘部,慢慢地将右手肘拉向左边直到上背部及肱三头肌产生轻微的拉伸感,保持这个姿势10～15秒,换另一侧也用同样的方法拉伸。(图4.37)。

图4.37　肩背拉伸

3. 手臂腕关节拉伸

动作要领:两手十指交叉举过头,掌心向上,轻轻向上,并向后推手臂,此时去感觉手指、肩膀以及上背部的拉伸感,保持这个姿势15秒,不要屏住呼吸,请保持深呼吸,最后手腕部绕环(图4.38)。

4. 肩部及背阔肌拉伸

动作要领:拉伸肩部以及背阔肌时,将一侧手肘轻轻从胸前拉向另一侧的肩膀,保持这个姿势10秒(图4.39)。

5. 胸部拉伸

动作要领:十指交叉置于身后,同时伸直手臂,并将背后的手臂缓缓向上举,直到手臂、肩膀或者胸部产生拉伸感,保持轻松拉伸10～15秒。练习时保持胸部外挺下颌内收(图4.40)。

第4章 雪地软式曲棍球技术教学与训练

图4.38　手臂腕关节拉伸

图4.39　肩部及背阔肌拉伸

图4.40　胸部拉伸

6. 腰部扭转

动作要领：双脚自然开立，宽度保持略宽于肩，双膝微屈；上半身左右转动，保持髋关节稳定（图4.41）。

图 4.41　腰部扭转

7. 分腿体前屈

动作要领：坐姿开始，两腿尽量分开，伸直脚跟，脚尖上翘，双手放于体前地面上，脊椎不要弯曲，前后摇动身体，呼气，手向前移动，保持背部平直，胸部尽量贴地（图 4.42）。

图 4.42　分腿体前屈

8. 分腿体侧屈

动作要领：坐姿开始，两脚打开，身体侧向弯曲，外侧手伸过头顶去抓对侧的脚。尽量使身体贴近腿部，这是一个对背部和腿部都有好处的横向拉伸动作，保持拉伸 10～15 秒。身体两侧都要进行拉伸，不要过度拉伸，也不要屏住呼吸(图 4.43)。

9. 大腿内收肌

动作要领:双腿屈膝,双脚相对,双手握住双脚,慢慢地由髋部开始向前弯曲身体,尽量将两膝向地面靠近,到达极限时,静止拉伸 10~15 秒(图 4.44)。

图 4.43　分体体侧屈　　　　　图 4.44　大腿内收肌拉伸

10. 股四头肌和脚踝

动作要领:站立扶墙或其他静止物体,单腿保持支撑,从背后手握另一只腿踝关节或脚尖;将踝关节或脚尖拉向臀部;臀部拉直,上身保持直立;保持拉伸状态;将拉伸脚放下作为支撑脚,换腿重复相同的动作(图 4.45)。

图 4.45　股四头肌和脚踝拉伸

11. 臀大肌

动作要领:屈膝盘腿坐在地上,一条腿完全贴合地面,另一条腿穿过着地腿的膝盖,同时将腿拉向自己的身体;上身挺直,换腿重复相同的动作(图4.46)。

12. 腓肠肌

动作要领:单脚前脚掌踏在台阶边沿,另一只脚自然下垂,重心落在支撑脚脚跟处,使得踝关节成一定角度;保持全身姿势不变,保持 15~20 秒;换腿重复相同动作(图4.47)。

13. 跪立髂腰肌伸展

动作要领:右膝着地跪立,左脚在前,左膝屈曲90°,左脚放平,位于左膝正前方,右腿的膝盖置于地面并保持身体平衡稳定,髋部稍向前,骨盆向后倾斜,将手置于髋部或左膝,感到肌肉处于中等紧张程度即可,坚持片刻,换另一侧腿,重复上述动作(图4.48)。

图4.46 臀大肌拉伸　　图4.47 腓肠肌拉伸　　图4.48 髂腰肌伸展

(二)身体素质练习

1. 平板支撑

(1)目的:发展核心肌肉群力量

(2)方法:身体保持水平;前臂支撑成俯卧姿势,肘关节弯曲成90度;踮脚提臀,腿部、臀部及背部肌肉紧张保持身体成一条直线水平姿势 30~60 秒(图4.49)。

(3)要点:背部必须伸直;左右肩胛骨与身体中轴线保持同等距离;核心肌肉群必须保持活跃;当腹部下垂身体无法保持水平时练习结束。

第 4 章 雪地软式曲棍球技术教学与训练

图 4.49 平板支撑

2. 深蹲跳

（1）目的：发展股四头肌和小腿肌肉

（2）方法：双手头后交叉，手肘展开与身体在一个平面，膝盖下蹲准备跳跃，爆发力跳跃，尽可能高跳，落地时，马上下蹲缓冲，再次起跳（图 4.50）。

图 4.50 深蹲跳

3. 静蹲

（1）目的：发展股四头肌

（2）方法：背靠墙，两脚分开。与肩同宽，身体保持直立位，不能前倾，双膝开始弯曲下蹲，屈膝角度 60~90 度，停留时间逐渐增加（图 4.51）。

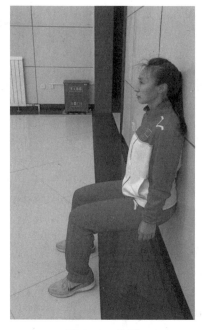

图 4.51　静蹲

4. 俯卧撑

（1）目的：发展胸大肌、肱三头肌

（2）方法：身体俯卧、面向地面，双手与肩部平行，双臂自然垂直与地面成 90 度；身体呈一条直线，收紧腹部，背部肌肉保持紧张，脚尖撑地；屈肘重心下移，胸部靠近地面位置，然后再还原至初始位置，重复相同动作（图 4.52）。

图 4.52　俯卧撑

第4章 雪地软式曲棍球技术教学与训练

5. 提膝卷腹

（1）目的：发展核心肌

（2）方法：坐于地面，双手向后支撑，身体向后倾斜20度，双脚并拢，双脚同时抬起，利用腹部核心力量发力，抬起落下，不要利用惯性，落下后双脚不要接触地面（图4.53）。

图4.53 提膝卷腹

6. 俄罗斯转体

（1）目的：发展核心肌

（2）方法：坐在地上弯曲双膝，双脚离地面5~10厘米，后背和地面成45度，上身挺直、双手掌心合并、伸直，核心肌绷紧，身体分别向左、向右旋转，重复20次（如图4.54）。

图4.54 俄罗斯转体

7. 自重臂屈伸

(1) 目的:发展肱三头肌及肩部。

(2) 方法:首先双手撑在板凳或其他类似物体上,双手后伸指尖向前撑于椅子边缘,以臀部为中心,身体下沉,肘关节约 90 度;下沉时,肘关节不得外展,肘尖朝后(图 4.55)。

图 4.55　自重臂屈伸

(3) 要点:重心逐渐下沉;目视前方。

(4) 注意事项:确保椅子稳定。

(三) 基本扑救动作练习

守门员在球场上必须保持注意力高度集中,上身总是保持挺立,时刻准备好做出下一次扑救,绝对不可以在场上分心走神。可以通过如下练习来提高场上扑救球的反应能力。

1. 热身

(1) 目的:练习手、眼协调性和反应能力。

(2) 组织:守门员手持球面对墙站立,离墙 0.5～1 米的距离,无须佩戴头盔。

(3) 方法:守门员将球扔向墙面,待球弹回时用手接住,先练习一只手扔球,同一只手接球;再练习一只手扔球,换只手接球;最后练习双手扔球,双手接球。

适当改变人与墙之间的距离和球速(图 4.56)。

(4) 要点:球的出手高度先要和双眼水平目视的高度相当,之后加以调整变化,注意控制球出手速度和力量,以保证球弹回时能准确判断出高度并顺利接到球,最后尽量缩短与墙的距离。手臂保持扑救时的基本姿势,注意手腕发力。

第4章 雪地软式曲棍球技术教学与训练

图 4.56 热身

2. 抛接球

抛球

（1）组织：守门员膝盖着地，保持基本姿势；两名守门员相距 2~3 米的距离；两人共用一个球。

（2）方法：守门员相互之间用手进行抛球、接球。

（3）要点：守门员必须保持比赛中的状态；必须一直保持基本姿势，上身保持直立；尽量接住每个球。守门员可以根据不同的水平，同时使用两个网球，可以在移动中进行抛接球练习（图 4.57）。

图 4.57 抛球练习

手抛球的持球方法：手掌自然张开，五指收缩成中空圆柱形状。单手持球，拇指、食指和中指紧扣住球，无名指抵住球起稳定作用（图 4.58）。

图 4.58 手抛球持球方法

地滚球特点:较为安全的抛球方法,稳定性好,有助于队友顺利接球;不利之处在于,当队友保护球能力较差或对方进行前场紧逼反抢时,具有一定的危险性,容易被对方断球。通常在对方没有进行前场逼抢,本方队员正在进行进攻战术安排时使用此方法,传球给最接近守门员位置的队友或有着更好局面的队友。

动作要领:先向前迈一步,后面的腿屈膝,单手持球后引,降低重心,随后向前挥臂,当手靠近地面时从指尖引球滑出使球向预定方向滚动。根据距离远近,使用不同的力量(图4.59)。

图 4.59 地滚球

要点:将球从指尖滑出是为了让球平稳向前不要弹跳,方便队友更好地接球。

第 4 章　雪地软式曲棍球技术教学与训练

反弹球特点:对方难以进行截断,有利于开展快速反击,通过反弹球直接将防守队员置于球后,破坏对手的防守。当对手敏锐地截断传球路线,会直接造成本队防守的被动。

动作要领:双脚分开,前后站立,单手持球置于肩后。出球时,先转体,再转臂,手臂由后往前进行挥臂。球在肩部位置出手,手臂继续挥动作,并指向出球方向。肘关节和手腕控制出球的具体方向,肩部始终指向出球方向,整个过程手腕保持放松。注意球的第一落点不要超过中线(图4.60)。

图 4.60　反弹球

易犯错误:用力过大,球反弹过高;第一落点越过中线;落点离守门员太近。双脚平行站立,抛球时没有转体,造成出球不顺畅;整个过程肩、肘、手腕没有协调配合,动作僵硬,造成出球落点过于靠近自己;重心下沉,球高度过低。

抛球练习

(1)目的:发展守门员手抛接球能力,熟练掌握各种抛接球方法。

(2)组织:两名守门员相距10米左右进行手抛球练习。

(3)方法:守门员互相之间依次进行各种手抛球动作或同时将球抛向对方。重点练习长距离地滚球和长距离反弹球;守门员相互之间同时进行单手抛球和接球;守门员间距离加大,根据不同类型的来球速度及距离进行抛、接球。根据熟练程度,开始阶段速度较慢,随后逐渐加快速度,增加接球的难度;保证相互之间抛球和接球的持续性,强调抛球和接球的准确时机;两名守门员相距数米,使用一个球;两名守门员相距2米面对面进行侧向移动,同时互相进行抛接球;缩短抛、接球之间的间隔时间,提高接球稳定性。练习过程中,守门员必须保持注意力高度集中,确保减少失误率。注意在移动过程中,注意手脚的协调配合。

(4)要点:守门员注意力要集中,认真体会不同抛球方法的区别并进行练习;始终注意控制出球方向和力量。

(5)应用:如果守门员已经熟练掌握抛球方法,可以从基本姿势开始进行扑救球,然后站起来再进行抛球,随后再恢复基本姿势,如此反复练习;可以采用固定球落点的方法进行练习,使用正确的方法将球抛向指定地点。

接球

接球是守门员技术当中相当重要的一部分,也是实际运用中最为常见的技术。守门员只有稳妥地抓住球,才能更好地防御和发动主动性进攻。

由于雪地软式曲棍球体积小、运行速度快,在对方进行射门时,接球就包括两个方面的含义:一是指牢牢地抓住球,将球控制在自己手上;二是指先阻挡住球,待球落地后再将球抓在手上。多用于阻挡身体正面来球。

(1)目的:守门员接球后,为了争夺时间组织反击,常用手把球抛给队友,抛球动作快,便于改变方向,并能较准确地控制球的落点

(2)方法:双手接射向身体正面的来球时,手臂略前伸,两手掌心对球,两手拇指靠拢交叉,其余四指微屈,当手触球时夹肘,手腕适当用力顺势转腕屈臂,将球握紧,并控制住球。接球多用于身体正面来球和球速较慢的射门

单手接球:接球时面对来球,手臂微前伸,手掌对球,五指微屈,当手触球时手指、手腕适当用力顺势后引转腕屈臂,将球握紧(图4.61)。

双手接球:接球时面对来球,手臂微前伸,两手掌对球,两手拇指靠拢交叉,其余四指微屈,当手触球时手指、手腕适当用力后引顺势转腕屈臂,将球握紧(图4.62)。

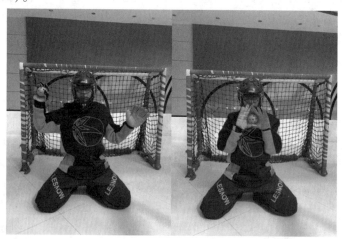

图4.61　单手接球　　　　图4.62　双手接球

第4章 雪地软式曲棍球技术教学与训练

3. 出腿

(1) 目的:当出现低位射门时,脚的反应就显得相当重要。出腿也是阻断对手传球路线,截断传球的重要手段。保持基本扑救姿势可以使身体的重心落在膝盖,以便脚能自如地在左右两边做出扑救反应。

(2) 方法:如接左侧来球时,左、右腿同时左踢,脚要贴于地面,重心落在左膝上,左腿封住左侧底角,右脚封堵左膝和右膝的空隙,左臂左伸保护。接右侧球动作相反(图4.63)。

4. 推挡球

(1) 目的:双手除了可以做上面提到的接球,也可以做出推挡的动作。当球速快、角度刁时,可以通过推挡的动作,提高防守效率。

(2) 方法:基本姿势开始,两臂屈肘,肘部内收,五指微张判断来球运行路线后,及时移动重心,在手接触球的瞬间手腕发力向侧方推挡球,使球改变运行方向(图4.64)。

图4.63 出腿

图4.64 推挡球

5. 扑挡球

异侧脚用力蹬地,单手或双手快速向侧面伸出,同时身体伸展向同侧方向倒地,身体落地时,以小腿、大腿、臀部、肘外侧的顺序依次着地(图4.65)。

图 4.65　扑挡球

练习

（1）目的：提高守门员扑救反应能力；提高扑救时手部动作反应能力。

（2）组织：守门员在门前做好准备姿势，教练员位于门前 5～7m 处进行一点和多点射门（图 4.66）。

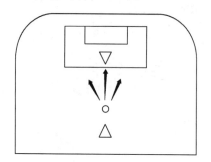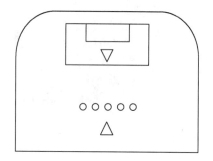

图 4.66　一点、多点射门

（3）方法：教练员分别把球射向球门的两个底角，守门员做出腿的动作；教练员把球射向守门员身体正面，守门员做出接球动作；教练员分别把球射向守门员身体的两侧，守门员做出推挡的动作。

（4）要点：守门员准确判断，做出相应的动作；用腿挡球时注意两腿与地面三角区的封挡；接球时，如果球射向的位置不是身体的中心，必要时可用身体阻挡球并且快速夹肘，防止球穿过腋下进入球门，注意球的落点并控制住球；推挡时，注意手臂伸出后是否能封住球门。

（四）移动练习

雪地软式曲棍球守门员的移动必须快速、流畅、顺滑。由于雪地软式曲棍球的特殊性,球的飞行速度远远大于球员跑动的速度,因此,守门员必须事先对球的飞行路线做出预判并做出相应的移动。守门员的移动主要靠腿部动作来完成,因此腿部和身体核心力量的大小起着决定性的作用。

1. 前后左右的小幅度移动

（1）目的:主要面对没有传球意图的运球队员进行前后左右移动。

（2）组织:准备姿势开始,双眼注视来球,身体重心在两腿中间,两膝随着球员运球路线前后左右调整。

（3）方法:守门员位于守门区内做好准备,教练员按顺序从左到右再从右到左的顺序依次射门（图4.67）;左右各依次循环反复。

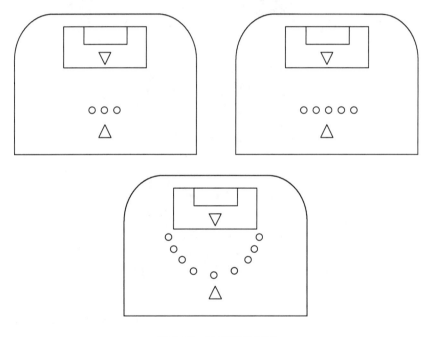

图 4.67　防守移动射门

（4）要点:守门员必须集中注意力以基本姿势和最快速度完成移动;必须保证每次封堵的角度到位,守门员在进行侧向移动时,充分利用双膝进行滑行;在移动过程中,随时准备进行扑救。

1. 左、右两侧大幅度移动

（1）特点:守门员以基本姿势进行左、右两侧大范围移动防守时,必须利用膝盖和脚的协调配合才能快速、流畅地完成移动。雪地软式曲棍球守门员的移动具有动作隐蔽强、移动速度较快的特点(图4.68)。

图4.68　变向移动

(2)组织：首先做好基本准备姿势，双眼注视来球，身体重心置于两腿之间，精力集中准备移动。当球运行路线发生改变时，同侧膝盖抬起，转向移动的方向，前脚掌蹬地准备发力。前脚掌发力瞬间，重心跟随膝盖指向迅速移动改变方向，随即膝盖着地异侧脚快速收回，顺势滑行到预定位置，身体重心移至预定地点。还原成基本准备姿势。

(3)方法：守门员位于守门区内做好准备，教练员按一左一右的顺序依次射门；守门员位于守门区内做好准备，教练员随机射门(图4.69)。

(4)要点：守门员必须集中注意力以基本姿势和最快速度完成移动；必须

第4章 雪地软式曲棍球技术教学与训练

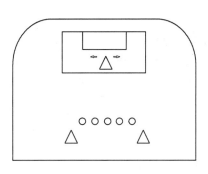

图 4.69 防守变向移动射门

保证每次封堵的角度到位,如果进行侧向移动时,利用前腿进行蹬地发力;移动时充分利用双膝进行滑行;在移动过程中,随时准备进行扑救;守门员根据不同的方向做出适合的移动并始终保持基本姿势。

(5)易犯错误:

①先脚尖蹬地,后抬膝盖,发力顺序错误,手部没有保持扑救姿势。

②蹬地发力移动时,身体重心仍然留在初始位置,造成上身和下肢动作脱节。

③蹬地力度不够,抬膝收腿动作缓慢,虽动作没有明显错误,但移动速度太慢,达不到预期的效果。

(6)纠正方法:

①先忽略手部动作,着重体验抬膝、蹬地发力的动作,必要时可借助手臂力量进行移动滑行。

②练习时注重身体重心的移动。

3.前、后移动

(1)特点:前、后位置的移动同样主要依靠腿和脚的配合来完成,重心始终位于膝盖位置。借助手的帮助,前、后移动非常容易,然而大部分时间,手部还是需要保持基本扑救姿势,前、后移动依然靠腿和脚的协调配合来完成。前后移动的主要特点是重心没有过多转移、动作幅度小、速度较快。

(2)动作要领:完成前、后移动动作之前保持基本准备姿势。前移时,膝盖上提往前、后迈步。脚尖蹬地发力,同时身体重心随着前移,脚掌保持不动,膝盖顺势下压着地。另一只腿拖地滑行前移,最后还原成基本姿势。

练习一

(1)目的:提高前后移动的速度。

(2)组织:守门员在守门员区域外围保持基本姿势;教练员把球摆放在守门员区域延长线上。

(3)方法：

单人固定点射门(图4.70)。

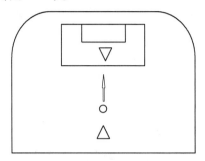

图4.70　防守定点射门

单人带球射门(图4.71)。

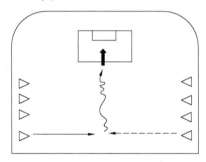

图4.71　防守运球射门

(4)要求:守门员面对有球队员的远距离固定点射门,要把防守位置适当提前,增大防守面积,并防止球越过头进门对于逐渐接近的射门,不断调整前后左右的位置,使自己始终处于球与球门线中心连线上。

练习二

(1)方法:队员间的互传球并射门(图4.72);队员间的二打一并射门(图4.73)。

(2)要求:守门员能迅速准确做出移动,注意力集中。

第4章 雪地软式曲棍球技术教学与训练

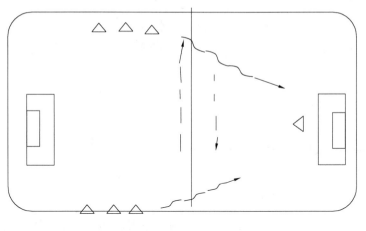

图 4.72 防守二打零射门

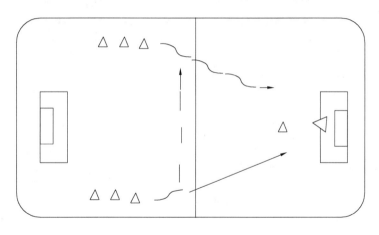

图 4.73 防守二打一射门

练习三

(1) 方法：球从门后方或底线附近传向门前，射门。

(2) 要求：如守门员左侧门后来球时，身体左侧要贴紧球门柱，左手放在腰部，重心在左腿，右腿尽量侧摆，伺机阻断传球路线。球传出后，可以利用手的支撑做快速的移动（图 4.74）。

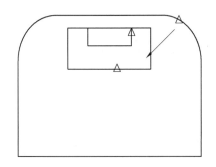

图 4.74　防守底线传球射门

4. 扑救球

（1）目的：传球路线突然改变，并且对方有射门动作时做出扑救。

（2）方法：扑侧面球，异侧脚用力蹬地，双手快速向侧伸出，同时身体伸展向同侧方向倒地，身体落地时，小腿、大腿、臀部、肘外侧依次着地（图 4.75）。

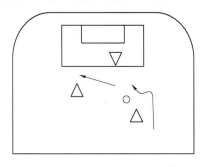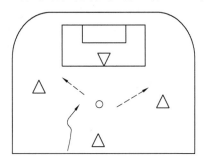

图 4.75　扑救球

（五）个人战术练习

守门员在比赛中是否全身心投入在很大程度上决定了比赛的胜负，其球场上的表现可以用积极或消极、主动或被动来评价。积极而主动的守门员不仅会很好地完成保卫球门的任务，而且还能积极参与球队的进攻、鼓舞队友的士气、威慑对手的进攻。积极的守门员在球被阻挡落地后会迅速反应进行二次扑救、主动封锁对方射门路线、指挥本队队员、封堵对方队员。而消极被动的守门员就像一座活的雕塑，当对方射门时，仅仅通过本能的反应阻挡来球。

守门员必须和场上其他队员一样，具备一定的战术素养。例如如何在对方进行二打一的时候正确站位，如何与本方后卫沟通，在对方多对一等更为复杂的情况下如何选择正确的移动，如何进行更快速有效的二次扑救、三次扑救等，这些都是守门员需要掌握的战术技能。守门员的职责不仅仅是把守球门，更重要的还要对场上形势做出正确的预判，防患于未然，将对方的射门机会扼

第4章 雪地软式曲棍球技术教学与训练

杀在萌芽之中。比赛中守门员应做好以下几点：

（1）尽可能地增加防守面积和空间。一般而言，守门员在守门员区域外线上正面面对来球时防守的空间最大，跪在球门线上防守的空间最小。球门线以内的位置将极大地增加进球的可能性。

（2）寻找固定自身位置的参照物。当守门员全神贯注地观察球场上的比赛状况并保持不断移动时，较难明确自身在守门员区域的具体位置。此时，需要通过在球场上寻找固定的参照物，例如挡板或周围建筑物等来更好地帮助自己准确定位。

当比赛中出现以下几种情况时，守门员通常应该采取相应的措施来应对。

球位于球门后面时：

（1）封锁从球门往中区的传球路线；

（2）对中区无球的对方队员保持高度警惕；

（3）如果球从底线传出，对方队员得球后进行射门，则面向来球尽可能地增加防守面积；

（4）必要时，利用双腿封锁传球路线；

（5）面对底线，不可转身，面对中场，如果底线球已传递至中区，守门员可以进行上抢；

（6）紧贴球门柱。

射门为高球时：

（1）主动积极地抓球，推挡球；

（2）保持站立姿势。

视线被阻挡，无法判断对方队员射门动作时：

（1）视线紧跟球的移动，可以适当降低重心以看清球的位置；

（2）尽可能扩大自身的防守面积和空间；

（3）主动积极地上抢球。

在本方半场，对手运球形成一对一进攻局面时：

（1）朝运球队员方向移动；

（2）对持球队员保持高度警惕，时刻准备进行扑救球。

在本方半场，对手控球形成二对一进攻局面时：

（1）与本方防守队员进行交流，掌控射门和传球队员的动向（守门员重点防守带球队员，本方队员防守无球队员）；

（2）保持长时间的扑救球准备动作，靠近球门线站位，如果对方进行直接斜传射门，可以最快速度进行扑救；

（3）跟随球的移动保持左、右两侧大幅度的移动。

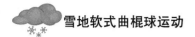

在本方半场,对手控球形成三对二进攻局面时:

(1)保持与本方防守队员的密切交流;

(2)观察比赛场上具体情况;

(3)视线跟随球移动的同时,保持对其他位置球员的高度警惕;

(4)如果对方进行长传转移,做好随时大范围移动的准备。

在本方半场,对方球员控球并展开快攻,队员之间不运球,不停球,直接通过传、接球形成射门时:

(1)保持与本方防守队员的沟通;

(2)如果对方进行大范围斜传转移,做好左、右两侧大范围移动的准备;

(3)重点关注最后进行射门的球员动向。

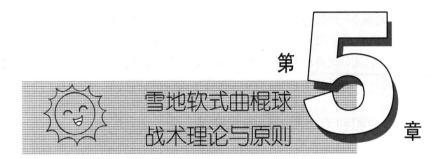

第5章 雪地软式曲棍球战术理论与原则

第1节 雪地软式曲棍球比赛的时间和空间特征

一、争夺攻防时空主动权

雪地软式曲棍球比赛的时空观通过全队和队员个人采用一系列无球或有球活动来赢得攻防时间和空间的优势来体现,并且通过这些活动来实现对球的控制。

比赛中为了实现对球的控制,必须对特定的对手、对特定的区域、对比赛速度在时间和空间上实行全方位的控制。雪地软式曲棍球比赛的特殊性体现在可利用的空间非常有限,因此在比赛中创造进攻的空间也非常困难,进攻的时间也很短暂,防守的主动性和攻击性越强,对攻防时间和空间的限制与反限制,即比赛的对抗程度越激烈。

二、转换比赛节奏,掌握攻防时空优势

现代雪地软式曲棍球比赛攻防转换的快速是赢得时间和空间优势的最关

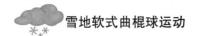

键因素。快速完成各种攻防、战术动作是强大攻击力和稳固防守的基本保证。雪地软式曲棍球比赛快速攻防的主要特征是转换比赛攻防节奏瞬间发挥的高速度。

所谓比赛节奏是在一个特定的时间和空间内，通过队员的无球和有球活动，将宽度与纵深、快慢、单向与多向诸因素按一定规律组合。现代雪地软式曲棍球比赛已将单一节奏逐步向复合节奏方向发展，没有事先准备、在未知的方向和地点实现对比赛的快速控制，是现代雪地软式曲棍球比赛中赢得攻防时间和空间技巧上最典型的体现和最高追求。

三、创造和利用比赛的时间和空间

雪地软式曲棍球场地较小、球速较快，使得球员可以不受固定位置的束缚参与进攻和防守，从而使全队的整体力量和每个队员自身的特点有机地结合起来，其特点主要为：

1. 保持严密的整体攻防队形：雪地软式曲棍球比赛中，球员相互之间必须保持三角形站位，在高速的攻防转换中，前、中、后三线形成严密的整体，在局部区域内以多打少、以多防少，从而实现对攻防时间与空间的有效控制。

2. 高度机动地调配攻守力量：在雪地软式曲棍球竞赛中，队员不仅要很好地完成自身位置的要求，还要能胜任其他位置的职责，并完成攻防双重职责，从而充分扩大在球场的活跃度。各位置队员之间的这种不间断而频繁的换位互动，使得雪地软式曲棍球比赛发展为一种力量配备高度机动灵活、动态攻守力量平衡的快节奏运动。

3. 良好的体能储备是比赛的基础："全面型"雪地软式曲棍球全攻全守战术打法使雪地软式曲棍球比赛呈现出"强对抗、高速度、快节奏"的鲜明特点。队员在比赛中承受着极大的运动负荷，如冲刺、往返跑、变速跑、变向跑等，而且所有这些都是在对抗中完成的。由此可见，雪地软式曲棍球比赛对运动员的体能要求是相当高的，没有良好的体能保证，就无法在全场比赛中始终保持攻防时间与空间争夺的优势。

4. 良好的心理素质是比赛的保证：雪地软式曲棍球比赛状况变幻莫测、错综复杂，就要求运动员具有良好的战术想象力和高度的注意力，能够根据场上的变化，及时做出判断并采取应对措施。同时，运动员还要面对比赛中来自裁判和对方队员的干扰，以及不利于本队的场外干扰，这也需要队员保持稳定、积极和适宜的比赛心态，以保证临场技术、战术水平的正常发挥。因此，良好的心理素质是雪地软式曲棍球运动员保持和发挥竞技水平的重要保证。

第 5 章　雪地软式曲棍球战术理论与原则

 第 2 节　雪地软式曲棍球比赛的攻防战术原则

一、进攻战术原则

任何球队都有自己的进攻战术,但万变不离其宗,所有的进攻战术都得遵循共同的进攻原则,即利用球场的宽度、纵深,采取逐渐渗透、随机应变等策略策划进攻。

1. 宽度

在确保本队控制权的前提下,充分利用球场的宽度,通过有意识地向场地两侧跑动散开或不停地交叉换位将防守者向两边拉开,使防守方被迫移动防守重心,扩大防守面积,松散其防线的左右联系,为实施纵向的渗透突破增加进攻的时间和空间创造条件。

2. 纵深

突破对方的防线,向对方球门区快速推进,迅速地攻击对方球门时进攻的主要方向和目的。因此,雪地软式曲棍球比赛由守转攻的瞬间首先应迅速创造和利用有效的进攻纵深,以最快的推进速度兵临对方球门,形成攻门之势。

（1）渗透。

在拉开对手防区的基础上,进攻队员必须通过传球、运球等技战术手段渗透突破对方防线。前锋队员要频繁地跑位,带动防守队员移动,一旦出现空当,要迅速地传球切入,加快进攻的速度,使对方措手不及,达到利用进攻空当的战术目的。相邻位置的进攻队员在扯动、传球、切入等方面的默契配合是有效进行传切渗透的关键。

（2）应变。

雪地软式曲棍球比赛场上的情况千变万化,没有某种固定的比赛模式或套路,更没有绝对一样的比赛情景能够反复出现。这就要求运动员在比赛中必须善于审时度势,根据不同的比赛情况灵活机动地运用各种技术和战术,以达到预期的比赛目的。

二、防守战术原则

在雪地软式曲棍球比赛中,本队一旦失去控球权即意味着防守的开始。成功的防守是确保本方球门不失的重要保证,也是积极进攻的必要前提。防守的战术原则主要有延缓、平衡、收缩、控制等。

1. 延缓

最大限度地延缓对方进攻的推进速度是快速构筑本方球队有效防守体系的先决条件。因此,当失去控球权后的由攻转守瞬间,有球区域的防守队员必须首先就地、就近进行阻截,尽可能地封锁对方向前传球或带球推进的路线,迫使对手横传球或回传球,以减缓对方进攻速度,从而为本方其他防守队员迅速回防创造足够的时间。阻止对方发动快速反击是贯彻这一原则的核心。

2. 平衡

在延缓对手进攻推进速度的同时,其他防守队员必须快速回防到位,尽快抢占对手与本方球门之间的防守要害区域及防守位置,力求防守人数与对方进攻人数的对等均衡,甚至超过对方进攻的人数,以确保本队形成完全稳固的有利防守局面。强烈的、整体的由攻转守角色意识和快速回防时的奔跑能力是有效运用这一原则的必然要求。

3. 收缩

在回撤布防及形成正面防守的过程中,防守队员在横向与纵向之间合理地相互靠拢和收缩,是缩小防区、集中兵力、有效地控制门前要害区域的必需,也是防守力量对等平衡原则的有效运用。防守收缩的一般原则是:整体防线向球场的中轴线和本方门前的方向呈"漏斗形"收缩靠拢;向有球区域一侧收缩靠拢,并形成纵横交错、相互保护和补位的紧密防守队形,压迫所有可能威胁本方球门的空间。

4. 控制

对进入本方半场区域的有球进攻队员和插上的进攻队员必须严密控制、紧盯逼牢,不给对方任何突破和射门的机会,并避免不必要的犯规。随着对手向本方球门的逐渐接近,必须尽快收缩门前防区,形成人数上的优势和有组织的密集防守。防守的重点应是罚球区的中路要塞地带和对手有可能射门的区域。对进入这些区域的有球进攻队员实施贴身紧逼防守,最大限度地限制其行动自由,从而对进攻队员、球、空间进行有效的控制。

第3节 个人攻防战术行为准则

一、个人进攻战术行为准则

1. 本方得球后立即开展进攻。
2. 传球后积极跑动,不可待在原地不动。
3. 在对方半场的有效射门区域内且具有射门机会时,持球队员应首先选择射门,射门后要及时跟进,以便进行补射。
4. 接球时,永远主动上前迎球,不可以原地等球。
5. 在任何时候、任何地点,有同伴比自己位置更好、更能获得向前或射门机会时,要及时、坚决地进行传球。
6. 合理进行运球和控球。
7. 停球或争夺控球权时,应永远力争在空中或球的第一落点处理或控制好球。尤其在本方半场更应如此,以免来球被对手乘机截获而射门得分。
8. 在本方守门员区域附近的持球队员,在无同伴接应或接应不力的情况下,果断进行运球突破,或保持球权等待更有利进攻时机。
9. 在本方守门员区域附近尽量避免回传或横传球。
10. 在可控球、可运球、可传球的情况下,永远选择传球。

二、个人防守战术行为准则

1. 失球后立即参与防守。一旦本方失球,全队无论哪个位置,也无论此时处于哪一区域的队员都应该迅速地通过各种方式进行防守,且应力争将对手向边路或外线挤压。
2. 选择正确的防守位置。一般的选位原则是防中放外,即防守本方中路,放弃本方边路。
3. 个人防守的一般步骤是:抢断→紧逼→面对→转身追抢或破坏。
4. 对控球或即将控球的进攻队员要紧逼和贴身控制。
5. 对已经控球转身面对自己的进攻队员,要尽量避免轻易出脚抢断以防被突破,应将其逼入不利于进攻的局面,伺机抢断或破坏。
6. 球近人近,队员人疏,人球兼顾。

7. 经常是自己面向球进行正面防守,以便随时观察到球的活动情况。
8. 防守时,尽量不让球越过自己,避免经常性地转身回追防守。
9. 坚决避免不必要的犯规,特别是在本方半场或靠近球门区域。

第4节　队员角色扮演和转换

高水平比赛中,双方队员实力相当,起决定性的因素是在比赛中如何快速进行角色的转换。因此,熟知比赛中各种角色的具体要求并加以固化将在很大程度上决定比赛的胜负。原则上可以将队员角色分为四种:持球进攻队员、无球进攻队员、防守持球队员以及防守无球队员。

一、持球进攻队员

1. 始终保持球处于运动中,绝不可将球停留。
2. 尽可能传出容易传接的球。
3. 尽可能进行短传,即使对手施加强力防守进行压制。
4. 传球后,必须始终保持移动,不可原地不动。
5. 如果有合适的机会,大胆进行个人突破,但这种突破必须建立在本方队员支持的基础上并对球队防守不会造成压力。
6. 如果前方没有运球空间,将球横传转移至另一侧。
7. 如果有合适的射门机会,毫不犹豫,及时射门。

二、无球进攻队员

1. 保持移动,并至持球队员可以传球给该队员位置。
2. 记住保持移动位置的攻守平衡,给持球队员创造更多传球机会。
3. 用声音帮助提醒持球队员。
4. 接队友传球前想好接球后的下一步动作。

三、防守持球队员

1. 不是必须要将控球权夺回,只需确保对方持球队员不过自己这道防线。
2. 用声音提示队友注意持球队员。

第 5 章　雪地软式曲棍球战术理论与原则

3. 给对方持球队员制造最大的障碍,尽可能增大自己在面对射门时的防守面积。

4. 当对方持球队员已经将球传出时,无须过多跟随球进行移动,仍然追随并防好传球队员。

四、防守无球队员

1. 正确站位,始终保持在对手和自己球门的连线之间。
2. 制造最大的障碍并防守尽可能多的空间。
3. 注意观察球的位置。
4. 用声音提醒队员并对应该防守的对方队员进行标识。
5. 力图对对方队员的移动进行预判。

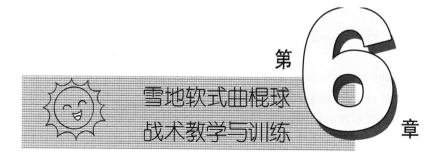

第6章 雪地软式曲棍球战术教学与训练

第1节 雪地软式曲棍球战术教学与训练的基本顺序

雪地软式曲棍球战术教学和训练除须遵循雪地软式曲棍球技术教学的原则以外,从总体上须把握从个人到局部、从局部到整体、从非对抗到对抗的循序渐进原则,通常的顺序如下。

一、讲解和示范

进行全队战术教学和训练前先简明扼要地讲解战术意图、具体方法和要求,使用"战术板"进行战术演示,使队员形成初步的战术印象,然后再以较慢的速度进行实际路线的示范,加深队员的直观印象,并同时配以简要说明,最后再组织队员进行实际演练。如遇队员无法理解的地方,随时可以暂停进行进一步的解释直至球员完全理解战术演练的意图、方法,最终达到预期的效果。

第6章 雪地软式曲棍球战术教学与训练

二、无球或进行手球状态下的战术配合练习

开始阶段可以进行无球状况下的战术练习,使队员熟悉战术配合的基本跑动或传球路线,随后进行手抛球传球战术配合,降低练习的难度。这种练习一般在队员技术较差,战术素养较低,或战术和跑动路线较复杂的情况下使用。

三、无对抗战术配合练习

无对抗战术配合是指在练习中不设攻防对手,不设限制性障碍物,纯粹完成战术路线、战术意图的练习。此种练习通常强调提高练习的速度,传、接球的准确度以及完成正确的跑动路线等。这种练习有利于队员更好地发挥自身的技战术水平,提高对战术意图的理解度。

四、对抗性战术配合练习

对抗性战术配合在练习中增加了干扰因素,提高了队员在执行球队战术时的应变能力。对抗的强度由小到大,先进行弱对抗性练习,再进行强对抗性练习。对抗的难度也由易到难,对抗的区域也由局部到全场。从而进一步提高队员在对抗中发挥出相当竞技水平、贯彻实施战术的能力。

五、竞技状态下战术配合练习

一堂教学或训练课的结束部分可安排一定时间量的教学比赛,教学比赛是保证队员在竞技状态下发挥和提高战术能力的重要途径。可进行3对3、4对4、5对5等多种形式的比赛,比赛中的战术安排也应该由易到难,先完成个人战术要求,随后完成局部战术要求,最后过渡到相互之间熟练配合完成球队的整体战术意图。

六、单一战术配合和多种战术配合练习同步

所谓单一战术配合是指一堂教学或训练课以专门一种战术配合为主,比如二过一进攻战术配合练习,多对一进攻战术配合练习或局部区域防守战术

配合练习等。单一战术配合练习具有一定的针对性。而多种战术配合练习则糅和了进攻、防守等多种形式,通过多种战术配合同步提高队员的综合攻防能力,也有利于队员在练习中加深对战术内涵的认识和理解,克服各种战术困难,进一步熟练掌握和运用雪地软式曲棍球战术。

第2节 雪地软式曲棍球战术教学与训练的主要内容

一、个人进攻战术

个人进攻战术是指在比赛中为了获胜而采取的复合整体进攻目标的个人行动能够带动全组队员参与进攻。个人进攻战术是构成局部和整体进攻战术的必要环节,其实践水平的高低直接影响着局部和整体进攻战术的质量。个人进攻战术包括传球、运球突破、穿插跑位和射门等。

(一)传球

队员在实践战术意图时主要依靠相互之间的穿插跑位,当队员到达预定位置需要进行下一步行动时,则需要通过控球来实现,控球可以通过个人运球突破,也可通过队友传球支援。在实际操作过程中,大部分控球是通过传球来实现的,因此传球是比赛中运用最多,也是最重要的技、战术手段。传球水平的高低直接决定了队员水平以及整支球队的水平高低,传球成功率往往决定了雪地软式曲棍球比赛中的胜负。在进行个人进攻战术的教学训练时应该注意以下几点。

1. 注意培养队员良好的传球意识

在教学或训练前重点强调养成抬头观察的习惯,扩大自己的视野范围,用余光看着球并控制好球。传球时必须目视传球方向,清楚地认识到使用何种传球方法才能最好、最快、最稳地将球传给队友。

2. 注意隐藏自己的传球意图

过早地在防守队员面前暴露自己的传球意图往往是造成传球被抢断、阻挡,从而引起传球失误的主要原因。因此练习中要特别注意隐藏自己的传球意图,在比赛中多通过不停球直接传球、变向传球、打板传球以及假动作传球等多种方法的综合运用来突破防守队员的防线,将球顺利传给队友,完成控球权的转移。

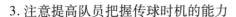

3. 注意提高队员把握传球时机的能力

队员战术素养的高度往往通过对传球时机的精准把握来体现。合理而又恰当的传球应该在时间上和空间上有利于同伴接球摆脱或及时处理球,并造成对方防守失位,防守队员处于既无法截住来球又无法对接球的进攻队员形成干扰的尴尬地位。

4. 着重训练队员传球的准确性

比赛中过多的传球失误不仅极大地影响本方队员的积极性,也给对方防守队员提供了断球后发动快攻的机会,使本方处于极为被动的局面。加强传球准确性的训练,重点要从熟练程度、握杆方法、出球方向、出球力量、距离和落点等几方面出发,安排有针对性的练习,提高传球的准确度。

(二) 运球突破

个人技术水平高超的队员往往在关键时刻利用自身的突破能力,出其不意撕开对方的防线,从而形成进一步传球或射门的机会。在对队员进行运球突破教学或训练中,要注意以下几点:

1. 着重强调控球队员在没有机会进行传球、射门时,可运球突破对方防守队员,依靠个人技术创造传球或射门的机会。

2. 培养队员在对方防守队员只剩一人或防守队员过于平行站位时,可大胆进行运球突破,寻求射门机会的个人意识。

3. 培养队员在对方防守队员贴身紧逼,失去传球和射门角度和机会时,果断运用突破口摆脱其逼抢,寻找更好进攻机会的能力。

4. 培养队员在进行运球突破时控制好、保护好球,掌握好突破的时机,选择正确的突破方向。要求队员在运球逼近、调动、超过、摆脱对手等技术环节上紧密衔接,一气呵成。

5. 要求队员在突破对方防守队员或者防线时,应及时地进行传球或射门,保持与同伴的相互呼应。

6. 在教学或训练时特别要注意提醒队员,在本方后场区域尽可能地避免使用运球突破的个人战术,以免贻误战机甚至被对方抢断造成局面失控。

(三) 穿插跑位

跑位是指在比赛中队员在无球状态下通过有意识的穿插跑位,为自己或同伴创造进攻机会的行动。跑位是行之有效的战术训练手段,是进行整体进攻的必要条件,也是拉开对方防线、打开防守缺口从而完成致命射门的重要手段。在平时教学和训练中可进行无球跑位战术演练和有球跑位战术演练。在雪地软式曲棍球教学与训练中要着重培养队员以下几点。

1. 培养队员敏锐的观察能力

在教学训练中,强调队员在进行无球跑位时着重观察本方控球队员所处的位置、控球情况、对方防守状况,再结合本方无球队员的位置和对方的防守情况,据此迅速做出合理的跑位决定。

2. 培养队员对合理跑位目的的理解能力

在比赛中进行合理跑位的目的是为了给自己或队友创造合适的接球、运球的时间和空间。合理的跑位需要多名队员的相互配合,只有具备高度战术素养、相互之间配合默契的队员协同配合才能取得最佳的效果。教学和训练中着重培养队员的摆脱、接应、拉开、插上、包抄、切入、扯动和牵制等方面的能力。

3. 培养队员掌握跑位合理时机的能力

跑位时机的重要性毋庸置疑,跑位早了或跑位晚了都无法达成既定的战术目的。在教学和训练中利用与传球队员的眼神交流,主动跑位引导传球的方向和时机;提高控球队员控球后用眼神、声音、手势与跑位队员交流,以传球引导队员跑位能力;训练队员根据赛前教练安排的战术选择跑位时机的能力。

4. 丰富跑位行动多样化

训练队员传球后立即进行跑位形成连绵不断、前后一致的进攻配合。而且在跑位时尽量争取向前跑位,只有向前跑位,插入对方防守空当才能更高效地突破对方防线,获得射门机会。在跑位之前要善于隐藏自己真实的跑位意图,利用各种假动作摆脱对手的防守。在体能充沛的前提下,不停地跑动,而且做到一动全动,协同跑动形成纵横交错、相互衔接、队形合理的进攻状态。

(四) 射门

射门是全队技战术发挥的最终体现,也是得分的唯一途径。比赛中队员除了要具备强烈的射门意识、高超的射门技巧,还要善于抓住射门时机,并且选择合理的射门方式。在教学与训练中着重培养以下几个方面。

1. 培养强烈的射门意识和欲望

一旦在训练中队员通过相互之间的传、接球,穿插跑位,创造出射门机会,必须毫不犹豫地选择射门,在有效的射门范围内且有射门的时间和空间而不进行射门是对进攻机会的一种极大浪费,特别是在雪地软式曲棍球比赛射门机会颇多的情况下。因此,培养队员强烈的进攻意识和射门欲望,利用一切射门机会进行射门是射门战术训练的首要任务。

2. 提高队员射门的力量、速度及准确度

射门时如果没有一定的力量和速度,球很容易被守门员甚至是防守队员拦截,而在力量和速度的基础上必须强调射门的准确度,准确度是破门得分的关键因素。

3. 培养队员进行选择性射门的能力

队员突破对方最后防线获得射门机会时切忌盲目进行射门,而应该事先观察守门员的位置,选择好射门的角度,而后选择正确的射门方法进行最后一击,提高射门得分的成功率。

二、个人防守战术

在雪地软式曲棍球比赛中,进行个人防守时,最重要的是首先要保持正确的身体姿势,重心下降,双膝微屈,双手持杆干扰对手的运球,封锁对手的射门路线。要具备快速转向移动的能力,在一对一防守下,要具备较大的力量,不管是对有球队员还是无球队员。在比赛中严格遵守赛前制订的战术计划,做好队友之间的相互协防。

(一)防守选位与盯人

防守选位是指防守队员在进行防守时,根据球场上的具体情况选择合适的防守位置。盯人是指防守队员有针对性地对进攻方队员实施监控或贴身紧逼的行为。在教学训练中须加强以下两个要素的训练:

1. 进行防守选位时要先于进攻队员占据有利位置,以处于本方球门和进攻队员之间且成一条直线为最佳。

2. 防守时与队友保持三角形站位,在选位时以盯人为主,根据不同的任务对进攻队员实施全场紧逼盯人或松动盯人,同时兼顾球和其他相关空间情况的变化。

(二)断球

断球战术是指队员个人或协同其他队员将对方的传球从中途截下或破坏的战术行为,断球是化被动为主动、由防守转进攻的有效战术行动。在教学和训练中应着重注意两点。

1. 对持球队员的传球路线进行正确的判断,预测其传球的时间和路线,同时隐藏自己的断球意图,不对持球队员进行紧逼,防止对方传切自己身后空当。

2. 在对方传出球的瞬间,先于接球队员快速上前切断传球路线,将球截断下来。如果自身是本方防线的最后一人或以少防多时,上前断球时要慎重,因为一旦断球不成功,将造成相当被动的局面。一旦成功截断进攻队员的传球,应抓住时机,迅速发动快速进攻。

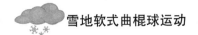

(三)抢球

抢球是指防守队员通过规则允许的行动使用球杆将对方控制的球抢夺过来或破坏掉的行为。在教学和训练中应着重注意两点。

1. 保持正确的站位及与进攻队员合理的距离。基本站位同断球时一致,并与对手保持合适的距离。抢球时,不受对方假动作的迷惑,不盲目出杆抢球或重心移动过早,以免对方突破。

2. 抢球时要掌握正确的出杆时机。通常在对手还没完全控制住球时,采用快速、勇猛并卡位的方法迅速伸出球杆将球抢下或破坏。一旦成功抢到球并获得控制权,就要迅速发动进攻;如果抢球失败,则需及时调整身位投入下一次防守当中。

三、局部进攻战术

局部进攻战术是指在比赛中进攻方两人或多人相互之间进行配合形成进攻局面的战术方法,局部进攻战术是全队进攻战术的基础,具体形式有以下几种。

(一)传切配合

传切配合是指持球队员将球传给切入的进攻队员的配合方法,是局部进攻战术中最常用的方法之一。传切配合的形式有小范围传切配合和长传转移传切配合。

1. 小范围传切配合:小范围传切配合主要分为直传斜插(图6.1)和斜传直插两种。

2. 长传转移传切配合:当进攻端在球场一侧受阻时,可选择长传转移,将球转移至另一端,切入队员得球后展开进攻。

要点:

1. 持球队员在进行传球时,须准确把握传球的时机、传球的力量以及传球的方向。

2. 进行穿插跑位接应的队员须掌握插入的方位、插入的时机并快速启动进行跑位接应。

(二)交叉掩护配合

交叉掩护配合是指在比赛中两名队员在局部进行运球交叉换位时,利用身体掩护同伴运球突破防守队员的配合方法。

要点:

1. 运球队员必须利用自己的身体护住球,并阻挡防守队员的视线,将球传

第6章 雪地软式曲棍球战术教学与训练

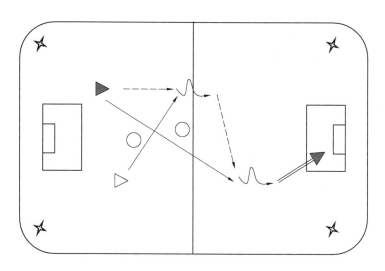

图 6.1 直传斜插

给同伴,传球后必须继续向前跑动。

2. 接球队员必须主动迎面跑向同伴,交叉距离贴近,利用同伴的掩护进行接球,接球后快速向前运球。

(三)二过一配合

二过一配合是指在比赛中两名队员在局部范围通过相互之间的连续传、接球配合,摆脱一名防守队员的配合方法。根据传球和跑位的路线,二过一配合的形式有:直传斜插二过一、斜传直插二过一、斜传斜插二过一和回传反插二过一。

1. 当防守队员身后有较大空当,防守队员距离接应进攻队员传球准备插入的队员较近时,通常使用斜传直插的配合方法进行传球。

2. 当防守队员身后有较大空当或防守队员向持球队员位置移动时,通常使用直传斜插。

3. 当防守队员身后空当较小时或采用连续二过一时,通常采用斜传斜插的配合方法进行传球。

4. 当接应队员与控球队员之间有一定的纵深距离,而且防守队员贴身紧逼时,通常先主动向后扯动,拉出空当,采用回传反插二过一配合。

要点:

1. 一般以短距离传球为主,传球的力量要恰当。传球时,队员不应原地等球,而应该在跑动中调整位置,直接传球以达到最好的效果。

2. 持球队员应该先运球佯装突破,将防守队员吸引过来,主动创造二过一配合的机会。

3. 回传反切配合要考虑纵深距离，队员尽量不要在同一纵轴线上，避免不必要的麻烦。

四、局部防守战术

局部防守战术是指两个或两个以上防守队员之间相互配合布置防线并进行防守战术。其基本的战术配合形式主要有保护、补位和抢逼围三种。

（一）保护

防守战术中的保护是指通过对防守上抢的本方队友行动上和心理上的支持，使其全力以赴完成防守任务的战术。如果同伴的防线被突破，保护队员可以及时进行补防，封锁进攻路线或夺回球的控制权，如果同伴通过逼抢获得控球权，则可以协助队员迅速展开进攻。进行保护的队员应该做到以下几点：

1. 和持球队员保持一定的距离。负责保护的队员与进行上抢的队员之间应该保持合适的距离，且这种距离是动态变化的，根据不同情况进行实时调整。

2. 负责保护的队员要进行合理的选位，如果同伴的防守已经将对手逼近靠近界墙位置，则应该选择靠中场附近位置；如果同伴的防守在中路，则应该选择偏两侧以期与队友形成夹击之势。

3. 进行保护的队友还可使用言语、肢体语言等指挥同伴进行卡位抢断或截断，同时告知队友自己正在进行保护，使彼此之间的配合更加协调、有效。

（二）补位

补位是指防守队员在同伴失去对进攻队员位置的控制而无法阻止其进攻时，对所出现的防守漏洞进行有效修复的战术。在雪地软式曲棍球比赛中，队员之间的相互补位，可以有效地弥补防守的不足并遏制和破坏对方的进攻。在实践中，通常使用的补位形式有以下几种：

1. 当防守队员前插上协助进攻且无法及时归位时，附近的队友应该暂时弥补其留下的空位，防止对方利用这一空当进行快速反击。

2. 当防守队员被进攻队员突破时，进行防守协同保护的队友要及时补位防守，并试图重新夺回控球权或阻挡进攻的路线。而被突破的队员应立即后撤，选择合适的位置迅速转化为保护队员，对上前进行补位的同伴进行保护。

要点：

1. 需要补位时，以彼此之间距离最近的两名队友之间进行互相补位为最佳，以避免影响更多的防守队员，从而造成球队整条防线混乱。

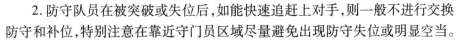

2. 防守队员在被突破或失位后,如能快速追赶上对手,则一般不进行交换防守和补位,特别注意在靠近守门员区域尽量避免出现防守失位或明显空当。

(三)抢逼围

抢逼围是指两名以上的防守队员从多个位置和角度同时对进攻队员进行夹击,试图夺取控球权或将球破坏掉的战术配合。进行抢逼围战术一般在被围抢队员还未完全控制好球,没有更好的传球路线,其附近又没有接应队员时使用。此时,进行抢逼围的防守队员占有较大的人数优势,一般也比较容易获得成功。

选择抢逼围战术应尽量保证成功率,在进行逼抢时要贴身紧逼,但不可犯规,以免造成不必要的后果。

五、整体进攻战术

整体进攻战术是指为了实现赛前制定的比赛目的,完成既定的战术目标而采用的全队整体性的配合方法。一般而言,一次完整的整体进攻由发动阶段、推进阶段和射门结束进攻阶段三个部分组成。队员通过控制球权,进行传球开始发动进攻。全队队员通过跑位、接应、相互传接球向对方半场推进展开战术攻击。最后通过运球突破或传切配合获得射门机会并进行射门来完成进攻。根据进攻的区域,整体进攻战术可以划分为边路和底线进攻、中路进攻、转移牵制进攻;根据进攻的速度可以划分为快速反击、层层推进以及破密集防守等。

(一)边路和底线进攻

边路进攻是指全队进攻推进到对方半场时,以靠近守门员区域两侧边路及球门后面空当区域为活动范围展开各种进攻配合并,最终形成射门的战术方法。

1. 边路和底线进攻的主要方式有:运球突破、二过一配合突破、交叉换位突破、底线运球突破、插上套边配合等。

2. 边路进攻的主要目的是为了拉开对方的防守面,削弱对手的中路防守,最终创造中路破门得分的机会,因此,最终还是通过传中来实现的射门。边路和底线传中的主要方式有:外围直接传中、边路传中、突破至球门后面区域再回传中部、下底回传以及两肋前插传切配合等。

3. 底线进攻的主要目的是通过队员个人控球能力,寻找门前得分时机,创造得分机会。

(二)中路进攻

中路进攻是指全队进攻推进到对方半场时,以中间区域为主要进攻战场展开各种传切配合并最终形成射门的战术方法。中路进攻具有更大的威胁性,但是由于中路一般防守队员也较为密集,所以难度也较大。通常情况下中路进攻的战术有以下几种:

1. 队员利用个人技术突破防守后射门,或在运球中实施中、远距离的射门。
2. 在中路利用二过一配合或传切配合突破防守并射门。
3. 中锋与前卫或边锋利用斜向运球交叉换位,掩护队友突破防守并射门。
4. 前锋回撤将对方防守位置前移在反切接球突破并射门。

(三)转移牵制进攻

转移牵制进攻是指通过传、接球将进攻区域由一个地方转移至另一地方的战术方法。通常是边路转移至另一边路,或由中路转移至边路组织进攻,或边路进攻受阻转移至中路进行。转移牵制进攻主要是充分利用场地的宽度,及时转移进攻方向,充分调动对方防线,使对方防线在移动中出现空当,从而创造新的攻击点。

当防守队员人数明显超过进攻队员,且防守能力较强,基本没有突破传接球的机会时,可利用转移来拉开防线。

要点:

1. 队员的视野要开阔,场上应变分析能力要强,及时掌握转移的最好时机。
2. 转移时一般以中场组织队员为主,通过组织者的协调配合及时转移进攻点。
3. 进行牵制转移时,全队思想要统一,行动要积极。

(四)快速反击

快速反击是指防守队员通过积极拼抢获得控球权后,在对方防线还未形成时,快速发动进攻,创造射门机会的战术方法。

通常在截断对方传球、抢断对方控制球以及对方进攻犯规被判任意球时可发动快速反击,反击着重强调快字。

要点:

1. 快速反击要使用较为熟悉的快速进攻配合战术,队员思想和行动要统一,还要具备一定的反击能力。
2. 快速反击要求快速传球,多采用中、长距离的传球,耗时短、传球次数少是快速反击成功的关键。

3. 如果是在对方前场获得球权则要敢于充分利用个人技术进行运球突破，直接创造射门机会并完成射门。

（五）层层推进

层层推进是指进攻中有组织、有步骤、层层推进的一种战术方法。通常在对方防线已布置妥当的情况下使用。层层推进是全队技战术配合的最好体现，通过队员相互之间的传切配合、跑位、牵制对方防线，以稳妥和有效的进攻方法逐渐瓦解对方防线，并最终找到突破口形成致命一击。层层推进对队员的技术水平、战术理解能力、团队配合意识都有很高的要求，只有具备相当高的技战术水平才能充分有效地发挥层层推进的战术效果。

（六）破密集防守

破密集防守是指进攻方在对方进行全场收缩或仅仅将防线设在自己半场，防守队员密集的情况下所采用的进攻战术方法。破密集防守的主要方法有：

1. 通过持续的跑动，牵制对方防线，充分利用场地宽度，甚至回传本方后卫来诱使对方防线前移，从而创造进攻机会。

2. 通过小范围的连续、快速、多变的二过一配合刺穿对方防线。

3. 外线队员利用前场队员拉出的空当，直接插上进行远射，前场队员进行多点包抄或补射。

4. 利用个人技术进行强行突破，突破后进行果断射门或给队友创造射门机会。

5. 利用挑高球技术将球越过防守队员，传给进攻的队友得分。

六、整体防守战术

整体防守战术是指全队在进行防守时所采用的防守配合的战术方法。常用的整体防守战术主要分为全场人盯人防守、区域防守和半场站位防守三种。

（一）全场人盯人防守

全场人盯人防守是指在比赛中，每个队员都针对自己固定的防守对象进行全场紧逼盯人的防守方法。这种防守方法的特点是可以一直保持对防守对象的压力，使其在进攻中不能有效地发挥出自身的技战术水平，但是对防守队员自身的体能也有极大的要求，因为在全场范围内进行人盯人，需要不停地奔跑和逼抢，同时还要注意队友之间的相互协作。当同伴盯人不严，造成防守失位时，邻近的队员也要根据场上的情况，进行迅速的补位、保护，不能放之、任之。

（二）区域防守

区域防守是指防守队员每个人负责一定的区域，当进攻方进入该区域时，该区域防守队员立即上前进行紧密防守，以控制其在本区域的活动，一般不参与其他区域的防守任务。但是，防守队员之间仍需紧密配合，一旦某一区域的防守被突破时，邻近队员也应该及时进行补防，被突破的队员与之进行换位，追求防守的整体性。进行区域防守时要特别注意相邻区域边界处的防守，因为交界处往往会由于防守职责的不明确而造成防守失误。

（三）半场站位防守

半场站位防守是全场人盯人防守和区域防守互相交织进行的一种防守方法。它的最大特点就是能够根据场上的具体情况，灵活运用人盯人和区域防守，充分结合两者的优势，提高全队防守的整体效果。

第3节 雪地软式曲棍球战术教学与训练的基本方法

一、有组织进攻战术的练习方法

有组织进攻通常在球队将要转换阵型或没有机会进行快速反击的情况下使用的战术方法。从对手球杆下抢断并控制球的队员将进球回传给本方后卫队员，稳住本方阵脚，重新组织新的进攻，也可以从任意球或界外球的位置上开始组织进攻。通过有组织的传递，在前场给前锋队员创造射门的机会。只有当队员的个人技能达到一定的熟练程度，能进行精准的传、接球并对比赛阵型较为熟练时，使用有组织进攻战术才会产生最佳的效果。有组织进攻战术的缺点在于也给对方留下了足够的组织布防时间。通常在打开进攻局面时，运用以下两种战术打法。

（一）单后卫战术

所谓单后卫战术是指在本方防守区域底端只安排一名后卫拖后，两名边前卫在两侧协助防守，两名前锋一前一后在对方半场跑位打开传球线路。所有五名队员必须通过积极的跑位，牵制对方的防守，寻找合适的空当，逐渐推进到对方半场展开进攻（图6.2）。

第6章 雪地软式曲棍球战术教学与训练

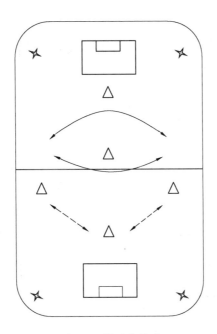

图6.2 单后位战术

(二) 双后卫战术

双后卫战术是指在本方防守区域底端安排两名后卫进行相互之间的传递，其余三名队员都前压至对方半场进行压迫式进攻的战术方法。使用此战术方法时，必须保持队员之间的紧密相连，相互之间的距离较近。如果有队员准备进行射门，必须保证有本方队友在对方守门员区域干扰守门员。球员不可原地等球，必须保持移动中进行传接球。此战术也容易形成对方三打二的不利局面(图6.3)。

在使用这两个战术时，尽量避免从中路传接球，以防被对手截断球，在中路危险地带形成进攻。应该从两侧传、接球向前推进。

具体范例：

练习一

1.目的：发展单后卫战术中球队打开进攻局面的能力。

2.组织：队员如图6.4所示进行站位。

3.方法：前锋队员持续在前场进行跑位给队友创造合适的传球线路，同时低位单后卫A1持球与两名边前卫之间进行相互传递。如果球传给A2，A4跑向A2同侧空位，A5跑向另一侧界墙附近空位。队员之间进行如图所示跑位。

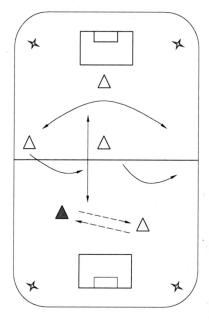

图 6.3 双后卫战术

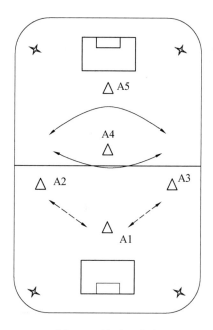

图 6.4 单后卫助攻

选择一（图 6.5）

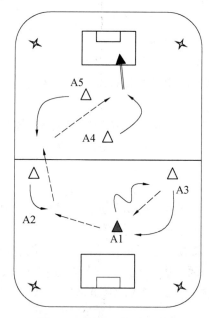

图 6.5 选择一 单后卫助攻

第6章 雪地软式曲棍球战术教学与训练

A1 运球朝右侧界墙处移动,同时 A3 跑向 A1 原来所处位置,当 A1 与 A3 交错而过时,A1 将球挑传给 A3,A3 不停球直接传向 A2,A2 接球后直接将球传给跑向中线附近准备接球的 A5,同时,A4 拉到对方守门员区域前方准备接 A5 传球进行射门。

选择二(图6.6)

A1 运球向左侧界墙处移动或者传球给移动到左前方的 A4,同时 A2 向中场位置移动,打开传球路线,等待传球。A4 可以传球给 A2 或 A5,此时 A5 已经移动到对方球门正前方准备进行射门或准备回传或干扰守门员。在射门前,队员相互之间的传球不可超过 5 次。

4. 要点:注意快速移动和掌握合适的传球的时机;队员必须通过跑位牵制对方的防线,特别是从空位和中场位置来回扯动,给队友创造空当和射门机会;队友之间必须保持较近的距离,确保传球准确;后卫之间必须进行准确的跳传球,穿越对方的防守。

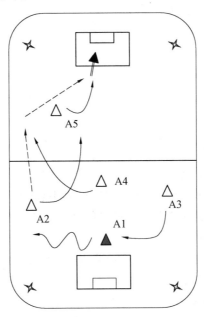

图6.6 选择二 单后卫左路助攻

练习二

1. 目的:提升单后卫战术中球队打开进攻局面的能力;提升中场队员打开进攻局面的能力;提高移动中传、接球的能力。

2. 组织:双方各五名队员,分别站在本方半场靠近中场线附近。

3. 方法:由对方队员首先在中场附近进行射门,守门员扑救以后,将球抛掷给本方拖后单后卫开始完整练习。防守方使用 2-1-2 阵型。进攻方集中力量打开对方中路进攻空间(图 6.7)。A1 运球朝中场移动,根据前锋队员打开场面的情况做相应选择。

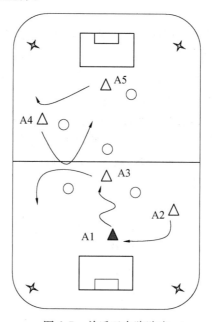

图 6.7 单后卫中路助攻

选择一(图 6.8)

当本方双前锋都向 A1 移动时,A1 传球回传给在后方进行保护的 A2,A2 不停球直接将球传给 A3,A3 快速将球传给从中场附近跑过来接应的 A5,A5 则将球传给已经移动到对方球门正前方的 A4,A4 进行最后的射门。

选择二(图 6.9)

当前锋将前方空位留给 A1 时,如果 A1 前方有足够的空间,可以选择运球快速通过中场,A2 在后方进行保护。A1 可以选择继续向前运球并进行射门或选择传球给沿界墙向前移动的 A3,当 A5 已经拉出空当,且 A4 正在干扰守门员视线时,A3 可以选择进行射门或者传球给 A4,由 A4 进行射门。

4. 要点:掌握良好的移动时机;在进攻开始时,单后卫可以运球到中场与其他队员进行多次传接球,然后再选择进一步的移动;前锋必须保持不间断的跑动,熟悉整个球队的战术体系;在两种不同的练习中,队员要尽量通过不同的跑位来吸引对手的防守,牵制对手的防线;充分利用对手的半场。

第 6 章　雪地软式曲棍球战术教学与训练

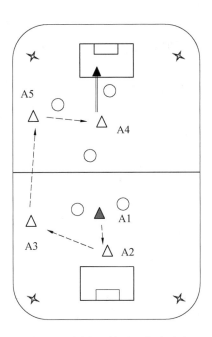

图 6.8　选择一　单后卫左路助攻

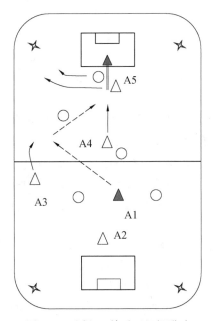

图 6.9　选择二　单后卫组织进攻

练习三

1. 目的:提高队员双后卫战术中打开进攻局面的能力;提高球队整体配合作战能力。

2. 组织:五名队员如图6.10所示站位,其中一名防守队员持球。

3. 方法:

选择一:沿边线界墙展开进攻(图6.10)

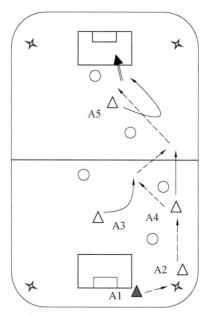

图6.10　选择一　双后卫右路组织进攻

双方防守队员在底角争球点。A2 传球给 A1,A1 得球后沿底线界墙移动到球门后面再将球回传给 A2。A2 不停球直接将球传给 A4,A4 不停球直接将球传给 A3,A3 再将球回传给已经沿边线界墙移动到对方半场的 A4,A5 移动到球门附近或者干扰守门员或者接 A4 的传球进行射门。

选择二:换另一侧边线界墙(图6.11)

A1 和 A2 互相之间进行来回传、接球,同时前锋做相应的穿插跑位准备进行接应。进攻信号由 A3 向边线界墙移动且 A2 将球传给 A1 时发起,A1 接球后,直接将球传给 A3,A3 控球稍做调整或不停球直接将球传给 A4,同时,A5 回撤准备接应 A4,A5 接 A4 的传球或者选择将球回传给已经移动到空位的 A4 或者选择直接射门。

选择三:通过中场进攻(图6.12)

当对方前锋进行前场紧逼,中场有空当时,使用此种进攻战术。

第 6 章　雪地软式曲棍球战术教学与训练

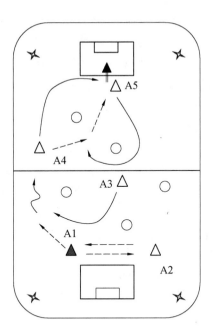

图 6.11　选择二　双后卫助攻

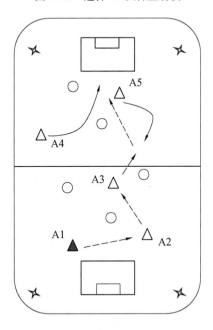

图 6.12　选择三　后卫中场助攻

A1 传球给 A2,同时 A3 移动到中场附近来回穿插跑位。A2 传球给 A3,同时,A5 上前准备接应 A3 的传球,A4 移动到 A5 拉开后留下的空当。A3 传球给 A5,A5 或者射门或者传球给 A4。A3 在中场进行传球时必须非常谨慎,尽最大可能降低失球的风险。如果 A3 没有直接进行传球的机会,则可以自行控球再做具体决定,但必须保护好球,过长时间的控球,失球的风险会逐渐增大。如果 A5 不在正常的传球范围内,A3 也可以将球回传给 A2。可以将队员分成三队进行不同位置的练习。

4. 要点:每组进行不同的练习,重点练习的要求一致;尽量避免传球至中路或从边路运球至中路;始终进行不断的跑位,创造空当和射门机会;始终有本方队员在队友进行射门时对对方守门员进行干扰;双后卫 A1 和 A2 始终保持比赛状态,根据具体情况将防守位置上提,以助攻本方前锋队员射门结束本次进攻;持球队员尽量传球给空位队员,进攻队员不可原地等球;一次成功的打开进攻局面以射门得分为最终目的;只要球一突破对方的防守密集区便迅速展开进攻。队员须逐渐提高传、接球的速度和移动的速度。

(三)快速反击战术

快速反击是提升球队战斗力的又一重要战术,队员对形势发展的预判能力直接影响着快速反击的效率。防守队员强抢断球迅速寻找本方队员,或运球向对方球门进行冲刺,其他队友相应快速转身、奔跑,迅速由防守转为进攻状态。

具体范例:

练习一

1. 目的:提高队员由守转攻进行快速反击的能力;提高队员做好快速反击准备的能力;提高守门员进行二次扑救的快速反应能力。

2. 组织:队员分成四组,分别站于球场的四个底角;两名队员在球门前准备进行防守;球放置在球门里;如果只有一名守门员则每次射门结束后,守门员到另外一侧场地进行防守。

3. 方法:先出发的两名队员,A1 和 A2 从自己底角同时出发,同时对方半场两名队员 B1 和 B2 准备进行防守,A3 和 A4 做好防守 B1 和 B2 的准备。如果 B1 和 B2 抢断球成功,则立即转向对方球门展开快速反击。此时 A3 和 A4 上前进行防守,如果 B1 或 B2 没有抢断成功,A1 和 A2 形成射门后,或者球出界,则由守门员将球发给 B1 和 B2,由他们展开进攻,A3 和 A4 准备抢断进行快速反击,同时 B3 和 B4 做好防守 A3 和 A4 的准备,如此循环反复练习(如图 6.13、6.14)。

第 6 章　雪地软式曲棍球战术教学与训练

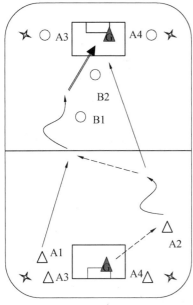
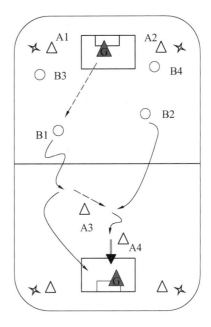

图 6.13　短传快速反击　　　　图 6.14　长传快速反击

4. 要点：重点强调由守转攻时的阵型变化以及随时做好快速反击的准备；防守队员成功抢断后，由守转攻时，对面场地队员必须快速反应上前进行抢断；保持对本方队友位置的清晰判断。

练习二

1. 目的：发展队员阅读比赛和展开压迫性打法的能力；发展队员展开快速反击的能力；发展队员在多人对抗情况下队员运用各项技能的能力；通过限定时间，发展队员进行快速决断的能力。

2. 组织：队员分成两队（A 队和 B 队）站于中场附近，面对各自球门；两名队员（B1 和 B2）站在本方球门前方准备防守。球放置在球门里或球网上方。

3. 方法：A 组队员率先出发，A1 和 A2 接守门员的传球，面对 B1 和 B2 展开二对二的进攻，只要球通过中线，第三名防守队员 B3 立即加入，形成二打三的局面。当球出界、被守门员没收或被防守队员抢断时，则防守队员立即转为进攻，展开快速反击，同时 A3 和 A4 变为防守队员，在本方球门前进行防守，A1 和 A2 则重新入列。只要进攻队员 A3 或 A4 通过中场，则 A5 加入本方防线协助防守，如果对方抢断球，则 A5 立即转身变为进攻队员展开进攻（图 6.15、图 6.16、图 6.17）。

185

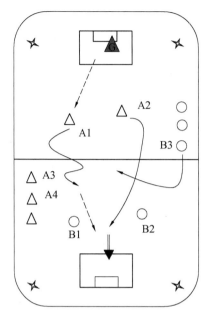

图 6.15 防守反攻

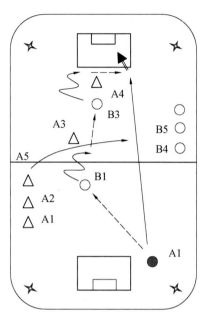

图 6.16 后卫进攻得分

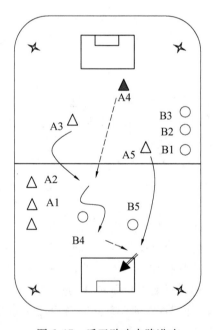

图 6.17 后卫助攻中路进攻

第 6 章　雪地软式曲棍球战术教学与训练

4. 要点：队员应该通过快速变阵，在对方半场展开压迫式进攻；对本队队员进行协防时，必须主动积极，而不是仅仅在原地等着队友的传球；不同位置的队员应该充分发挥自身的特点展开进攻。防守队员在完成防守任务的同时，应该做好随时展开快速反击的准备；本方防守队员得球后，在后方进行协助防守的队员或者进行接球准备或不停跑位创造空当。

练习三

1. 目的：提高队员进行快速阵型变换的能力；提高队员进行最后一击射门的能力；提高队员在打开进攻局面时进一步熟悉变换阵型的能力；提高队员进行持续性阵型演练的能力。

2. 组织：队员按球场上的具体位置（前锋、后卫等）进行分组；为了使练习流畅，也可将队员按队分组，至少 20 名队员以上；中线附近相距五米左右各摆放两个标志碟，标志假想的延长线；后卫（A1 和 B1）的位置在标志碟假想延长线附近且在界墙外面；前锋（A2 和 B2）的位置在靠近中线附近且在界墙外面；开始阵型为 B 组的三名进攻队员准备进攻，而 A 组的两名防守在场地另一侧准备进行防守。A1 是指 A 组两名防守队员，B1 是指 B 组两名防守队员。A2 是指 A 组三名进攻队员，B2 是指 B 组三名进攻队员（图 6.18、图 6.19）。

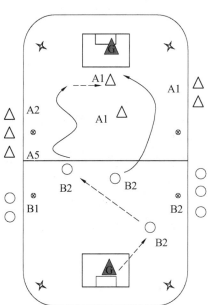

图 6.18　守门员助攻

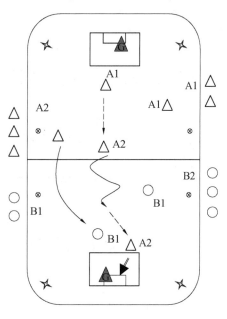

图 6.19　中路进攻

3.方法：

第一阶段

守门员传球给B2，B2面对A1展开进攻。当球通过标志碟之间的假想延长线时，A组的三名前锋进入场地协助A1进行防守并帮助A1尽力获得控球权。

第二阶段

当A1获得控球权后，立即通过传球给A2中的一人来打开进攻局面。A2此时面对两名对方的防守队员B1，形成三对二的局面。如果A组进行射门时，球被守门员没收，或者进球得分或球出界，则守门员将另一个球传给A2，由A2展开新的一次进攻。每次练习结束后，可以进行位置的轮换，A1和A2的队员进行位置的互换。

4.要点：双方防守队员的任务只是防守，然后将球传给进攻队员，不需要参与到进攻当中；前锋要进行回防，协助本方防守队员结束对方的进攻；三对二进攻局面只可延续数秒。练习中力求快速获得射门机会、快速终结对方进攻以及打开本方进攻局面。防守队员一旦获得控球权，应该立即将球传给本方进攻队员；如果守门员得球，则须快速将球传给本方前锋或者位置最好的队员；一名前锋要保持更深的跑位以便为守门员或后卫传球打开合适的路线；前锋队员也要始终保持移动创造合适的空当。

二、防守型战术的练习方法

防守型战术主要可以分为三个部分：一是在前场展开压迫式防守的战术方法。二是在本方半场开始布置防线进行防守的战术方法。三是由进攻转为防守的战术方法。成功的防守需要队员相互之间的默契配合，需要队员严格执行赛前的战术安排，需要队员具有较强的阅读比赛的能力。队员在执行防守战术时，阻止对手射门、将对方运球队员引导至本方防守力量最强的区域、重新获得球的控制权并展开进攻是防守的三个主要的任务。

（一）在前场展开压迫式防守的战术方法

具体范例

练习一

1.目的：提升队员在进行前场紧逼防守时的个人能力。

2.组织：队员三人一组进行分组；使用半场，每半场放置两个球门。

3.方法：进行半场三对三的练习，每分钟教练鸣哨进行位置轮换。在进行练习前，进行具体的战术安排：

第 6 章　雪地软式曲棍球战术教学与训练

根据前场紧逼战术安排练习(图 6.20)。

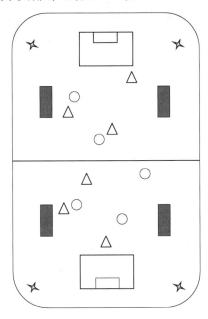

图 6.20　半场压迫式防守

(1) 人盯人防守：每名防守队员紧盯一人，如果对方进攻取得进球，则接受相应的处罚，例如俯卧撑或仰卧起坐。

(2) 引导性防守：无论哪支球队控制球，只允许一次回传球。给防守方足够的时间和空间组织新的防线。控球方只留一名前锋在前场运球，防守队员上前进行引导性防守，将前锋逼向本方防守较强的位置。

(3) 被动性前场紧逼防守：进攻方不允许进行回传球，防守方只有一次进行机会，因此，防守队员必须站在对方球门和对方队员之间进行防守。

根据队员个人技术水平安排练习。

(1) 阻挡进攻队员射门：进攻方只要一过中线就开始射门(半场练习时放置标志碟，以假想的延长线为中线)或者将球传给其他队员，接球队员不停球进行直接射门。防守队员随时做好阻挡对方射门路线的准备。

(2) 阻挡对方传球路线：运球队员在进行射门或传球前持球不得超过 3 秒或只许触球两次，否则教练将鸣哨吹罚运球队员犯规，防守方获得任意球。这有利于防守队员对运球队员传球路线进行截断。

每组练习结束后进行不同项目轮换。

4. 要点：教练在练习前必须向队员详细解释具体的练习规则，使队员理解练习的主要目的和方法；在练习中途或每次练习结束后，询问队员是否清楚整个练习的目的和要求；队员应该按照比赛的要求来进行练习；队员必须严格遵守练习前制定的规则；加快练习的速度，使得队员在练习中快速做出正确的战术决定。

练习二

1. 目的：发展队员二对一在前场（对方底角）进行紧逼防守的能力；提高队员保护球和运球假动作突破的能力。

2. 组织：队员分成两组，每组分成两队；场地纵向一分为二，队员位于中线附近；每队队员面对各自的球门进行练习，其中B队为防守队员，A队为进攻队员。

3. 方法：A1运球向前并射门，守门员扑救后将球扔向底角。B1得球后控球，A1和A2上前逼抢，对B1形成夹击，B1尽力保护好球，或运球冲出底角，或将球传给已经上前对B1形成支援的B2。B1和B2在角落里和A1、A2形成二打二。运球队员在传球给队友或进行射门之前，使用假动作吸引对方两名队员上前进行包夹。如果防守方成功运球到达底线或前锋成功进行射门，则练习结束。每一分钟进行轮换，球员都练习过后，队员之间进行位置互换（图6.21,6.22）。

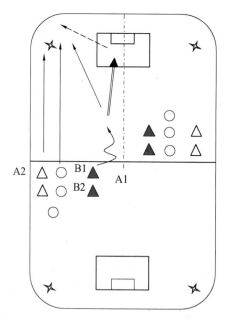
图6.21 半场二打二全景图

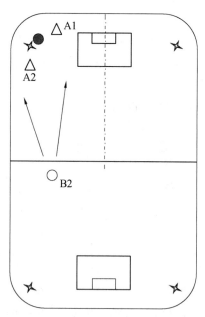
图6.22 半场二打二局部放大图

第6章 雪地软式曲棍球战术教学与训练

4. 要点：队员必须按照比赛的要求进行练习；在射门结束后，A1 成为突前前锋，A2 上前助攻 A1 形成前场紧逼；B1 在狭小的空间里尽一切可能保护好球，并突破防守方二夹一的防守将球传给 B2；B2 尽量接好球并将球运过中线；如果 B2 控球后，A2 和 A1 应尽快防住 B2，争取重获球权；如果 A2 和 A1 获得球权，则 B1 和 B2 要快速对控球队员进行夹击，阻挡其传球路线，封锁其射门角度。A2 和 A1 在进行射门或传球前也需要做假动作，为 B1 和 B2 的夹击创造时间。进行二夹一紧逼防守时尽量贴近控球队员，在进行夹击时避免出现犯规动作，例如敲对手球杆、撞人、推人等。

练习三

1. 目的：提升队员进行区域防守的能力；提升球队整体前场压迫防守的能力；使队员进一步熟悉前场压迫式防守阵型。

2. 组织：队员五人一组成直线作为防守队员站在对方守门员区域前方；球放在球门里。

3. 方法：守门员将球投掷向角落里，进攻队员上前控制球并运球通过底线绕过球门，然后开始进攻，给防守方进行前场紧逼防守布阵的时间。当防守方通过抢断等手段获得球的控制后，持球队员必须运球穿过球门后场，绕过球门才能开始进攻。每一分钟左右进行轮换（图6.23）。

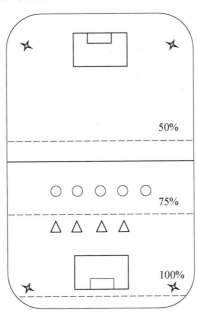

图 6.23　底线进攻

4. 要点:队员必须事先对要使用的防守阵型非常熟悉;开始可由教练来决定使用何种防守阵型,但是技术水平较高的队员,可以根据对手的情况以及比赛的具体情况采用不同的防守阵型;注重队员之间的跑位和移动;突前的前锋负责对前场实施紧密逼抢;必须进行各种强度和密度的逼抢练习;如果突前前锋球被抢断,则其他队友必须上前进行支援,展开逼抢;队友之间的距离不可拉得过大。

(二)在本方半场开始布置防线进行防守的战术方法

在本方半场防守区域完成防守任务的方法取决于比赛的具体情况和双方队员的技术水准,在选择具体的防守战术时要考虑到这些变量。保持防守战术的连续性有利于队员学习和掌握,一旦选定一种防守战术,队员之间一定要相互信任。每个队员都应该清楚地认识到自己的防守职责,并且进行相互之间的支援。在本方区域防守主要选择区域防守和人盯人防守。

1. 区域防守:球队的每个人都负责具体一块区域的防守方法叫作区域防守,后卫负责后场和底角区域,中锋负责中场区域,而边锋则负责两侧区域。

2. 人盯人防守:球队的每个人都负责针对对方的每名队员防守方法叫作人盯人防守。进行人盯人防守对防守队员的体能要求很高,因为要始终跟随防守对象进行移动。通过对防守对象施加压力迫使其失误,或者紧跟无球队员,阻断其接球路线等。

具体范例

练习一:当对方进攻队员持球在本方底角时

离持球进攻队员 B1 最近的后卫 A1 上前对运球队员进行干扰,并将其逼往角落里,中锋 A3 上前进行协助。边锋 A2 阻止其往空位跑动的路线,远端边锋 A4 也上前协助边锋 A2,A2 沿着界墙跑位,准备在本方抢断球后进行进攻。同时,远端后卫 A5 向前进行空位掩护(图 6.24、6.25)

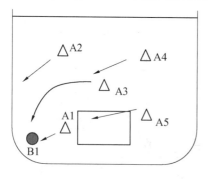

图 6.24 防守底角进攻

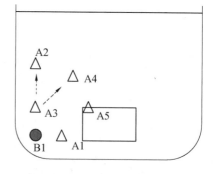

图 6.25 防守反击(1)

第 6 章　雪地软式曲棍球战术教学与训练

练习二：当对方进攻队员持球在本方边线界墙附近时

离持球进攻队员 B1 最近的边锋 A2 向前对运球队员进行逼迫，迫使其沿边线移动，靠近进攻队员最近的后卫 A1 上前协助边锋对进攻队员进行二夹一防守。中锋 A5 也朝界墙处移动，创造传球路线或者在得球后准备展开进攻或阻止进攻队员 B1 回传，远端后卫 A5 负责对空位进行保护，并且目光始终保持对场上对手的关注。同时，远端边锋 A4 也向有球处靠近，时刻关注进攻对手，切断对手的传球路线并在成功断球后展开进攻（图 6.26、6.27）。

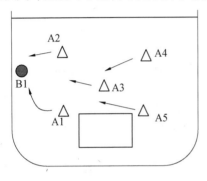
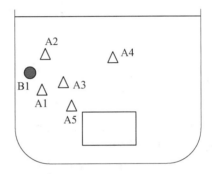

图 6.26　防守边线进攻　　　　　图 6.27　防守边线进攻站位

练习三：当进攻队员在球门后方进行运球时

两名后卫 A1 和 A5 立即上前对进攻队员 B1 进行夹击，中锋 A3 往中间空当进行跑位掩护空位。两名边锋 A2 和 A4 也迅速向中间空位移动进行空位掩护并准备在本方抢断球成功后再两侧进行接应，为本方队友创造传球路线。对 B1 形成夹击的 A1 和 A5 必须全力抢断球并控制好球，否则对方将在本方危险区域将发动致命攻击。如果夹击失败，球被对方传到中间的空位，则中锋 A3 必须承担起封锁对方传球路线、防止对方射门以及对接应队员进行干扰等重要职责（图 6.28、6.29）。

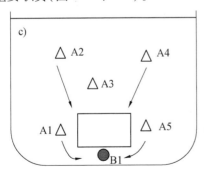
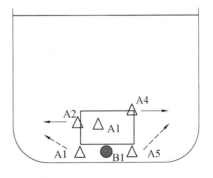

图 6.28　防守球门后进攻　　　　　图 6.29　防守反击（2）

在本方区域进行防守时,两名负责上前对运球队员实施包夹的防守队员必须掌握好快速包夹的时机,并和其他队友合作封锁其传球路线,迫使其在原地运球或将球回传到本方球队半场。一旦抢断球成功,最好的选择是实施快速反击战术,在给对方施加压力的同时,缓解本方的防守压力。

(三)由进攻转为防守的战术方法

全队压上在对方半场展开进攻时丢球是非常危险的情形,此时,对手可以利用本方防线的漏洞展开快速反击并获得射门得分的机会。因此,丢球后快速有效地在对方前场组织防守显得尤为重要。

具体范例

练习一

1. 目的:提高队员在对手发动快速反击进行防守的能力;提高队员在进行阵型转换时个人技能的合理运用能力。

2. 组织:队员分成三排位于场地底角并成对角线站位;两排进攻队员,一排防守队员;如果队员人数足够,则可以从两边场地同时开始进行练习;标志碟放置在中线附近。

3. 方法:两排进攻队伍和一排防守队员第一名队员 A1 和 A2 及 B1 同时从底角出发跑向中场。在通过中场绕过标志碟后,其中一名前锋接对面场地防守队员 B2 的传球与另一名前锋在本方半场展开对 B1 的二打一练习。每次练习结束,队员之间互换位置,A1 到 A2,A2 到 B1,B1 到 A1 的位置,如此循环反复进行练习(图 6.30)。

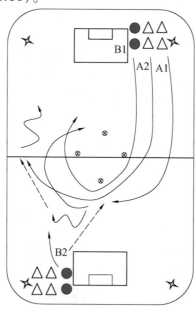

图 6.30 进攻转防守

第6章　雪地软式曲棍球战术教学与训练

4. 要点:防守队员从底角出发后,必须转身面对进攻队员进行防守;防守队员B1须快速决定是对运球队员进行逼迫,还是直接阻断其传球路线和射门路线或者对无球进攻队员进行防守;防守的主要目的是为了减缓进攻队员的步伐,等待本方其他队友的支援;进攻时充分利用场地的宽度进行球的转移。

练习二

1. 目的:提高队员在由攻转守阵型转换中合理运用个人技能的能力;发展队员利用个人技术缓解对方进攻步伐的能力。

2. 组织:一排防守队员(B3)位于球门附近;三名前锋队员站在中线附近(A1、A2、A3);两门防守队员B1和B2始终站在中线附近准备进行防守。

3. 方法:前锋开始跑向中场附近,B3将球传给前锋中的其中一人,传球后,B3在继续上前进行掩护。A1、A2和A3对B1和B2形成三打二的进攻局面。一次练习结束后,队员之间进行位置的轮换,A1和A2到B1、B2的位置成为防守队员,A3和B3位置互换。如此循环反复练习(图6.31)。

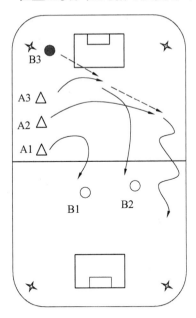

图6.31　全场三打二

4. 要点:在练习前对每个队员详细讲解战术要求,使每名队员明白自己的职责;在进攻区域丢球后,断球方立即展开快速反击;一名防守队员主要负责逼迫运球队员,另一人则主要负责切断对方防守路线,在空位对其他无球队员进行干扰;练习中强调对传球线路和射门的封堵;防守队员应该尽量减缓对方进攻的节奏,给自己同伴上前支援创造足够的时间和空间。

练习三

1. 目的:提高队员进行全队整体阵型变化时的战术执行能力;提高防守队员针对对方强力进攻时的防守能力;发展队员在全队压上进行快速攻击时的整体配合能力。

2. 组织:五名进攻方队员(A1~A5)站在各自的位置上准备开始进攻;三名防守方队员(B1~B3)如图所示站位,其中一人为防守方的进攻队员;两名防守方后卫(B4 和 B5)站在球门后方;教练或其他队员持多球站在底角。

3. 方法:练习从守门员将球发向进攻方队员开始,进攻方持球后展开五对三的攻击,当球过中线时,防守方 B4 和 B5 在后方进行支援。当进攻方射门得分,或球被守门员没收,或球出界,或球被防守方抢断时,由教练重新将球发给防守方队员,双方进行攻防转换,原防守方转为进攻,原进攻方转为防守(图 6.32、6.33)。

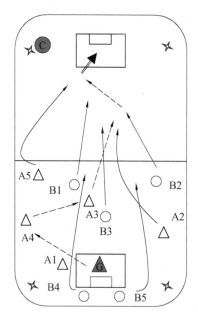
图 6.32 全场攻防转换(1)

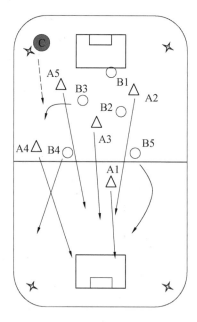
图 6.33 全场攻防转换(2)

4. 要点:队员要适应不同角色的转换;应该对运球队员进行逼迫,降低对方进攻节奏,封堵对方传球和射门路线。对无球队员的防守应该着重封锁其接球空间,不要紧盯球,紧跟无球队员的移动,防止其接球后进行射门;在后场

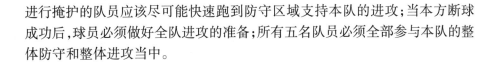

进行掩护的队员应该尽可能快速跑到防守区域支持本队的进攻;当本方断球成功后,球员必须做好全队进攻的准备;所有五名队员必须全部参与本队的整体防守和整体进攻当中。

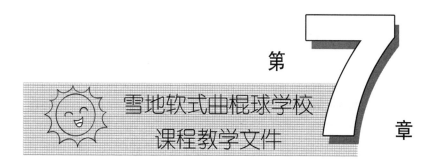

第7章 雪地软式曲棍球学校课程教学文件

本教学文件制定主要以大学生为服务主体,课程设计也依据大学生身心特点进行,如需在中、小学进行雪地软式曲棍球课程教学也可参照此文件,主要教学内容和练习方法通用,再根据中、小学生特点做一定的调整和修改即可。

第1节 教学大纲

一、课程内容简介

雪地软式曲棍球是一门体育实践类课程,20世纪80年代流行于瑞典,作为一种冰球的室外雪地替代运动项目,自从风靡欧洲之后,也迅速地在欧洲以外国家或地区流行起来,自从1986年国际雪地软式曲棍球联合会在瑞典成立,这项运动便逐渐走向规范化、规模化、国际化。目前,这项新兴的运动在全世界有80多个国家开展,200多万人参与,注册运动员达到30多万。本课程主要通过教授雪地软式曲棍球的基本技战术、基本规则、裁判法及相关理论知识,培养学生对雪地软式曲棍球的爱好,促进学生身体全面发展,增强学生身体素质,同时也激发学生的兴趣,提高学生的自我锻炼意识,养成团结协作的集体主义精神,培养勇敢、果断、机智、沉稳的心理品质,促进大学生身心全面发展。

二、教学目标

1. 使学生基本了解雪地软式曲棍球的技术、战术,培养学生对雪地软式曲棍球的爱好,促进学生身体全面发展,增强学生体质。

2. 通过在比赛中技战术的配合,提高学生的团队精神、协作能力。

3. 在发展一般身体素质的基础上加强专项素质的训练,着重提高往返冲刺跑能力,发展速度耐力素质,以适应雪地软式曲棍球比赛中的高强度耐力需要。

4. 通过了解雪地软式曲棍球的发展状况,国际国内比赛的规模与形式,激发学生兴趣,提高学生的自我锻炼意识,并以此为主要身体锻炼项目,积极参与各级各类雪地软式曲棍球竞赛。

三、教学方式

1. 认真贯彻德、智、体全面发展的教育方针,结合雪地软式曲棍球侧重课特点,加强对学生集体主义精神和顽强拼搏的意志品质的培养,通过教书育人,不断提高学生正确的体育锻炼思想。

2. 身体素质方面应以趣味性的游戏形式代替枯燥的传统跑步形式,提高学生对运动的兴趣,以达到全面发展身体素质的要求。

3. 在专项技术教学中,不要以单一的技术动作训练为主,多做配合性的训练,提高学生的团队精神,增强学生对该项目的热爱,并达到最终锻炼身体的目的。

4. 通过教学比赛,检验学生所学的基本技术、战术,培养学生的竞技意识。

5. 加强安全教育,防止伤害事故发生。

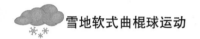

四、学时分配

	教学内容	学时
一	理论知识	2
二	基本技术：运球、停球、射门、假动作	7
三	基本技术：综合技术	7
四	基本战术：摆脱于接应、盯人与补位	4
五	基本战术：小组攻防练习、半场比赛	8
六	一般身体素质和专项身体素质	4
	合计	32

五、教学内容

（一）理论知识

1. 雪地软式曲棍球发展的概况

2. 雪地软式曲棍球运动发展史

3. 雪地软式曲棍球规则及裁判法

4. 比赛欣赏和比赛战术

5. 雪地软式曲棍球比赛录像

（二）基本技术

1. 球性练习

2. 运球

3. 停球

4. 射门

5. 假动作

6. 综合技术（停球、传球、过人、射门）

7. 守门员基础动作

（三）基本战术

1. 摆脱与接应

2. 选位：盯人与补位

3. 小组攻防练习："二打一""三打二"等

4. 半场比赛

5. 六对六比赛

(四)一般身体素质：

1. 速度：50米、100米、加速跑、20~30米快速往返跑
2. 耐力：800~1 000米(女)、1 000~1 500米(男)
3. 力量：俯卧撑、引体向上(男)、推小车
4. 灵敏：跳绳、立定跳远、看(听)信号练习

(五)专项身体素质：

1. 速度：各种起动姿势短距离跑、变向跑、快速曲线、折线跑
2. 速度耐力：短距离往返冲刺跑(15~20米)
3. 上肢和腰腹力量：实心球、引体向上、仰卧二头起、仰卧起坐

六、考核与成绩评定

具体考试内容与标准可以根据实际情况进行设置，本章节所设仅为参考。

1. 曲线绕杆运球　15分

方法：运球距离为30米，每间隔3.5米一根杆，共9根杆，依次绕杆运球，计时评分。

要求：在运球过程中不漏杆和碰杆(是否碰杆以标志物移动为准)，否则为失败。

起点和终点各距杆1米，在起点和终点各做1.5米的标注区域，作为起终点的有效区域。考试所用球杆必须是高杆。

2. 停球　15分

方法：教师发球，距离从3米到15米，考试学生根据来球，用球杆正面、反面、半高球等部位停球

要求：动作协调，部位正确，球的落点在体前0.5米的控制范围内(无调整)，根据完成情况进行技术评定。

3. 素质：1 000米(男);800米(女)　15分
4. 理论考试　　　　　　　　　　　10分
5. 跳绳　　　　　　　　　　　　　15分
6. 平时成绩　　　　　　　　　　　30分

雪地软式曲棍球专项考试评分表

曲线绕杆运球/秒	分值	停球/个
7″1（男）8″1（女）	15	15
7″4（男）8″5（女）	14	14
7″8（男）8″8（女）	13	13
8″1（男）9″（女）	12	12
8″6（男）9″5（女）	11	11
9″（男）9″8（女）	10	10
9″5（男）10″1（女）	9	9
10″（男）10″5（女）	8	8
10″5（男）11″1（女）	7	7
11″5（男）11″6（女）	6	6
12″（男）12″5（女）	5	5
12″5（男）13″（女）	4	4
13″（男）13″5（女）	3	3
13″5（男）14″（女）	2	2
14″（男）14″5（女）	1	1

第2节　教学计划

课次	内容	课次	内容
1	理论课 1.冬季课的保暖与安全教育 2.雪地软式曲棍球运动发展史 3.雪地软式曲棍球运动的基本技术和战术 4.雪地软式曲棍球运动竞赛规则	2	1.学习正确的握杆方法、学习原地体前横向拨球、行进间运球 2.学习正手传球、正手缓冲式停球 3.学习扫射射门、行进间射门练习 4.教学比赛 5.素质：折返跑
3	1.复习原地体前横向拨球 2.学习正手拍运球 3.移动运球练习 4.学习反手传、接球 5.学习正手弹射射门 6.双人移动传接球射门练习 7.教学比赛 8.变速跑	4	1.复习前两节课学习内容 2.复习运球练习 3.学习传空中球 4.学习压迫式停球法 5.学习击球射门 6.学习个人运球突破 7.教学比赛 8.素质：1 000米

第7章 雪地软式曲棍球学校课程教学文件

课次	内　　容	课次	内　　容
5	1. 复习个人基本技术 2. 复习传接球练习 3. 学习正手抽射、反手射门、转身射门 4. 学习基本防守站位 5. 双人交叉跑位传接球并射门 6. 教学比赛 7. 素质:50 米跑	6	1. 复习个人基本技术练习 2. 复习传、接球配合练习 3. 复习射门练习 4. 学习"直传斜插"二过一战术 5. 教学比赛 6. 素质:带球折返跑
7	1. 复习个人基本技术练习 2. 复习传、接球配合练习 3. 复习射门练习 4. 教学比赛 5. 素质:蛙跳	8	1. 复习个人基本技术练习 2. 复习传、接球配合练习 3. 学习"直传斜插"二过一战术 4. 学习防守战术 5. 教学比赛 6. 素质:1 000 米
9	1. 复习个人基本技术练习 2. 复习传、接球配合练习 3. 复习射门练习 4. 学习"二打一"战术 5. 教学比赛	10	1. 复习个人基本技术练习 2. 复习传、接球配合练习 3. 复习射门练习 4. 学习"二打一"战术 5. 教学比赛
11	1. 复习个人基本技术练习 2. 复习传、接球配合练习 3. 复习射门练习 4. 学习"一打一"战术 5. 学习"二打一"对抗技术 6. 教学比赛	12	1. 复习个人基本技术练习 2. 复习传、接球配合练习 3. 复习射门练习 4. 复习"一打一"对抗练习 5. 学习"二打一"战术
13	1. 复习个人基本技术练习 2. 复习传、接球配合练习 3. 学习"一打一"攻防技术 4. 学习"三打二"战术 5. 教学比赛	14	1. 复习个人基本技术练习 2. 复习传、接球配合练习 3. 学习"一打一"攻防技术 4. 学习"三打二"战术 5. 教学比赛

课次	内　　容	课次	内　　容
15	1.复习已学习过的内容 2.介绍守门员规则与技术 3.分组进行教学比赛	16	机动周
考试内容			

第3节　教案范例

第一堂课为理论课,可根据本书前面部分内容进行雪地软式曲棍球基本知识介绍,使学生迅速对雪地软式曲棍球运动项目有大致的了解。教案中并未安排各种考试,因此,如作为学校教学使用,请自行添加相应考试内容的练习。最后一周为机动周,可以用作比赛交流,也可用作考试,另外教案中的练习次数、练习时间在本书中不做详细安排,各个学校根据本校学生身体素质情况具体安排。

本教案范例中所有的开始部分、准备部分以及结束部分不做特别设计,使用者可根据自身实际情况运用各种不同的准备活动方法以丰富课程内容,激发学生的兴趣。教案中的场地器材没有涉及,身体素质练习和专项素质练习也涉及不多,可根据实际情况做出相应添加和调整。

教案2

年级_____　专项__雪地软式曲棍球__第_2_次课　　年　月　日

教学内容:1.学习正确的持拍方法、学习原地拨球、行进间运球技术。

　　　　　2.学习正手传球、正手缓冲式停球技术。

　　　　　3.学习扫射射门、行进间射门技术。

　　　　　4.教学比赛。

　　　　　5.身体素质:折返跑练习。

本课任务:1.掌握正确的握杆方法、初步掌握原地拨球基本技术。

　　　　　2.初步了解行进间运球、正手传球、正手缓冲式停球基本技术动作。

　　　　　3.初步掌握扫射射门技术,发展速度和灵敏性素质。

第7章 雪地软式曲棍球学校课程教学文件

课的部分	课程内容	重复	组织及教学法注解
开始部分	一、课堂常规 体委整队、师生问好、点名、安排见习生 二、宣布本堂课的教学内容		组织： 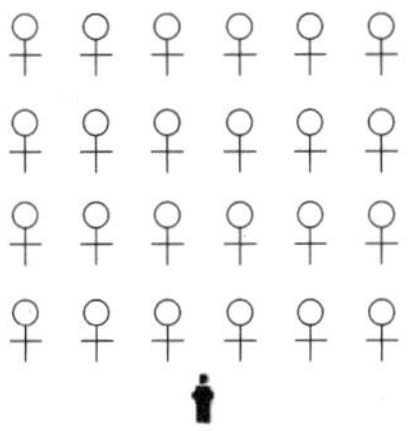 ♀ 👤 要求：学生集合动作要快、静、齐，精神饱满，注意力集中，听从教师的指挥
准备部分	一、雪地软式曲棍球专项练习跑 二、徒手操 1. 颈部绕环 2. 振臂运动 3. 肩部绕环 4. 体侧运动 5. 体转运动 6. 腰部绕环 7. 膝关节绕环 8. 踝、腕关节绕环 9. 弓步压腿、侧压腿	4×8拍	组织：学生站成四路纵队，绕标志盘分组练习跑 方法：放松跑、后退跑、左右侧滑步、曲线跑、连跳、左右交叉步、冲刺跑 组织：学生站成四列横队，成体操队形散开，相向站立，教师站在队伍中间讲解并示范  ♀ ♀ ♀ ♀ ♀ ♀ ♀ ♀ 👤 ♀ ♀ ♀ ♀ ♀ ♀ ♀ ♀ 要求：教师以口令统一指挥练习，学生每个动作舒展大方，四指并拢伸直，动作力度适中，动作频率由慢到快，动作幅度由小到大

课的部分	课程内容	重复	组织及教学法注解
基本部分	一、学习正确的握杆方法		组织:同上 教法:教师先示范后讲解再示范,学生分组实习 要领:球杆分三部分1.手柄;2.杆体;3.拍头 　　a.如何区分左右手杆:左手杆即左手握在手柄下方,右手在手柄的上面。右手杆则动作相反 　　b.握在手柄底端手的要求:手掌全部包裹住手柄,手柄不能超过手掌,握在手柄上两手之间相距30厘米左右的距离为宜 　　c.养成良好习惯,尽量双手握杆,单手握杆时用后手握杆 　　d.根据个人习惯选择左手或右手杆
	二、学习拨球技术 1.原地体前横向拨球技术		组织：同上 教法:教师先示范后讲解再示范,学生分组练习,突出要点,教师及时纠正学生的错误动作 要领:双膝微屈、上体前倾,拍头落地与双脚成三角形,身体重心落在两腿之间,眼睛余光看者前方,两脚开立与肩同宽(初学者眼睛可以盯着球,之后逐渐过渡到用眼余光看球,主要靠手感控制球)。用拍头的中、后部,正、反两面拨球,并在拨球时向左(右)两侧移动。到达体侧时,快速提起球杆用拍头的另一面挡住球的滚动,并拨球移动到另一方向 要点:拨球移动时,拍头必须推拨球和球一起滚动,变换方向时提杆贴着球快速阻挡住球的滚动方向,不可提杆过高,到达左右两侧时,拍头稍倾斜以利于压住球。距离适中,保持体前横向拨球,球拍尽量不要触地
	2.直线运球技术		组织:学生站成四列横队,每排一组,分组练习 教法:教师先示范后讲解再示范,学生分组练习,突出要点,教师及时纠正学生的错误动作 方法:教师鸣哨后第一列学生直线运球至20米处绕过标志盘返回起点,后排的学生循环练习

课的部分	课程内容	重复	组织及教学法注解
基本部分	三、学习传、接球 1.正手传球技术		要点:学生身体重心移动必须与球的滚动同步,两腿弯曲,不可直腿弓背,球拍推拨球滚动切忌用球拍击打球,而失去球拍对球的控制 组织:学生二人一组,间隔3米,距离8米,互相传、接球,分组练习 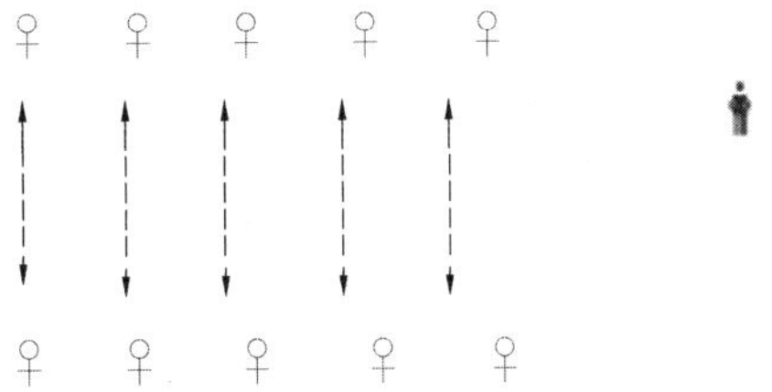 方法:身体侧对传球方向,以右手杆为例,左脚在前,双脚前后开立,双膝微屈,上体稍前倾。球置于体侧后脚处,用球拍中后部控制球向正前方挥拍,在球越过身体重心靠近前脚时,将球快速传出,球拍随摆传指向球方向,且拍头随摆高度不能超过膝关节 要点:1.将球置于体侧后脚处 2.传球前球拍始终扣、压住球 3.身体六大关节同时发力前移并转体 4.目光注视传球方向 5.传球后拍头随摆动作不能超过膝部高度
	2.正手缓冲式停球技术		组织:同上 教法:同上 方法:面对来球方向,球拍正面前迎,在球拍接触球的瞬间,拍头快速后移以缓冲来球的速度,同时拍头下压 要点:停球时,不能将拍头置于原地不动等球,要主动向前迎接球,接球时球拍后撤缓冲来球,球拍下压,球拍与地面成锐角

课的部分	课程内容	重复	组织及教学法注解
基本部分	四、学习扫射射门技术 学习原地正手扫射射门技术		组织:学生分成两组,在前后半场分别练习。以球门为中心,半径10米,学生站成扇形,两人间隔1米,依次射向球门后统一捡球,循环练习 教法:教师先示范后讲解再示范,学生两人一组分组练习,突出要点,教师及时纠正学生的错误动作 方法:基本动作与正手传球动作相似,只是在出手时加大速度和力量,球拍随挥动作指向球门 要点:射门前眼看射门方向,身体重心随之转动,充分利用身体的六大关节同时发力
	五、行进间射门技术		组织:学生分成两组分别在前后半场进行行进间射门练习 教法:同上 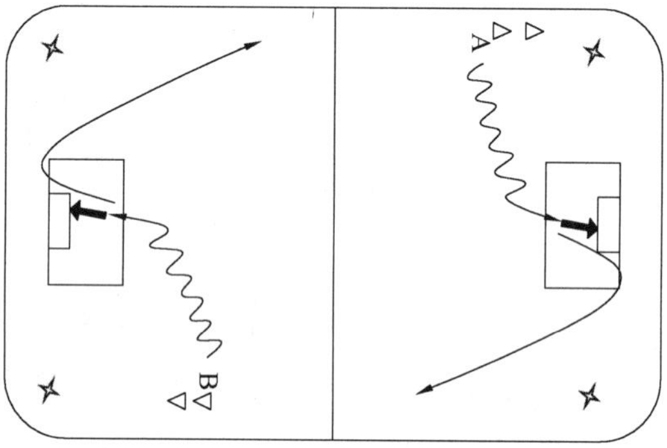 方法:学生分成A、B两组分组练习,每组学生练习后,换位到对向,循环练习 要求:严格按照射门的技术进行练习,射门准确而且有力量

第7章 雪地软式曲棍球学校课程教学文件

课的部分	课程内容	重复	组织及教学法注解
基本部分	六、教学比赛		组织：全体学生分为A、B、C、D四组进行对抗赛，AB比赛期间，C、D休息，5分钟后轮换，每输一球做俯卧撑5次，比赛中穿插讲解比赛规则 要求：学生积极跑动，合理地运用以学过的技战术，加强团结合作，发扬勇敢顽强的拼搏精神，注意安全，避免受伤 重点：球杆高度不许超过膝部；不准敲杆；允许脚踢球或停球，不许用脚连续两次触球
	七、身体素质练习 折返跑		组织：四个学生一组，分组循环练习 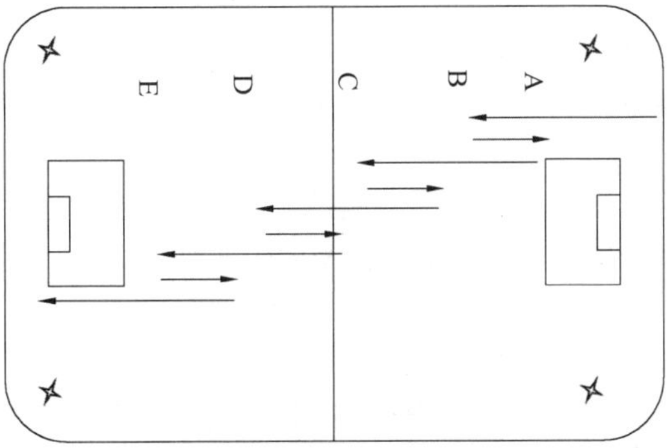 方法：从起点出发，每隔五米放一个标志盘，学生出发到B后退到A，再跑向C，再返回，如此反复到底线结束 要求：重心下降，到达障碍物时，迅速后退或快速启动

雪地软式曲棍球运动

课的部分	课程内容	重复	组织及教学法注解
结束部分	一、体委整队 二、放松活动 三、课堂小结 四、课后作业 五、师生再见		组织： 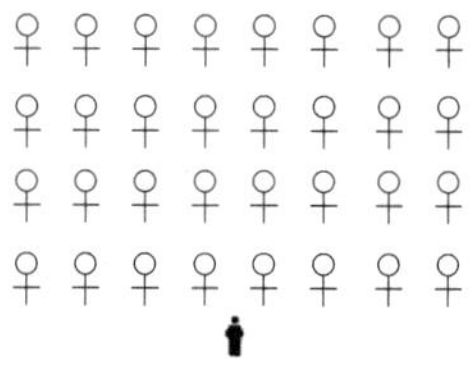 ♀ 👤 1. 深呼吸 2. 放松四肢 1. 坚持出早操,加强身体素质锻炼 2. 参加雪地软式曲棍球社团的训练与比赛

教案3

年级_____ 专项 雪地软式曲棍球 第 3 次课　　年 月 日

教学内容：1. 体前横向拨球练习。

2. 学习反拍传、接球技术。

3. 学习正手弹射射门技术。

4. 双人行进间传接球射门技术。

5. 教学比赛。

6. 身体素质：变速跑。

本课任务：1. 初步了解正手拍运球技术,进一步巩固提高原地拨球等基本技术。

2. 初步掌握反拍传接球,正手弹射射门的技术动作。

3. 发展速度耐力素质。

第7章　雪地软式曲棍球学校课程教学文件

课的部分	课程内容	重复	组织及教学法注解
开始部分	一、课堂常规体委整队、师生问好、点名、安排见习生 二、宣布本堂课的教学内容		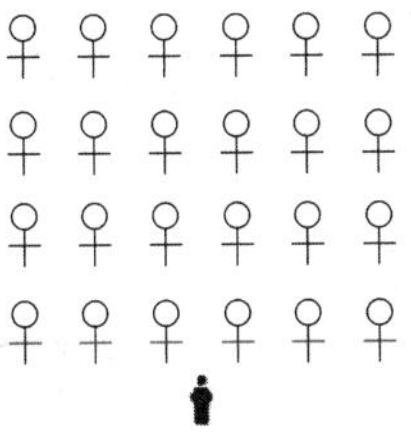 组织：（队形示意图） 要求：学生集合动作要快、静、齐，精神饱满，注意力集中，听从教师的指挥
准备部分	一、雪地软式曲棍球专项练习跑 二、徒手操 1. 颈部绕环 2. 振臂运动 3. 肩部绕环 4. 体侧运动 5. 体转运动 6. 腰部绕环 7. 膝关节绕环 8. 踝腕关节绕环 9. 弓步压腿、侧压腿	4×8拍	组织：学生站成四路纵队，绕标志盘分组练习跑 方法：放松跑、后退跑、左右侧滑步、曲线跑、连跳、左右交叉步、冲刺跑 组织：学生站成四列横队，成体操队形散开，相向而立，教师站在队伍中间讲解并示范  （队形示意图） 要求：教师以口令统一指挥练习，学生每个动作舒展大方，四指并拢伸直，动作力度适中，动作频率由慢到快，动作幅度由小到大

课的部分	课程内容	重复	组织及教学法注解
基本部分	一、复习部分 迎面传接球跑动换位练习		组织：学生分两组进行，统一循环练习 教法：教师先画图后讲解再示范，学生分组练习，突出要点，教师及时纠正学生的错误动作 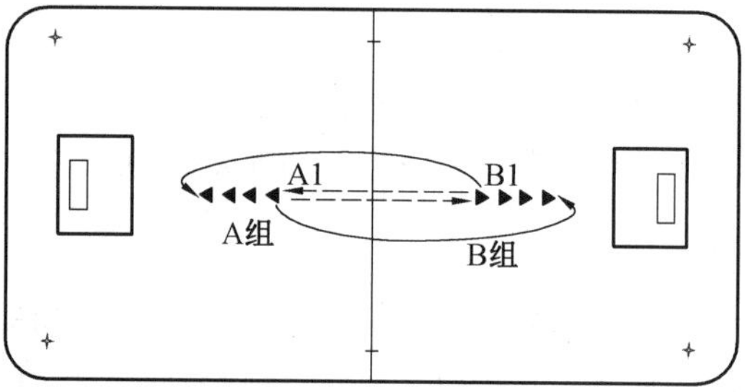 （场地示意图：A组 A1 ◀——▶ B1 B组）
	二、体前横向拨球		组织：学生分成四列横队，相向站立，教师站在队伍中间讲解并示范，教师及时纠正学生错误动作 要点：拨球时要有节奏，重心随着拨球方向的改变而移动重心。球拍尽量保持和球的接触，球拍尽量不要触地
	三、学习反拍传、接球技术		组织：学生二人一组，分组练习 教法：教师先示范后讲解再示范，学生分组练习，突出要点，教师及时纠正学生的错误动作 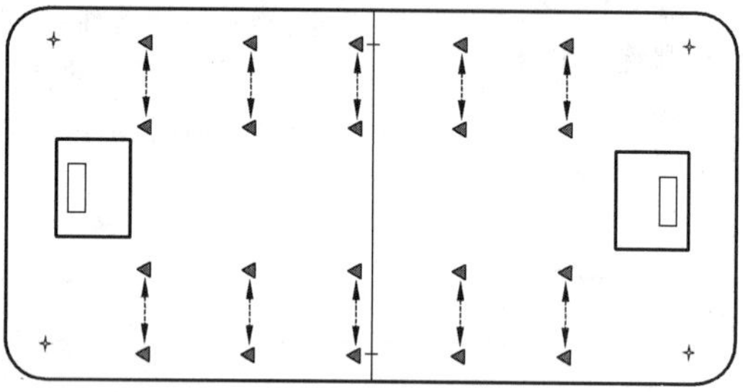 （场地示意图：学生两两相对分组练习） 方法：身体侧对传球方向，双手握杆方法保持不变，用球拍反面将球停稳，从后往前挥拍时拍头和球始终保持接触直至将球传出。传球时，身体重心逐渐前移，传球后缩短随挥动作

第7章 雪地软式曲棍球学校课程教学文件

课的部分	课程内容	重复	组织及教学法注解
基本部分	四、学习弹射技术		要点:传球时重心落在前腿上,拍面始终保持与球的接触,充分发挥腰部的力量,带动其他的关节同时发力,注意球拍的随挥动作高度不要超过膝关节 接球时反拍正对来球方向并下压 组织:学生分成两组,在前后半场分别练习。以球门为中心,半径10米,学生站成扇形,二人间隔1米,依次射向球门后统一捡球,循环练习 教法:教师先示范后讲解再示范,学生分组练习,突出要点,教师及时纠正学生的错误动作 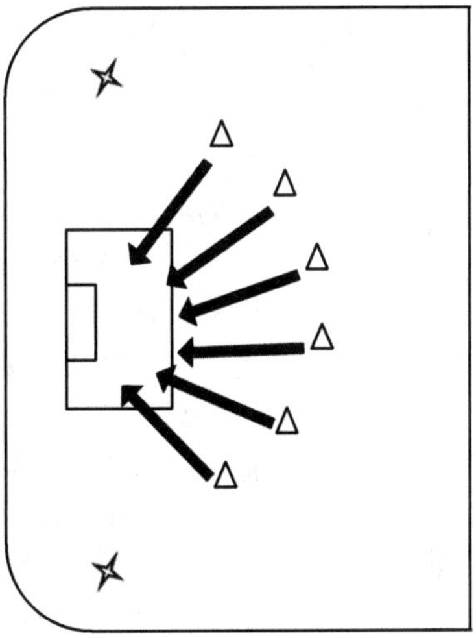 方法:身体侧对射门方向,双脚左右开立,双膝微屈,重心放在后腿上。球与拍头保持30厘米距离,利用转体与抖腕发力,用球拍根部击球射门 要点:利用抖腕技术充分发力,用拍头根部将球击打射门。此技术射门动作要突然、隐蔽,才能达到突袭的目的

课的部分	课程内容	重复	组织及教学法注解
基本部分	五、双人行进间传接球射门技术		组织:学生分成四组,在左右半场各两组,间隔4米,距离8米,分组全场循环练习 教法:教师先示范后讲解再示范,学生分组练习,突出要点,教师及时纠正学生的错误动作 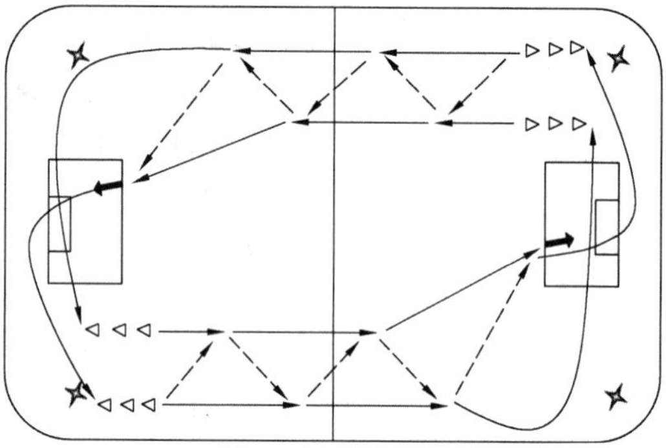 方法:(如图)学生两人一组互相传接球,在即将靠近球门时,跑在前方的队员往中间跑位接队友的传球一拍直接射门,然后捡好球站到对面半场练习同学队伍后面,循环练习 要点:行进间斜传球,注意传球速度在队友可接受的范围,接球后观察队友位置迅速传球(掌握好传、接球的提前量)
	六、教学比赛		方法:全体学生分为A、B、C、D四组进行对抗赛,A、B比赛期间,C、D休息,5分钟后轮换,每输一球做俯卧撑5次,比赛中穿插讲解比赛规则 要求:学生积极跑动,合理地运用以学过的技、战术,加强团结合作,发扬勇敢顽强的拼搏精神,注意安全,避免受伤

第7章　雪地软式曲棍球学校课程教学文件

课的部分	课程内容	重复	组织及教学法注解
	七、身体素质练习 变速跑		重点：球杆高度不许超过腰部；不准敲杆；允许脚踢球或停球，不许用脚连续两次触球 方法：全体学生分两组，绕球场进变速跑，30米冲刺，15米横向移动，再30米冲刺，20米慢速跑，如此反复 要求：重心下降，到达障碍物时，迅速转身
结束部分	一、体委整队 二、放松活动 三、课堂小结 四、课后作业 五、师生再见		组织： ♀ 　　　　　† 1. 深呼吸 2. 放松四肢 1. 坚持出早操，加强身体素质锻炼 2. 参加雪地软式曲棍球社团的训练与比赛

教案4

年级_____　专项　雪地软式曲棍球　第_4_次课　　　年　月　日

教学内容：1. 复习上节课内容，学习压迫式停球技术。

　　　　　　2. 学习击球射门，学习个人运球突破技术。

　　　　　　3. 复习运球后射门练习。

　　　　　　4. 教学比赛。

　　　　　　5. 身体素质：1 000米。

本课任务：1. 初步掌握压迫式停球技术，掌握击球射门的基本技术。

　　　　　　2. 初步掌握运球突破技术，提高运球后射门技术练习。

　　　　　　3. 发展耐力素质。

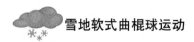

课的部分	课程内容	重复	组织及教学法注解
开始部分	一、课堂常规 体委整队、师生问好、点名、安排见习生 二、宣布本堂课的教学内容		组织： ♀♀♀♀♀ ♀♀♀♀♀ ♀♀♀♀♀ ♀♀♀♀♀ 　　♂ 要求：学生集合动作要快、静、齐，精神饱满，注意力集中，听从教师的指挥
准备部分	一、雪地软式曲棍球专项练习跑 二、徒手操 1. 颈部绕环 2. 振臂运动 3. 肩部绕环 4. 体侧运动 5. 体转运动 6. 腰部绕环 7. 膝关节绕环 8. 踝腕关节绕环 9. 弓步压腿、侧压腿	4×8拍	组织：学生站成四路纵队，绕标志盘分组练习跑。 方法：放松跑、后退跑、左右侧滑步、曲线跑、连跳、左右交叉步、冲刺跑 组织：学生站成四列横队，成体操队形散开。教师以口令统一指挥练习并示范，学生动作频率由慢到快，动作幅度由小到大 ♀♀♀♀♀ ♀♀♀♀♀ 　　♂ ♀♀♀♀♀ ♀♀♀♀♀ 要求：每个动作舒展大方，四指并拢伸直，动作力度适中，动作频率由慢到快，动作幅度由小到大

第7章 雪地软式曲棍球学校课程教学文件

课的部分	课程内容	重复	组织及教学法注解
基本部分	一、复习上节课内容 1. 复习原地拨球技术		组织:两人一组,分组练习 教法:教师重点讲解动作重点,学生分组练习,教师及时纠正学生错误动作 方法:二人横排间隔3米,纵向距离8米,先正拍接球、传球,再反拍接球、传球,如此反复循环练习 要点:身体侧对传球目标,目视传球方向,如对方传球不到位,脚步进行快速调整,及时接球
	2. 正、反拍传接球练习		组织:学生分成四列横队,相向站立,教师站在队伍中间讲解并示范,教师及时纠正学生错误动作 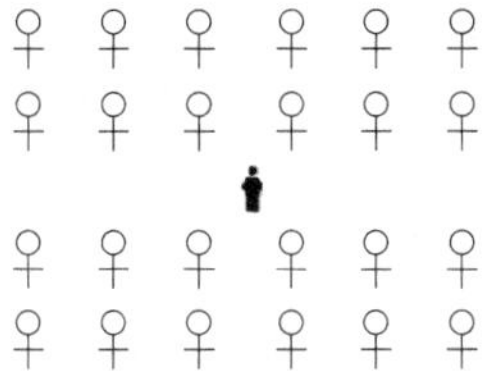 ♀ ♀ ♀ ♀ ♀ ♀ ♀ ♀ ♀ ♀ 　　　👤 ♀ ♀ ♀ ♀ ♀ ♀ ♀ ♀ ♀ ♀ 要点:拨球时球拍尽量保持和球的接触,球拍尽量不要触地
	二、学习压迫式停球技术		组织:同上 教法:教师先示范后讲解再示范,学生分组练习,突出要点,教师及时纠正学生的错误动作 方法:拍面置于地面与地面形成锐角,双膝弯曲,身体前倾。停球前球拍主动迎球,拍面正对来球,触球瞬间,拍面用力下压,将球夹压在地面与拍面之间。停球后,将球置于身体侧后方 要点:练习时拍头始终置于地面。保持球拍面与地面成合适的锐角

课的部分	课程内容	重复	组织及教学法注解
基本部分	三、学习击球射门技术		组织:学生分成两组,在前后半场分别练习 教法:教师先示范后讲解再示范,学生分组练习,突出要点,教师及时纠正学生的错误动作 方法:以球门为中心,半径10米,学生站成扇形,二人间隔1米,依次射向球门后统一捡球,循环练习 要点:先做原地无球模仿练习,重点练习击球前拍头下压并击球动作。定点进行多球练习,体会球杆下压弹起击球的手感,目视射门方向击球
	四、个人运球强行突破练习		组织:学生分成四组,前后半场各两组。二人一组,分组练习 教法:同上 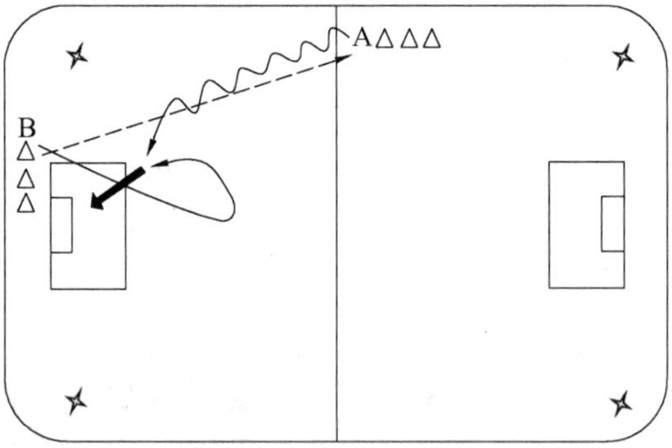 方法:学生一人运球突破,一人消极防守。突破过人后射门,练习结束 要点:重心下降,过人前必须做快速运球变相动作,同时重心向两侧移动

课的部分	课程内容	重复	组织及教学法注解
基本部分	五、复习各种运球后射门练习 1. 直线运球射门		组织:学生分成两组,分别在前后半场练习 教法:同上 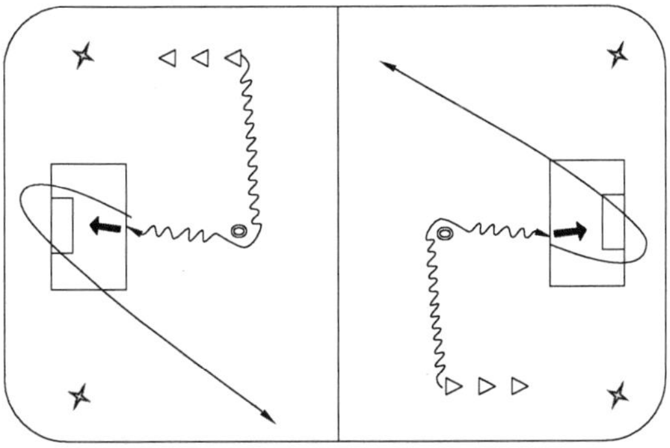 方法:如图运球向球门前进行各种方式射门 要点:运球时动作连贯、协调,控制好人与球的距离,使用学过的各种射门方法进行射门练习 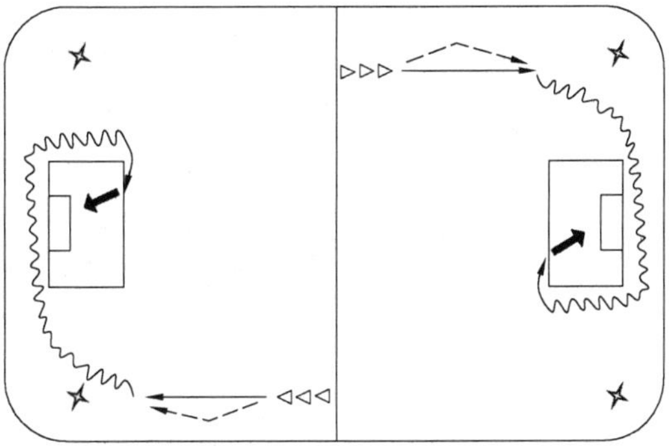
	2. 接界墙反弹球后运球射门		组织:学生分成两组,分别在前后半场练习 教法:同上 方法:一人向前无球跑动,另一人利用界墙传反弹球,接球后运球绕过球门与标志盘射门,然后换边练习 要点:传反弹球的力量和角度要适中,绕过标志盘转身时调整好身体与球的位置,看准射门方向后再进行射门,切忌盲目射门

课的部分	课程内容	重复	组织及教学法注解
基本部分	3. 曲线运球射门		组织:学生分成两组,分别在前后半场练习 教法:教师先示范后讲解再示范,学生分组练习,突出要点,教师及时纠正学生的错误动作 方法:(如图)从底线出发绕标志盘做曲线运球后,做"8"字运球接直线运球射门,全场循环练习 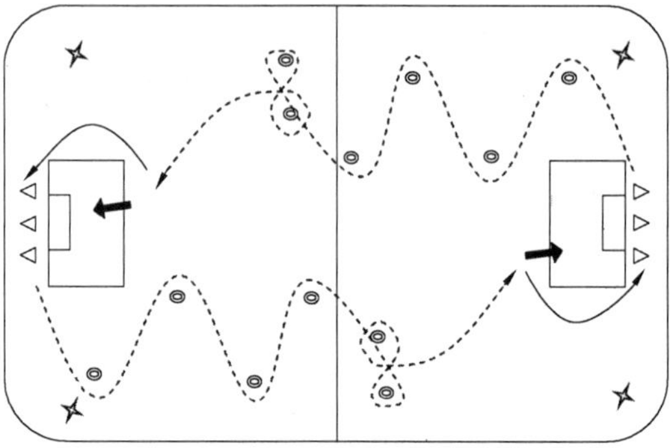 要点:控球稳定,身体与球的距离要适当。曲线运球转弯半径要小,射门准确而有力量
	六、教学比赛		方法:全体学生分为A、B、C、D四组进行对抗赛,A、B比赛期间,C、D休息,5分钟后轮换,每输一球做俯卧撑5次,比赛中穿插讲解比赛规则 要求:学生积极跑动,合理地运用以学过的技、战术,加强团结合作,发扬勇敢顽强的拼搏精神,注意安全,避免受伤 重点:球杆高度不许超过腰部;不准敲杆;允许脚踢球或停球,不许用脚连续两次触球
	七、素质练习 耐力练习: 1 000米		组织:绕田径场跑,教师计时

第7章 雪地软式曲棍球学校课程教学文件

课的部分	课程内容	重复	组织及教学法注解
结束部分	一、体委整队 二、放松活动 三、课堂小结 四、课后作业 五、师生再见		组织： ♀ 　　　♂ 1. 深呼吸 2. 放松四肢 1. 坚持出早操，加强身体素质锻炼 2. 参加雪地软式曲棍球社团的训练与比赛

教案5

年级_____ 专项__雪地软式曲棍球__ 第_5_次课　　年　月　日

教学内容：1. 复习前几次课的学习内容，各种传接球练习
　　　　　　2. 学习正手抽射、反手射门技术。
　　　　　　3. 学习防守站位、双人交叉跑位传接球并射门技术。
　　　　　　4. 教学比赛。
　　　　　　5. 身体素质：速度练习50米跑

本课任务：1. 进一步熟练各种传接球技术，初步掌握正手抽射，反手、转身射门技术。
　　　　　　2. 初步掌握基本的防守站位，熟悉交叉跑位传接球射门练习。
　　　　　　3. 提高带球跑动能力。

课的部分	课程内容	重复	组织及教学法注解
开始部分	一、课堂常规 体委整队、 师生问好、 点名、安排 见习生		组织： ♀ 　　　♂

课的部分	课程内容	重复	组织及教学法注解
开始部分	二、宣布本堂课的教学内容		要求:学生集合动作要快、静、齐,精神饱满,注意力集中,听从教师的指挥,将手机放到场地
准备部分	一、雪地软式曲棍球专项练习跑 二、徒手操 1. 颈部绕环 2. 振臂运动 3. 肩部绕环 4. 体侧运动 5. 体转运动 6. 腰部绕环 7. 膝关节绕环 8. 踝腕关节绕环 9. 弓步压腿、侧压腿	4×8拍	组织:学生站成四路纵队,绕标志盘分组练习跑 方法:放松跑、后退跑、左右侧滑步、曲线跑、连跳、左右交叉步、冲刺跑 组织:学生站成四列横队,成体操队形散开。教师以口令统一指挥练习并示范,学生动作频率由慢到快,动作幅度由小到大 ♀ ♀ ♀ ♀ ♀ ♀ ♀ ♀ 　　♂ ♀ ♀ ♀ ♀ ♀ ♀ ♀ ♀ 要求:每个动作舒展大方,四指并拢伸直,动作力度适中
基本部分	一、复习上节课内容 1. 原地拨球练习		组织:学生分成四列横队,相向站立,教师站在队伍中间讲解并示范,教师及时纠正学生错误动作 ♀ ♀ ♀ ♀ ♀ ♀ ♀ ♀ 　　♂ ♀ ♀ ♀ ♀ ♀ ♀ ♀ ♀ 要点:拨球时球拍尽量保持和球的接触,球拍尽量不要触地

第7章 雪地软式曲棍球学校课程教学文件

课的部分	课程内容	重复	组织及教学法注解
基本部分	2.传接球练习 (1)原地传接球练习		组织:学生站成两排,两人一组,分组练习 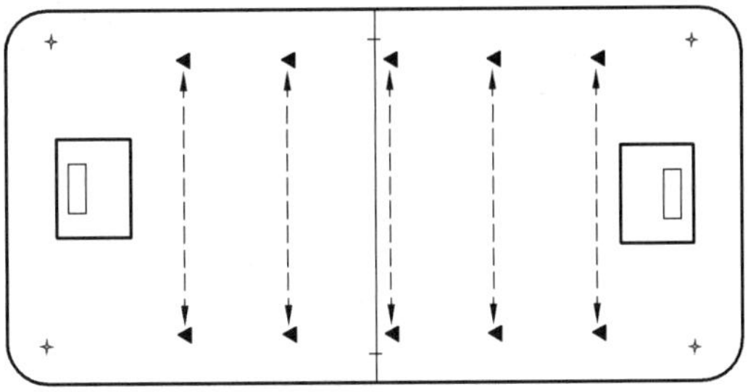 方法:两人相距15米,正手传球、压迫式停球 要点:传球准确、力量适中、提前稳定、调整速度快
	(2)行进间传接球练习		组织:学生分成2~4组,分组练 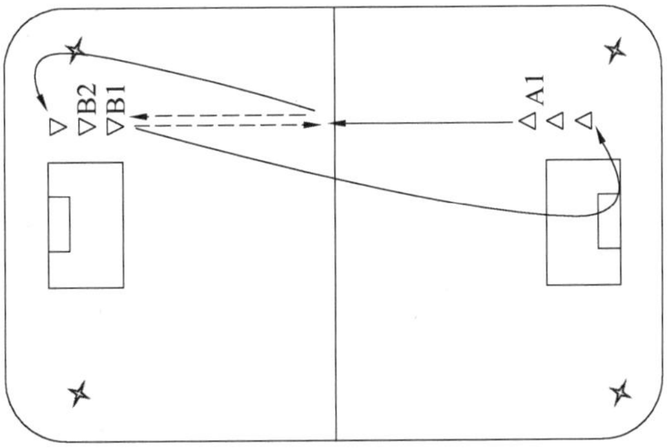 方法:如图所示每组两队 A1 无球跑动至中线,B1 传球,A1 接球后再将球反传给 B2,B1 传球后跑位到 A 队队尾,A1 传球后跑位到 B 队尾,循环练习 要点:学生要保持相同的速度,并在跑动中进行传接球,提高传球的准确度与接球的稳定性
	(3)跑动传接球练习		组织:学生三人一组,分组练习 教法:教师重点讲解动作重点,学生分组练习,教师及时纠正学生错误动作

课的部分	课程内容	重复	组织及教学法注解
基本部分	二、学习反手射门		方法:如图学生三人一组对向传接球,传球后互相跑动换位,循环练习 要点:在跑动中完成传接球练习,并且要求传球准确,接球稳定,衔接下一个动作要连贯 组织:学生分成两组,在前后半场分别练习。以球门为中心,半径10米,学生站成扇形,二人间隔1米,依次射向球门后统一捡球,循环练习 教法:教师重点讲解动作重点,学生分组练习,教师及时纠正学生错误动作

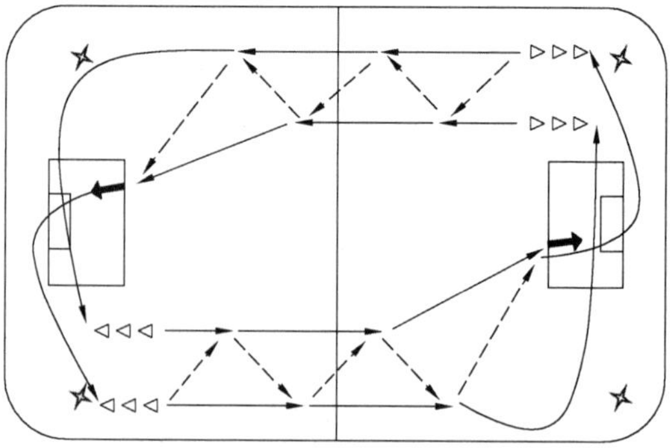

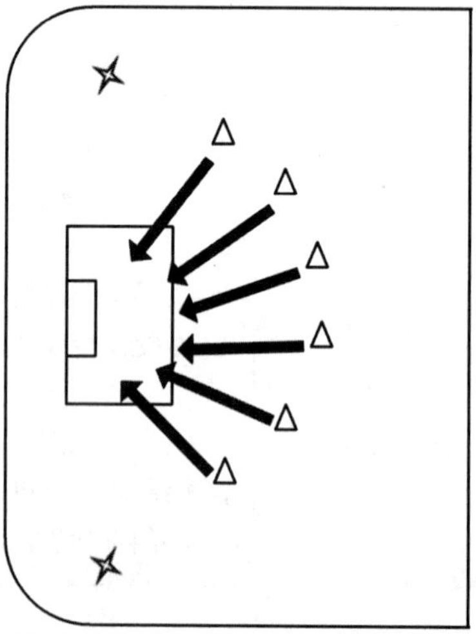

第7章 雪地软式曲棍球学校课程教学文件

课的部分	课程内容	重复	组织及教学法注解
基本部分	反手射门技术 三、学习防守站位、双人交叉换位传接球并射门 1.基本防守站位 2.双人交叉跑位传接球并射门		方法:同上 要领:射门肩部背对射门方向。双手握紧球杆,球位于反手体侧靠近前脚的位置。身体稍右转,反手位向后引杆,随即重心前移转向射门方向,并且带动大臂及腕关节向前挥拍。射门后,控制球杆随挥高度与射门方向 要点:双手握杆距离不能太远,击球点在身体前侧,注意击球点和击球后的挥杆高度与射门方向一致 组织:练习时两人一组,一人进行前后左右的移动,另一人按照防守的要求紧跟队友移动 教法:教师讲解动作要领及重点,学生分组练习,教师及时纠正学生错误动作 方法:1.防守时,重心下降后退,单手握杆拍头置地,站在位于进攻队员与本方球门中间,向界墙方向侧逼与减缓进攻队员的速度与方向 　　　2.守区方形站位,防守队员一定要站在进攻队员与球门之间,挡住射门路线。根据进攻阵型的变化,防守阵型而变化 要点:必须保持双膝弯曲,重心下降,以便随时进行变向移动,尽可能紧贴对手防守 练习时两人一组,一人进行前后左右的移动,另一人按照防守的要求紧跟队友移动 组织:两人一组,全场分组练习 教法:同上

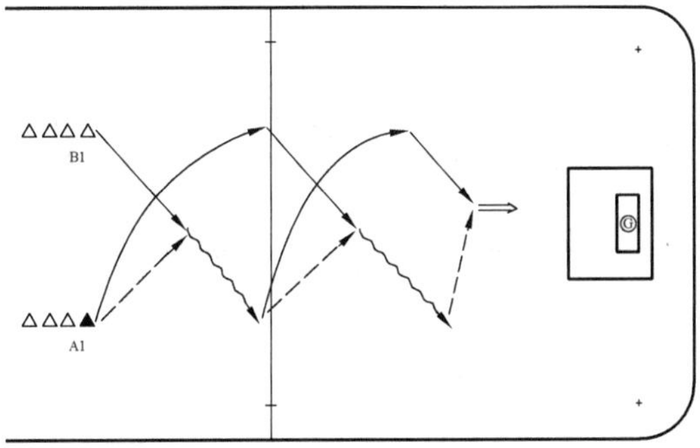

课的部分	课程内容	重复	组织及教学法注解
基本部分	四、教学比赛		**方法**:学生分成两组,两人分别从底线出发,A1 传球给 B1,B1 斜插跑向中间接球,A1 传球后从 B1 身后跑向对侧,B1 接球后继续前行,然后重复相同动作,直至先靠近球门位置接球的队员射门,练习结束 **要点**:必须斜插至中点接球,传球后交叉换位,无球跑位时要求速度快球,及时跑到接球位置 **方法**:全体学生分为 A、B、C、D 四组进行对抗赛,A、B 比赛期间,C、D 休息,5 分钟后轮换,每输一球做俯卧撑 5 次,比赛中穿插讲解比赛规则 **要求**:学生积极跑动,合理地运用以学过的技、战术,加强团结合作,发扬勇敢顽强的拼搏精神,注意安全,避免受伤 **要点**:比赛中利用交叉跑位传接球战术
	五、速度素质练习:50 米跑		**组织**:田径场跑道,四人一组进行练习
结束部分	一、体委整队		组织: 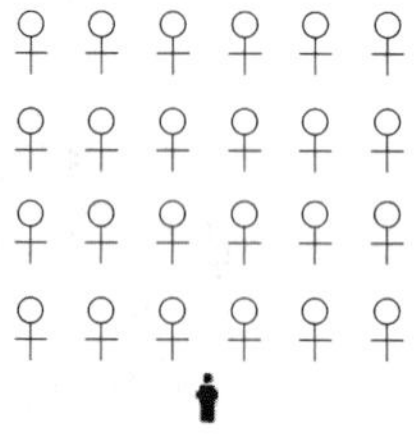 ♀♀♀♀♀ ♀♀♀♀♀ ♀♀♀♀♀ ♀♀♀♀♀ 🚶
	二、放松活动		1. 深呼吸 2. 放松四肢
	三、课堂小结 四、课后作业		1. 坚持出早操,加强身体素质锻炼 2. 参加雪地软式曲棍球社团的训练与比赛
	五、师生再见		

第7章 雪地软式曲棍球学校课程教学文件

教案6

年级＿＿＿＿＿＿ 专项＿雪地软式曲棍球＿ 第＿6＿次课　　年　月　日

教学内容：1. 个人基本技术练习。

　　　　　　2. 传接球配合练习、各种射门练习。

　　　　　　3. 学习"直传斜插"二过一战术。

　　　　　　4. 教学比赛。

　　　　　　5. 素质练习：带球折返跑。

本课任务：1. 进一步掌握个人基本技术。

　　　　　　2. 进一步掌握传接球技术，各种射门练习。

　　　　　　3. 初步掌握"直传斜插"二过一战术，发展身体协调性素质。

课的部分	课程内容	重复	组织及教学法注解
开始部分	一、课堂常规 体委整队、师生问好、点名、安排见习生 二、宣布本堂课的教学内容		组织： ♀♀♀♀♀ ♀♀♀♀♀ ♀♀♀♀♀ ♀♀♀♀♀ 　　☺ 要求：学生集合动作要快、静、齐，精神饱满，注意力集中，听从教师的指挥
准备部分	一、雪地软式曲棍球专项练习跑	4×8拍	组织：学生站成四路纵队，绕标志盘分组练习跑 方法：放松跑、后退跑、左右侧滑步、曲线跑、连跳、左右交叉步、冲刺跑

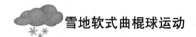

课的部分	课程内容	重复	组织及教学法注解
准备部分	二、徒手操 1.颈部绕环 2.振臂运动 3.肩部绕环 4.体侧运动 5.体转运动 6.腰部绕环 7.膝关节绕环 8.踝腕关节绕环 9.弓步压腿、侧压腿	4×8拍	组织:学生站成四列横队,成体操队形散开。教师以口令统一指挥练习并示范,学生动作频率由慢到快,动作幅度由小到大 ♀ ♀ ♀ ♀ ♀ ♀ ♀ ♀ 　　　👤 ♀ ♀ ♀ ♀ ♀ ♀ ♀ ♀ 要求:每个动作舒展大方,四指并拢伸直,动作力度适中
基本部分	一、基本技术练习 1.原地拨球练习 2.运球练习		组织:学生分成四列横队,相向站立,教师站在队伍中间讲解并示范,教师及时纠正学生错误动作 ♀ ♀ ♀ ♀ ♀ ♀ ♀ ♀ 　　　👤 ♀ ♀ ♀ ♀ ♀ ♀ ♀ ♀ 要点:拨球时球拍尽量保持和球的接触,球拍尽量不要触地 组织:学生四人一组,全场分组练习

第7章 雪地软式曲棍球学校课程教学文件

课的部分	课程内容	重复	组织及教学法注解
基本部分	3.综合运球绕杆练习		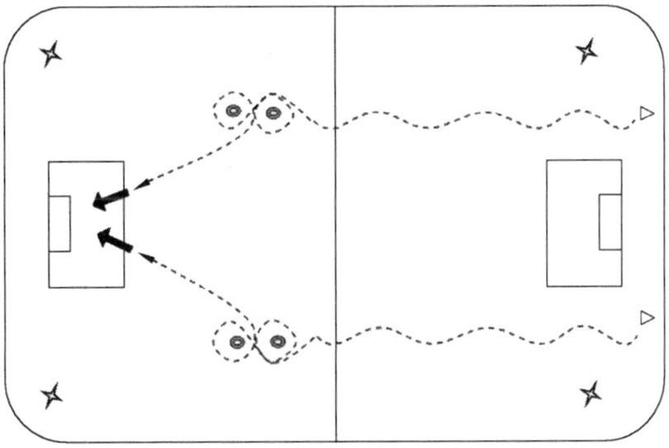 教法:教师讲解动作要领及重点,学生分组练习,教师及时纠正学生错误动作 方法:学生曲线运球后接"8"字运球然后直线运球射门,捡球后到对面队尾,循环练习 要点:控制球要稳定,运球速度快,转弯半径小,射门准确而有力量 组织:学生分成两组,分别在前后半场分组练习 方法:如图 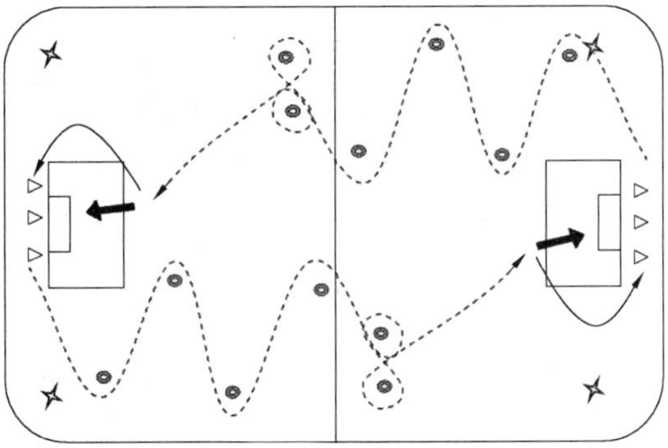 要点:动作要协调,人与球同侧绕过防守队员

课的部分	课程内容	重复	组织及教学法注解
基本部分	二、各种传接球配合练习 1. 原地传接球练习		组织:两人一组,全场分组练习 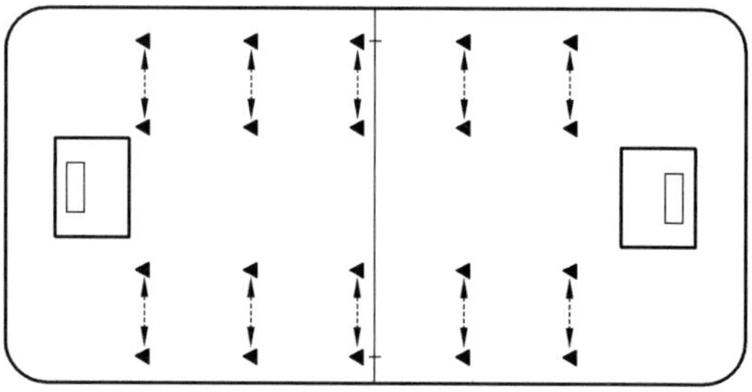 方法:利用各种方法进行传接球练习 要点:侧对传球方向,身体六大关节同时发力传球,挥拍高度不要高于膝部,利用缓冲技术停球
	2. 跑圈移动传接球		组织:四人一组,分组练习 方法:四名学生一组,绕直径6米的圈跑位,并互相随意传接球 要点:传球准确,接球稳定,调整速度快,掌握好传球速度与跑位的提前量 A 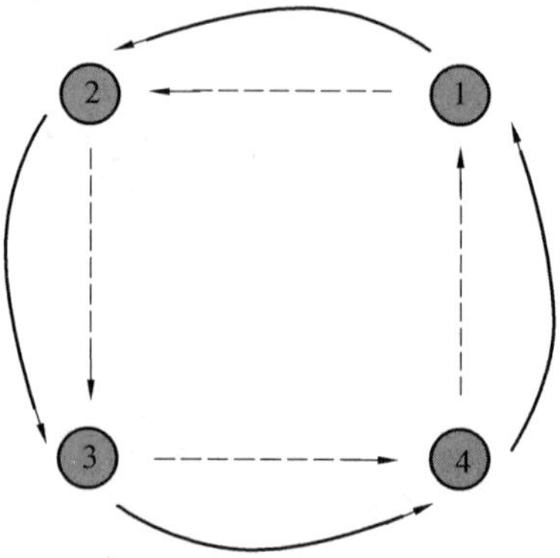

课的部分	课程内容	重复	组织及教学法注解
基本部分	三、射门练习 半场传球射门练习		组织:学生分成两组,在前后半场分组练习 教法:教师讲解动作要领及重点,学生分组练习,教师及时纠正学生错误动作 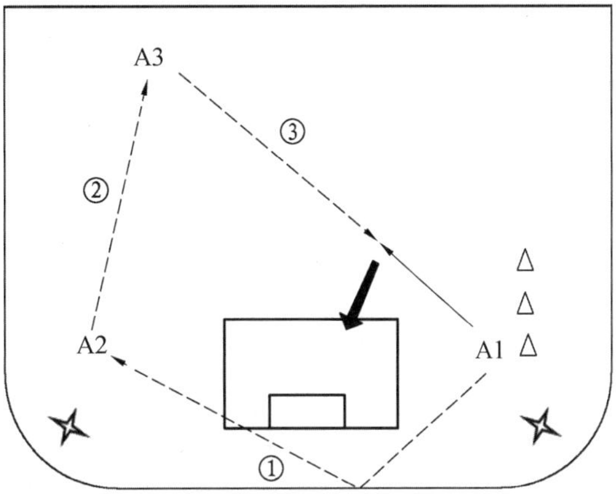 方法:如图,A1 利用界墙传反弹球给 A2 并跑向门前的位置,A2 接球后直接传球给 A3 并跑向 A3 的位置,A3 接球后直接传球给返上的 A1 射门,然后 A1 跑向 A2 的位置,A3 跑向 A1 的队尾。如此循环反复练习 要点:传球必须准确到位的地滚球,接球的学生快速调整,传球后迅速跑向传球位置,射门动作连贯、准确、有力量
	四、学习"直传斜插"二过一战术		组织:学生两人一组,分组练习 教法:教师先示范后讲解再示范,学生分组练习,突出要点,教师及时纠正学生的错误动作 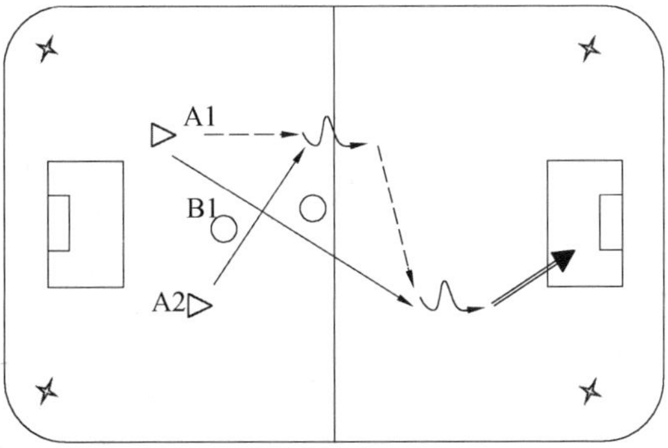

课的部分	课程内容	重复	组织及教学法注解
基本部分			组织:学生两人一组,分组练习 教法:教师先示范后讲解再示范,学生分组练习,突出要点,教师及时纠正学生的错误动作 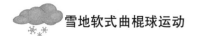 方法:如图,A1直线传球给斜插上的A2,A2带球前行在把球回传给A2,A2运球后进行射门,B1进行防守 要点:B1要上前防守A1,A2必须从B1身后斜插上前直传前用假动作或表情迷惑防守队员,隐瞒自己的传球意图,斜插的队员启动要快,做到球到人到
	五、教学比赛		组织:全体学生分为A、B、C、D四组进行对抗赛,A、B比赛期间,C、D休息,5分钟后轮换,每输一球做俯卧撑5次,比赛中穿插讲解比赛规则 要求:学生积极跑动,合理地运用以学过的技、战术,加强团结合作,发扬勇敢顽强的拼搏精神,注意安全,避免受伤 要点:特别强调比赛中运用"直传斜插"二过一战术
	六、素质练习折返跑		方法:30米长场地每隔5米放一个障碍物,总共放5个障碍物,学生运球快速进行折返跑,每通过一个障碍物折返回起点,再运球跑向下一个障碍物,直至完成最后一个障碍回到起点,练习结束

第7章 雪地软式曲棍球学校课程教学文件

课的部分	课程内容	重复	组织及教学法注解
结束部分	一、体委整队		组织： ♀ 🯅
	二、放松活动		1. 深呼吸 2. 放松四肢
	三、课堂小结 四、课后作业 五、师生再见		1. 坚持出早操，加强身体素质锻炼 2. 参加雪地软式曲棍球社团的训练与比赛

教案7

年级＿＿＿＿＿＿ 专项 雪地软式曲棍球 第 7 次课　　年　月　日

教学内容： 1. 个人基本技术练习。

2. 传接球配合练习、各种射门练习。

3. 教学比赛。

4. 素质练习：蛙跳。

本课任务： 1. 进一步掌握个人基本技术。

2. 进一步掌握传接球技术接射门技术。

3. 发展下肢力量。

课的部分	课程内容	重复	组织及教学法注解
开始部分	一、课堂常规 体委整队、师生问好、点名、安排见习生		组织： ♀ 🯅

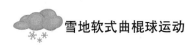

课的部分	课程内容	重复	组织及教学法注解
开始部分	二、宣布本堂课的教学内容		要求:学生集合动作要快、静、齐,精神饱满,注意力集中,听从教师的指挥
准备部分	一、雪地软式曲棍球专项练习跑 二、徒手操 1. 颈部绕环 2. 振臂运动 3. 肩部绕环 4. 体侧运动 5. 体转运动 6. 腰部绕环 7. 膝关节绕环 8. 踝腕关节绕环 9. 弓步压腿、侧压腿	4×8拍	组织:学生站成四路纵队,绕标志盘分组练习跑 方法:放松跑、后退跑、左右侧滑步、曲线跑、连跳、左右交叉步、冲刺跑 组织:学生站成四列横队,成体操队形散开。教师以口令统一指挥练习并示范,学生动作频率由慢到快,动作幅度由小到大 ♀ ♀ ♀ ♀ ♀ ♀ ♀ ♀ ♀ ♀ 👤 ♀ ♀ ♀ ♀ ♀ ♀ ♀ ♀ ♀ ♀ 要求:每个动作舒展大方,四指并拢伸直,动作力度适中
基本部分	一、基本技术练习 1. 拨球练习		组织:学生分成四排,相向而立进行练习,教师在队伍中巡视,个别错误个别纠正 ♀ ♀ ♀ ♀ ♀ ♀ ♀ ♀ ♀ ♀ 👤 ♀ ♀ ♀ ♀ ♀ ♀ ♀ ♀ ♀ ♀

第7章　雪地软式曲棍球学校课程教学文件

课的部分	课程内容	重复	组织及教学法注解
基本部分	2.运球练习		![运球路线图] 组织：每人一球，全场分组练习 方法：如图所示，运球绕标志物练习，练习二人前后间隔5米 要点：运球时拍头尽量保持和球的接触，球与身体协调前进
	二、射门练习 1.传接球后运球射门		组织：学生三人一组，分组练习 教法：教师先示范后讲解再示范，学生分组练习，突出要点，教师及时纠正学生的错误动作 ![射门练习图]

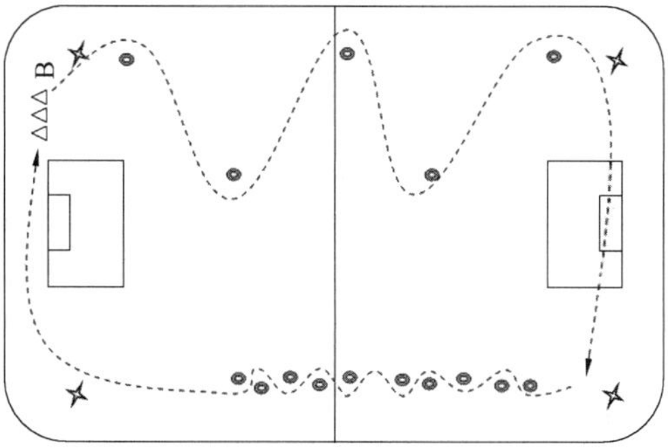

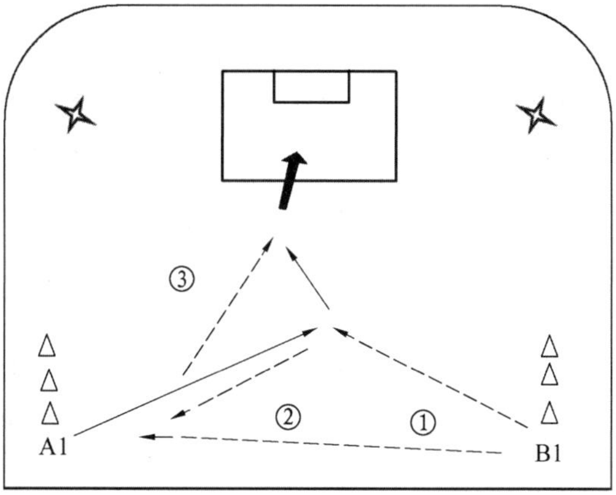

课的部分	课程内容	重复	组织及教学法注解
基本部分	2.半场传球射门练习		方法:如图 B1 传球给 B2,然后跑向中点附近,B2 传球给 B3,B3 接球后传球给 B1,由 B1 接球后射门,B1 射门后拿球跑向 A 组,A 组队员再重复相同动作。如此循环反复 要点:一拍传球,传接球中间不得停顿,一拍射门,射门也无停顿,并且射门准确,有力量 组织:学生二人一组,半场分组练习 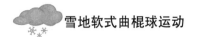 教法:教师先示范后讲解再示范,学生分组练习,突出要点,教师及时纠正学生的错误动作 方法:如图,A1 传球给 B1 并跑向球门正方,B1 接球后迅速回传给 A1,A1 接球后运球跑向球门并射门,B1 传球后跑到 A 组,A1 射门后拿球回到 B 组,如此循环反复 要点:B1 接球后不停球直接一拍传球给 A1,射门必须有力
	三、教学比赛		组织:全体学生分为 A、B、C、D 四组进行对抗赛,A、B 比赛期间,C、D 休息,5 分钟后轮换,每输一球做俯卧撑 5 次,比赛中穿插讲解比赛规则 要求:学生积极跑动,合理地运用以学过的技、战术,加强团结合作,发扬勇敢顽强的拼搏精神,注意安全,避免受伤
	四、素质练习 蛙跳		组织:学生四人一组球场往返蛙跳,两组

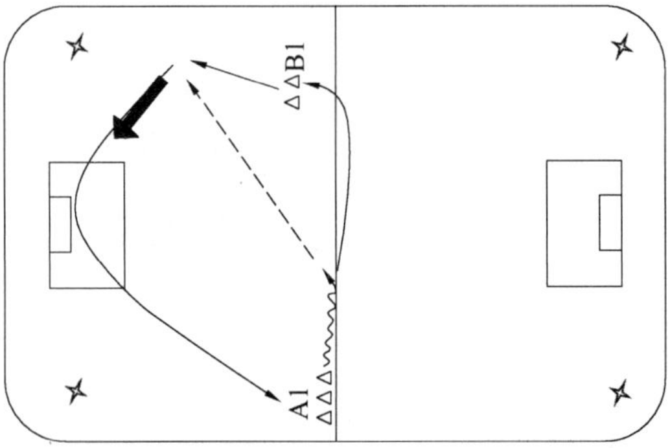

课的部分	课程内容	重复	组织及教学法注解
结束部分	一、体委整队 二、放松活动 三、课堂小结 四、课后作业 五、师生再见		组织： ♀ ♂ 1. 深呼吸 2. 放松四肢 1. 坚持出早操，加强身体素质锻炼 2. 参加雪地软式曲棍球社团的训练与比赛

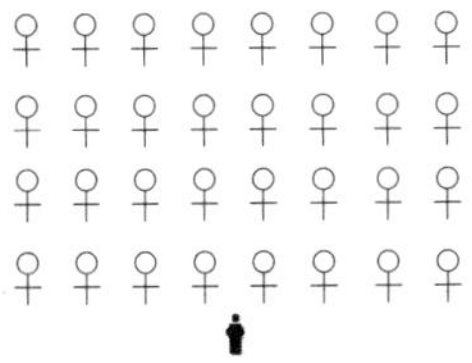

教案8

年级_____ 专项 雪地软式曲棍球 第 8 次课　　　年 月 日

教学内容：1. 个人基本技术练习。

2. 传接球配合练习，传球射门练习。

3. 学习"直传斜插"二过一战术。

4. 防守练习。

5. 教学比赛。

6. 素质练习：1 000 米。

本课任务：1. 进一步掌握个人基本技术。

2. 进一步掌握传接球技术，各种射门练习。

3. 掌握"直传斜插"战术，提高防守站位能力，发展下肢力量。

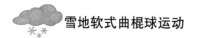

课的部分	课程内容	重复	组织及教学法注解
开始部分	一、课堂常规体委整队、师生问好、点名、安排见习生 二、宣布本堂课的教学内容		组织： ♀ 🯅 要求：学生集合动作要快、静、齐，精神饱满，注意力集中，听从教师的指挥
准备部分	一、雪地软式曲棍球专项练习跑 二、徒手操 1. 颈部绕环 2. 振臂运动 3. 肩部绕环 4. 体侧运动 5. 体转运动 6. 腰部绕环 7. 膝关节绕环 8. 踝腕关节绕环 9. 弓步压腿、侧压腿	4×8拍	组织：学生站成四路纵队，绕标志盘分组练习跑 方法：放松跑、后退跑、左右侧滑步、曲线跑、连跳、左右交叉步、冲刺跑 组织：学生站成四列横队，成体操队形散开。教师以口令统一指挥练习并示范，学生动作频率由慢到快，动作幅度由小到大 ♀ ♀ ♀ ♀ ♀ ♀ ♀ ♀ 🯅 ♀ ♀ ♀ ♀ ♀ ♀ ♀ ♀ 要求：每个动作舒展大方，四指并拢伸直，动作力度适中

第 7 章　雪地软式曲棍球学校课程教学文件

课的部分	课程内容	重复	组织及教学法注解
基本部分	一、各种个人基本技术练习 1. 前后左右拨球跨步护球练习		组织:学生分成四排,相向而立进行练习,教师在队伍中巡视个别错误个别纠正 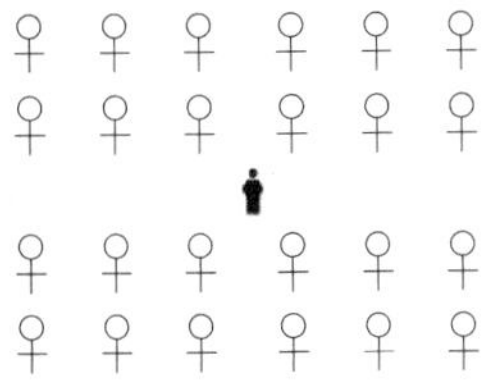 方法:运球上步后,立即后撤步运球,保持单脚不动进行前后移动步伐的拨球 要点:拨球时拍头尽量保持和球的接触,不要分开
	2. 个人运球练习		组织:学生统一分组循环练习 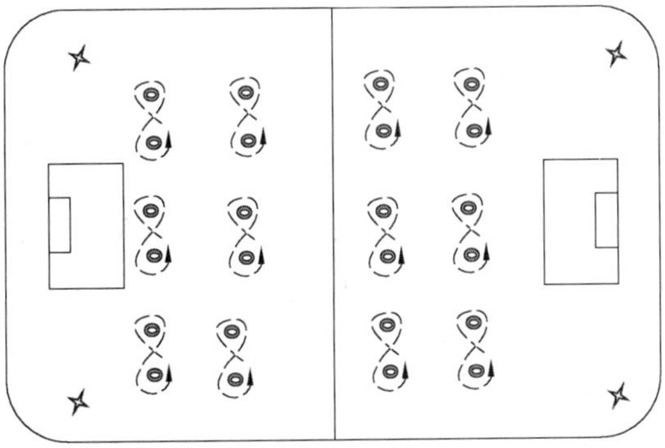 教法:教师讲解示范,学生分组练习,练习2分钟后轮换练习 方法:如图所示,学生做运球绕"8"字标志物,人与球同侧绕过标志物 要点:练习时重心下降,练习时人与球绕过标志物尽量紧贴标志物,转弯半径越小越好

课的部分	课程内容	重复	组织及教学法注解
基本部分	二、传接球配合练习 1.原地长距离传球、接球练习		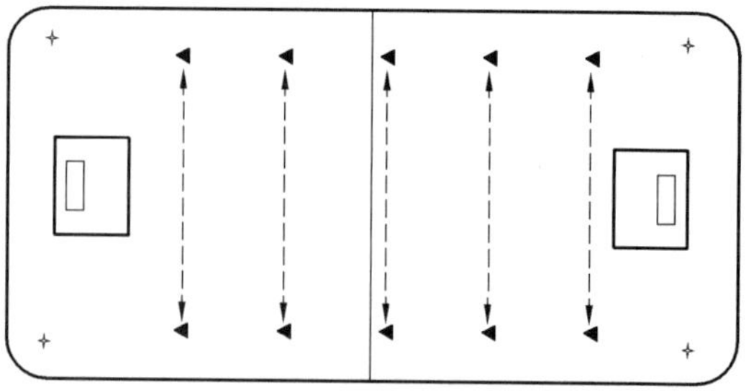 组织：学生二人一组，分组练习 方法：两人一组距离 15 米，间隔 3 米进行各种方法传、接球 要点：利用身体六大关节充分、协调发力，传球准、接球稳，接球后快速衔接下一个动作 组织：学生分成两大组、四小组，分组练习 教法：教师先画图讲解并示范，学生分组练习，教师及时纠正学生错误动作
	2.移动传接球练习		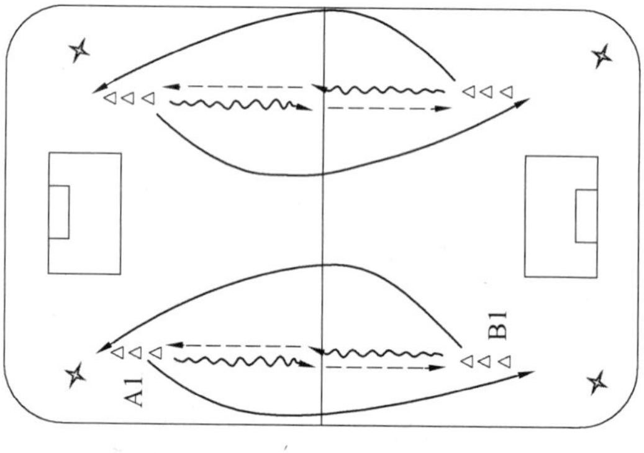 方法：如图，队员 1 把球传给队员 3，队员 3 接球后再回传给队员 1，然后跑向队员 2 的对面接队员 2 的传球再回传给队员 2，如此往返跑位传接球 要点：传球准确，有速度，接球后即刻回传给队友然后迅速跑向对面队伍

课的部分	课程内容	重复	组织及教学法注解
基本部分	三、传接球后射门练习 中区射门练习		组织:学生分成三组,全场分组练习 教法:教师画图讲解并示范,突出要点,学生分组练习,教师及时纠正学生练习中出现的错误动作 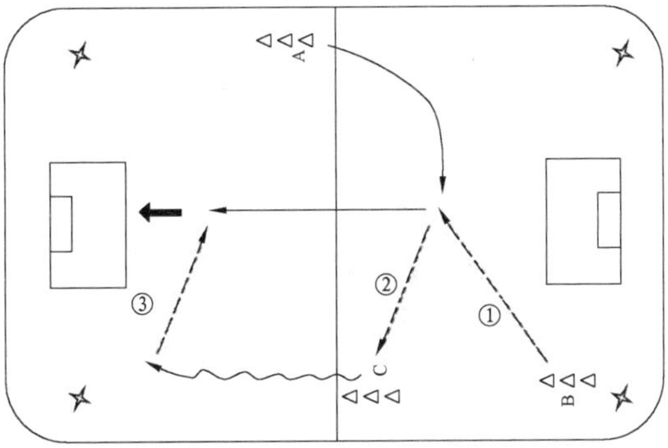 方法:学生分三组,如图A向后方弧线迂回跑动至守门员区附近时,B传球给A,A接球后将球传给C,C运球下底,A快速插上接应,C传球给A,A一拍直接射门,练习结束,下一组练习,如此循环 要点:注意传球的力量和速度,接球队员必须要跑动中接球并一拍射门,要准确、有力量
	四、学习"直传斜插"二过一战术		组织:学生二人一组,全场分组练习 教法:教师画图讲解并示范,学生分组练习,教师及时纠正学生练习中出现的错误动作 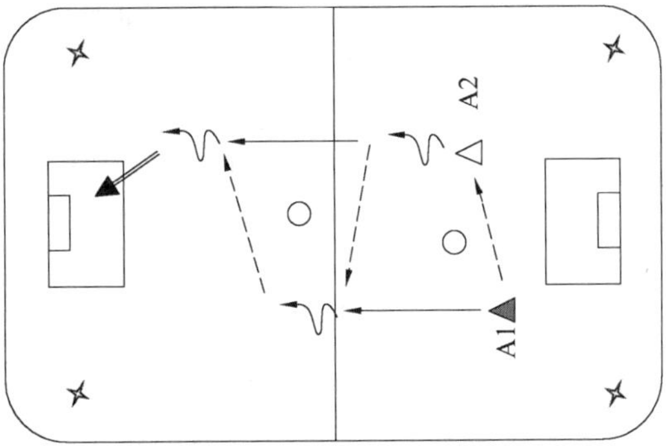 方法:如图,A1斜传球给A2后直接向正前方跑动。A2接球后运球向前越过防守队员将球斜传给直插上的A1,然后A1运球并将球斜传给直插上的A2,A2接球后射门,如此循环反复

课的部分	课程内容	重复	组织及教学法注解
基本部分	五、学习防守战术		要点:斜线传球,直线快速跑动,传球注意传防守队员身后,学生必须做到根据防守队员的位置而灵活地采用传球或运球过人的方式,完成最佳的过人效果 组织:学生五人一组,分组练习 教法:教师先示范后讲解再示范,学生分组练习,突出要点,教师及时纠正学生的错误动作 方法:如图,B1 为防守队员,A1 传球给 2 号队员,练习开始,2 号接球后迅速传球给 3 号,B1 快速向前进行截断,并跟随传球路线进行移动,3 号接球快速传给 4 号,4 号再传给 5 号,B1 跟随传球路线进行移动,保持身位在球和球门之间的直线上,挡住进攻队员的射门路线 要点:B1 在 2 号队员和 3 号之间可以进行截断,然后在球门前进行平移步,重心要下降
	六、教学比赛		组织:全体学生分为 A、B、C、D 四组进行对抗赛,A、B 比赛期间,C、D 休息,5 分钟后轮换,每输一球做俯卧撑 5 次,比赛中穿插讲解比赛规则。 要求:学生积极跑动,合理地运用以学过的技、战术,加强团结合作,发扬勇敢顽强的拼搏精神,注意安全,避免受伤。
	七、素质练习 1 000米		组织:到田径场进行1 000米跑练习,要求不低于 5 分钟完成全程

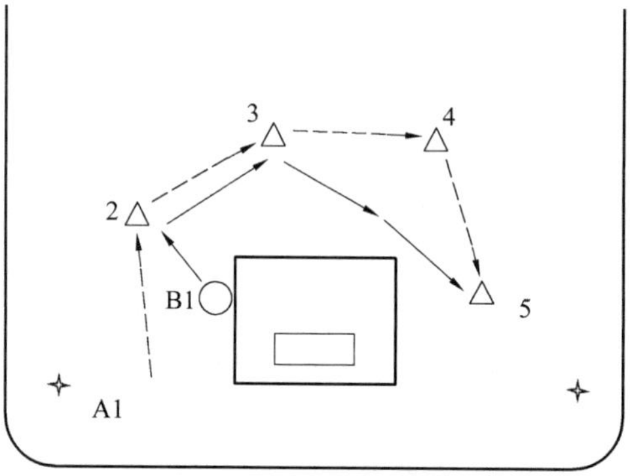

第7章 雪地软式曲棍球学校课程教学文件

课的部分	课程内容	重复	组织及教学法注解
结束部分	一、体委整队 二、放松活动 三、课堂小结 四、课后作业 五、师生再见		组织： ♀♀♀♀♀ ♀♀♀♀♀ ♀♀♀♀♀ ♀♀♀♀♀ ↑ 1. 深呼吸 2. 放松四肢 1. 坚持出早操，加强身体素质锻炼 2. 参加雪地软式曲棍球社团的训练与比赛

教案9

年级_____ 专项__雪地软式曲棍球__ 第__9__次课　　年　月　日

教学内容：1. 个人基本技术练习。
　　　　　2. 传接球配合练习，射门练习。
　　　　　3. 学习"二打一"战术。
　　　　　4. 教学比赛。

本课任务：1. 进一步掌握个人基本技术。
　　　　　2. 进一步掌握传接球技术与射门练习。
　　　　　3. 掌握"二打一"战术。

课的部分	课程内容	重复	组织及教学法注解
开始部分	一、课堂常规 体委整队、 师生问好、 点名、安排 见习生 二、宣布本堂课的教学内容		组织： ♀♀♀♀♀ ♀♀♀♀♀ ♀♀♀♀♀ ♀♀♀♀♀ ↑ 要求：学生集合动作要快、静、齐，精神饱满，注意力集中，听从教师的指挥

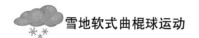

课的部分	课程内容	重复	组织及教学法注解
准备部分	一、雪地软式曲棍球专项练习跑 二、徒手操 1. 颈部绕环 2. 振臂运动 3. 肩部绕环 4. 体侧运动 5. 体转运动 6. 腰部绕环 7. 膝关节绕环 8. 踝腕关节绕环 9. 弓步压腿、侧压腿	4×8拍	组织：学生站成四路纵队，绕标志盘分组练习跑 方法：放松跑、后退跑、左右侧滑步、曲线跑、连跳、左右交叉步、冲刺跑 组织：学生站成四列横队，成体操队形散开。教师以口令统一指挥练习并示范，学生动作频率由慢到快，动作幅度由小到大 ♀ ♀ ♀ ♀ ♀ ♀ ♀ ♀ 👤 ♀ ♀ ♀ ♀ ♀ ♀ ♀ ♀ 要求：每个动作舒展大方，四指并拢伸直，动作力度适中
基本部分	一、基本技术练习 1. 拨球前后左右跨步护球练习 2. 个人运球练习		组织：学生分成四排，相向而立进行练习，教师在队伍中巡视个别错误个别纠正 ♀ ♀ ♀ ♀ ♀ ♀ ♀ ♀ 👤 ♀ ♀ ♀ ♀ ♀ ♀ ♀ ♀ 方法：拨球上步后，立即后撤步拨球，保持单脚不动原地前后左右移动跨步的拨球 要点：拨球时拍头尽量保持和球的接触 组织：如图学生分为两组，分组练习 教法：教师先示范后讲解再示范，学生分组练习，突出要点，教师及时纠正学生的错误动作

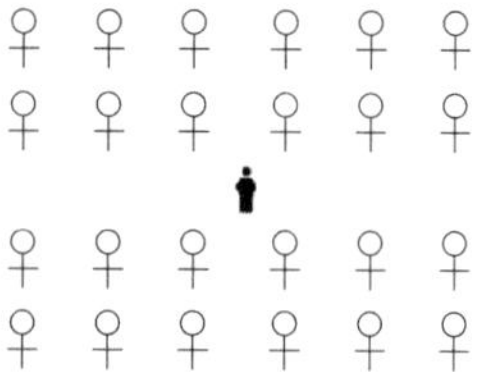

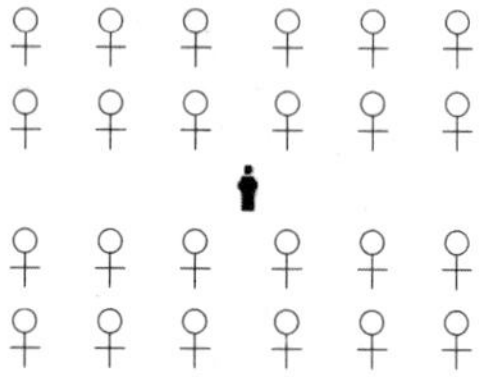

课的部分	课程内容	重复	组织及教学法注解
基本部分	二、传接球配合练习		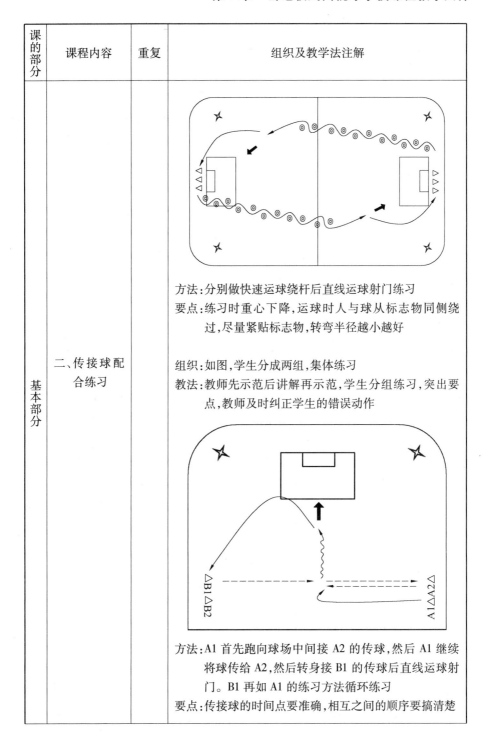 方法:分别做快速运球绕杆后直线运球射门练习 要点:练习时重心下降,运球时人与球从标志物同侧绕过,尽量紧贴标志物,转弯半径越小越好 组织:如图,学生分成两组,集体练习 教法:教师先示范后讲解再示范,学生分组练习,突出要点,教师及时纠正学生的错误动作 方法:A1 首先跑向球场中间接 A2 的传球,然后 A1 继续将球传给 A2,然后转身接 B1 的传球后直线运球射门。B1 再如 A1 的练习方法循环练习 要点:传接球的时间点要准确,相互之间的顺序要搞清楚

课的部分	课程内容	重复	组织及教学法注解
基本部分	三、传接球后射门练习 1. 传、接球一拍射门练习		组织:如图,学生分成两组,集体练习 教法:教师先示范后讲解再示范,学生分组练习,突出要点,教师及时纠正学生的错误动作 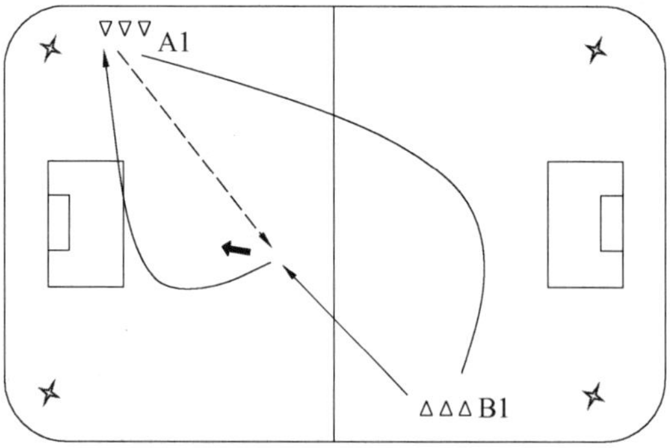 方法:学生分两组,如图 A1 传球给 B1 后,A1 向门前跑位接应 B1 的传球,一拍射门后,A1 到 B 队尾端,然后 B1 到 A 组的尾端,下一个人开始练习,如此循环反复 要点:注意传球的力量和速度,接球队员必须要在跑动中接球并一拍射门,要求射门准确、有力量
	2. 三角传球射门练习		组织:学生分成两组,半场分组练习 教法:教师先示范后讲解再示范,学生分组练习,突出要点,教师及时纠正学生的错误动作 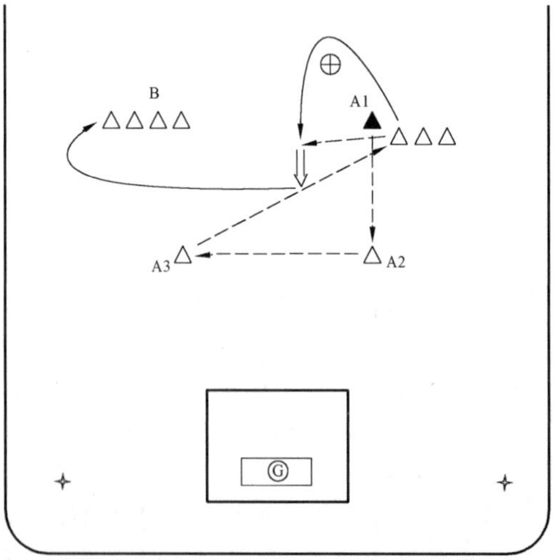

第 7 章　雪地软式曲棍球学校课程教学文件

课的部分	课程内容	重复	组织及教学法注解
基本部分	四、学习进攻"二打一"战术		方法：如图 A1 传球给 A2，A2 传球给 A3，A3 传球给 A1 身后的第二名队员。A1 传球后绕障碍物做大回环接身后队员传球直接进行射门，射门结束拿球回到 B 组，B 组队员重复 A 组动作，如此循环反复 要点：三次传接球必须要及时、准确且成三角形，第一位传球队员必须绕障碍物做大回环然后接球直接射门 组织：学生分成三组，半场分组练习 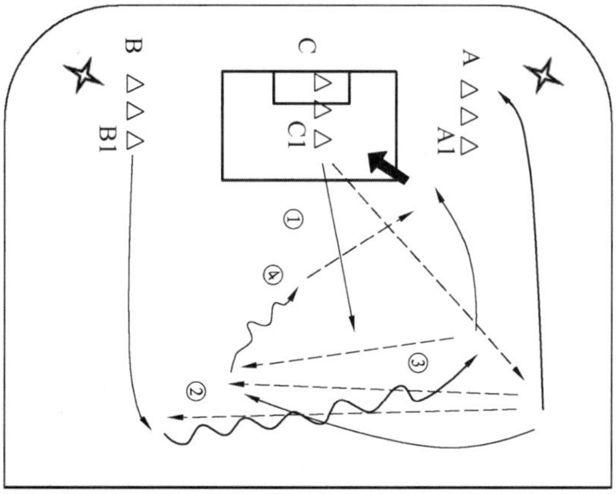 教法：教师先示范后讲解再示范，学生分组练习，突出要点，教师及时纠正学生的错误动作 方法：如图，C 组为防守队员，B 组和 A 组为进攻队员。A1 作为向前跑动接身后 C1 的传球后将球斜传给前插的 B1，C1 跑到防守位置，B1 接球后将球传给 A1，形成二打一战术，A1 和 B1 之间相互配合直至射门，练习结束。然后下一组队员进行练习 要点：A1 和 B1 在形成"二打一"局面后在进行射门前相互之间必须至少进行三次传接球

课的部分	课程内容	重复	组织及教学法注解
基本部分	五、教学比赛		组织:全体学生分为 A、B、C、D 四组进行对抗赛,A、B 比赛期间,C、D 休息,5 分钟后轮换,每输一球做俯卧撑 5 次,比赛中穿插讲解比赛规则 要求:学生积极跑动,合理地运用以学过的技、战术,加强团结合作,发扬勇敢顽强的拼搏精神,注意安全,避免受伤 要点:比赛中多运用二打一战术
结束部分	一、体委整队 二、放松活动 三、课堂小结 四、课后作业 五、师生再见		组织: 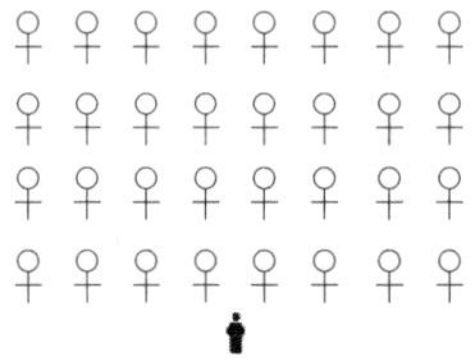 ♀ 🕴 1. 深呼吸 2. 放松四肢 1. 坚持出早操,加强身体素质锻炼 2. 参加雪地软式曲棍球社团的训练与比赛

教案 10

年级_____ 专项_雪地软式曲棍球_ 第_10_次课　　年　月　日

教学内容:1. 个人基本技术练习。

2. 传接球配合练习与射门练习。

3. "二打一"战术练习。

4. 教学比赛。

本课任务:1. 进一步掌握个人基本技术。

2. 进一步掌握传接球技术与射门练习。

3. 进一步熟悉"二打一"战术。

第7章　雪地软式曲棍球学校课程教学文件

课的部分	课程内容	重复	组织及教学法注解
开始部分	一、课堂常规 1. 体委整队 2. 师生问好、点名 3. 安排见习生 4. 宣布本堂课的教学内容 二、宣布本堂课的学习内容		组织： 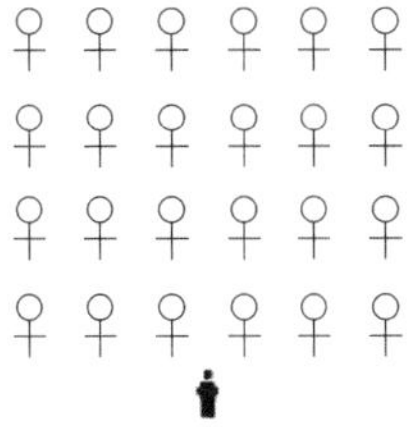 ♀♀♀♀♀ ♀♀♀♀♀ ♀♀♀♀♀ ♀♀♀♀♀ 👤 要求：学生集合动作要快、静、齐，精神饱满，注意力集中，听从教师的指挥
准备部分	一、雪地软式曲棍球专项练习跑 二、徒手操 1. 颈部绕环 2. 振臂运动 3. 肩部绕环 4. 体侧运动 5. 体转运动 6. 腰部绕环 7. 膝关节绕环 8. 踝腕关节绕环 9. 弓步压腿、侧压腿	4×8拍	组织：学生站成四路纵队，绕标志盘分组练习跑 方法：放松跑、后退跑、左右侧滑步、曲线跑、连跳、左右交叉步、冲刺跑 组织：学生站成四列横队，成体操队形散开。教师以口令统一指挥练习并示范，学生动作频率由慢到快，动作幅度由小到大 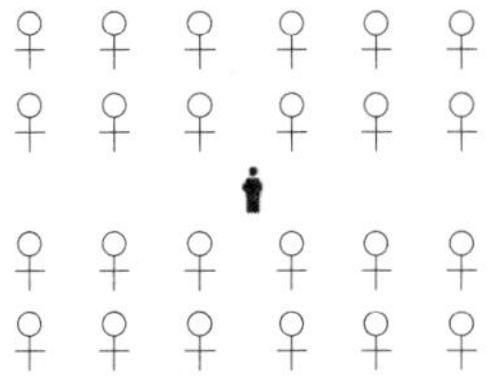 ♀♀♀♀♀ ♀♀♀♀♀ 👤 ♀♀♀♀♀ ♀♀♀♀♀ 要求：每个动作舒展大方，四指并拢伸直，动作力度适中，动作要整齐划一，注意力集中

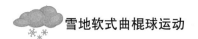

课的部分	课程内容	重复	组织及教学法注解
基本部分	一、个人基本技术练习 1.原地拨球时前后左右跨步护球练习		组织:学生分成四排,相向而对进行练习,教师站在队伍中巡视个别错误个别纠正 ♀ ♀ ♀ ♀ ♀ ♀ ♀ ♀ ♀ ♀ ♀ ♀ ♀ ♀ ♀ ♀ 👤 ♀ ♀ ♀ ♀ ♀ ♀ ♀ ♀ ♀ ♀ ♀ ♀ ♀ ♀ ♀ ♀ 方法:拨球上步后,立即后撤步运球。保持单脚不动,进行前后左右跨步护球的拨球 要点:运球时拍头尽量保持和球的接触
	2.运球练习 (1)快速移动运球		组织:学生分成四组,全场分组练习 教法:教师讲解示范,学生分组练习 方法:学生分为A、B、C、D四组,每次练习一组,听教师口令与手势指示方向,学生快速运球移动 要点:学生靠手感控球,抬头看教师手势,运球移动方向
	(2)"8"字运球练习		组织:每个学生面前放两个障碍物间隔2米,做"8"字运球 方法:用球拍的正反拍在两个标志物之间进行横向和纵向的绕"8"字运球练习 要点:运球时尽量保持拍头和球紧贴,并保证球在两个标志物之间进行移动,人与球在障碍物同侧绕过,尽量使用双手握杆控球
	二、传接球配合练习 四角移动传接球		组织:学生分成两组,分别在左右半场练习 教法:教师先讲解示范,学生分组练习,教师及时纠正学生的练习错误动作

课的部分	课程内容	重复	组织及教学法注解
基本部分	三、"二打一"战术练习		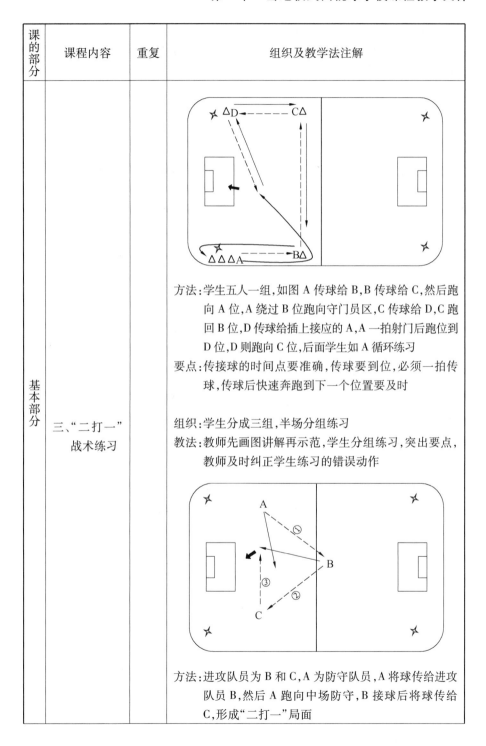 方法:学生五人一组,如图 A 传球给 B,B 传球给 C,然后跑向 A 位,A 绕过 B 位跑向守门员区,C 传球给 D,C 跑回 B 位,D 传球给插上接应的 A,A 一拍射门后跑位到 D 位,D 则跑向 C 位,后面学生如 A 循环练习 要点:传接球的时间点要准确,传球要到位,必须一拍传球,传球后快速奔跑到下一个位置要及时 组织:学生分成三组,半场分组练习 教法:教师先画图讲解再示范,学生分组练习,突出要点,教师及时纠正学生练习的错误动作 方法:进攻队员为 B 和 C,A 为防守队员,A 将球传给进攻队员 B,然后 A 跑向中场防守,B 接球后将球传给 C,形成"二打一"局面

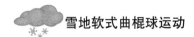

课的部分	课程内容	重复	组织及教学法注解
基本部分	四、教学比赛		要点：B 利用变速、变相及假动作摆脱 A 的防守，接应 C 的传球助攻完成射门 组织：全体学生分为 A、B、C、D 四组进行对抗赛，A、B 比赛期间，C、D 休息，5 分钟后轮换，每输一球做俯卧撑 5 次，比赛中穿插讲解比赛规则 要求：学生积极跑动，合理地运用已学过的技、战术，加强团结合作，发扬勇敢顽强的拼搏精神，注意安全，避免受伤 重点：比赛中多运用二打一战术
结束部分	一、体委整队		组织： ♀ 👤
	二、放松活动		1. 深呼吸 2. 放松四肢
	三、课堂小结 四、课后作业		1. 坚持出早操，加强身体素质锻炼 2. 参加雪地软式曲棍球社团的训练与比赛
	五、师生再见		

第7章 雪地软式曲棍球学校课程教学文件

教案 11

年级_____ 专项__雪地软式曲棍球__ 第__11__次课 年 月 日

教学内容：1. 个人基本技术练习。

2. 传接球配合与射门练习。

3. 学习"一对一"对抗技术。

4. 复习"二打一"战术。

5. 教学比赛。

本课任务：1. 进一步掌握各种个人基本技术。

2. 进一步掌握各种传接球练习，各种射门练习。

3. 进一步熟悉"二打一"战术。提高"一对一"突破能力。

课的部分	课程内容	重复	组织及教学法注解
开始部分	一、课堂常规 体委整队、师生问好、点名、安排见习生 二、宣布本堂课的教学内容		组织： ♀ 　　　👤 要求：学生集合动作要快、静、齐，精神饱满，注意力集中，听从教师的指挥
准备部分	一、雪地软式曲棍球专项练习跑 二、徒手操 1. 颈部绕环 2. 振臂运动 3. 肩部绕环 4. 体侧运动 5. 体转运动 6. 腰部绕环 7. 膝关节绕环 8. 踝腕关节绕环 9. 弓步压腿、侧压腿	4×8拍	组织：学生站成四路纵队，绕标志盘分组练习跑 方法：放松跑、后退跑、左右侧滑步、曲线跑、连跳、左右交叉步、冲刺跑 组织：学生站成四列横队，成体操队形散开。教师以口令统一指挥练习并示范，学生动作频率由慢到快，动作幅度由小到大 ♀ ♀ ♀ ♀ ♀ ♀ ♀ ♀ ♀ ♀ 　　👤 ♀ ♀ ♀ ♀ ♀ ♀ ♀ ♀ ♀ ♀ 要求：每个动作舒展大方，四指并拢伸直，动作力度适中

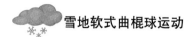

课的部分	课程内容	重复	组织及教学法注解
基本部分	一、个人基本技术练习 1.拨球时前后跨步护球练习		组织:组织学生分成四排,相向而立进行练习,教师在队伍中巡视个别错误个别纠正  ♀ ♀ ♀ ♀ ♀ ♀ ♀ ♀ ♀ ♀ ♂ ♀ ♀ ♀ ♀ ♀ ♀ ♀ ♀ ♀ ♀ 方法:运球上步后,立即后撤步运球,保持单脚不动进行前后移动的运球 要点:快速拨球,双手紧握球杆,拨球时拍头尽量保持和球的接触
	2.运球练习		组织:学生集体练习,一人一球 教法:教师先示范后讲解再示范,学生分组练习,突出要点,教师及时纠正学生练习的错误动作 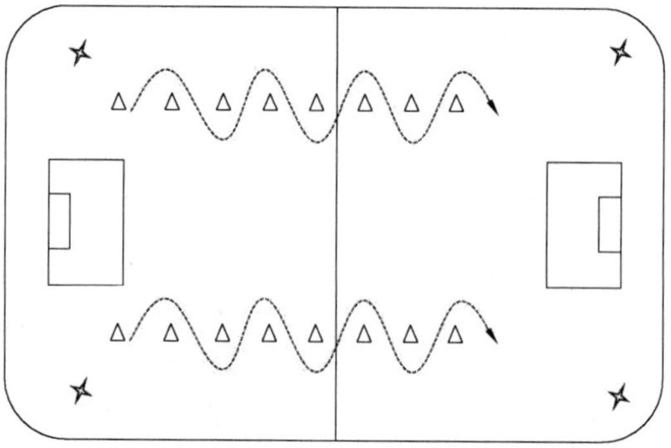 方法:学生如图绕场地站成一路纵队间隔1.5米,最后的学生运球分别绕过每一个学生,到排尾后接着排队,每个学生分别跟着第一个学生完成练习 要点:运球时必须双手握杆,绕过学生时整个身体和球也要同侧绕过
	二、传接球配合练习 二人远近距离移动传、接球练习		组织:学生二人一组,一球分组练习 教法:教师先示范后讲解再示范,学生分组练习,突出要点,教师及时纠正学生的错误动作

第7章 雪地软式曲棍球学校课程教学文件

课的部分	课程内容	重复	组织及教学法注解
基本部分	三、各种传接球后射门练习 传接球射门		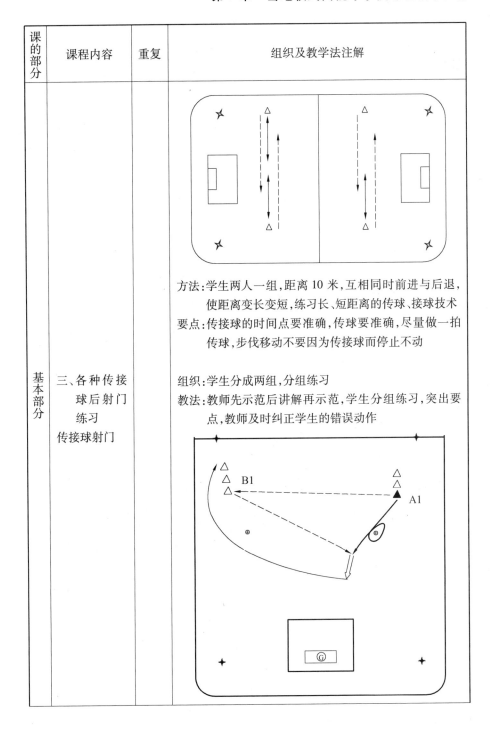 方法:学生两人一组,距离10米,互相同时前进与后退,使距离变长变短,练习长、短距离的传球、接球技术 要点:传接球的时间点要准确,传球要准确,尽量做一拍传球,步伐移动不要因为传接球而停止不动 组织:学生分成两组,分组练习 教法:教师先示范后讲解再示范,学生分组练习,突出要点,教师及时纠正学生的错误动作

课的部分	课程内容	重复	组织及教学法注解
基本部分	四、学习"一对一"对抗技术		方法:如图,学生分成 A、B 两组,A1 将球传给 B1,斜向前方跑动在标志物前做回转身(摆脱防守队员)后继续向前接应 B1 的回传球,不停球直接一拍射门,射门后拿球回到 B 组,B1 传球后跑向 A 组,如此循环反复进行练习 要点:必须绕标志物做回转动作然后在向前跑位,B 传球时必须传身前球并一拍射门 组织:学生分成两组,半场分组练习 教法:教师先示范后讲解再示范,学生分组练习,突出要点,教师及时纠正学生的错误动作 方法:教师将球传向界墙角,学生 A、B 快速下底抢到球权,得球者为进攻队员,无球者为防守队员,进攻队员摆脱防守队员的防守后射门练习结束,如果防守队员抢到进攻队员的球则互换角色,完成练习 要点:进攻队员摆脱防守队员时要变速、变向、与真假动作相结合,过人后立刻射门
	五、教学比赛		组织:全体学生分为 A、B、C、D 四组进行对抗赛,A、B 比赛期间,C、D 休息,5 分钟后轮换,每输一球做俯卧撑 5 次,比赛中穿插讲解比赛规则 要求:学生积极跑动,合理地运用以学过的技、战术,加强团结合作,发扬勇敢顽强的拼搏精神,注意安全,避免受伤 重点:比赛中运用二打一战术

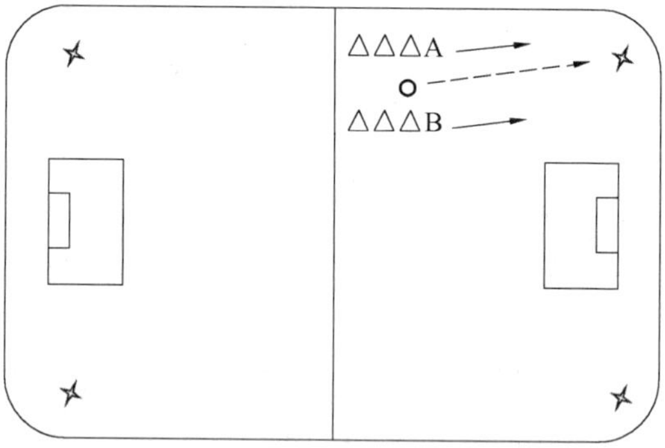

第7章 雪地软式曲棍球学校课程教学文件

课的部分	课程内容	重复	组织及教学法注解
结束部分	一、体委整队		组织：
	二、放松活动		1. 深呼吸 2. 放松四肢
	三、课堂小结 四、课后作业		1. 坚持出早操，加强身体素质锻炼 2. 参加雪地软式曲棍球社团的训练与比赛
	五、师生再见		

教案 12

年级_____ 专项 雪地软式曲棍球 第 12 次课　　年　月　日

教学内容：1. 拨球基本技术练习。
　　　　　　2. 传接球配合与射门练习。
　　　　　　3. "一对一"对抗突破练习。
　　　　　　4. 学习"二打一"战术，教学比赛。

本课任务：1. 进一步掌握个人基本技术。
　　　　　　2. 进一步掌握传接球技术与射门技术练习。
　　　　　　3. 进一步熟悉"二打一"战术，提高"一对一"对抗突破能力。

课的部分	课程内容	重复	组织及教学法注解
开始部分	一、课堂常规 体委整队、 师生问好、 点名、安排 见习生		组织：

课的部分	课程内容	重复	组织及教学法注解
开始部分	二、宣布本堂课的教学内容		要求：学生集合动作要快、静、齐，精神饱满，注意力集中，听从教师的指挥
准备部分	一、雪地软式曲棍球专项练习跑		组织：学生站成四路纵队，绕标志盘分组练习跑 方法：放松跑、后退跑、左右侧滑步、曲线跑、连跳、左右交叉步、冲刺跑
	二、徒手操 1. 颈部绕环 2. 振臂运动 3. 肩部绕环 4. 体侧运动 5. 体转运动 6. 腰部绕环 7. 膝关节绕环 8. 踝腕关节绕环 9. 弓步压腿、侧压腿	4×8拍	组织：学生站成四列横队，成体操队形散开。教师以口令统一指挥练习并示范 ♀ ♀ ♀ ♀ ♀ ♀ ♀ ♀ ♀ ♀ 　　　♂ ♀ ♀ ♀ ♀ ♀ ♀ ♀ ♀ ♀ ♀ 要求：每个动作舒展大方，四指并拢伸直，动作力度适中，学生动作频率由慢到快，动作幅度由小到大
基本部分	一、个人基本技术练习 前后跨步护球练习		组织：组织学生分成四排，相向而立进行练习，教师在队伍中巡视个别错误个别纠正 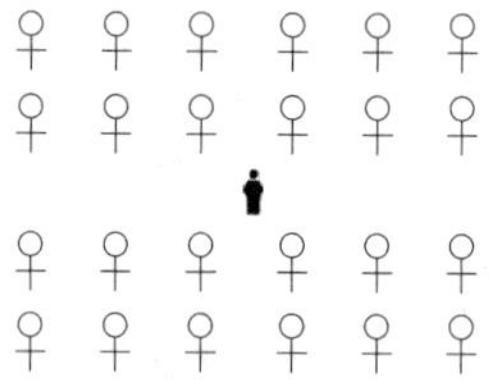 ♀ ♀ ♀ ♀ ♀ ♀ ♀ ♀ ♀ ♀ 　　　♂ ♀ ♀ ♀ ♀ ♀ ♀ ♀ ♀ ♀ ♀ 方法：运球上步后，立即后撤步运球，保持单脚不动进行前后移动的运球 要点：快速拨球，双手紧握球杆，拨球时拍头尽量保持和球的接触

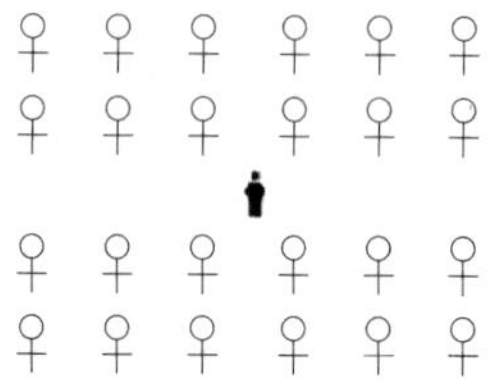

第7章 雪地软式曲棍球学校课程教学文件

课的部分	课程内容	重复	组织及教学法注解
基本部分	二、传接球后射门练习		组织：学生分别在前后半场练习，二人一组，分组练习 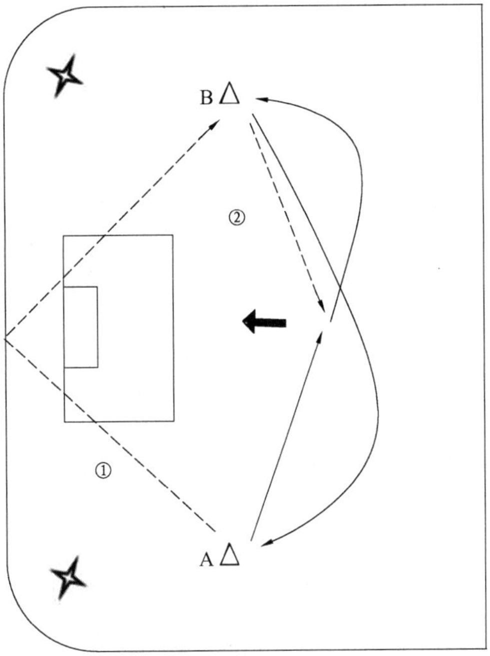 方法：A 利用底线界墙传反弹球给 B，A 回撤接应 B 的传球一拍射门后，A、B 互相交换位置，循环练习 要点：A 利用底线界墙传反弹球给 B 力量要适中、准确，A 一拍射门要准确，有力量
	三、"一对一"对抗练习		组织：学生分别在左右半场练习，两人一组，分组练习 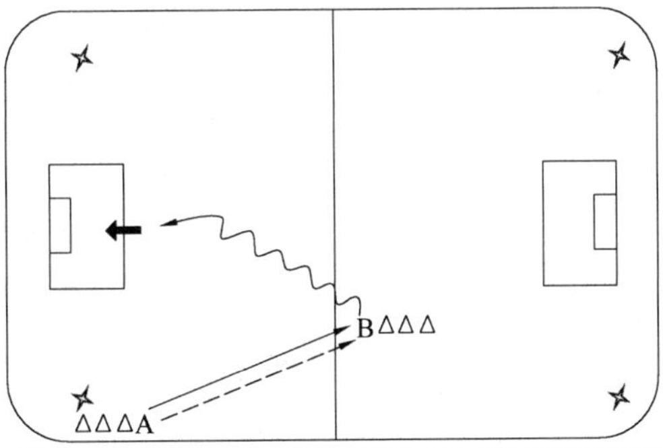

课的部分	课程内容	重复	组织及教学法注解
基本部分	四、学习"二打一"战术		方法:A 传球给 B 后,然后前迎防守,B 运球过人摆脱 A 的防守运球射门,然后 A、B 交换位置,循环练习 要点:进攻队员摆脱防守队员时要变速、变向,真假动作相结合,过人后立刻射门。防守队员象征性地防守,初学队员需要技术成熟的过程 组织:学生分别在前后半场练习,三人一组,分组练习 教法:教师先示范后讲解再示范,学生分组练习,突出要点,教师及时纠正学生练习的错误动作 方法:A 传球给 B 后,马上到场地中间防守,B 接球后将球传给 C,形成二打一局面,完成进攻射门,练习结束,三人互相换位,循环练习 要点:B 和 C 在进攻中寻找合适的传球与射门的时机完成进攻射门得分
	五、教学比赛		组织:全体学生分为 A、B、C、D 四组进行对抗赛,A、B 比赛期间,C、D 休息,5 分钟后轮换,每输一球做俯卧撑 5 次,比赛中穿插讲解比赛规则 要求:学生积极跑动,合理地运用以学过的技、战术,加强团结合作,发扬勇敢顽强的拼搏精神,注意安全,避免受伤 重点:比赛中运用"二打一"战术

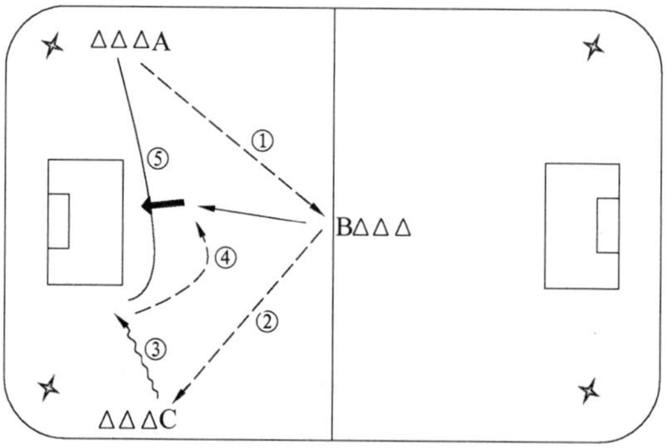

课的部分	课程内容	重复	组织及教学法注解
结束部分	一、体委整队 二、放松活动 三、课堂小结 四、课后作业 五、师生再见		♀ ☻ 1. 深呼吸 2. 放松四肢 1. 坚持出早操,加强身体素质锻炼 2. 参加雪地软式曲棍球社团的训练与比赛

教案 13

年级＿＿＿＿＿＿　专项＿雪地软式曲棍球＿　第＿13＿次课　　年　月　日

教学内容：1. 个人基本技术练习。
　　　　　　2. 传接球配合与射门练习。
　　　　　　3. "一对一"攻防练习。
　　　　　　4. 学习"三打二"战术,教学比赛。

本课任务：1. 进一步掌握个人基本技术。
　　　　　　2. 进一步掌握传接球与射门练习。
　　　　　　3. 熟练掌握"一对一"攻防技术,初步掌握"三打二"战术。

课的部分	课程内容	重复	组织及教学法注解
开始部分	一、课堂常规 体委整队、 师生问好、 点名、安排 见习生 二、宣布本堂 课的教学 内容		组织: ♀ ☻ 要求:学生集合动作要快、静、齐,精神饱满,注意力集中, 　　　听从教师的指挥

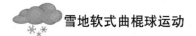

课的部分	课程内容	重复	组织及教学法注解
准备部分	一、雪地软式曲棍球专项练习跑		组织:学生站成四路纵队,绕标志盘分组练习跑 方法:放松跑、后退跑、左右侧滑步、曲线跑、连跳、左右交叉步、冲刺跑
	二、徒手操 1. 颈部绕环 2. 振臂运动 3. 肩部绕环 4. 体侧运动 5. 体转运动 6. 腰部绕环 7. 膝关节绕环 8. 踝腕关节绕环 9. 弓步压腿、侧压腿	4×8拍	组织:学生站成四列横队,成体操队形散开。教师以口令统一指挥练习并示范 ♀ ♀ ♀ ♀ ♀ ♀ ♀ ♀ 👤 ♀ ♀ ♀ ♀ ♀ ♀ ♀ ♀ 要求:每个动作舒展大方,四指并拢伸直,动作力度适中,学生动作频率由慢到快,动作幅度由小到大
基本部分	一、个人基本技术练习 前后跨步护球练习		组织:组织学生分成四排,相向而立进行练习,教师在队伍中巡视个别错误个别纠正 ♀ ♀ ♀ ♀ ♀ ♀ ♀ ♀ 👤 ♀ ♀ ♀ ♀ ♀ ♀ ♀ ♀ 方法:运球上步后,立即后撤步拨球,保持单脚不动进行前后移动的拨球 要点:快速拨球,双手紧握球杆,拨球时拍头尽量保持和球的接触
	二、传接球—拍射门技术练习		组织:学生分成四组,每半场两组,两人一球,学生分组练习 教法:教师先示范后讲解再示范,学生分组练习,突出要点,教师及时纠正学生的错误动作

课的部分	课程内容	重复	组织及教学法注解
基本部分	三、"一对一"攻防练习		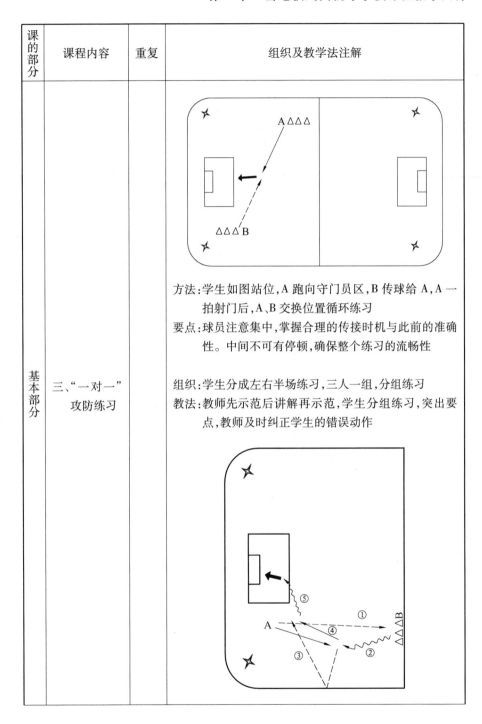 方法：学生如图站位，A 跑向守门员区，B 传球给 A，A 一拍射门后，A、B 交换位置循环练习 要点：球员注意集中，掌握合理的传接时机与此前的准确性。中间不可有停顿，确保整个练习的流畅性 组织：学生分成左右半场练习，三人一组，分组练习 教法：教师先示范后讲解再示范，学生分组练习，突出要点，教师及时纠正学生的错误动作

课的部分	课程内容	重复	组织及教学法注解
基本部分	四、学习"三打二"战术		方法：A 组为防守队员，传球给 B 组，B 组为进攻队员，A 快速斜插上向前对 B 进行防守，B 运球如图利用界墙反弹过人，再运球进行射门。然后 A、B 交换位置如此循环反复进行练习 要点：进攻队员反弹球的角度与时间差要掌握准确。防守队员消极封堵进攻队员通往目标的线路，初学队员需要技术成熟的过程 组织：学生分成前后半场练习，五人一组，分组练习 教法：教师先讲解详细传球路线、跑动要球，学生进行分组练习，教师及时纠正学生练习中的错误 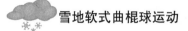 方法：如图 A 组学生为进攻队员，B 组为防守队员。守门员将球传给防守队员 B2，B2 立即将球传给 A2，A2 传球给前插的 A3 展开进攻，A3 得球后运球前行，B2 立即上前防守 A3，A3 立即将球传给另一侧斜插的 A1，B1 上前防守 A1，如此开始进行"三打二"局面 要点：进攻队员相互之间要进行传接球配合，B1 和 B2 必须防守自己所负责的区域位置，必要时互相进行换位

第7章 雪地软式曲棍球学校课程教学文件

课的部分	课程内容	重复	组织及教学法注解
基本部分	五、教学比赛		组织:全体学生分为ＡＢＣＤ四组进行对抗赛,A、B比赛期间,C、D休息,5分钟后轮换,每输一球做俯卧撑5次,比赛中穿插讲解比赛规则。 要求:学生积极跑动,合理地运用以学过的技、战术,加强团结合作,发扬勇敢顽强的拼搏精神,注意安全,避免受伤。 重点:比赛中运用三打二战术
结束部分	一、体委整队 二、放松活动 三、课堂小结 四、课后作业 五、师生再见		组织: 1. 深呼吸 2. 放松四肢 1. 坚持出早操,加强身体素质锻炼 2. 参加雪地软式曲棍球社团的训练与比赛

教案14

年级_____ 专项 雪地软式曲棍球 第 14 次课　　年 月 日

教学内容:1. 个人基本技术练习。

2. 传接球与射门练习。

3. "一打一"攻防练习。

4. 学习"三打二进攻接二打一反攻"战术,教学比赛。

本课任务:1. 进一步掌握个人基本技术。

2. 进一步掌握传接球与射门练习。

3. 熟练掌握"一对一"攻防技术,初步掌握"三打二进攻接二打一反攻"战术。

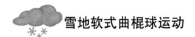

课的部分	课程内容	重复	组织及教学法注解
开始部分	一、课堂常规 体委整队、师生问好、点名、安排见习生 二、宣布本堂课的教学内容		组织： 要求：学生集合动作要快、静、齐,精神饱满,注意力集中,听从教师的指挥
准备部分	一、雪地软式曲棍球专项练习跑 二、徒手操 1. 颈部绕环 2. 振臂运动 3. 肩部绕环 4. 体侧运动 5. 体转运动 6. 腰部绕环 7. 膝关节绕环 8. 踝腕关节绕环 9. 弓步压腿、侧压腿	4×8拍	组织：学生站成四路纵队,绕标志盘分组练习跑 方法：放松跑、后退跑、左右侧滑步、曲线跑、连跳、左右交叉步、冲刺跑 组织：学生站成四列横队,成体操队形散开。教师以口令统一指挥练习并示范 要求：每个动作舒展大方,四指并拢伸直,动作力度适中,学生练习动作频率由慢到快,动作幅度由小到大
基本部分	一、个人基本技术练习 1. 拨球前后跨步护球练习		组织：学生分成四排,相向而立进行练习,教师在队伍中巡视个别错误个别纠正

第7章 雪地软式曲棍球学校课程教学文件

课的部分	课程内容	重复	组织及教学法注解
基本部分	2.复习传接球后射门 二、"一打一"攻防练习		方法:运球上步后,立即后撤步运球,保持单脚不动进行前后移动的运球 要点:快速拨球,双手紧握球杆,拨球时拍头尽量保持和球的接触 组织:学生分成前后半场练习,两人一组,分组练习 方法:如图：A 将球传给 B,B 再将球回传给 A,B 快速前插,接应 A 的传球一拍射门,A、B 换位置循环练习 要点:A 的传球要准确到位并且掌握好传球时机,B 快速调整身体,一拍射门 组织:学生分成前后半场练习,两人一组,分组练习 教法:教师先讲解详细的传球路线以及传球要求,无球队员跑动要球的要求,学生分组练习,教师及时纠正学生练习中的错误

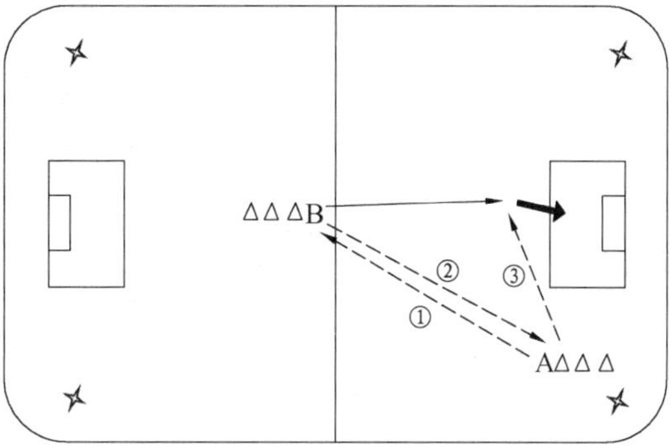

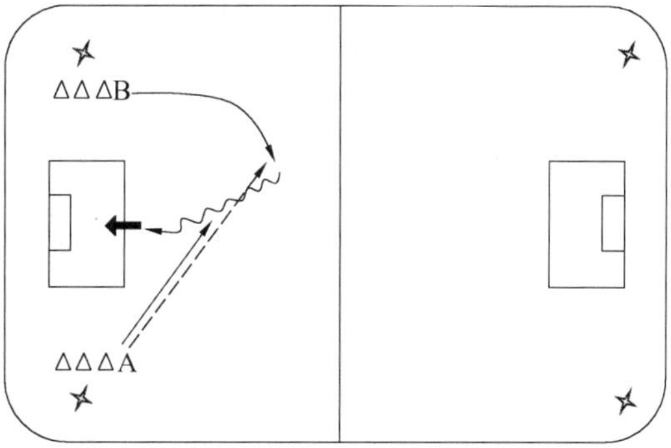

课的部分	课程内容	重复	组织及教学法注解
基本部分	三、学习"三打二进攻接二打一反攻"战术		方法:学生分成两组,A 组传球并且防守,B 组接球后进攻并且射门得分 要点:进攻队员全力运球力争突破目标,防守队员封堵进攻队员通往目标的线路。从消极防守逐渐过渡到紧逼防守 组织:学生五人一组,全场分组练习 教法:教师先讲解详细的传球路线以及传球要求,无球队员跑动要球的要求,学生分组练习,教师及时纠正学生练习中的错误 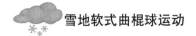 曲线为三打二 直线为二打一 方法:如图,A 组为进攻组,B 组为防守组。A 组三打二进攻后,B 组快速转为进攻组,A 组留下一名防守队员,B 组完成二打一快速反攻,练习结束,下一组循环练习 要点:三打二结束后,B 组快速反攻,A 组一定要留下一名防守位置最佳的队员作为防守队员
	四、教学比赛		组织:全体学生分为 A、B、C、D 四组进行对抗赛,A、B 比赛期间,C、D 休息,5 分钟后轮换,每输一球做俯卧撑 5 次,比赛中穿插讲解比赛规则 要求:学生积极跑动,合理地运用以学过的技、战术,加强团结合作,发扬勇敢顽强的拼搏精神,注意安全,避免受伤 重点:比赛中运用三打二战术

第7章 雪地软式曲棍球学校课程教学文件

课的部分	课程内容	重复	组织及教学法注解
结束部分	一、体委整队		组织： ♀ 👤
	二、放松活动		1. 深呼吸 2. 放松四肢
	三、课堂小结 四、课后作业		1. 坚持出早操，加强身体素质锻炼 2. 参加雪地软式曲棍球社团的训练与比赛
	五、师生再见		

教案15

年级_____ 专项__雪地软式曲棍球__ 第__15__次课 年 月 日

教学内容：1. 复习雪地软式曲棍球考试内容。
2. 介绍守门员比赛规则。
3. 教学比赛

本课任务：1. 初步了解和体验守门员技术。
2. 比赛中充分运用各种技术动作

课的部分	课程内容	重复	组织及教学法注解
开始部分	一、课堂常规 体委整队、 师生问好、 点名、安排 见习生		组织： ♀ 👤
	二、宣布本堂 课的教学 内容		要求：学生集合动作要快、静、齐，精神饱满，注意力集中， 听从教师的指挥

课的部分	课程内容	重复	组织及教学法注解
准备部分	一、雪地软式曲棍球专项练习跑 二、徒手操 1. 颈部绕环 2. 振臂运动 3. 肩部绕环 4. 体侧运动 5. 体转运动 6. 腰部绕环 7. 膝关节绕环 8. 踝腕关节绕环 9. 弓步压腿、侧压腿	4x8拍	组织:学生站成四路纵队,绕标志盘分组练习跑 方法:放松跑、后退跑、左右侧滑步、曲线跑、连跳、左右交叉步、冲刺跑 组织:学生站成四列横队,成体操队形散开。教师以口令统一指挥练习并示范,学生动作频率由慢到快,动作幅度由小到大 ♀ ♀ ♀ ♀ ♀ ♀ ♀ ♀ ♀ ♀ ♀ ♀ 👤 ♀ ♀ ♀ ♀ ♀ ♀ ♀ ♀ ♀ ♀ ♀ ♀ 要求:每个动作舒展大方,四指并拢伸直,动作力度适中
基本部分	一、复习考试内容 二、介绍守门员规则 按照本书守门员章节内容进行介绍规则 三、教学比赛		根据各个学校考试内容,自行安排 组织:学生四列横队,原地休息 教法:教师讲解并示范,学生穿好装备进行守门员体验练习,教师及时纠错 组织:全体学生分为 A、B、C、D 四组进行对抗赛,A、B 比赛期间,C、D 休息,5 分钟后轮换,每输一球做俯卧撑 5 次,比赛中穿插讲解比赛规则 要求:学生积极跑动,合理地运用以学过的技、战术,加强团结合作,发扬勇敢顽强的拼搏精神,注意安全,避免受伤 重点:守门员严格的遵守比赛规则

第7章 雪地软式曲棍球学校课程教学文件

课的部分	课程内容	重复	组织及教学法注解
结束部分	一、体委整队 二、放松活动 三、课堂小结 四、课后作业 五、师生再见		组织： ♀ 　　　👤 1. 深呼吸 2. 放松四肢 1. 坚持出早操，加强身体素质锻炼 2. 参加雪地软式曲棍球社团的训练与比赛

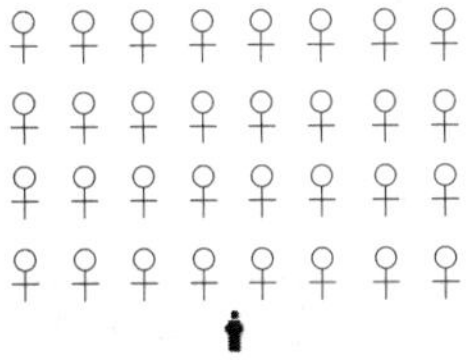

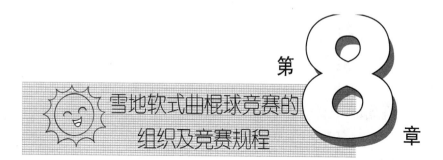

第8章 雪地软式曲棍球竞赛的组织及竞赛规程

第1节 雪地软式曲棍球竞赛的组织

一、讨论和决定组织方案

根据竞赛任务和计划,确定竞赛的组织方案。竞赛组织方案是赛会一切工作的依据。一般包含下列内容。

1. 竞赛名称和任务目的。
2. 竞赛的组织机构。
3. 竞赛经费预算。
4. 工作步骤。

二、赛前组建竞赛委员会及相关工作

正式的雪地软式曲棍球比赛都需要首先筹建竞赛委员会,竞赛委员会的职责是在中国曲棍球协会软式曲棍球委员会或主办方的指导下,负责赛事期间的竞赛、食宿、交通、安保、志愿、公益服务等所有相关事宜。

第 8 章　雪地软式曲棍球竞赛的组织及竞赛规程

（一）赛前组建竞赛组织机构

国内比赛的竞赛委员会应该至少提前 8 至 12 个月进行筹建，省内比赛提前 4 至 6 个月筹建。确立竞赛委员会负责人及各部门的相关职责和任务，并报中国曲棍球协会软式曲棍球委员会或主办单位备案。

（二）制定竞赛规程

竞赛规程主要包括下列内容：竞赛名称、竞赛的任务目的、主办单位、竞赛的日期和地点、竞赛项目、报名人数、报名及报到日期、竞赛办法、竞赛规则、评定名次和奖励办法以及其他规定等。竞赛规程附发比赛报名表，应要求报名表在报名日期截止以前交到主办方。

（三）成立竞赛办公室

竞赛期间成立竞赛办公室保障赛事顺利进行。竞赛办公室也是赛事期间的信息中心，一切与比赛相关的事物和信息都可以通过竞赛办公室获取。因此办公室应配备相应的办公用品，如电脑、WIFI、打印机、奖杯、证书、裁判用品、保暖设施等。

（四）选择竞赛场地

选择符合比赛要求的标准场地是竞赛委员会的重要职责之一。比赛场地必须能满足进行雪地软式曲棍球比赛的要求，如果参赛队伍超过十支，通常要同时使用两个以上标准场地，比赛的地面要符合中国曲棍球协会软式曲棍球委员会的要求。要有观众观看区域，场地上不可有其他干扰赛事正常进行的声源、光源等。要有替补席、记录台、更衣室、医务室、技术官员工作室、媒体工作区、室内休息室以及合适的停车位等。

（五）设计颁奖仪式

赛前，组委会要预先安排好颁奖仪式，计划好颁奖的具体时间、颁奖嘉宾、奖品准备、礼仪人员等。赛中对负责颁奖仪式的工作人员进行指导，赛后确保颁奖仪式顺利进行。

三、竞赛阶段工作

检录、公布成绩、掌握比赛进程、解答有关比赛问题、搞好赛中的编排和场地的调整工作。

（一）临场裁判

临场裁判的职责是根据规则判定违例、犯规、得分及取消某球员或全队的比赛资格，对于运动员、教练员的道德作风应严格要求，对他们的不良行为应进行警告或判罚，临场裁判由 2 人组成。

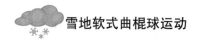

（二）比赛记录员

记录员的主要职责是做好比赛的各项记录工作、负责控制比赛的时间。通常由5人组成,一人负责记录、一人记比赛总时间、一人负责暂停时间,还有两人负责被罚出场队员计时。记录员必须在赛前一个小时之内抵达比赛场地,检查各项准备工作,赛中认真记录,赛后请裁判员在记录表签字并保存好各种记录表。记录员通常坐在赛场中线与界墙保持合适距离的记录台上。

（三）赛事数据统计员

赛事数据统计员主要负责对参赛球队的相关信息进行网上录入并及时进行更新,统计比赛中的各种数据,比如守门员扑救球的次数。对实际上场队员和报名单上队员进行核对,记录最佳队员名单等。

（四）播音员和DJ

播音员主要负责提醒场上球员准备活动时间、球员上场时播报名单、介绍参赛球队、介绍裁判员以及场上比赛中需要播报的一切事宜。比赛后的颁奖仪式也由播音员来主持,播音时注意语速、语调,确保播音清晰。DJ（流行音乐播音员）主要负责比赛开始前、比赛间歇和比赛结束后的音乐播放,起到活跃气氛,缓解紧张情绪的作用。

（五）场地工作人员和志愿者

场地工作人员要做好球队的引导工作,引导球员找到正确的更衣室、协助球队做好颁奖仪式工作等。赛后,引导球员接受采访、引导球员搭乘交通工具、检查场地等,志愿者则协助工作人员完成各项工作,包括比赛中扶起倒下的界墙等。

四、赛后阶段工作

宣布竞赛名称、编印成绩册、总结和资料归档、撰写竞赛的书面总结。

五、赛程编排

雪地软式曲棍球比赛可以采用的形式有循环赛制、淘汰赛制和混合赛制等。

（一）循环赛制

1. 循环赛制的分类

循环赛制包括单循环、双循环和分组循环三种。

（1）单循环:是所有参赛队相互轮赛一次,最后按各队在全部比赛中得分

第8章 雪地软式曲棍球竞赛的组织及竞赛规程

多少进行名次排列。

(2)双循环:是各参赛队相遇两次的比赛方法,它比单循环比赛的总场数增加1倍,最后按各队在全部比赛中得分多少进行名次排列。

(3)分组循环:是把参加比赛的队分成若干小组,各小组先进行单循环比赛,然后按竞赛规程中规定的方法再进行比赛的方法。

2.循环赛制的编排

(1)单循环比赛场次的计算方法

$$比赛场数 = \frac{队数 \times (队数 - 1)}{2}$$

例如,7个队参加比赛,则此赛的总场次数为

$$比赛场数 = \frac{7(7-1)}{2} = 21(场)$$

(2)单循环比赛轮次的计算方法:在单循环比赛中,所有球队都参加完一场比赛即为第一轮。如果参加比赛的球队数是奇数,则比赛轮次数就等于比赛队数。如果参加比赛的球队数是偶数,则比赛的轮次数就等于比赛的队数减1。L表示比赛轮数。例如,9支球队参加比赛时,L=9,每轮比赛4场,其中一支球队轮空。如果10支球队参加比赛时,L=10-1=9,每轮比赛5场,无球队轮空。

(3)比赛轮次表的排列方法:不管参加的球队数是奇数还是偶数,一般都按偶数进行编排。如果参加比赛的球队数是奇数时,再用一个"0"号代表一支球队,使之成为偶数,各队碰到"0"号球队时,即为轮空球队。

进行编排时先用号数代表球队名称,将其平均分为两半,前一半号数由1号开始自上而下写在左边,后一半号数自下而上写在右边,然后再把相对的号数用横线连接起来,这就是第一轮的比赛。一般参加比赛的队数是偶数时,1号位固定不动;参加比赛的球队数是奇数时,0号位固定不动,其余的号数按逆时针方向移动一个位置,再用横线把相对的号数链接起来,这就是第二轮比赛。依次类推,排出其余各轮比赛。例如8支球队参加比赛表(表8.1)或5支球队参加比赛表(表8.2),其循环方法如下:

表8.1 8支球队单循环比赛轮次表

第一轮	第二轮	第三轮	第四轮	第五轮	第六轮	第七轮
1—8	1—7	1—6	1—5	1—4	1—3	1—2
2—7	8—6	7—5	6—4	5—3	4—2	3—8
3—6	2—5	8—4	7—3	6—2	5—8	4—7
4—5	3—4	2—3	8—2	7—8	6—7	5—6

表 8.2 5 支球队单循环比赛轮次表

第一轮	第二轮	第三轮	第四轮	第五轮
1—0	5—0	4—0	3—0	2—0
2—5	1—4	5—3	4—2	3—1
3—4	2—3	1—2	5—1	4—5

轮次排出来之后,各队再进行抽签,将抽中的号码填到相应的轮次表中,然后编排出比赛的日程表。

(4)循环赛制的记分方法:循环赛制比赛,特别是分组循环比赛的计分方法和决定名次的方法必须在竞赛规程中明确予以规定。

目前通用的记分方法有:

①每支球队胜一场得 3 分,平一场得 1 分,负一场得 0 分。按照同一循环全部比赛的积分多少决定名次,积分多者名次排前。

②如果两支球队或两支以上球队积分相同,则依次按积分相等球队相互之间的净胜球数、进球总数来决定名次,多者名次排前。

③如果仍然相同,则按同一循环全部比赛的净胜球数、进球总数决定名次,多者名次排前。

④如果仍然相同,则以抽签方式决定名次。如果涉及升降级,将另进行主客场附加赛或点球决胜负。

⑤如果采用主客场双循环赛制,当两队净胜球相等时,以客场进球数确定名次,多者名次排前。

如果竞赛规程规定每场比赛必须决出胜负,应该在第②条中写明"如遇两支球队积分相等,以互相之间比赛胜负确定名次,胜者名次排前"。

(5)分组循环赛制的比赛进行时,一般采用"种子对"或"蛇形"排列分组办法,尽量多录取球队参加下一阶段的比赛,并在最后一、二轮的比赛时间上应当保持一致。

(二)淘汰赛制

淘汰赛制是指在比赛中如果失利一场比赛(单淘汰)时,即失去继续比赛的资格,获胜一方继续进行比赛,直到最后比赛结束。

1.单淘汰赛制:单淘汰赛制比赛总场次等于参加比赛的球队数减 1。轮次的计算方法为:当参加比赛的球队数等于 2 的乘方数,则比赛的轮次数就等于 2 的指数,如果参加比赛的球队数不是 2 的乘方数,则比赛轮数为略大于参加球队数的 2 的指数。例如,8 个队参加比赛,$X = 8 - 1 = 7$。因为 $8 = 2^3$,比赛为 3 轮(表 8.3)。

第8章 雪地软式曲棍球竞赛的组织及竞赛规程

表8.3　8支球队单败淘汰表

又比如,5支球队参加比赛,总场次数为:X=5-1=4。轮次计算为:略大于5的2的乘方数是8,8=2^3,所以比赛的轮次也为3轮(表8.4)

表8.4　5支球队单淘汰表

注:第一轮1、5、8为轮空队。"○"内的号数为轮空位置

另外在编排轮空队伍时,如果参加比赛的球队数是2的乘方数(如4、8、16、32等)则第一轮比赛没有轮空,所有的队都可以参加比赛。如果参加比赛的球队数不是2的乘方数,则必须在第一轮的比赛中有部分球队进行轮空,才

能使第二轮比赛的队数成为 2 的乘方数。因此,要先计算出第一轮的轮空队数。

轮空队数等于略大于比赛队数的 2 的乘方数减去参加比赛的队数。为了编排方便可以按照下列轮空位置表进行查询(表 8.5)。

表 8.5　轮空位置表

2	63	34	31	18	47	50	15
10	55	42	23	26	39	58	7
6	59	38	27	22	43	54	11
14	51	51	46	30	35	62	

查表方法:用稍大于参加本次比赛球队输的 2 的乘方数作为最大位置号数。再根据轮空队数,在轮空位置标上由左向右依次找出小于最大位置号数,就是轮空位置。在轮空位置相遇的队就是第一轮的轮空队。例如,10 个队参加比赛,稍大于 10 个队的 2 的乘方数是 16。16－10＝6,即第一轮轮空位置依次是 2、15、10、7、6、11,与 2、15、10、7、6、11 相遇的球队就是第一轮的轮空队。

2. 混合赛制

混合赛制是指在一次竞赛分为两个阶段进行,前一阶段采用循环赛制,后一阶段采用淘汰赛制,或者前一阶段采用淘汰赛制,后一阶段采用循环赛制。通常使用的是先循环后淘汰的赛制。

(1)交叉赛。

第一阶段分为 A、B 两组进行单循环赛,决出各组的名次。第二阶段进行淘汰赛制时,可让两组的第一、二名进行交叉赛,即 A 组的第一名对 B 组的第二名,A 组的第二名对 B 组的第一名,然后两场比赛的胜者进行决赛,如需决出三、四名时,前面两场比赛的负队再进行比赛,胜者为第三名,负者为第四名,可以使用同样的方法分别决出五到八名。

(2)同名次赛。

第一阶段分 A、B 两组进行单循环赛,决出各组的名次。第二阶段淘汰赛时,两组的第一名进行决赛,胜者为第一名,负者为第二名;两组的第二名进行三、四名的争夺赛,依此类推。

第8章 雪地软式曲棍球竞赛的组织及竞赛规程

第2节 雪地软式曲棍球竞赛规则

一、雪地软式曲棍球场地

(一) 雪地软式曲棍球挡板的规格

雪地软式曲棍球比赛场地地面为白色雪地地面,由四角为弧形的矩形封闭式挡板围成,其规格为40米×20米,其中长为40米,宽为20米,高为50厘米。正式比赛用挡板需通过中国曲棍球协会软式曲棍球委员会认证并贴上相应的认证标志,场地最小规格为36米×18米。

(二) 雪地软式曲棍球场地上的标志

1. 所有标志线宽度为4～5厘米,并且配以醒目亮丽的颜色(红色或蓝色)。

2. 应该画好中线及相应的争球点,中线需与两边底线相平行,并且将场地平均一分为二。

3. 大禁区为规格4米×5米的长方形,标志线的宽度包含在内,并且位于场地两条边线的正中间。守门员大禁区靠近挡板处与挡板平行的边线与挡板直线距离为2.85米(图8.1)。

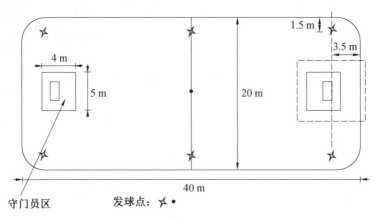

图8.1 场地示意图

4. 守门员区为规格1米×2.5米的长方形,标志线的宽度包含在内,并且位于场地两条边线的正中间。守门员区靠近挡板处与挡板平行的边线距离大禁区靠近挡板处边线的直线距离为 0.65 米（图 8.2）。

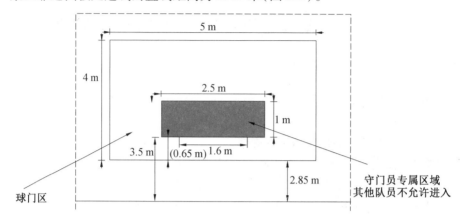

图 8.2　门将区

5. 守门员区底线同时作为球门线，球门将被放置在球门线和大禁区底线之间。在球门线上正中间截取 1.6 米的距离作为放置球门的标志线，可以画两段与球门线垂直的短线作为放置球门的标志，也可以画虚线进行标识。

6. 中场三个争球点必须位于中线，其他四个争球点分别位于两侧球门线的假想延长线上，所有争球点除中点外，距场地边挡板 1.5 米，直径不超过 30 厘米。中场争球球点可以不标示，其他争球点必须标示，标识可以用"十"字表示。

（三）雪地软式曲棍球球门

正式比赛专用球门规格为 115 厘米×160 厘米，必须通过中国曲棍球协会软式曲棍球委员会认证，并贴上相应认证标志。球门必须放置于场地上事先画好标志的位置上，球门开口正对中场。

（四）雪地软式曲棍球替补席区域

替补席区域可以位于两条边线挡板的任意一边，但球队双方的替补席区域必须在挡板的同一侧，长度 10 米，从距离中线 5 米处开始划分，这个区域包括了球员休息席。必须在挡板上标识好双方球队的球员替换区，此标识可以使用不同的颜色标识在挡板顶端，替换区长度在挡板上进行测量，长度不超过 3 米。此外，替补球员的休息席位必须离开挡板合适的距离并且有足够容纳 19 名球员的空间。

（五）雪地软式曲棍球记录台和球员处罚席

球员处罚席和记录台应设置在替补席的对面，正对球场中线，同时与挡板保持合适的距离。记录台两边应该设置每支球队的球员处罚席位，并为每支球队至少提供两名球员的处罚席位。受罚席区域长度为 2 米，且离开中线至

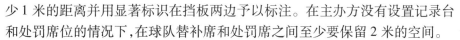

少1米的距离并用显著标识在挡板两边予以标注。在主办方没有设置记录台和处罚席位的情况下,在球队替补席和处罚席之间至少要保留2米的空间。

(六)雪地软式曲棍球场地的检查

裁判员必须在比赛开始前对场地进行彻底的检查,确保无任何不妥之处。如发现问题,必须马上向主办方汇报,主办方负责修正。比赛期间,主办方必须保持记分牌处于正常工作状态。任何危险性物体必须移除或者加装保护装置。

二、雪地软式曲棍球比赛时间

(一)雪地软式曲棍球常规比赛时间

1. 标准比赛完整常规比赛时间为1小时,分3节,每节20分钟,每两节中间休息10分钟。主办方也可以根据具体情况确定常规比赛时间及每两节比赛之间的休息时间,但是比赛不能少于两节,每节不少于15分钟。球队交换场地时,替补席也相应调换。主队有权在比赛开始前优先挑边。每节比赛开始,双方球队在中场发球点重新争球。如果比赛没有自动计时警示装置,则由记录员负责在每节比赛结束前鸣哨示意或者发出其他警示性声音提醒裁判员暂停或终止比赛。只要比赛结束哨声响起,则一节或整场比赛立即结束。暂停时间从每节比赛结束哨声响起时立即生效。暂停结束,比赛重新开始,球员应及时返回球场。考虑到比赛的公正性,如果裁判员认为有必要交换场地,则在第三节比赛时间进行到一半时双方交换场地再进行比赛,但是此决定须在第三节比赛开始前予以确定,交换场地后,中场进行争球,比赛重新开始。

2. 有效比赛时间是指在比赛过程中,除去裁判员中断比赛至每次重新开球的所有时间。比赛中,出现非正常干扰时应鸣哨三声警示。非正常干扰包括球损坏、挡板分离、受伤、检查装备、非比赛人员进入场地、场地上有异物以及非正常比赛结束哨音等。当值裁判有权决定哪些行为或现象可认定为非正常干扰。当挡板出现分离而球并未出现在分离部位附近时,比赛可以继续进行,直至球出现在损坏挡板附近,裁判才可中断比赛。只有当裁判认为场上队员受伤严重无法继续进行比赛时,才可中断比赛。竞赛主办方亦可对有效时间做出界定,即规定只有在进球、罚点球、暂停以及裁判鸣哨警示三声的情况下暂停计时器工作,其他情况下计时器保持连续工作状态。但是所有比赛最后三分钟必须按有效时间进行计算,即中断比赛,计时器停止工作;比赛开始,计时器继续工作。罚点球期间,比赛时间应该暂停。

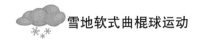

（二）雪地软式曲棍球暂停

比赛期间双方球队都有一次要求暂停的权利。球队提出暂停时，只要比赛一中断，裁判员鸣哨三次以示比赛暂停。暂停时间从比赛被中止时即开始计算。比赛任何阶段都可以请求暂停，包括进球和点球，但不包括延迟点球判罚，而且必须在比赛中断时执行。暂停要求只能由球队队长或者球队工作人员提出。暂停要求于比赛中断后立即执行，但是如果裁判认为暂停要求会给对方球队造成不利影响，也可以在下一个比赛中断间歇时执行。除了进球和本方要求撤销暂停要求以外，暂停要求必须被执行。当所有球队成员都在本方替补席，裁判员位于记录台区域，裁判鸣哨示意暂停时间开始，暂停时间为30秒钟，30秒计时结束，裁判员再次鸣哨示意暂停时间到，按照比赛中止前的状况继续进行。暂停期间，被判罚禁赛的队员不允许参加暂停期间任何活动。

（三）雪地软式曲棍球比赛加时

如果比赛必须分出胜负，且在常规时间内，双方战平，则进行加时赛。加时比赛时间为10分钟，10分钟内，无论哪方进球比赛立即结束。加时赛前，双方休息时间为2分钟，无须交换场地。常规比赛期间和加时赛期间竞赛规则相同，加时赛时间为完整时间，中间不分小节，常规赛期间球员领受的判罚在加时赛期间依然有效。如果双方在加时期间依然战平，则进行点球决胜负。

（四）雪地软式曲棍球点球决胜负

点球决胜负期间，双方场上球员除守门员外各进行一次罚球，如比分依旧相同，则由相同球员进行第二轮罚球直到分出胜负。裁判员决定使用哪个球门并召集双方队长进行抽签决定罚球先后顺序。罚球前，双方队长或者球队工作人员以书面形式告之裁判和记录员本方球员的号码及出场顺序。裁判员必须严格按照球队上报的球员出场顺序安排球员进行罚球。在第一轮罚球过程中，只有当球队取得足够多的领先优势时，比赛才算正式结束，第二轮罚球只要有一方领先一球比赛即刻结束。领先一方为整场比赛获胜球队。第二轮罚球球员可以不必按照第一轮的出场顺序进行，在所有球员进行完两次罚球以前，球员不得进行第三次罚球。如果在罚点球期间，罚球队员犯规，则由队长选择没有登记上场进行点球判罚的场下球员替代犯规球员完成罚球。如果在点球罚球过程中，守门员犯规，则由替补门将接替他完成守门工作。如果没有替补门将，则由场下没有登记上场球员来代替，每队有3分钟时间来准备守门员装备，在此期间不准进行热身。替换上场的守门员以及换人时间须登记在比赛记录上。一支球队如果无法提供进行罚球的5名球员名单，则只能按照实际提供进行罚球球员名单人数进行罚球，此规定不仅适用于第一轮罚球，也适用于之后可能进行的点球加罚。

三、球队成员

(一)球员

1. 每支球队最多可以使用 20 名球员,这些球员必须登记在比赛记录表上。球员包括守门员和场上球员以及替补。没有登记的球员不能参加比赛或者处于本方替补席区域。

2. 每支球队上场球员最多 6 名,其中包括一名守门员,守门员也可以在某些情况下成为一名场员,从而不适用于守门员的相应规则。场上 6 人在某种情况下也可以同时为场员(不包括守门员),但是在整场比赛开始之初,裁判员在吹响开赛哨音之前,必须确认每支球队有 5 名场员,1 名装备齐全的守门员。如对方弃权或者只有一支球队时,则直接判定场上球队以 5 比 0 的比分获胜。比赛期间,每支球队场上球员不得少于 4 人,否则比赛将立即被终止,且少于 4 人的球队会被判 0 比 5 告负,或人数正常球队获得更有利的比赛结果。

(二)替补球员

比赛期间,替补球员可以无限制地更换,且无时间和上场次数限制。所有球员替换行为只能发生在本方替补席区域,只有当被替换下场的球员走出挡板之后,替补球员才能进入场地。只有当比赛中断时,受伤球员才能离开场地被替换。当球员受伤流血时,只有当出血完全被制止后才能重新投入比赛。

(三)守门员规则

1. 所有守门员必须登记在比赛记录表上,并在记录表上本人号码旁边以字母"G"标识。在一场比赛当中,登记为守门员的不能成为手持球杆的场上队员。如果一支球队的守门员受伤或者被判罚禁赛,可以由场上其他队员代为行使守门员权利,最多有三分钟时间更换守门员装备,但不准做热身活动,同时这名新守门员必须记录在册,并记录更换的具体时间。

2. 比赛期间,如果守门员完全离开守门员区域(大禁区),则被认定为是一名不持球杆的场上球员,直至他回到本方大禁区内时才恢复守门员身份。完全离开守门员区域是指身体的整体部分离开标志线,但不包括在守门员区域的腾空动作。只要身体任何部位触及大禁区标志线都可认为仍然在守门员区域。守门员区域包含用于标识的标志线。

(四)球队队长规则

1. 每支球队必须有一名队长,登记在比赛记录表上并在本人号码旁边以字母"C"标识。队长只有在因受伤、疾病或者被判罚禁赛的情况下才能更换,

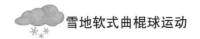

并同时记录在比赛记录表上。在同一场比赛当中,被替换的队长不再具有队长权利。

2. 只有球队队长具有与裁判员对话的资格,且有义务协助裁判员,使比赛顺利进行。队长与裁判员的交流必须建立在竞赛规则允许的范围以内,除非裁判员召唤,被判罚禁赛的球队队长没有权利与裁判员进行对话。只有在球队要求暂停期间,球队才可以和裁判员进行交流。如果裁判员认为确实有必要,则这种讨论只能在通往休息室的走廊里进行,不可在场地上进行,更不可以在裁判员更衣室里进行。

(五)球队工作人员

在比赛记录表上,每支球队最多只可以注册 5 名球队工作人员。没有记录在册的工作人员不许出现在球员替补区域。比赛期间,没有裁判员的允许,球队工作人员不准进入比赛场地,暂停时间除外。所有球队技战术指导必须在本方替补区域进行。比赛开始前,球队工作人员须在记录表上签名确认。比赛开始后,除了球员号码或者具体参与球员数字的纠错以外,任何人不得对记录表进行修改。球队工作人员也可以注册为球员,当其具有双重身份时,在任何情况下,其在替补席区域所发生的犯规行为都将以球员的身份被处罚。

(六)裁判员

每场比赛场上裁判员为两人,两人具有同等权利。按照规则要求,当裁判员认为场上出现明显的危险性因素且影响比赛继续进行时,有权立即中止比赛。

(七)记录员

比赛中记录员应全程在场。记录员必须保持公正和中立,认真负责做好比赛的各种记录、计时工作,甚至有时还承担播音员的任务。

四、雪地软式曲棍球竞赛器材和装备

(一)运动员着装

1. 所有上场球员必须身着保暖运动服装、手套、帽子。每支球队必须统一着装,颜色可以任意选择。当裁判员认为无法区分双方球衣颜色时,主队有优先选择权。

2. 守门员必须身着专门的守门员装备即特制上衣及长裤。

3. 所有球员衣服必须有号码标识。衣服必须在前胸和后背以不同大小的阿拉伯数字标识,后背的数字至少 200 毫米高,前胸数字至少 70 毫米高。数字选择范围在 1~99 之间,但是 1 号只能守门员专用。如果比赛中场上球员

第8章　雪地软式曲棍球竞赛的组织及竞赛规程

号码与记录表上信息不符,则须对比赛记录表做出修正,并将此状况上报主办方。

4.所有球员必须穿雪地运动鞋(鞋底不能带钉)。运动球鞋应该适用于室外雪地。如果比赛中,球员球鞋脱落,可继续进行比赛直至比赛被中断为止。

(二)裁判员着装

裁判员应身着黑色运动裁判服。同一场比赛中,裁判员着装颜色要统一。

(三)守门员专用装备

1.守门员不允许使用球杆。

2.守门员必须佩戴符合中国曲棍球协会软式曲棍球委员会认证的材料制作并贴有认证标志的面罩。守门员在球场上必须佩戴面罩,除了绘画以外,不允许对面罩做任何改动。

3.守门员可以使用任何一种保护装备,但是不包括那些可以覆盖球门的装备。比赛中也允许使用头盔和手套,严格禁止任何具有黏性或者可以增大摩擦的特殊材料的使用。球门前不准摆放物体。守门员不允许使用超过身体大小的保护装备,例如护肩。

(四)球队队长装备

队长应该佩戴环臂状队长袖标。袖标应该佩戴在上臂且清晰可见。普通带子不能作为袖标。

(五)个人及相关保护装备

1.运动员不许佩戴可能会引起身体伤害的个人饰品。个人装备包括一些保护性的或者医疗性质的装备、护目镜、手表、耳环等等。裁判员有权认定哪些个人饰品具有危险性。头上除可以佩戴具有弹性,没有打结的发带以外,不得佩戴其他饰品。场上球员禁止佩戴任何形式的长绳状物体。以书面形式向主办方申请并获得批准的个人饰品可以佩戴。

2.如果球员佩戴防护眼镜,眼镜必须符合 IFF 装备使用规则并贴上相应认证标识。不得对保护眼镜进行改装,比赛中如果眼镜掉落,可以继续进行比赛直到比赛中断为止。

(六)球

比赛用球必须通过中国曲棍球协会软式曲棍球委员会认证并具有相应标识。球体必须使用不发光的纯色涂抹,球体内部也不可涂抹可发光颜料。

(七)球杆

1.球杆必须通过中国曲棍球协会软式曲棍球委员会认证并具有相应标识。除了缩短球杆的长度以外,不得对球杆做任何改动。球杆手柄处可以缠

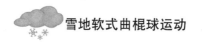

绕绷带但不得覆盖官方认证标志。

2.除了可以对拍头弧度进行调整以外,不得对拍头形状做任何改动。将拍头凸面朝上,平放在水平面上,拍头弧度最高点到水平面的垂直距离不得超过 30 毫米。如果拍头与球杆是同一个品牌且与球杆相适用,则允许更换拍头,但新拍头应该更坚硬。允许在拍头和球杆连接处缠带子,但不得超过拍头可见部分 10 毫米以上。

(八) 裁判员装备

裁判员必须配备塑料材质中等型号的哨子、红牌以及检测设备。也可使用主办方认可的其他型号哨子。

(九) 记录员装备

记录员应该准备好与本职工作相关的设备。

(十) 装备检查

1.裁判员对设备的检查负责。检查可以发生在比赛前,也可以发生在比赛进行中。不恰当的装备,包括球杆缺陷,拍头弧度过大等。在比赛前或比赛中,如对方球员对装备有异议,裁判员应对相应装备进行检查。如果发现错误,则该球员必须在纠正完错误之后才可继续进行比赛。球衣、队长袖标等装备错误所导致的判罚,每场比赛每支球队不超过一次,但是所有装备错误必须记录在册。检查期间,只有被检查的球员以及队长可以站在被检查区域(记录台)。检查结束,比赛按照上次中断前的状况继续进行。

2.只有双方队长可以提出对拍头弧度,球杆上的 IFF 认证标志或头盔上格子大小等问题进行检查的要求。队长有权向裁判员反映对方球队其他装备不恰当的问题,但由裁判员决定是否采取相应措施。队长可以在任何时候向裁判员反映对方球队球杆不恰当问题,但裁判员只有在比赛中断时才能采取措施。如果是在比赛中断期间进行反映,包括罚点球、进球后,除裁判员认定会影响到对方球队从而将检查放在比赛下一次中断期间外,裁判员应立即采取相应措施。在队长的要求下,裁判员有义务检查球杆、拍头的弧度、球杆上的 IFF 认证标志或头盔上格子大小等问题。但是每支球队每次比赛中断期间只有一次机会。检查期间,只有被检查的球员以及队长可以站在被检查区域(记录台)。检查结束,比赛按照上次中断前的状况继续进行。

五、定位球

(一)定位球发球的一般原则

1. 比赛如果被中断,则承接中断前的状况重新发球。定位球为开球、界外球、任意球以及点球等情况。

2. 裁判员使用一个信号、手势来表明判罚结果并示意发球地点。在信号发出后,只有当球处于固定发球点,保持静止状态时,才能开始发球。裁判员首先鸣哨做出清晰的判罚结果手势,然后在有必要的情况下再做出具体犯规内容的手势。表示具体犯规内容手势通常只有在有必要时裁判才会做出,而且这些犯规总是和禁赛、点球等判罚相关。如果裁判员认为比赛不会受到影响,则可以在球没有完全静止或者没有完全处于固定发球点的情况下发球。

3. 在定位球发球时,不得故意拖延比赛时间。裁判员自行认定故意拖延比赛的行为,如果有故意拖延比赛时间的行为,裁判员须在发球前对相应行为进行警告。

(二)争球

1. 在比赛开始、进球后,双方应该回到球场中点进行争球。加时赛进球后、决定整场比赛结果的点球判罚后或者比赛最后时刻进球后不必进行争球。争球时,双方队员必须处于各自半场。

2. 当比赛被中断,且双方球队都不享有界外球、任意球或者点球的权利时,则在中点开始重新争球。

3. 当比赛被中断后重新开始,则应该在比赛中断前离球最近的固定发球点开始争球。

4. 争球时,除了争球球员以外,其他球员必须立即退出离球最少3米的距离(包括球杆),不得与裁判员争论。裁判员有责任在争球前确认双方球队的准备情况,只有在双方都准备好的情况下才能鸣哨开始。

5. 争球由双方各派一名球员使用球杆执行,争球时互相面对对方半场,在争球前不得有身体接触。双脚与中线垂直,双方球员脚步离开中线同等距离,双手保持正常握杆状态,握在球杆手柄位置,不得超过手柄,拍头放在球的两侧,与中线垂直,保持与对方拍头同等距离,球处于两支拍头中间,但不得触球,正常握杆状态是指球员平时打球时的握杆姿势。除中点争球外,其余位置争球时由防守方选择拍头的摆放位置。如果是在中场争球,则由客队选择拍头摆放位置。如果中场争球前,双方球队对替补有争议,则由客队先解决替补问题。

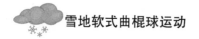

6. 争球可以直接导致进球。

(三) 导致争球的情况

1. 当球正常受损时。

2. 当球已经有缺陷,无法正常进行比赛时。这种情况下,裁判员在暂停比赛之前应该给球员足够的机会打球。

3. 当挡板部分分离,而球恰好靠近出现问题的挡板附近。

4. 当球门并非被故意移动且没有足够的时间恢复原位时。通常情况下,守门员有义务尽快将球门恢复原位。

5. 当比赛中出现严重的球员伤害事故或者球员伤势会直接影响到比赛的进行。裁判员负责判断球员伤势状况是否会影响到比赛,但只要怀疑球员的伤势足以影响到比赛,可以立即暂停比赛。

6. 比赛中出现意外状况。裁判员负责判断哪种情况可以认定为意外状况,包括场外人员冲进球场、其他物体掉进场内、场外干扰的终场哨音,当球损坏造成危险或直接影响比赛时,或者当裁判被球击打到并对比赛产生明显影响。

7. 进球无效时,且没有任何可能造成任意球的犯规发生。比如球没有通过球门线进入球门。

8. 罚点球时球没有进,包括罚点球时的不当行为。

9. 犯规方获得并控制球权时,此时进行延迟判罚且执行结束。如果裁判员认为非犯规方球队试图故意拖延比赛,此时也可进行重新争球。

10. 当裁判无法判定界外球或任意球由哪方发球,包括双方同时犯规的行为。

11. 当裁判员的判罚被认为是不合理时。

(四) 界外球

1. 当球飞出挡板,由非犯规球队发界外球。在球飞出挡板前最后接触到球的球员或者球员装备的球队被认为是犯规方。这种情况包括当一名球员试图从球门中把球拿出时,没有碰到球而碰到了球网。

2. 发界外球须离开挡板 1.5 米,且不得在球门线假想延长线后方发球。如果不影响比赛的正常进行,在裁判员的许可下,发球时不必等球完全静止或者完全处于固定发球点上。只要有利于发球方,发球时球与挡板之间的距离少于 1.5 米也被允许。所有从球门线假想延长线后方飞出挡板的界外球必须在离球飞出点最近的固定争球点开始发球。当球碰到挡板上的物体时,必须在中线离挡板 1.5 米处发界外球。

3. 发界外球时,防守队员必须立即自行退离罚球点 3 米以外(包括球

第8章　雪地软式曲棍球竞赛的组织及竞赛规程

杆),不得与裁判员争辩。界外球发球时不必等防守队员站好位即可发球。但是当防守队员正在裁判的指挥下或自行以合理的方式站位时不得进行发球。

4. 必须用球杆发球,发球时必须清晰击打,不准用杆挑球、拖球和弹球。

5. 在球碰到其他球员或者其他球员的球杆之前,发球队员不得再次触碰球。

6. 界外球可以直接导致进球。

(五)导致界外球的情况

当球直接飞出挡板、击中天花板或者击中挡板上空的任意其他物体时即可判定为界外球。

(六)任意球

1. 当一方球队犯规行为导致裁判判罚直接任意球,则由对方球队来主罚任意球。任意球适用于有利原则条款,即当一方球队犯规导致将被判罚任意球,而此时非犯规方球队正在控制球,且局势比发任意球更为有利,裁判可以选择先不判罚,让比赛继续进行。一旦非犯规方失去对球的控制,裁判可以再进行判罚,发球点仍然在先前犯规的地点。

2. 罚任意球时罚球点在犯规发生地,但不得位于球门线假想延长线之后或者距离守门员专属区域的直线距离小于3.5米。如果裁判员认为不会影响比赛的进程,则不必等球完全静止或者完全处于指定发球点上即可开始发球。任意球的发球点必须离开挡板距离1.5米以上。如果犯规发生在球门线假想延长线之后,则在距离犯规地点最近的固定发球点进行发球。如果犯规发生地点离门将区距离少于3.5米,则罚球点位于球门线中点和犯规地点两点之间的连线上,并移动到离开小禁区外部边线3.5米处。其中0.5米为防守人墙距离,距离罚球点3米。防守球队有权立即在球门前组成人墙进行防守。如果进攻方阻止或破坏人墙,则任意球的发球权转交给防守方。进攻方没有义务等待防守球队摆好防守阵型,且有权指派本方球员站到对方人墙前方。

3. 罚任意球时,防守方必须立即退出离球3米的距离(包括球杆),摆好防守阵型,不得与裁判员争辩。进攻方发任意球时不必等防守队员站好位即可发球。但是当防守队员正自行以合理的方式进行站位时不得进行发球。

4. 必须用球杆发球,发球时必须清晰击打,不准用杆挑球、拖球和弹球。

5. 在球碰到其他球员或者其他球员的装备之前,罚球队员不得再次触碰球。

6. 任意球可以直接导致进球。

（七）导致任意球的犯规行为

1. 当球员用球杆击打、阻挡、挑、钩对方球员的球杆以及压住对手或对手球杆。如果裁判员认为球员在击打到对方球员球杆之前，先触碰到球，则无须判罚。

2. 当球员拉出对手或对手的球杆时。

3. 当球员击球之前向后引杆、拉杆或者击球之后向前方挥杆时，拍头超过腰部位置，此处包括做假动作，例如佯装射门，虽没有击打到球，但是拍头高度依然超过腰部高度。如果附近没有球员，或没有造成伤害的可能性时，挥杆高度不限。此处腰部高度是指球员完全直立时，从地板到腰部的距离。

4. 当球员使用球杆的任何部位或脚或小腿去击打或者试图击打超过膝盖高度的球。如果不是危险性动作，用大腿停球不算超过膝盖高度。此处膝盖高度是指球员完全直立时，从地板到膝盖的距离。

5. 当场上球员将球杆、脚或腿放入对方球员的两腿或两脚之间。

6. 当球员控制球或试图触碰到球时，除正常肩部对肩部冲撞以外，使用任何其他方式压迫或推搡对方球员。

7. 当球员控制球或试图触碰到球，或争夺更有利的位置，故意向后倚靠对手，或故意阻挡对方球员的移动。这种情况包括在距离小禁区3.5米处罚任意球时，进攻方妨碍或阻挡防守方组成防守阵型的行为。

8. 自己球杆、其他球员或者其他球员装备触碰到球之前，球员用脚连续踢球两次。只有当裁判员认定球员故意连续两次用脚触碰球时，此种行为才可判定为犯规。

9. 当球员进入守门员区时。如果比赛不受影响，守门员不受干扰，允许球员快速通过该区域。如果在罚任意球时，进攻方直接射门，球飞向球门，此时，任何一名防守球员在门将区里、在球门前被球击中或球门被移动，防守方将被判罚点球。球员身体的任何部位只要触及门将区，将被认定为是进入守门员专属区域。如果仅仅是场员的球杆伸入守门员区，则被允许，门将区包括标志线在内。

10. 当球员故意移动对方球门时。

11. 当球员被动阻挡到守门员的发球，将不会被判罚犯规。只有当球员大禁区或者离守门员的距离少于3米（从守门员持球位置开始测量），这种阻挡才被认为是犯规行为。被动行为是指非故意或试图躲避守门员的发球。

12. 当球员跳起停球时。跳起是指双脚完全离地，但不包括球员跑动时的双脚离地。允许球员起跳双脚离地时，在膝盖以下高度击球、触球以及停球。膝盖高度是指球员完全直立时，地面到膝盖的高度。

第8章　雪地软式曲棍球竞赛的组织及竞赛规程

13. 当球员在球场外击球时。球场外击球是指单脚或双脚站在球场外。如果替补球员在替换过程中在场外击球则被认定为多人参赛。如果球员并非在替换过程中在场外击球则将被认定为故意破坏比赛。比赛中允许球员冲出球场，但不得从出界处在场外进行击球。

14. 当守门员发球时，身体完全离开大禁区。此种情况下，守门员不能被认为是场上无球杆球员。当守门员身体任何部位都没有接触到大禁区时，即可认定为完全离开大禁区。守门员发球动作完全结束，球完全离开身体，则不适用此条款。如果守门员是在大禁区内接住球，但接球后整个身体继续滑行并且完全出了大禁区，则将被判罚。大禁区包含标志线。

15. 当守门员扔球或踢球时，球超过中线。当球没有接触到地板、挡板、其他球员或者其他球员的装备直接越过中线，且球的整体部分超过中线才可认定为犯规。

16. 当在争球、发界外球、罚任意球时违例或者故意拖延比赛。比赛中断时，如果在非犯规方拿球过程中，犯规方球员故意使用球杆拖、挑或弹拨球，当任何球员在争球时故意拖延时间，即可认定为犯规。发球时，球没有完全静止或者摆放的位置不对，可以重新发球。如果裁判员认为对比赛没有什么影响，则不必等球完全静止或摆放在正确的位置上即可发球。

17. 当守门员持球时间超过3秒时。如果守门员把球放在地上，又捡起来，再放在地上，又捡起来，不断重复这种动作，可被认定为持球，适用此条款。

18. 当守门员接本方球员的回传球时。只有当裁判员认定这种传球是故意的才适用此条款。守门员接球动作包括用手或手臂，也包括用身体的任何部位接触球。守门员完全离开大禁区时，则变为无球杆球员，可以接队友的回传球。当守门员在大禁区外接到队友的回传球，再返回大禁区内捡起球时不适用此条款。把球回传给守门员不是一种射门行为，因此不会被判罚点球。

19. 当球员的犯规行为被认为与比赛相关且受到相应的判罚。当球队犯规被判罚时，在犯规所在地进行罚球。如果裁判无法判断确切的犯规地点时，则放在离犯规地最近的争球点进行罚球。

20. 当球员拖延比赛时。此情况包括当球员为故意拖延比赛，以倚靠在挡板或者球门附近，或者类似的行为方式阻止对方球员正常拿球，也包括守门员将球阻止在球网处的行为。如果可能的话，应该在球员做出类似动作之前，使之认识到此类动作的错误性。

21. 当球队故意拖延比赛时。包括当球队持续有组织的在本方球门后面进行

传接球，但是在判罚前一般应先给予相应的警告，如再出现类似动作，则

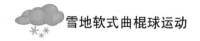

将被判罚。

22. 当场员用头击球时。

(八) 点球

1. 当一支球队导致被判罚点球的犯规行为被确定时,由非犯规方进行罚点球。如果点球判罚发生在延迟判罚期间或是由其他犯规行为所引起的判罚,与点球判罚相关的其他判罚行为也将被执行。

2. 罚点球必须从中点开始并且用球杆开球。

3. 罚点球期间,除了守门员和参加罚球的球员以外,其他球员必须待在替补席区域。罚球开始时,守门员必须站在球门线上。如果有争议,守门员必须先进入场地。守门员不可被场上队员替换。罚球期间,如果守门员犯规,则追加判罚点球并执行该次犯规的其他判罚;如果此时进攻球队另外一名球员或其他球队成员犯规,也将被追加判罚点球。如果在罚点球期间,除了执行罚球的队员以外,罚球方有任何一名其他成员犯规,此次罚球将被认为不当罚球。

4. 罚点球过程中,球员可以无限制触碰球,并且朝球门方向持续移动。持续意味着球员和球不得同时出现完全停止状态或同时出现与球门方向相反的运动状态。一旦守门员触碰到球或者球已经碰到球门正前方,罚球队员不得再触碰球。罚点球期间,比赛暂停计时。如果球先击中球门杠,弹到守门员身上,再飞过球门线,进入球门,则进球有效。如果在罚球的最初始阶段,球往后滚动,则此次罚球立即中断并结束,重新开始新一轮罚球。

5. 如果在罚点球期间,球员犯规导致被判罚5分钟禁赛,该名球员必须在受罚席接受处罚。如果被判罚全场禁赛,球队队长挑选一名没有处罚在身的场员到受罚席接受禁赛处罚。

(九) 延迟点球判罚

1. 当犯规发生且将被判罚点球时,非犯规方球队仍然控制球权,进球趋势仍然保持,此时可以应用延迟点球判罚。如果延迟点球判罚发生在延迟判罚期间或是由其他犯规行为所引起的判罚,与点球判罚相关的其他判罚行为也将被执行。即使一次延迟点球判罚已经在进行中,一次延迟点球判罚也可以由导致被判罚的犯规行为所引起。在延迟点球判罚期间,由犯规方所导致的每一次将被判罚任意球的犯规都将执行,而且根据不同的犯规性质进行不同的判罚,所有判罚将由犯规球员自己接受处罚。

2. 延迟点球判罚意味着,在射门过程结束之前,非犯规方可以继续进攻。延迟点球判罚应该在整场比赛结束或一节比赛结束后进行。如果在延迟点球判罚期间,被犯规方取得进球,则进球有效,取消点球判罚。

(十)导致点球判罚的行为

当由于防守队员做出将被判罚任意球或禁赛的犯规行为,从而导致进攻方进球趋势被中断时(出示相应的判罚手势)。由裁判员来认定哪种情况为形成的进球趋势。在小禁区内的犯规行为不会自动导致被判罚点球。在进球趋势形成过程中,防守队员故意移动球门或故意进行多人比赛,将被判罚点球。当进攻方球员罚任意球时,球直接飞向球门,而防守方球员处在小禁区、球门里或者球门被移开比赛初始位置,防守方将被判罚点球。

六、禁赛判罚

(一)禁赛判罚的一般原则

1. 当球员的犯规行为被确认并且该行为将导致被判罚禁赛,则由犯规球员接受禁赛处罚。当裁判无法确认具体犯规队员,或者犯规行为由球队工作人员所引起,则由犯规方球队队长选择一名没有禁赛判罚在身的球员领受这次判罚。如果队长拒绝或者队长已经被判罚下场时,裁判员自行指定一名犯规方球员领受判罚。犯规的具体时间、球员号码、禁赛类型以及判罚理由必须记录在册。如果犯规行为发生在比赛中断期间,比赛延续中断前的状况继续重新开始。除非裁判员主动与被禁赛处罚的球队队长沟通,否则该球队队长没有权利和裁判员进行沟通。

2. 在整个被禁赛期间,受罚球员必须待在处罚席。在罚点球期间被判罚禁赛的球员在加时赛之后无须到受罚席接受处罚。加时赛结束之后,除了被判罚全场禁赛以外,受罚球员的其他所有禁赛自动终止。常规比赛时间结束时,如果受罚球员的禁赛时间还没有结束,则自动延续到加时赛。除了记录台、处罚席以及球队替补区域位于挡板同侧之外,以球场中线为界,受罚球员必须坐在本方球队所在位置的同侧。常规比赛时间内,每节休息间歇,受罚球员可以离开处罚席。常规比赛结束到加时赛开始这段间隙,受罚球员不准离开处罚席。受罚球员不准参与球队请求比赛暂停期间的任何活动。禁赛期满,受罚球员必须立即离开处罚席,但是整支球队仍然有多个禁赛处罚要执行或仅仅是个人禁赛期满的情况除外。受罚球员禁赛期满后,应该在比赛中断时才能离开处罚席。如果受罚球员因伤不能执行禁赛处罚,可由场上另外一名没有被判罚禁赛的本方球员代替其进入处罚席接受处罚。这两名球员都应该在比赛记录表上予以登记,并在表格上标注实际执行禁赛处罚的球员号码。如果该次禁赛处罚时间还没结束,先前被判罚禁赛的受伤球员就进入场地,则将被处以一次"本场比赛全场禁赛"的处罚。如果在正常的禁赛时间

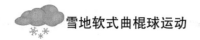

内,由于记录员的疏忽而导致一名被禁赛球员过早进入比赛场地,并且记录员随后也发现这个错误,那么该球员应该被召回到处罚席继续执行禁赛处罚。禁赛期满后,该球员不会额外被追加禁赛时间,可以顺利返回球场继续参加比赛。

3. 如果守门员被判罚1个或者几个2分钟禁赛时,本方队长可以挑选一名没有判罚在身的球员顶替守门员领受处罚。如果守门员被判罚禁赛5分钟或者个人禁赛,则应该由自己执行禁赛处罚。当守门员在禁赛期间继续犯规并且导致1或几个2分钟禁赛,也应该由自己领受判罚。如果守门员被判罚禁赛,又没替补守门员时,每支球队可以有3分钟准备时间,由场上本方球员代替守门员出场,这3分钟不包括热身时间。新守门员以及替换时间必须记录在册。受罚时间结束,受罚守门员不可立即进去场地,必须等比赛中断时才可进去场地。禁赛时间结束,裁判员在记录员的协助下须帮助守门员尽可能快的重返赛场。

4. 球员禁赛时间与比赛时间同步计算。

(二)短时禁赛

1. 被判罚短时禁赛的球员在禁赛期不可被替换,因此,球员被禁赛势必将影响到整支球队的发挥。

2. 一名球员不能同时执行两次短时禁赛的判罚,一支球队不可同时有超过两名球员执行短时禁赛的判罚。所有短时禁赛的执行应该按判罚顺序依次进行,等候接受禁赛处罚的球员,应该在轮到本人执行禁赛处罚时进入处罚席。如果一支球队同时又被判罚一个以上的短时禁赛,则由裁判员选择执行短时禁赛判罚的先后顺序,通常情况下,总是优先执行禁赛时间更短的判罚。

3. 如果一支球队有超过两名以上的球员被判罚短时禁赛,且正在处罚席执行判罚时,允许该球队在场上继续保留四名球员进行比赛,直至其中一名球员禁赛期满。在此之前,球员解禁后不得立即上场,必须等比赛中断后才能重新上场。所有解禁球员应该按照先后顺序离开处罚席,并时刻关注球场上球员人数。在比赛中断之后,裁判员或记录员应该协助已经解禁的球员尽快进入场地参加比赛。

4. 如果球员已经被判罚短时禁赛,又继续犯规并被判罚禁赛,则两次判罚应该连续执行,即按先后顺序进行禁赛处罚。不管第一次禁赛判罚是否生效,都适用此条款。如果一名球员已经开始执行判罚,该球员继续有犯规行为,第一次判罚不受影响,解禁后继续执行第二个禁赛判罚。所谓连续是指第一次禁赛判罚执行结束后,继续开始执行下一个禁赛判罚,除非在该球员两次被判罚期间,本方球队又有新犯规且被判罚短时禁赛并且还未执行。同一名队员被判罚短时禁赛次数不限,如果球员被判罚个人禁赛,那么在执行个人禁赛之

第8章 雪地软式曲棍球竞赛的组织及竞赛规程

前,必须完成先前所有短时禁赛处罚或短时禁赛处罚已终止。如果球员正在执行个人禁赛处罚,又因犯规被判罚短时禁赛,只要可以执行短时禁赛判罚,则优先执行短时禁赛判罚,待解禁之后再继续执行原先中断的个人禁赛判罚。在执行这个禁赛判罚时,队长应该选择一名没有禁赛在身的队员陪同该被禁赛球员共同完成短时禁赛,以便在这个短时禁赛期满后能进入场地重新参加比赛。短时禁赛期满,该未受罚球员可以重新上场进行比赛,而领受个人禁赛判罚的球员则继续执行个人禁赛判罚。如果被禁赛球员犯规导致全场禁赛,则全场禁赛规则也适用于该条款。

(三) 2分钟短时禁赛

1. 当球员在执行禁赛2分钟判罚期间,一旦对方球队取得进球,则该球员的禁赛判罚立即结束,可以解禁出场。当对方球队人数多于本方球队或与本方球队人数相等时,不能解禁。如果进球是在延时判罚期间取得或点球得分的话,受罚队员仍将继续执行判罚。

2. 如果一支球队有多人被判罚禁赛2分钟,必须按照判罚的先后顺序解禁并重新上场。

(四) 延迟禁赛判罚

1. 所有禁赛判罚都可以延迟执行。当一方犯规,而非犯规方仍然控制着球,此时可以进行延迟禁赛判罚。除了进球趋势即将形成以外,每次只能延迟一个判罚。

2. 延迟禁赛判罚意味着非犯规方在球权被犯规方夺取或比赛被中断之前享有继续进攻的机会。延迟禁赛判罚仍然应该在每节比赛或整场比赛结束之后执行。如果是因为犯规方获得并控制球权而执行延迟禁赛判罚,则由双方争球继续开始比赛。非犯规方可以利用延迟判罚进行连续进攻。如果裁判员认定球队仅仅试图在拖延时间,可以对球员进行警告,并记录在册。如果警告以后,球队仍然没有开始进攻,裁判员可以中断比赛,开始进行延迟禁赛判罚,双方重新争球,继续开始比赛。如果由于其他原因引起的比赛中断,此时执行完延迟禁赛判罚后,根据引起比赛中断的原因继续开始比赛。如果执行延迟判罚期间,非犯规方正常得分,进球有效,而犯规方此前领受的禁赛2分钟的判罚亦自动中止。其他判罚不受影响。如果在执行延迟判罚期间,犯规方取得进球,则进球无效,双方争球重新开始比赛。如果是非犯规方的乌龙球,则进球有效。

(五) 导致2分钟短时禁赛的犯规行为

1. 为了获取更大优势或者在明显够不到球的情况下,球员击打、阻挡、挑起、踢对手的球杆。

2. 为了获取更大优势或者在明显够不到球的情况下,球员抱住对手或者对手的球杆。

3. 球员击球时,其球杆的任何部分、脚或者小腿超过了腰部的高度。腰部高度是指完全直立时,从地板到腰部的高度。

4. 球员使用球杆做出危险性动作。包括向前或向后毫无控制地挥动球杆。举杆超过对手的头部位置,造成相当危险性或阻碍到对手。

5. 球员强迫或推搡对手至挡板或球门。

6. 球员故意阻挡或绊倒对手。

7. 球队队长要求检查对手球杆拍头的弧度或球杆和拍头结合部,而球杆被证实没有任何问题。该名队长领受判罚(无手势)。

8. 场上球员没有携带球杆。不包括守门员,以及守门员在临时成为球员之时。

9. 在场地里面的球员从其他地方拿球杆,而非本方球队替补席(无手势)。

10. 球员没有捡起已破损或被扔掉的球杆并将它带出球场,并放置在本方球队替补席。球杆破损必须清晰可见。

11. 球员故意移动阻止对方无球队员的跑动。如果球员试图跑动到对方球员的背后以获得更好的位置,或阻止对方球员按既定路线跑动,则只能被判罚任意球。

12. 球员积极阻挡守门员发球。只有当防守球员在对方大禁区内或与守门员持球时的距离少于 3 米时,才适用此条款。此处,积极是指跟随着在守门员左右或试图用杆去触球。

13. 发界外球或任意球时,球员违反离开 3 米原则。当防守队员正在以正确的方式准备防守阵型时,对方发球不适用此条款。当防守方球员形成的防线距离罚球点过近时,只有一名球员会被判罚。

14. 球员躺下或坐下或以其他影响比赛的方式停球或击球。包括双膝着地或单手着地时击球或停球,握杆手除外。

15. 球员用手、手臂击球。

16. 球员替换过程不符合规定。替补球员在被替换球员还没有走出挡板以外就进入场地。如果互相替换的两名球员距离挡板较近,替换过程也较为迅捷,没有影响到比赛,则不会被判罚。比赛中断时,没有在本方球队替补区域进行换人也将被判罚。先进入场地的替补球员接受处罚。

17. 一方球队场上出现超过比赛规定上场人数。此种情况下,只有一人领受判罚。

第8章 雪地软式曲棍球竞赛的组织及竞赛规程

18. 执行禁赛2分钟判罚的球员在解禁之前,虽然没有进入场地,但离开了处罚席;解禁之后拒绝离开处罚席;执行禁赛判罚的球员在解禁之前,在比赛中断时进入场地。如出现上述几种情况,记录员应尽快告知当值裁判。如果球队有多项禁赛判罚或者禁赛时间终止的仅仅是个人判罚,则该解禁球员还不能离开处罚席。已经解禁的守门员在比赛中断之前不得进入比赛场地。如果被禁赛球员在比赛期间进入场地,将被认为是严重干扰比赛。

19. 当球队系统性地通过一些将被判罚任意球的犯规行为来中断比赛。这种情况包括短时间内连续出现大量小的犯规动作。如出现此现象,最后一名犯规球员接受相应的判罚。

20. 当球员故意拖延比赛时。包括比赛中断时,犯规方球员故意怠工或者把球拿走、故意把球阻挡在挡板、球门处或故意破坏球,或故意移动球门。

21. 当球队故意拖延比赛时。如果裁判认为球队由于故意拖延比赛将被判罚禁赛时,如有可能,在进行判罚之前,应该先告知该球队队长。一旦判罚,则由该队长选择一名没有禁赛判罚在身的球员接受处罚。每节比赛休息时间结束,双方球队重新上场进行比赛时,如有球队拖延也将被判罚,并且这种拖延行为将被写进比赛报告,报送至主办方。

22. 球员或者球队工作人员不服从裁判判罚或教练员以不恰当或者干扰比赛的方式对场上球员进行指挥。球队队长毫无理由不停询问裁判的行为包括在内。相对违反体育道德的严重性而言,对裁判员的判罚进行抗议和以干扰比赛的方式指挥球队是一种自发性的、程度较轻的犯规。球队工作人员没有获得裁判员的许可进入比赛场地也适用此条款。如有可能,在进行判罚之前,裁判应先提醒工作人员相关行为的违规性。

23. 守门员不听从裁判员指示,没有将球门恢复到原始位置。正常情况下,将移动过的球门恢复到原始位置是守门员的职责。

24. 场上球员不听从裁判员指示,没有按要求纠正个人使用的装备和器材(无判罚手势)。

25. 球员着装不规范(无判罚手势)。每场比赛每支球队因为着装不规范的原因只能被判罚一次。由着装引起的判罚每场比赛每支球队只能判罚一次。球队上衣胸前缺少数字号码情况将被写入比赛报告并报送主办方,但不会被判罚。如果可能,裁判员在进行判罚之前,须提前告之着装违规球员。

26. 比赛中,守门员着装不规范(无判罚手势)。如果比赛中,守门员面罩非人为因素脱落,应该中断比赛,等守门员戴好面罩,重新争球继续开始比赛。

27. 球员采取通常只会被判罚任意球的犯规行为故意阻挡对方球员的进球或势在必进的球(无判罚手势)。

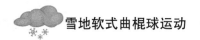

(六)5分钟短时禁赛

执行禁赛5分钟判罚期间,如果对方进球得分,处罚不会终止。如果被判罚禁赛5分钟的同时,还被处以点球或者延迟点球判罚,也适用点球判罚的相关条款。

(七)导致5分钟短时禁赛判罚的犯规行为

1. 球员使用球杆做出危险或者暴力动作。包括球员在对手头上挥舞球杆并击中对手头部。
2. 球员使用球杆钩住对手的身体。
3. 球员在场上扔出球杆或其他器材去击打或者试图击打球。
4. 球员直接冲向对手或采用其他暴力行为攻击对手。
5. 球员使用勾脚、绊脚、冲撞等行为将对手撞向挡板或球门。

(八)个人禁赛判罚

1. 个人禁赛判罚必须和短时禁赛判罚相结合,且只有当短时禁赛判罚执行完毕或终止后才能执行个人禁赛判罚。一名球员可以同时被处以多个个人禁赛判罚。如果一名球员在执行个人禁赛处罚期间,又因犯规被判罚短时禁赛,只要可以执行短时禁赛判罚,则优先执行短时禁赛判罚,待解禁之后再继续执行原先中断的个人禁赛判罚。在执行这个短时禁赛判罚时,队长应该选择一名没有禁赛在身的队员陪同该被禁赛球员共同完成短时禁赛,以便在这个短时禁赛期满后能进入场地重新参加比赛。

2. 个人禁赛处罚只适用于个人,而不会对整个球队产生影响,因此在个人禁赛期,受罚球员可以被替换。为使球队在禁赛期结束后能及时派人进入场地进行比赛,队长应该选择一名没有禁赛在身的场上球员陪同受处罚球员在处罚席接受短时禁赛处罚。在此过程中,只有遭受个人禁赛处罚的球员会被记录在册。受罚队员不可在解禁后直接进入场地,必须等比赛中断时,才可以重新进入球场。只要比赛中断,裁判员应该在记录员的协助下帮助禁赛期满的球员进入场地进行比赛。被判罚个人禁赛的球队工作人员将被罚去看台直至本场比赛结束,而此时,队长挑选场上没有个人禁赛在身的场员到处罚席执行短时禁赛的判罚。

(九)10分钟个人禁赛

执行10分钟个人禁赛判罚期间,对方球队进球得分,禁赛不终止。

(十)导致2分钟短时禁赛+10分钟个人禁赛判罚的犯规行为

球员或球队工作人员出现违反体育道德的行为。违反体育道德的行为包括:侮辱或使用不公正的手段对付裁判员、球员、球员工作人员、赛事官员、观众;任何试图欺骗裁判的模仿行为;故意踢、击打或者掀翻挡板或球门。在球

第8章 雪地软式曲棍球竞赛的组织及竞赛规程

场上扔球杆或其他器材,包括比赛中断期间或在替补席区域。

(十一)全场禁赛

1. 一名球员或球队工作人员被判罚全场禁赛时必须立即离开场地去更衣室,不准再参加剩余时间的比赛。赛事主办方工作人员负责护送受罚球员返回更衣室,在比赛剩余时间内(包括加时赛、点球决胜负)不准返回比赛场地或待在观众席。所有全场禁赛判罚都应写进比赛记录表,全场禁赛类型3判罚还将被报送至主办方。一名球员或球队工作人员每场比赛只能被判罚一次全场禁赛,除非前一次判罚没有进行记录。连续的犯规导致被全场禁赛的行为应该记录在案,但不会被追加短时禁赛判罚,除非犯规的球员或球队工作人员没有在比赛记录表登记。赛前或赛后导致被判罚全场禁赛的犯规行为应该记录在案,但不会被追加短时禁赛处罚。除了球员赛前着装不规范(比赛正式开始之前已纠正的除外),赛前被判罚全场禁赛的犯规行为也将导致该球员不能参加整场比赛(包括加时赛、点球决胜负)。

2. 全场禁赛必然伴随5分钟短时禁赛。除被全场禁赛的队员以外,犯规方队长应该挑选一名没有禁赛在身的球员进入处罚席执行5分钟短时禁赛判罚以及其他可能的短时禁赛判罚。只有被判罚个人禁赛的球员会被写进比赛记录表。如果球员被判全场禁赛则个人可能所受其他判罚自动终止。如果禁赛期间,该名球员又有严重的将被判罚全场禁赛的犯规行为,其行为也将被写入比赛报告。

(十二)全场禁赛类型1

被判罚全场禁赛类型1,将导致球员不能参加同一场比赛剩余时间的比赛,但不会有任何其他追加处罚。

(十三)导致全场禁赛类型1判罚的犯规行为

1. 球员使用没有中国曲棍球协会软式曲棍球委员会认证的球杆、球杆拍头和手柄分属不同的品牌或者拍头弧度太大。守门员使用不规范的面罩(无判罚手势)。没有通过认证的球杆将始终被认为是不符合规范的球杆。

2. 没有在比赛秩序册上登记的球员或者球队工作人员参与到比赛当中(无判罚手势)。

3. 球员持续或重复出现不符合体育道德的行为。通常情况下,第一次出现不符合体育道德的行为时,将被判罚2分钟短时禁赛加个人10分钟禁赛。第二次出现上述行为,则将被判全场禁赛外加5分钟短时禁赛。此条款的"持续"是指在同一场比赛中第二次出现同样不符合体育道德的行为。

4. 球员生气砸断球杆或破坏其他器材。

5. 球员出现严重暴力行为。包括故意的、挑衅性的、暴力的或者其他不符

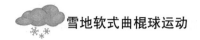

合体育道德的行为。这些暴力犯规行为是指发生在比赛当中,包括球员在比赛过程中故意冲撞对手,暴力袭击对手,在没有可能控制球或触到球的情况下把对手绊倒或将对手挤向挡板、球门等暴力行为。

(十四)全场禁赛类型2

被判罚全场禁赛类型2将导致同一个赛事中剩下的所有比赛都不能参加。

(十五)导致全场禁赛类型2判罚的犯规行为

1. 球员或者球队工作人员参与混战。混战是指相互之间温和地推搡,并没有拳打脚踢行为,且其他球员参与其中试图分离混战人员。

2. 在同一场比赛中,连续出现两次导致5分钟短时禁赛判罚的行为。此种情况,在第二次犯规时,该球员将被判罚全场禁赛类型1,同时球队追加5分钟短时禁赛判罚。

3. 当球队工作人员连续出现违反体育道德的行为。此种情况,由全场禁赛类型2的判罚代替球队2分钟短时禁赛+10分钟个人禁赛的判罚,同时追加球队5分钟短时禁赛判罚。

4. 当球员使用的器材不符合规定将被处罚之前,试图进行纠正或者更换器材的行为。

5. 球员或球队工作人员有明显干扰比赛的犯规行为。这些行为包括:被判罚禁赛的球员在解禁之前或禁赛判罚终止之前,故意在比赛正在进行期间进入场地。如果在比赛中断期间进入比赛场地,将被判罚2分钟短时禁赛。个人执行禁赛判罚期间,如果是记录员的失误,造成该球员解禁之前就进入场地参与比赛,但错误已被及时发现,此时,球员应继续回到处罚席继续接受剩余时间的禁赛判罚,但该球员不会被追加判罚,并可以在解禁之后重新上场参与比赛。当被判罚禁赛的受伤球员在由其他队友代替其接受处罚且禁赛期未满时上场参加比赛,将被判罚全场禁赛类型2。如果记录员发现错误时,球员禁赛期已满,则不再执行任何判罚。如果球员解禁,但根据相应的场上人员数量条款规定,要求其不能在没有比赛中断时进入球场,其仍然进入比赛场地,则会被判定为多人比赛违例;点球判罚期间,双方球队替补席区域或受罚席区域发生犯规行为;比赛期间,球员从替补席往场地上扔东西;替补球员没有通过正常换人程序进入场地;球员或球队工作人员故意踢挡板并影响到比赛;在同一场比赛中,球员做过守门员之后,又作为场员参加比赛;球队故意多人留在球场上参加比赛。

6. 球员持续使用有缺陷的球杆或者使用加长、加粗的球杆(无判罚手势)。

第8章　雪地软式曲棍球竞赛的组织及竞赛规程

(十六) 全场禁赛类型3

被判罚全场禁赛类型3将导致同一个赛事中剩下的所有比赛都不能参加，并且还将接受主办方更严厉的追加处罚。

(十七) 导致全场禁赛类型3判罚的犯规行为

1. 球员或球队工作人员参与打架斗殴。一旦球员有出拳或出脚的行为即可认定为参与打架斗殴。

2. 球员或球队工作人员出现野蛮行为。包括朝对手扔球杆、器材等。

3. 球员或球队工作人员行为粗鲁无礼。包括用言语侮辱裁判员、球员、球队工作人员、官员或者观众等。

4. 球员或球队工作人员出现暴力行为。这里的暴力行为是指没有给对手造成具体伤害事故但危及对手人身安全的行为，比如向对手吐痰等等行为。

七、进球

(一) 有效进球

1. 通过正确途径取得的进球都被认为有效进球，进球后，双方通过在中点重新争球确认进球的有效性。有效进球的进球时间、进球队员以及助攻队员的号码都要写进比赛记录表。所谓助攻队员是指同一支球队里最后一名参与比赛进球过程并将球传给射门队友的球员，每一个有效进球只能记录一次助攻。加时赛期间点球得分或者一个阶段、整场比赛结束后点球得分后无须再从中场争球，但必须等两名裁判员同时鸣哨指向中场争球点确认进球有效后才被认为有效得分，进球同样要记录在比赛记录表上。

2. 有效进球经双方中场争球重新开始确认后不得更改。如果裁判员确定进球不正确，则必须写入报告。

(二) 有效得分

1. 球员使用球杆通过正确的方式击打球，使球的整体部分从前方越过对方球门线，且在此之前，进攻方球队无任何将被判罚任意球或禁赛的犯规行为，此时的进球算有效得分。当球从正前方飞过球门线和球门顶端横杠之间的区域时，防守方故意移动球门，而球已经穿过球门线时；当球员把球打进本方球队球门，即乌龙球，此时对方有效得分；乌龙球是指球员通过积极主动的动作使用球杆或身体将球碰进本方球门。如果在延迟判罚期间，非犯规方制造了乌龙球，对方得分，进球有效。乌龙球在比赛记录表上标记为OG。

2. 当防守球员用球杆或者身体阻挡球时，球的整体部分已经越过球门线，或者球的整体部分越过球门线之前，进攻队员无意识地用身体触碰到球，且无

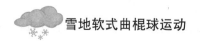

任何将被判罚任意球或禁赛的犯规行为,此时,得分有效。如果在球的整体部分越过球门线之前,进攻方球员故意踢球,则得分无效。如果球员使用不符合规范的球杆将球打进球门,且在球的整体部分已经越过球门线以后才被发现,进球得分依然有效。

3. 没有在比赛中注册的球员或者身着错误球衣号码的球员参与到进球得分过程当中,进球依然有效,参与是指进球和助攻。

(三)无效得分

1. 进球之前,进攻方球员出现将被判罚任意球或禁赛的犯规行为(出示判罚手势)。当一支球队场上人数超过规定要求或者被禁赛球员仍然在场上时以及进攻方球员故意移动对方球队球门等行为,进球无效。

2. 进攻方球员故意将球踢进或用身体的某个部位将球碰进球门时,即使在进球前,球接触到对手、对手的装备或进攻方球员,此进球也为无效进球。由于这不是一种犯规行为,因此比赛应该从中场争球重新开始。

3. 在裁判员鸣哨示意比赛结束之时或之后取得的进球。只要裁判员终场哨音响起,比赛立即结束。

4. 球没有从球门前方经过球门线进入球门内。

5. 守门员在不违例的前提下,直接将球抛进或者踢进对方球门。由于这种行为不犯规,双方将在中场进行争球重新开始比赛。守门员触球之后,球必须在越过球门线进入球门之前,先触碰到另外一名球员身体或者球员的装备。

6. 进攻方场员故意用脚踢球,球触碰到对方的球员或装备之后,滚进对方球门。由于此种行为不犯规,双方应该进行争球重新开始比赛。如果对方球员有意用脚进行传球,却将球踢进自己球队方的球门,此时进球有效。

八、具有雪地软式曲棍球特点的规则详解

(一)换人

在每场比赛中,各队可以根据中国曲棍球协会软式曲棍球委员会的正式比赛规则使用替补球员。比赛中,换人次数不限。替换下场的球员可以重新上场替补其他球员,上场的时间不限,可以在比赛进行中或死球状态下随时进行替换,但必须遵守以下规则:

1. 被替换的球员必须从本方球队的换人区离场。

2. 上场的球员也必须从本方球员的换人区进场,且必须在离场球员完全走出线后才可以进场。

3. 替补球员无论上场与否,裁判员均有权对其进行判罚。

第8章 雪地软式曲棍球竞赛的组织及竞赛规程

4. 当替补球员踏入场地,即完成了替补程序,从此刻起,替补球员成为场上球员。守门员不可以与场上球员更换位置。

(二)裁判员

雪地软式曲棍球每场比赛场上有两名裁判员,两人具有同等的权利,其具体职权和指责如下:

1. 对犯规球员根据情节进行相应的判罚或驱除出场。
2. 对行为不当的球员、官员进行管理,如果必要可以将其赶出比赛场地和周围区域。
3. 确保未经允许的人员不进入球场。
4. 记录比赛的有关情况,在比赛结束后提交有关部门。

(三)罚点球

雪地软式曲棍球进行点球判罚的执行时,球员带球从中点运向对方球门,在球超越对方守门员小禁区延长线之前的任何位置都可以进行射门,但必须保证球始终保持向前滚动,如球出现往回滚动的现象时,则判罚立即失效,罚球结束。

(四)比赛开始和重新开始

1. 开场前通过投掷硬币,由猜中的球队选择进攻方向。
2. 开球是由双方在中点争球开始决定球权,一般比赛开始、进球后在中点争球,如死球、裁判无法判断球的出界是由哪方球队引起的则在离球出界的最近争球点开始争球。双方球员面对面,双脚平行,球拍分别置于球的两侧同等距离处。一般由客队球员选择拍头的摆放位置。裁判员鸣哨前双方球员保持静止,鸣哨后,即可开始争球。
3. 雪地软式曲棍球比赛中可以用脚进行踢球、停球,但是在对方球员触碰到球之前只允许触球一次,且不可直接用脚将球踢进球门。

九、裁判员手势

1. 比赛暂停

一手五指并拢,掌心向下屈臂平举,另一手指向平举手掌心,形成T字形(图8.3)。

2. 争球

双臂前臂胸前保持平行,五指并拢掌心向下(图8.4)。

图 8.3　比赛暂停　　　　　图 8.4　争球

3. 界外球

手臂平举，掌心向下，指向发球方向（图 8.5）。

4. 任意球

手臂平举，掌心向下，指向发球方向（图 8.6）。

图 8.5　界外球　　　　　图 8.6　任意球

5. 有利球

手臂指向有利方，掌心向前（图 8.7）。

6. 点球

双手握拳在头顶交叉（图 8.8）。

第 8 章　雪地软式曲棍球竞赛的组织及竞赛规程

图 8.7　有利球　　　　　图 8.8　点球

7. 延迟判罚/延迟点球判罚

手臂伸直上举,掌心朝前(图 8.9)。

8. 全场禁赛

手臂伸直上举亮红牌(图 8.10)

图 8.9　延迟/延迟点球罚　　　图 8.10　全场禁赛

9. 短时禁赛/个人禁赛

手臂伸直上举,用手指表示禁赛时间,10 分钟个人禁赛单拳紧握示意(图 8.11)

10. 进球

手臂伸直指向球门,再指向中场发球点,掌心朝下(图 8.12)。

11. 比赛继续/进球无效

手臂张开,掌心朝下(图 8.13)。

图 8.11　短时禁赛/个人禁赛

图 8.12　进球

12. 敲杆

单手在另外一只手臂上做敲击动作示意(图 8.14)。

第 8 章　雪地软式曲棍球竞赛的组织及竞赛规程

图 8.13　比赛继续/进球无效　　　　图 8.14　敲杆

13. 压杆

上方手往下做下压动作示意(图 8.15)。

14. 高杆

双手握拳模拟高杆动作示意(图 8.16)。

图 8.15　压杆　　　　图 8.16　高杆

15. 钩人

前臂保持水平,模拟用球杆钩人动作(图 8.17)。

16. 不当胯下动作(把球杆、脚或腿伸入对手两腿之间)

单脚提膝,手掌指向胯下动作示意(图 8.18)。

17. 冲撞

双手握拳相对,拳心朝下(图 8.19)。

图 8.17　钩人

图 8.18　不当胯下动作　　　图 8.19　冲撞

18. 推人

双手模拟推人动作，也可以用单手示意（图 8.20）。

19. 不正当倚靠对手

双手握拳成杯状，拳心朝上，前臂向后做回拉动作（图 8.21）。

20. 拉人

单手握拳，拳心朝下，另一只手抓住手腕（图 8.22）。

21. 干扰比赛

双掌交叉靠近胸前示意（图 8.23）。

第 8 章　雪地软式曲棍球竞赛的组织及竞赛规程

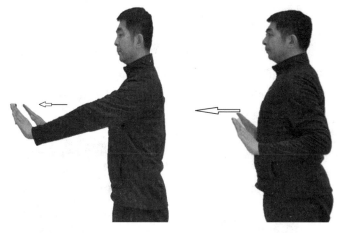

图 8.20　推人

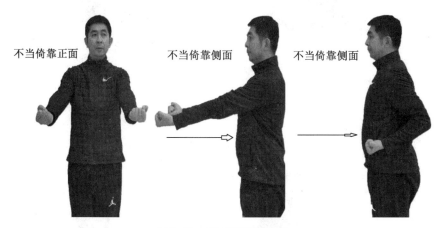

图 8.21　不正当倚靠对手

图 8.22　拉人

图 8.23　干扰比赛

22. 进入守门员区

双掌在头上指尖相对(图8.24)。

23. 守门员发球违例

双臂体前水平放置,掌心相对(图8.25)。

图8.24　进入守门员区　　　图8.25　守门员发球违例

24. 不当踢球

勾脚尖,在脚踝位置高度上模拟踢球动作(图8.26)。

25. 抬脚过高

勾脚尖,在膝盖位置高度上模拟踢球动作(图8.27)。

图8.26　不当踢球　　　图8.27　抬脚过高

第 8 章 雪地软式曲棍球竞赛的组织及竞赛规程

26. 不当距离

前臂垂直,掌心相对,指尖朝上(图 8.28)。

27. 头球

掌心贴在头顶示意(图 8.29)。

图 8.28　不当距离　　　图 8.29　头球

28. 不当跳跃

前臂体前水平放置,掌心朝上,模拟跳跃动作(图 8.30)。

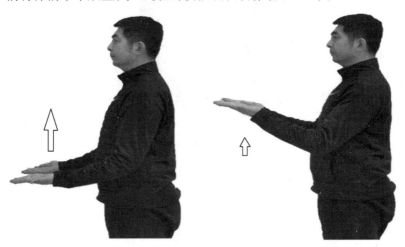

图 8.30　不当跳跃

29. 界外球/任意球发球违例

掌心朝上,指向发球方,前臂向头顶方向挥动(图 8.31)。

雪地软式曲棍球运动

图8.31 界外球/任意球发球违例

30. 躺地击球

掌心朝下,手臂左右移动示意(图8.32)

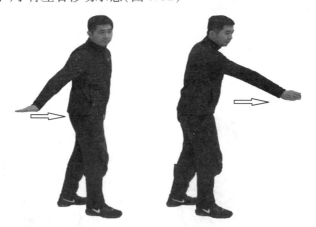

图8.32 躺地击球

31. 手球

掌心朝上,向上方移动示意(图8.33)

32. 不当换人

前臂互相绕环(图8.34)。

33. 故意拖延比赛

手臂伸直上举,伸出食指在上方做绕环(图8.35)。

第 8 章　雪地软式曲棍球竞赛的组织及竞赛规程

图 8.33　手球

图 8.34　不当换人　　图 8.35　故意拖延比赛

34. 行为不端

双手叉腰(图 8.36)。

图 8.36　行为不端

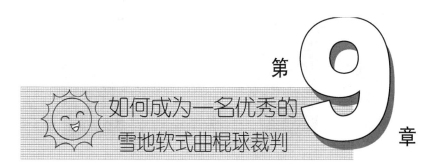

第9章 如何成为一名优秀的雪地软式曲棍球裁判

裁判是指在体育运动竞赛过程中,依据竞赛规程和竞赛规则评定运动员(队)成绩、胜负和名次的人员。裁判既是竞赛中的"执法人员",又是竞赛进行的组织者和领导者。裁判水平的高低直接影响运动员技术、战术的发挥,也直接影响比赛的效果。就雪地软式曲棍球运动而言,裁判是雪地软式曲棍球比赛的重要组成部分,是维护比赛公平进行,维持正常比赛秩序,确保比赛正常进行的保证。裁判是雪地软式曲棍球竞赛规则的执行者,在比赛中具有绝对的权利,同时也担负着维护雪地软式曲棍球竞赛尊严,促进雪地软式曲棍球运动向前发展的重要使命。裁判们在比赛中的执法不受任何国家、组织和个人的意志左右。

随着雪地软式曲棍球运动在全球的快速发展,裁判的社会地位也逐年提高,执法活动也逐渐被人们所认可和理解。雪地软式曲棍球运动水平的高低与裁判的水平密不可分。而且随着雪地软式曲棍球运动朝着速度更快、拼抢更激烈的方向发展,对裁判的执法能力也提出了更高的要求。和运动员一样,裁判也是从零开始,通过大量的实践经验积累,不断提高自己执法水平。没有人可以说自己的裁判水平已达完美,但是每个人都可以说自己一直在进步。本章将从裁判的职业道德、裁判的专业知识、裁判的移动和站位以及裁判的体能测试等几个方面介绍如何成为一名优秀的雪地软式曲棍球裁判。

第9章 如何成为一名优秀的雪地软式曲棍球裁判

 第1节 裁判职业道德

裁判职业道德是指裁判在从事竞赛裁判工作中所要求的道德准则、道德情操与道德品质的总和,它既是对裁判在竞赛活动中的行为要求,同时又是职业对社会所负的道德责任与义务。对于个人来讲,裁判良好的职业道德可以获得信任,从而使自己的工作被人信服,受到尊敬;对于比赛来讲,裁判良好的职业道德能够创造和谐的竞赛环境、维护竞赛秩序和赛风赛纪;对于运动项目本身来讲,裁判的职业道德关系到这项运动的整体形象,影响运动项目的生命力,对促进普及、推动发展、传承文化都起到至关重要的作用。裁判的职业道德主要体现在以下几个方面。

1. 公正

公正是判罚过程中以及当今开展任何一项运动最重要的基石。

2. 诚实

诚实是公平竞赛重要的组成部分,裁判必须对运动、对参赛者、对自己诚实。

诚实对自我而言是非常重要的。裁判应该勇于承认自己的不足,认识到也会犯错,并做出不合理的判罚。球员和教练通常都会给予勇于认错的裁判尊重和较高的评价。勇于承认错误的裁判通常认为,通过错误来进一步提高自己也是一种提高自己业务水平的方法之一。

3. 客观

裁判应该保持客观,这意味着裁判应该要避免与场上球员或比赛有任何经济上的联系,因为这将很大程度上影响执法的客观性。保证比赛或竞赛的公正是裁判的职责。如果自己的行为或举止看上去令人怀疑,也不是那么客观,那么裁判公正性就会受到伤害。赛前、赛中、赛后和队员、教练以及组织者进行一定程度的交流是成功执法比赛的良好保证。

4. 独立

裁判应该不受任何外界事物的干扰,在规则的框架内独立进行执法。

5. 责任

裁判应该知晓自身对整个比赛进程和球员安全所肩负的责任。裁判也应该有能力根据球员的年龄、水平以及比赛的重要程度等情况做好相应的准备工作。裁判也应该记住,对于球员来说,比赛通常是一天或一周时间内最为重要的事情,因此,裁判也应该尊重比赛。负责任的裁判必须接受严格的培训,

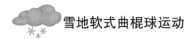

努力提高自身的业务水平,以便能很好地履行裁判工作,同时也意味着一份承诺。裁判应该在赛前精心准备,尽早提前到达赛场。

裁判应该熟知体育竞赛规则和有关安全的要求并严格遵守。裁判也必须熟知雪地软式曲棍球游戏规则,理解相关精神。除此之外,裁判必须有能力阅读比赛,确保球员不会受到伤害,无人能从破坏规则中获益。通过正确的阅读比赛,裁判也应该能保持场上比赛的正常次序。

一名负责的裁判应忠诚于运动项目、比赛的组织者、参与者以及其他裁判,遵守工作条例,认真完成自己的裁判工作。

6. 开放

裁判应该具有开放的眼界,能接受球员、教练、观众以及其他裁判的建设性意见,勇于承认错误并能接受批评。

7. 平等

雪地软式曲棍球运动对所有人都是开放的,不分年龄、性别、种族和国籍都应给予平等的参与机会。平等是公平竞争的一部分。确保比赛公平进行是裁判的本职工作之一,如果比赛中有任何侮辱他人的言行或明显种族主义倾向言行发生,裁判应该立即做出反应制止这种行为并进行警告和其他相应处罚。

雪地软式曲棍球运动在青少年之间广为普及,因此,裁判还有一个重要的角色,即教育者。裁判自己应该深刻了解社会的"游戏规则"并指导队员遵守相应规则,这也是裁判除执法以外提高队员社交能力,改善队员之间关系的任务之一。

总之,公平公正是裁判职业道德的核心,是裁判职业生涯的生命线。

 ## 第 2 节 裁判专业知识

裁判应该掌握所有竞赛规则,完全理解并能很好运用,这是成为一名优秀裁判的基本要求,也是比赛顺利进行的基本保障。此外,赛前对球队有所了解则有利于裁判的执法工作,例如对所要执法两支比赛球队的风格和战术打法,以及两支球队最近一次交锋的具体情况有所了解,将很大程度上帮助裁判顺利开展执法工作。

由于雪地软式曲棍球大量的比赛是在青少年之间进行,因此了解有关儿童和青少年发展的心理和生理特征也显得尤为重要。

第9章　如何成为一名优秀的雪地软式曲棍球裁判

一、裁判的判罚

裁判主要通过比赛中的判罚来体现其掌握专业知识的程度,而判罚的标准则主要通过准确性、一致性和合理性三个指标来衡量。

1. 判罚的准确性

判罚的准确性是指对单一动作性质判断的准确性,它以运动员、教练员、球队工作人员以及官员在球场上和场外的动作、行为是否受规则的保护或违反规则的条款为依据。例如,在比赛中队员发生身体接触时,一方有犯规行为,裁判要根据规则来判定该犯规是合理的身体接触还是一般的犯规;是一般犯规还是严重犯规;是无意犯规还是违反体育道德的犯规。裁判的判罚不能仅凭自我感觉,所有的判罚都要能用规则里相关条款进行解释,这样的判罚才是准确的判罚。

2. 判罚的一致性

判罚尺度的一致性是指裁判在一场比赛中对运动员、教练员、球队工作人员或官员的动作和行为判罚的一致性。一致性部分是指在新情况下做出相似选择的能力,部分是指当类似情况在比赛中发生时以同一种方法对规则进行解读的能力。判罚尺度的一致性是直接关系到裁判临场是否公正的重要指标。判罚尺度的一致性通常要求裁判在比赛中能做到场上两名裁判判罚一致,主场、客场一致,正常比赛一致。如果对于相同的动作判罚的尺度不同,一方面运动员会无所适从,导致比赛的混乱,另一方面判罚尺度的不一致在客观上也会导致一方获利、一方利益受损,从而造成比赛不公。因此,要求裁判对于相同的动作、行为必须要有相同的判罚尺度。裁判行为的一致性也有助于增强裁判运用规则的自信心,提高比赛执法过程中解决不同问题的能力。

3. 判罚的合理性

判罚尺度的合理性是指裁判的判罚应该符合雪地软式曲棍球运动的精神,适应雪地软式曲棍球运动发展的需要,适应观众欣赏比赛的需要,保证雪地软式曲棍球比赛精彩、激烈、公平、有序、完整、流畅。裁判要掌握好判罚的合理性就必须通过大量的实践合理运用规则,而不是简单成为规则的执行者。

二、裁判必须知晓的规则

雪地软式曲棍球裁判必须熟知所有竞赛规则,必须知道在比赛中如何诠释和应用这些规则。除了竞赛规则以外,裁判还必须知道有效的国际比赛相

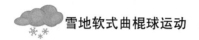

关知识,了解记录员工作的具体内容以及如何填写比赛记录表。由于不同国家协会之间的竞赛规则和比赛记录表会有不同,因此,本书所记录的不代表全部。

1. 比赛场地

(1)整个雪地软式曲棍球比赛场地主要由界墙围起区域、场地内各标志线(点)、球门、替补席区域、记录台和禁赛席等组成。图9.1所示是标准的国际比赛场地示意图。

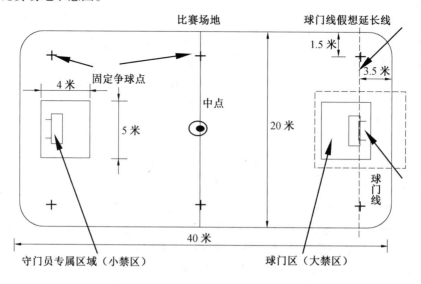

图9.1 国际比赛场地示意图

(2)记录台、禁赛席位(阴影P)以及替补席(其他阴影部分)的位置分布,如图9.2所示。如果比赛由于球场的原因,替补席和记录台要放在同一侧,则双方替补席和记录台之间至少间隔2米,则如图9.3所示。

2. 比赛时间

(1)常规时间。

整场比赛分为三节,每节20分钟,每节中间休息10分钟,或者分为三节,每节15分钟,每节中间休息2分钟,或者分为两节,每节15分钟。

休息时间从每节比赛结束立即开始计时,球队必须做好准备在休息时间结束立即准时进入球场继续比赛。比赛开始前,主队拥有挑边权。如果在第三节比赛中间双方球队要进行换边,则在第三节比赛开始前进行挑边。

第 9 章　如何成为一名优秀的雪地软式曲棍球裁判

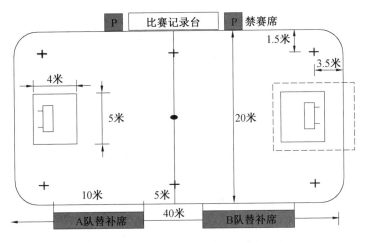

图 9.2　记录台、禁赛席以及替补席位置分布

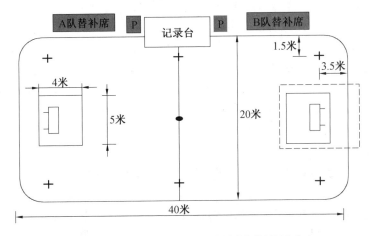

图 9.3　记录台、禁赛席以及替补席同侧位置分布

（2）有效时间的相关规定。

每次裁判鸣哨，比赛时间应该暂停直至比赛重新开始，球开始滚动时重新开始计时。

当比赛因为以下几种意外事件中断时，裁判要鸣哨三次并加以手势示意比赛暂停进行。

球损坏、界墙分离、检查器材、未经授权的人或物体进入场地、受伤、灯光部分或者全部熄灭、非正常比赛结束哨声响起。

正式比赛中，常规比赛时间的最后三分钟通常为有效时间，即裁判鸣哨，比赛时间暂停。

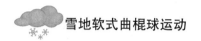

①非有效时间的相关规定。

如果是在非有效时间,出现下列情况时,比赛时间也应该要暂停:

进球、个人处罚、罚点球、暂停、裁判因非正常因素鸣哨三次示意中断比赛。

②加时相关规定。

如果比赛必须决出胜负,且双方在常规时间内达成平局,此时就要进行加时赛。加时通常为10分钟,不分上下半场,如果有球队进球得分则比赛立即结束。在进行加时赛前,双方球队有2分钟短暂休息,两队不换边。

加时开始和结束时间适用常规时间规则。球员如果在常规时间正在执行个人禁赛处罚,所受处罚继续带入加时赛。被禁赛球员在常规时间和加时之间的休息期不得离开禁赛席。

③暂停相关规定。

在比赛期间每支球队都有权利要求一次暂停。暂停可以由队长或者球队工作人员在比赛的任何时候提出,包括进球后或者点球判罚,但加时赛点球判罚除外。如果在比赛中断期间要求暂停,可以立即执行,但是如果裁判认为暂停可能会造成对方球队不利,则这次暂停要求可以在下一次比赛中断时执行。

此外,除进球后,球队要求撤销暂停请求被允许之外,已经请求过的暂停一定要执行。并且,被禁赛队员不得参与暂停期间球队的任何活动。

暂停时间为30秒,裁判鸣哨示意暂停开始和结束。

3. 球员

球员按照各自功能分为守门员、场员、球队队长和替补队员。

(1)球员。

每支球队最多允许20名球员参赛,球员可以是场上球员或守门员。

只有在比赛报名表上登记注册过的球员才被允许上场比赛或者出现在替补席。

比赛当中,每支球队至少有6名球员上场比赛,其中包括一名守门员或者6名全是场上球员。但是在比赛第一节正式开始时,每支球队至少有5名场上球员和1名穿好装备的守门员出现在球场,裁判才可鸣哨开赛。

比赛进行期间,每支球队至少保证4名球员在场上进行比赛。如果有弃赛情况出现,则最终比分为5比0,弃权方为0。

(2)守门员。

守门员必须穿上专用装备,戴上头盔不得使用球杆,在比赛报名表名单后面有字母"G"标注。

比赛进行期间,守门员如果离开守门员区域(大禁区),则被认为等同于

第9章 如何成为一名优秀的雪地软式曲棍球裁判

场员,不享有守门员相应权利。离开守门员区域是指身体任何部位和守门员区域标志线没有接触,标志线也属于守门员区域,在守门员区域允许守门员双脚离地接球。。

如果守门员被判罚禁赛,球队队长可以挑选一名没有受罚的场员代替守门员接受处罚。

如果守门员受伤,最多给予球队三分钟时间更换守门员,包括换装时间。

所有守门员必须在报名表上予以标识,并且,比赛进行期间,报名为守门员的不得转换为持球杆的场员。

如果球队没有替补守门员,在守门员受伤或者被判罚球队2分钟禁赛+个人10分钟禁赛或5分钟禁赛或全场禁赛类型1或全场禁赛类型2或全场禁赛类型3时,可以由场员来替换守门员,但是替换时间只有3分钟,包括换装,没有热身时间。

(3)场员。

最多20人,6人同时上场(5+1),换人不限制。

场员必须统一着装。如果裁判觉得双方球队颜色相近,容易引起混乱,则客队更换队服。所有运动员必须穿运动鞋。

队长应该佩戴队长袖标并且在报名表上名字后面标注"C"。球员不允许佩戴可能会引起运动伤害的个人饰品。

球员的球杆和拍头必须有IFF认证标志且拍头不可锋利,弧度不可超过30毫米,拍头和杆体必须是同一品牌。

①替补队员

雪地软式曲棍球独特的规则之一即在一场比赛中可以在任何时间进行不限次数的人员更换。但是,换人只可在本方替补席进行。

替补人员必须在下场球员迈出界墙后才可进入场地。

如果球员是因为受伤被替换下场,则必须在比赛中断期间才可进行。

②球队队长。

每支球队必须有一名队长,并在比赛报名表上予以标识,球队队长必须佩戴队长袖标。

只有队长有权和裁判进行沟通,并且队长有义务协助裁判维持好比赛秩序。

被判罚个人禁赛的队长丧失和裁判进行沟通的权利,除非裁判主动找其沟通。

③球队工作人员。

每支球队最多配备5名工作人员,工作人员必须在比赛报名表上进行注册方可进入自己球队替补席工作。

没有裁判允许,球队工作人员不得进入比赛场地,暂停期间除外。教练指导只能在本方替补席进行。

如果球队工作人员同时也被注册为场上队员,则其在替补席所发生的任何犯规行为都将被认为是以球员身份所为,依据规则进行相应的处罚。

赛前,球队工作人员要在比赛记录表上签名确认相关信息无误。比赛开始之后,除球员号码错误以外,一律不得更改。如果球员的号码在球队递交的报名表上是正确的,但是在比赛记录表上填写错误,责任由在比赛记录表上签名确认的本方球队承担,球队会因此受到相应的处罚。

裁判鸣哨前,允许对比赛记录表进行修改,但是修改前必须告知裁判。

4. 裁判

(1)场上裁判人数。

一场正规比赛应该由两名具有同等执法权的裁判来进行执法,而且根据竞赛规则,如果比赛中出现可能导致比赛无法继续进行的错误时,裁判有权停止比赛。

(2)裁判着装。

裁判应该身着裁判专用服装、黑色裤子以及黑色雪地鞋(图9.4)。

图9.4 裁判着装

(3)裁判装备。

塑料中等型号哨子、检查设备以及红牌。

5. 记录员

记录员在比赛中必须保持中立,并主要承担记录、比赛计时、计分的职责,有时还承担主持人的职责。

第9章　如何成为一名优秀的雪地软式曲棍球裁判

记录员必须在比赛开始前准备好所有进行相关工作所需要的器材和设备。

6. 比赛所需装备

雪地软式曲棍球比赛中使用的所有器材和装备都必须通过 IFF 认证并张贴相应标识。在官方的正式比赛中，只允许使用通过 IFF 认证并贴有相应标识的球杆、球、界墙、球门以及守门员头盔。如果球员装备不符合规则要求，裁判有权禁止该球员参赛，直到其纠正了相应的错误。

（1）场员着装。

所有场上球员必须身着统一的服装、雪地鞋。如果裁判认为双方球队衣服颜色相近，可能会对判罚产生影响，则由客队进行换装。

所有在比赛记录表上登记过的球员必须身着统一的队服，替补席上的球员允许加穿一件训练用背心。

可以使用没有打结的头箍，但不可身着任何危险的服装或者佩戴任何有危险的佩饰。

如果身着错误号码服装的运动员上场比赛，将对比赛记录表进行修改，此种犯规也将被报告至主办方管理层。

所有的运动服都应该用不同的号码（1～99 之间）进行标识，其中 1 号为守门员专用号码

所有球员都应该穿室外场地雪地运动鞋。

比赛中如果球员的一只或两只球鞋脱落，在比赛中断前可以继续进行比赛。

（2）守门员着装。

守门员必须身着守门员专用上衣和长裤。

（3）守门员装备。

守门员不得使用球杆，必须佩戴符合 IFF 要求并相应认证标识的头盔。

不得使用任何能额外增加防守面积的特殊装备，比如加宽的护肩等。允许使用头盔和细的护肘。

不允许使用任何形式具有黏性和更大摩擦力的手套，球网上方或者球网里面不得摆放任何物品。

（4）球员个人其他装备。

球员不得使用任何可能引起伤害事故的饰品，包括个人防护用品和医疗装置、手表、耳环等，但是通过书面形式报告至组委会并获得准许的除外，允许戴帽子。

具体哪些饰品具有危险性由当值裁判来认定。

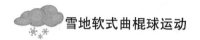 雪地软式曲棍球运动

(5)球和球杆。

球必须通过中国曲棍球协会软式曲棍球委员会认证并在球表面进行标识,球的表面应该用非荧光单色涂抹,内部也不允许用荧光材质涂抹。

球杆也应该通过国际雪地软式曲棍球联合会认证并在杆体做相应标识,只允许对球杆进行缩短,不得进行任何其他形式的改动。

如果拍头和球杆属于同一品牌并且通过IFF认证,可以更换拍头。球杆只允许在手柄标志线以上部位缠绕手胶,官方标志不得覆盖。

拍头不能锋利,拍头凹处最深处与拍头两端水平线之间的距离不能超过3厘米,只允许对拍头弧度进行调整,不得进行任何其他形式的改动。允许对拍头和球杆的连接处进行胶带加固。拍头可见部分最多可以进行不超过1厘米的覆盖。

7. 有关设备器材的检查

有关器材是否合乎规定由裁判来进行判定,器材可以在比赛开始前,也可以在比赛进行中检查。开赛前如果发现有不符合规定的器材必须进行更换。比赛进行中如果发现不符合规定的器材将会受到相应的处罚。

除了个人装备和球杆方面较小的缺陷以外,每场比赛有关球员着装和队长袖标方面的处罚只能进行一次,所有不符合规定的设备都将写入比赛报告。

球队队长可以要求对拍头以及拍头和球杆连接处进行检查。球队队长也可以指出对手器材装备等其他方面的错误。如果队长提出其他方面检查的请求时,由裁判决定是否同意其请求。

队长可以在任何时候要求进行器材检查,但是具体检查必须在比赛中断时进行。如果队长是在比赛中断时请求进行器材检查,裁判应该立刻进行检查,但如果这次检查会对球队产生较大负面影响,则在下一次比赛中断时进行。

每次比赛中断间隙只可对一支球队进行检查。检查时,只允许双方队长和被检查球员在记录台。

8. 点球决胜负相关规定

如果比赛必须决出胜负,且双方在比赛中战成平局,则采用点球决胜负。每支队伍选出五名球员按顺序依次进行罚球。罚球前,裁判组织双方队长进行抽签决定两支球队罚球的先后顺序,当值裁判决定使用哪个球门进行罚点球。

球队队长或球队工作人员填写本队参与罚球的五名球员名单并交给裁判和记录员。裁判负责罚球球员的正确排序。

只要不是被全场禁赛的球员都可以参与罚点球,包括被短时禁赛的球员。

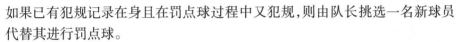

第9章 如何成为一名优秀的雪地软式曲棍球裁判

如果已有犯规记录在身且在罚点球过程中又犯规,则由队长挑选一名新球员代替其进行罚点球。

如果守门员在罚球过程中犯规,则由替补守门员代替。如果没有替补守门员,则给予球队最多3分钟时间选择一名在报名表上没注册为守门员的球员做守门员,且没有准备活动时间。比赛中已报名表上注册为守门员的队员则可以进行多次替换。

如果五名球员都罚完点球之后,比分依旧相同,则由这五名球员再进行额外的加罚直至比分出现不同,罚球结束。点球加罚期间,球员罚球顺序可以不同。当所有参加罚点球的球员都已进行过两轮罚球,同一名球员才可以进行第三次罚球。

一支球队如果无法选送五名球员进行罚球,则只能按照报送人数进行相应次数的罚球,这项规则同样适用于加罚期间。加罚期间,采用一球定胜负的规则,哪一方取得一球领先则该球队获胜。

如果即将参加罚点球或已经罚过点球的球员不在比赛报名表名单中,但却在参加罚点球球员名单上,这是执法过程中的一个错误。一经发现,球队应该立即将该球员替换下场,如果已经产生进球则该进球无效。裁判必须将完整事件写入比赛报告中。

如果登记参加罚点球的球员与报名表上一致,但该球员却不在现场或因某种原因无法出席,比如受伤。球队可以用其他球员替换。裁判也应该将该事件写入比赛报告。

三、固定位置发球

固定位置发球主要是指比赛中一方球队发球或双方球队争球时,将球固定在某一特定的位置,然后将球击打出去或双方同时争球的过程。根据比赛现场的具体情况主要有争球、界外球、任意球以及点球四种形式。

当需要进行固定点发球时,裁判进行鸣哨并根据不同情况,做出相应的手势,指明具体的发球地点。不是特别严重的犯规,也可以只鸣哨,然后示意发球地点即可。

严格意义上来说,只有在球放置在正确的位置上并完全静止时才可进行发球,但是如果裁判认为比赛不受影响,球没有完全静止或没有完全在正确的位置上也可进行发球。

进行各种固定位置发球时不可无理由进行拖延。至于何种行为可认定为故意拖延时间,则由当值裁判来判断。如果发球被故意拖延,裁判应该在发现

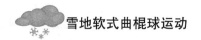

队员有故意拖延比赛的行为之前及时进行制止。

1. 争球

(1) 争球时的具体要求。

比赛重新进行时从中点开始争球,这是确认进球有效的一种方式。争球时,每支球队所有成员必须处在本方半场。加时赛、决定比赛胜负最后一次罚点球或整场比赛即将结束时进球得分无须再回到中场重新进行争球。

比赛意外被中断,且双方都没有犯规,此时要进行争球。在比赛中断之时离球最近的争球点进行争球。

除参与争球队员外,所有其他球员必须离球至少 3 米距离,这个距离包括球杆离球的距离。争球前,裁判应该确认双方球队的准备情况,所有人就位后即可开始鸣哨开球。

一般而言,除进球以外,当非正常情况发生或比赛意外被中断且双方都没有犯规时,双方就要进行争球。

(2) 如何争球。

参与争球的队员面朝对方半场站立,身体不得有任何接触,双脚与中线垂直并于中线保持同等距离。双手保持正确的握杆姿势,握在球杆底端的手不可超越手胶标志线。拍头与中线垂直摆放。球放在双方球员拍头中间且和拍头无接触。

如果不是在中线位置上进行争球,则由防守球员优先选择拍头摆放位置。在中线位置上的争球,则由客队优先选择拍头摆放的位置。队员应该遵守裁判的指示,裁判可以根据具体情况做出改变的要求。

争球可以直接产生进球并得分。

(3) 导致出现争球的事件。

球被无意损坏;球已无法适应正常的比赛;界墙分离,而此时球恰好移动到分离处;球门被无意移动且在一定时间内无法复位,此时守门员有义务将球门复位;发生严重伤害事故,或怀疑有可能发生严重伤害事故也应该立即中断比赛进行确认。

比赛中发生意外事件,例如未经授权的人员或其他物体出现在场地当中,灯光突然部分或全部熄灭,终场哨音错误响起,裁判被球击中且对比赛继续进行产生重大影响。

比赛中发生非自然现象,例如,当球无意中击中替补席球员的球杆,且当球击中球杆时,这名替补球员的球杆部分在场地内。如果发生这种情况裁判必须告知球队,如果第二次出现这种现象,该球队将会以多人参赛的名义被判罚。如果有球故意从替补席中打出,将被认定为故意干扰比赛。

第9章　如何成为一名优秀的雪地软式曲棍球裁判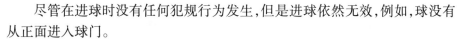

尽管在进球时没有任何犯规行为发生,但是进球依然无效,例如,球没有从正面进入球门。

罚失点球时,也包括罚点球时犯规。

执行延迟判罚,即当犯规方获得球权并控制球或裁判认为没有犯规方故意拖延比赛。

对球场以外的犯规行为进行判罚,包括被禁赛球员在禁赛期未满时进入场地。

裁判无法判定是界外球还是任意球时,也包括球队双方同时犯规时。

裁判的判罚决定错误时。

2. 界外球

比赛进行中,如果球飞出界墙以外、击中天花板或界墙上方的物体时,或当队员用球杆将球从球网上移出时,没有碰到球只碰到球网,此时就都要发界外球。

界外球由非犯规方进行发球,所谓犯规方是指该球队球员或者球员的器材在球飞出界墙之前最后一个触碰到球。

(1)如何发界外球。

发界外球时,从球飞离界墙处且离开界墙1.5米的位置开始发球,使用球杆直接进行击打,不准使用拍头直接拖球、拨球或挑球。

球员发球后,在球接触到任何其他球员或球员的器材之前不得再次进行击球。

(2)具体要求。

发球时,防守球员必须立即离球3米的距离,包括球杆的距离。

如果比赛不受影响,球不必完全静止或放置在完全正确的地方即可进行发球。

(3)特殊规定。

如图9.5所示,当球从球门线假想延长线之后任意位置飞出界墙,则在底角两个固定发球点发界外球,不可在球门线假想延长线后面其他地方发界外球。必须在离球出界最近的球门线假想延长线上的固定发球点进行发球。

发界外球时可以在离出界最近的争球点进行发球。

3. 任意球

任意球是指比赛中,当有一方球队犯规后由对方进行发球重新开始比赛的方法。雪地软式曲棍球运动中,所有任意球都可以直接进行射门,也可以先进行传球再组织进攻射门。

当裁判吹罚任意球时,应该快速移动至犯规处,清晰指出发球点,给非犯

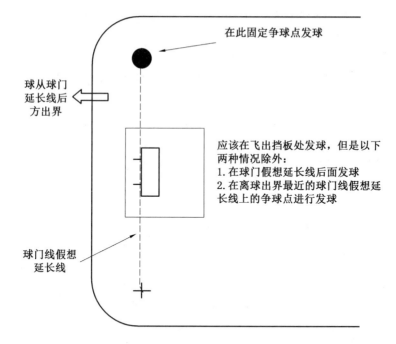

图 9.5　界外球特殊规定

规方创造快速开球的机会。

（1）如何发任意球。

发任意球时，必须在犯规发生地进行发球，球员必须使用球杆清晰击打球，不准直接拖球、拨球或挑球。

球员发球后，在球接触到任何其他球员或球员的器材之前不得再次进行击球。

（2）具体要求。

发任意球时，防守方必须立即离开发球点 3 米距离，包括球杆的距离。在比赛不受影响的情况下，不必等球完全静止或放置在正确的位置上即可发球。

不可在球门线假想延长线后面发任意球，如果在球门线假想延长线后面发生犯规被判罚任意球，则在离犯规地点最近的底角争球点进行发球。

如果犯规地点离界墙不足 1.5 米，发球点必须移至 1.5 米以外。

如图 9.6 所示，任意球发球点离小禁区不得少于 3.5 米。

允许进攻球员站在防守方防线前面，但是如果进攻方阻挡防守方组成人墙，则判定进攻方犯规，由防守方发任意球。

（3）特殊规定。

有利原则的充分运用。有利原则是指当犯规行为发生时，非犯规方仍然

第 9 章　如何成为一名优秀的雪地软式曲棍球裁判

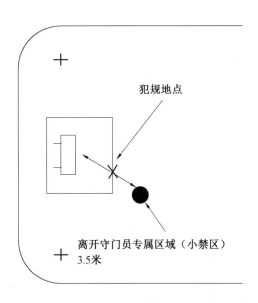

图 9.6　任意球发球点离小禁区不得少于 3.5 米

掌握控球权并且处于比发任意球还要有利的位置,裁判有权让比赛继续进行。如果非犯规方丢失控球权,比赛被中断,裁判仍然可以判罚任意球,在原来犯规的位置由非犯规方进行发球。

当裁判执行有利原则时,必须做出明确的手势,让大家知晓比赛继续进行。

利用有利原则的两个基本原则:如果犯规时,非犯规方开展进攻且球处在最佳攻击区域,比赛继续,如果球转移至角落,则罚任意球;如果非犯规方在防守,球在防守安全区域,比赛继续,如果球转移至危险区域,则罚任意球。

(4)导致被判罚任意球的行为。

球员击打、钩、挑、压对手的球杆,但在击完球后击打到对手球杆,不算犯规。

拉住对手或者对手的球杆。

击球前,球员引杆高度或击球后挥杆高度超过腰部,但是如果球员附近没有其他人或者不会产生危险,则可以不进行判罚,但是这个高度也必须在合理范围之内。空中击球更不被允许。

球员使用球杆的任何部位或者脚在膝盖以上部位击球或者试图击球也将被判罚任意球,但是,在没有危险的情况下,允许用大腿停球。

球员将球杆、脚或者大腿深入对手大腿或者两脚之间。

持球球员或无球球员在非肩部对肩部情况下压迫或挤压对手。

持球球员或无球球员紧靠对手故意后退挤压或阻挡对手。

在发任意球时,进攻方球员站在防线前故意阻挡防守方组成人墙。如果进攻球员的双脚在守门员专属区域(小禁区)以外,但是身体例如后背故意阻挡防守方守门员的移动,将被判罚任意球。球员不允许站在守门员专属区域内。

场员在球被任意一名其他场员或者场员的器材触碰之前,故意用脚连续两次触球。

球员不得进入守门员专属区域,但是场员可以在不影响比赛和阻挡守门员的前提下,快速通过守门员专属区域。场员的球杆也可以进入守门员专属区域。

如果防守方球员在对方发任意球时身处守门员专属区域则将被判罚点球。小禁区标志线也属于守门员区域。击球时进攻或防守球员脚踩标志线也犯规。

场上球员故意移动对方球门。

场上球员被动阻挡了守门员发球:被动主要是指场员无意中或疏忽阻挡了守门员的发球以及在守门员区域内或离开守门员拿球地点少于3米时阻挡了守门员的发球。

场上球员跳起来停球,双脚离地,身体阻挡球,但如果球在膝盖以下,允许在跳起时用球杆击球。

场上球员在界墙外击球将被判罚任意球,如果是在进行人员替换时发生的,则会被认为是多人参赛。如果是替补球员直接在替补席区域进行击球,则将被认为是干扰比赛。

发球期间,守门员完全离开守门员区域。当守门员在守门员区域接住球但是身体继续滑行并完全离开守门员区域也将被判罚任意球。

守门员将球踢过或抛过中线,即球的第一落点在对方半场。

在争球、界外球或发任意球时违例或故意拖延比赛。

守门员持球超过3秒。守门员将球拿在手上或故意摆出某种姿势,从而使对方球队无法在规则允许下击球的行为被认为是守门员完全控制住球。如果球没有在守门员的手上,而是将球放在地上,允许超过3秒钟。

球员故意拖延比赛,例如,为了阻挡对手抢球,球员依靠在界墙或球门上。

守门员接本方球员回传球。接回传球是指守门员用手或者手臂触碰到本方球员的回传球,包括守门员用身体的任何部位触碰或停止本方球员的传球。如果守门员在守门员区域以外,则被认为是场员可以根据相应规则接本方队友传接。传球给守门员不是一种进球得分情况,因此不会被判罚点球。

第9章 如何成为一名优秀的雪地软式曲棍球裁判

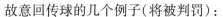

故意回传球的几个例子(将被判罚):

①本方球员故意将球留在靠近守门员的地方,例如球门后方、守门员专属区域等位置;

②守门员将球从本方球员拍头拿起,特别是当该球员带球跑向靠近守门员专属区域的时候;

③守门员在本方两名球员相互传球时且传球路线通过守门员区域时,切断传球路线,将球拿下;

④本方球员通过将球打向界墙,利用反弹将球传给守门员;

⑤本方球员用身体某一部位将球传给守门员。

非故意传球的几个例子(不会被判罚):

①球弹在本方球员身上而由守门员获取;

②当本方后卫和对方前锋争球且后卫控制住球时,守门员从两者之间获得球;

③双方球员在固定点进行争球时,球被本方球员击打至守门员处。

4. 点球

当进攻方进球趋势因犯规行为被中断或阻止时,当防守球员在对方球员罚任意球且球已经飞向本方球门时站在本方守门员专属区域(小禁区),当进攻方在即将进球得分期间,防守球员故意移动本方队员门柱,当进攻方在即将形成进球时,防守方故意使用超过比赛上场人数限制的球员时,防守方将被判罚点球。

裁判鸣哨示意罚点球开始、结束以及进行下一次罚点球。

裁判可以对正在罚点球的球员和正在守门的守门员做出任何形式的处罚,但是对于其他球员和官员,裁判只能以干扰比赛的缘由进行处罚。

(1)如何罚点球。

球员带球从中场中点开始,用球杆带球往球门方向前行,始终保持球在运动状态。此时,守门员从球门线位置开始进行移动。球员可以在任何位置进行射门,守门员也可以在守门员区域的任何位置移动,直至对方射门结束。

(2)具体要求。

罚点球期间,所有其他球员必须待在各自替补席或禁赛席。

当守门员触球后,罚球的球员将不能再触球。

如果球击中球门弹到守门员身上然后再进入球网,进球有效。

在整个罚点球过程中,球员可以不限次数的触球,但是必须保证球在向前方滚动。

如果在罚点球最早期球有往回滚动的趋势,则重新开始点球判罚,但是之后,如果球有回滚动作,则此次罚球立即结束。最早期一般是指第一次触球。

(3)特殊规定。

守门员不能由场上球员来替换。

如果在罚点球期间,守门员犯规可以追加判罚点球并对犯规行为进行相应的个人处罚。

如果进攻方另外一名球员犯规,也可追加点球判罚,这种行为会被认为是干扰比赛。

在罚点球过程中如果有球员犯规并导致被禁赛2分钟,如果点球未罚进,则这次犯规应该被写进比赛记录当中。罚点球过程中,被禁赛球员应该坐在禁赛席位上。

延迟点球判罚:

当对方球队犯规将被判罚点球,非犯规方仍然控制球并即将形成进球时,可以采用延迟点球判罚。延迟点球判罚意味着非犯规方会将被最大限度地给予继续进攻机会直至这次进攻射门结束。

延迟点球判罚可以在一个阶段比赛结束后或整场比赛结束后执行。

如果防守方犯规将被判罚延迟罚点球,如果在此期间,非犯规方通过正常途径进球得分,则进球有效且延迟点球判罚取消。

(4)导致被判罚点球的行为。

防守方球员在对方进球即将形成时,故意移动球门。

防守方球员在对方进球即将形成时,故意多人上场比赛。

对方形成射门时,防守球员站在本方守门员专属区域(小禁区)内或者球门被从初始位置移动到其他地方。

当对方发任意球进行直接射门时,防守球员没有按照规定进行合理站位。

四、处罚

比赛中,球员的某种行为被确认为犯规行为将会被判处相应的处罚。根据不同的情况,由该球员接受处罚或场上其他没有被处罚的球员代替其接受相应的处罚。

1.处罚的一般原则

裁判无法指出具体哪位球员犯规或者犯规行为是由球队工作人员引起的,则由该球队队长选择一名没有受罚的场上球员接受处罚。

如果球队队长拒绝指定一名本方球员接受处罚或者是队长本人被处罚,则由裁判指定一名球员接受处罚。

第9章　如何成为一名优秀的雪地软式曲棍球裁判

如果判罚是由和比赛相关的犯规所引起的,则非犯规方将获得发任意球的机会。如果判罚是由和比赛无关的犯规所引起的,那么比赛从争球重新开始。如果判罚是由比赛中断期间的犯规引起的,那么比赛从比赛中断前的状态重新开始。

和比赛无关的犯规：

①犯规发生在球场外,例如替补席,类似这种和场内比赛进程无关的犯规行为。

②和球员在场上人数相关或不正当替换行为也被认为是和场内比赛进程无关的犯规行为。但是,当由于这些犯规而导致进球被阻碍,则非犯规方将获得罚点球的机会。

被禁赛处罚的球员在整个禁赛期都应该坐在禁赛席。执行禁赛处罚的队员,在禁赛期满后可以立即离开禁赛席,但是当受多个球队多个禁赛处罚限制或仅仅是个人禁赛期满时不得离开禁赛席。

加时赛期间,球员所受禁赛处罚延续,但是比赛结束时,所有处罚立即结束。

在每两节比赛间隙,被禁赛球员可以离开禁赛席,但是不能参加球队暂停期间、常规时间和加时之间短暂休息时的各种活动。

守门员禁赛期满,则必须在比赛中断时才可以离开禁赛席。如果被禁赛球员受伤,可以由没有受罚的球员来代替其接受禁赛处罚,而且必须在比赛记录表上做好相应记录,例如在球员号码后面进行标注。如果由于记录员的错误导致被禁赛球员提前离开禁赛席,但是在禁赛期内,及时发现后,该球员应该回到禁赛席继续接受剩下时间的禁赛处罚。

因受伤而由其他球员替换进入禁赛席接受禁赛处罚的球员在替换其接受处罚的球员禁赛期满之前不得进入比赛场地。并且在球队有多个禁赛处罚或个人禁赛处罚没有完成前,替换者也不能在禁赛期满之后比赛中断时进入场地。

如果受伤球员在禁赛期间恢复健康,可以在比赛中断时进入禁赛席换回原来的替换者接受处罚。但是必须先获得裁判的许可,此时原替换者可以离开禁赛席。

2. 延迟处罚

所有的禁赛处罚都可以延迟进行,包括全场禁赛。当球员犯规将被判罚禁赛处罚时,非犯规方仍然控制球,此时可以使用延迟禁赛处罚。原则上,一次只允许一个延迟禁赛处罚,但当进球趋势已然形成,可以允许第二个延迟禁赛处罚。

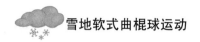

延迟处罚应该在一个阶段或一场比赛结束之后执行。如果在延迟处罚期间,犯规方获得球权,则比赛重新争球开始。

延迟处罚期间,如果非犯规方取得进球,进球有效,如果犯规方被判罚 2 分钟禁赛的延迟处罚,此时延迟处罚可以取消,其他处罚不受影响。如果犯规方取得进球,则进球无效,比赛重新争球开始。如果进球是由非犯规方自己打进的乌龙球,则进球有效。

3. 守门员被处罚的相关规定

当守门员犯规被判罚一个或数个 2 分钟禁赛时,球队队长可以选择一名没有受罚的场员代替守门员进入禁赛席接受禁赛处罚。

当守门员犯规被判罚 5 分钟禁赛或者个人禁赛处罚时,必须由该守门员本人执行禁赛处罚。

当守门员被判罚禁赛并执行禁赛处罚且球队又没有替补守门员时,可以由场员来替换其进行守门,但是替换时间只有 3 分钟,在这 3 分钟时间内不得进行热身。

守门员禁赛结束后不可直接进入场地,必须等比赛中断时才可进入场地。

比赛中断时,裁判应该和记录员一起及时帮助禁赛期满的守门员离开禁赛席进入场地参加比赛。

4. 处罚的类型。

(1)球队禁赛处罚。

球队禁赛处罚是指球员在比赛中因犯规被判处禁赛,此禁赛判罚可以由犯规球员自己执行,也可以由球队其他球员代替执行。主要有 2 分钟禁赛和 5 分钟禁赛两种。

当球员由于过度兴奋,其采取的以获得更大利益为主要目的,且行为具有不可控性、不可预见性并有可能对其他球员造成伤害的犯规行为时,将判罚球队 2 分钟禁赛。

当球员犯规行为与比赛本身已经没有多大关系,其危害性可以预见,并且故意采用不公平竞争手段时,球队将被判罚 5 分钟禁赛处罚。

在球队被禁赛处罚期间,上场比赛的球员人数将少于对方。

由于被处罚的球员在禁赛期间不能上场,禁赛处罚会对整支球队造成一定影响。

一名球员只能同时接受一次球队禁赛处罚,一支球队一次只能接受两次球队禁赛处罚。如果球队被判罚多次禁赛处罚,则按照判罚的先后顺序执行相应判罚。

如果一支球队已有一次球队禁赛处罚正在执行,而此时又被判罚两次及

第9章　如何成为一名优秀的雪地软式曲棍球裁判

以上的禁赛处罚时,由球队队长决定先执行哪个处罚,通常是先执行时间更短的禁赛处罚。

如果球队同时有两人以上在执行禁赛处罚,球场上至少保留4名球员参加比赛。如有球员禁赛期满,必须等到比赛中断时才能进入球场。裁判和记录员应该在比赛中断时尽快帮助被禁赛球员进入场地重新参加比赛。

如果球员在禁赛席执行禁赛处罚的同时,又因犯规再次被禁赛处罚,则该球员应该连续接受相应的禁赛处罚。该球员再次犯规之前,球队已经领受了另外一个球队禁赛处罚且该禁赛处罚还没有开始执行时,不必连续接受禁赛处罚。

如果球员被判罚个人禁赛处罚,则必须在球队禁赛处罚结束或终止之后才可接受个人禁赛处罚。

如果球员在接受2分钟禁赛处罚期间,对方球队进球得分,则该次2分钟禁赛处罚立即结束,但当对方球队处于人数占优或者与本方球队人数相等的情况下,该禁赛处罚继续进行直至结束。如果一支球队有多次2分钟禁赛处罚,则按执行处罚顺序先后终止。

(2)导致被判罚球队2分钟禁赛处罚的行为。

球员在争球时为获取更大利益,或在没有可能触到球的情况下,击打、压制、挑起和踢对手的球杆。球员抱住对手或对手的球杆。

场上球员击球时,球杆的任何部分超过腰部高度或者踢球时,脚部超过腰部高度

球员使用球杆做出危险动作,包括挥杆和向后引杆时不加控制,拿起球杆超过对手头部等。

压迫或推搡对手倚靠在界墙或球门上,如果在球场中间推搡球员会被判罚任意球。

阻挡或绊倒对手。

当球队队长提出要检查对手拍头弧度以及拍头和球杆连接处是否符合规则要求时,检查结束没有发现问题。

球员没有携带球杆参加比赛。

球员从其他地方而不是本方替补席拿球杆。

球员没有将自己断裂或者掉在地上的球杆捡起来放入替补席。

球员故意阻挡对方无球队员,但如果球员背向对手试图移动至更佳的位置而阻碍了进攻球员行进方向,一般只会被判罚任意球。

球员主动阻挡干扰守门员发球。主动是指跟随守门员进行相应移动或试图用球杆去够球,只有当场员处在守门员区域或在离守门员控球位置3米以

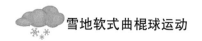

内进行干扰守门员发球才会被处罚。

防守球员在对方发界外球或任意球时违反了至少离开 3 米的规则,这 3 米包括了球杆离球的距离。

场员躺在地上或坐在地上停球或击球,双膝着地或一只手着地时停球或击球,握杆手除外。

场员用手、手臂或者头部停球或击球。

替补程序不恰当。

在新球员进场之前,下场球员必须在往外跨越界墙的过程中或完全跨出界墙(一般只有在比赛受到明显影响时才会被处罚)。在比赛中断时,没有在本方替补席进行更换球员也将被处罚。

场内出现多于竞赛规则规定的人数时。

当球无意中击中替补席球员的球杆,并且这名球员球杆的触球部位在场地内,裁判在第一次应该予以警告,第二次再出现类似情况,球队将被处罚。

如果被禁赛处罚的球员在禁赛期满之前擅自离开禁赛席(没有进入场地);禁赛期满拒绝离开禁赛席;在禁赛期满之前,比赛中断时进入场地内。球队将被处罚。当比赛还在进行时,被禁赛处罚的球员进入场地将被认为是一种干扰比赛的行为。

球队通过重复连续的、导致任意球判罚的犯规行为有组织地破坏比赛。包括在短期内多次微小的犯规行为。如果有连续的犯规行为,最后一名犯规球员执行相应的其行为所导致的判罚。

球员故意拖延比赛,包括犯规方球队的球员在比赛已经中断时猛烈击打球或将球拿走,故意将球压制在界墙或球门边上,故意损坏球等行为。

球队有组织地拖延比赛,包括比赛中防守球员故意移动本方球门或球队在比赛暂停结束后拖延上场比赛。如果裁判发现球队有故意拖延比赛的意图,可以事先对球队进行警告。处罚时,由球队队长挑选一名没有受罚的球员执行球队 2 分钟禁赛处罚。

对裁判判罚进行抗议或球队教练采取不合适的方式干扰比赛,包括球队队长持续、无理由地对裁判的判罚进行质疑,球队工作人员没有得到裁判的允许进入比赛场地等。

守门员在裁判的提醒下,依然没有将移动过的球门复位。

球员着装不正确。如果可能的话,裁判可以在采取处罚措施之前告知该球员。有关着装不正确的处罚每场比赛每支球队职能判罚一次。所有有关着装或器材方面不恰当的行为都将写入比赛报告中,并抄送组委会。

守门员装备不完整时上场比赛。如果守门员在比赛中扔掉面罩,比赛将

第9章　如何成为一名优秀的雪地软式曲棍球裁判

被中断，从争球重新开始。

当球员故意以一个将引起任意球判罚的犯规行为阻挡了一次进球或即将进球的状态将被禁赛2分钟。

(3) 导致被判罚球队5分钟禁赛处罚的行为。

如果球队被判罚5分钟禁赛并正在执行该判罚时，此时对方球队取得进球，该判罚不终止，这点不同于2分钟禁赛处罚。

球员使用球杆进行暴力或有危险性的行为，包括举起球杆超过对手头顶以及对手被球杆击打到。

球员使用球杆钩住对手身体。

球员在场上将球杆或其他装备扔出击中或试图击中球。

球员故意撞上对手或暴力攻击对手。

球员将对手绊倒、钩倒或顶向界墙或球门。

(4) 个人禁赛处罚。

个人禁赛处罚是指球员在比赛中因犯规被判处个人禁赛，个人禁赛判罚必须由本人接受，通常都会被追加2分钟或5分钟球队禁赛处罚，即个人禁赛处罚+2分钟或5分钟球队禁赛处罚。主要有10分钟个人禁赛、个人全场禁赛类型1、个人全场禁赛类型2以及个人全场禁赛类型3等四种。

个人禁赛处罚只能在被判罚球队禁赛的基础上进行判罚，并且只有在球队禁赛期满或终止之后才能开始接受个人处罚。

个人禁赛处罚只影响个人，因此在禁赛期间，可以被替换下场。球队队长可以先选择一名没有被处罚的球员接受球队禁赛处罚，然后再由犯规球员自己接受个人禁赛处罚，当个人禁赛处罚结束之后，该球员必须在比赛中断时方可重新进入场地。

如果球队工作人员被判处个人禁赛处罚，则将在比赛的剩余时间待在观众席。当球队工作人员被罚至观众席，仍然可以对其进行全场禁赛。裁判在此过程中不一定要出示红牌，但是必须告知工作人员所属球队场上队长，在此之后，该工作人员必须离开现场到观众席去。导致10分钟个人禁赛+2分钟球队禁赛处罚的行为。

如果球员或工作人员被判罚10分钟个人禁赛处罚，一定会同时被追加2分钟球队禁赛处罚，即2分钟球队禁赛+10分钟个人禁赛。在个人执行10分钟禁赛处罚期间，如果对方球队得分，处罚不会终止。

球员或球队工作人员有违反体育道德的行为。

对裁判、球员、球队工作人员、官员或观众有侮辱或不公正的行为。

有任何企图欺骗裁判的表演行为。

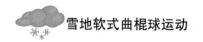

故意踢、掀翻或者击打界墙或球门。例如当场外队员或官员在界墙外围脚踢界墙(界墙没有倾倒)时,界墙触碰到球,根据规则踢界墙之人将被处以个人10分钟禁赛加2分钟球队禁赛处罚。

在比赛进行期间,比赛中断期间或在替补席区域扔掉球杆或其他装备。例如,球员毫无控制的乱扔球杆或引起较为严重的状况,该队员将被判罚10分钟个人禁赛和2分钟球队禁赛处罚。如果在裁判看来,扔球杆是以一种可以控制且没有伤害危险的方式,可以先对其进行严重警告,第二次再对其进行相应判罚。

如果守门员故意(非暴力)将球朝对方球员身上砸,意图造成该球员犯规,根据规则,守门员要被判罚个人10分钟处罚及球队2分钟禁赛处罚。

(5)全场禁赛。

全场禁赛有三个类型,分别为类型1、类型2以及类型3。

如果球员或工作人员被判罚全场禁赛处罚,一定会同时被追加5分钟球队禁赛处罚,即5分钟球队禁赛+10分钟个人禁赛。

球队队长可以选择一名没有被处罚的球员来执行5分钟球队禁赛处罚或因为全场禁赛而被追加判罚的其他类型禁赛处罚。

如果球员被判罚全场禁赛,则先前所有被判罚的其他类型禁赛处罚将被终止。

球员或者球队工作人员如果被判罚全场禁赛必须立即离场进入更衣室,不得再参与任何比赛相关活动。现场会有专门团队负责带领球员前往更衣室。被判罚全场禁赛的人不得参加全场比赛剩余部分的活动,包括加时赛以及点球决胜负。

在赛前或赛后发生的将被判罚全场禁赛的犯规应该进行通报,但不会被追加球队禁赛处罚。

在被判罚全场禁赛之后,如果该球员产生新的将被判罚全场禁赛的犯规行为,则该行为将被通报,有关犯规的行为和次数将被写入比赛报告中。

如果被判罚全场禁赛类型1,将导致该球员在本场比赛余下的时间都不能上场,但是不会对该球员有其他追加的处罚。

如果被判罚全场禁赛类型2,将导致该球员不能参加整个赛事中剩余场次的比赛,并且主办方根据犯规严重性进行相应的追加处罚。

球员使用未经中国曲棍球协会软式曲棍球委员会认证的球杆,或球杆和拍头分别由不同的品牌组成,或拍头弧度超过标准以及守门员使用不正确的面罩。

没有在比赛记录表上登记的球员或球队工作人员参与到比赛当中。如果

第9章 如何成为一名优秀的雪地软式曲棍球裁判

没有在比赛记录表上登记的球员犯规导致被处罚,此时应该有两名球员去禁赛席接受处罚。一名球员接受因为没有在比赛记录表上登记而被判罚的球队5分钟禁赛处罚,还有一名球员执行因为犯规而导致的相应处罚。没有在比赛记录表中登记的球员信息应该被标记在记录表显著位置且注明相应的处罚。

受伤球员犯规被禁赛并且在由其他球员代替其接受处罚期间进入场地参加比赛。

球员连续或不断重复违反体育道德行为。连续是指在同一场比赛中按照先后顺序进行,重复是指在同一场比赛中第二次出现同一种犯规行为,此时,应该以全场禁赛类型1代替2分钟球队禁赛+10分钟个人禁赛处罚。

球员因生气折断球杆或其他装备。

球员进行危险身体冲撞行为。

(6)导致被判罚全场禁赛类型2的行为。

球员或球队工作人员参与混战,但是期间没有拳打脚踢行为。

球员在同一场比赛中两次被判罚球队禁赛5分钟。

第3节 裁判在赛场上的移动和站位

现代雪地软式曲棍球运动的发展对裁判提出了更高的要求,一名优秀的雪地软式曲棍球裁判,不仅要不断提高控制比赛的能力和判罚的准确性,还必须具有积极合理的移动和跑位意识。雪地软式曲棍球比赛速度快、节奏快、攻守转换快,运动员始终处于大范围移动状态,这对裁判的体能、反应、判断力、观察力、预见力都提出了更高的要求。积极合理的移动和跑位是一名优秀裁判必须要具备的能力。因此,裁判在比赛中合理、科学、有效的站位和跑位,是保证判罚准确的前提。

一、裁判在球场上的基本站位

1. 中场开球时裁判的站位

比赛开始或进球后重新在中场中点争球时,裁判的站位如图9.1所示(R1、R2分别代表1号和2号场上裁判),其中1号裁判面对记录员,保持与记录员的眼神接触,检查守门员准备情况以及场上球员数量。2号裁判负责检查中场争球点球队双方参与争球的球员准备工作,然后朝界墙处后撤。如果由于进球而重新在中场开球,则2号裁判站在得分球队替补席前。裁判询问双方球队是否已做好比赛准备,如得到肯定回应,则鸣哨开赛。

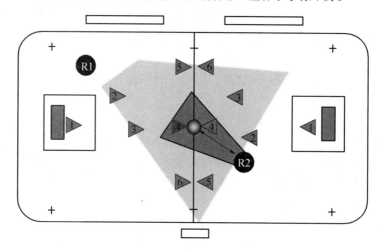

图9.1 裁判站位

2.场上裁判基本移动路线

球场上两名裁判的基本移动路线如图9.2所示

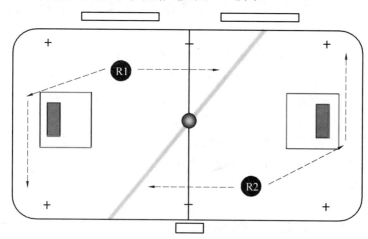

图9.2 裁判基本移动路线

3.底角争球时裁判的基本站位

2号裁判如图9.3所示站位,以便其能观察整个球门线后方区域状况,如有必要,裁判可以站在界墙外面进行执法。1号裁判如图站在2号裁判斜对面,负责观察球门前方状况并在发生快速反击时能够迅速移动。2号裁判鸣

第 9 章 如何成为一名优秀的雪地软式曲棍球裁判

哨开赛。

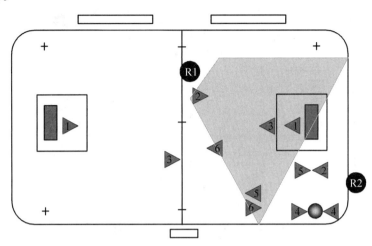

图 9.3 底角角球时裁判的基本站位

4. 底角争球时裁判的基本移动路线

如图 9.4、图 9.5 所示，R1 负责监控争球区域外面发生的情况，R2 负责监控争球点，并在开球后迅速移动监控球门区域以及邻近球员等发生的状况。

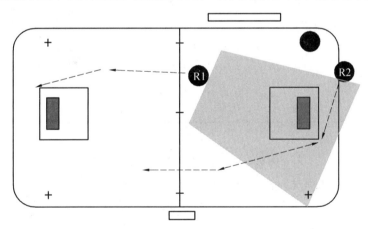

图 9.4 底角争球时裁判基本移动路线 1

5. 中线两边争球时裁判的站位

1 号裁判如图 9.6 所示站位，既可以保持对争球点状况的掌控又不影响队员的视线或阻挡球队的快速进攻。2 号裁判站在 1 号斜对面，以便能迅速根据球队快速进攻的状况选择移动方向。如果一支球队正形成 5 打 4 的局面，对 1 号裁判来说，站在防守方是一个明智的选择。1 号裁判鸣哨开赛。

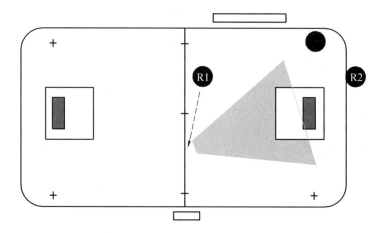

图9.5 底角争球时裁判基本移动路线2

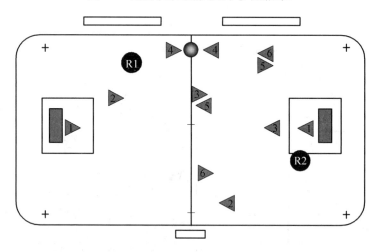

图9.6 中线两边争球时裁判的站位

6. 中线两边争球时裁判的基本移动路线

如图9.7、图9.8所示，R1负责监控争球点外围发生的状况，R2负责监控争球点并根据进攻状况做出相应的移动。

7. 进球后或暂停时裁判站位

如图9.9所示，2号裁判鸣哨示意进球并指向球门，同时确认另一名裁判无异议。之后，2号裁判指向中场发球点示意进球有效。一名或两名裁判移动至记录台和记录员沟通，同时检查场上是否有不恰当行为发生。裁判检查记分牌并协助记录员确认比分。2号裁判通知进球球员到记录员处登记，1号裁判控制场上情况。2号裁判等待记录员对球员的信息确认。此时，也是1

第 9 章　如何成为一名优秀的雪地软式曲棍球裁判

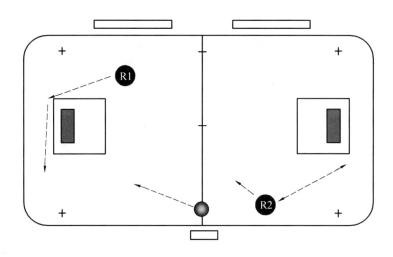

图 9.7　中线两边争球时裁判的基本移动路线 1

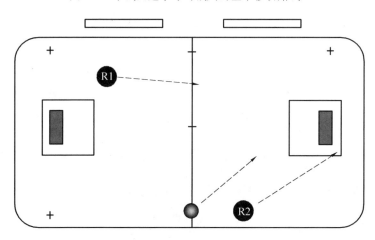

图 9.8　中线两边争球时裁判的基本移动路线 2

号和 2 号裁判进行互相换位的好时机。

　　收到暂停请求的裁判鸣哨并做出暂停比赛手势中止比赛。裁判要清晰地表述这是球队要求的暂停，以便球员都能理解。另一名裁判重复相同手势进一步让所有人明白暂停请求。两名裁判跑向记录台控制全场情况。一名裁判告知记录员哪支球队要求暂停，另一名裁判控制全场情况。当双方球队进入替补席，另外一名裁判鸣哨并示意比赛暂停。裁判需要记住比赛暂停前的状况，以便比赛重新开始后按照中断前的状况继续进行。

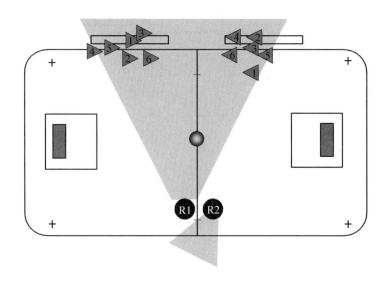

图9.9 进球后或暂停时裁判站位

8. 进球后裁判的移动和站位

如图9.10、图9.11所示，R1和R2保持眼神接触，认可进球并监控场上球员，R2保持与同伴的眼神接触，认可进球并监控场上球员，两名裁判聚集到记录台，同时仍然保持对球员的监控。

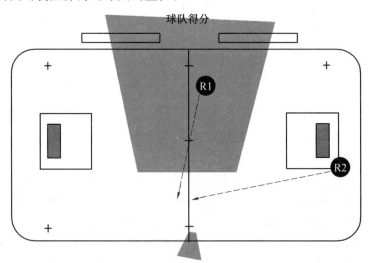

图9.10 进球后裁判的移动和站位1

第 9 章　如何成为一名优秀的雪地软式曲棍球裁判

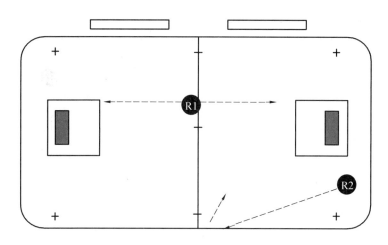

图 9.11　进球后裁判移动和站位 2

9. 罚点球时裁判的站位

2 号裁判如图 9.12、图 9.13 所示站在球门线后方以便清楚观察球的运行轨迹,裁判需要站在罚球期间能够看见球员和守门员全过程的位置上。1 号裁判站在离守门员大禁区一米左右的位置,以便清晰判断球是否有回滚动作。裁判的这种站位是最合适的站位,因为 1 号裁判不会站在被判罚点球球队替补席前方阻挡他们的视线。当球员和守门员都做好准备时,1 号裁判鸣哨示意开始点球判罚。

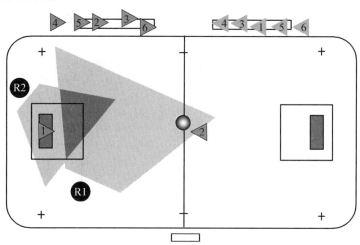

图 9.12　罚点球时裁判的站位 1

345

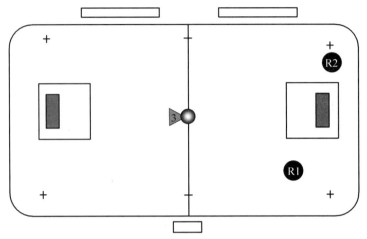

图 9.13　罚点球时裁判的站位 2

10. 球员被罚禁赛时裁判的站位

裁判对某位球员进行禁赛判罚,并做出相应手势告知该球员,该球员完全明白之前不得离开犯规现场。同场另一位裁判重复相同手势支援同伴,也使所有人员明白鸣哨的含义。

在不失去对场上情况控制的情况下,两名裁判都向记录台移动。其中一名裁判告知记录员被禁赛球员的号码、禁赛时间以及判罚依据,另外一名裁判控制场上情况。裁判等候记录员在记录表上查找被禁赛球员名单,此时两名裁判可以借机进行换位,避免跑进球员中间或者站在受罚球员球队替补席前。如图 9.14 所示

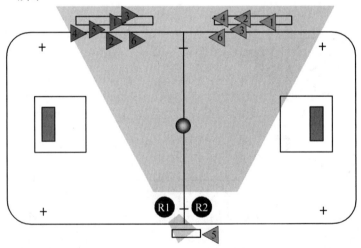

图 9.14　球员被罚禁赛时裁判的站位

第 9 章 如何成为一名优秀的雪地软式曲棍球裁判

11. 发生伤害事故时裁判的站位

如果受伤球员需要照顾,裁判应立即前往查看,如有必要通知队医上场。两名裁判往球场中间移动,不可失去对球场的控制,如图 9.15 站位。如果伤害事故发生在其他地方,记录台前方可以作为中立位置安置受伤球员。记住和同伴讨论比赛中可能发生的不当行为,此时也可借机进行换位。

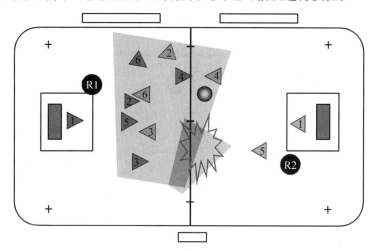

图 9.15　发生伤害事故时裁判的站位

12. 进攻方发任意球时裁判的站位

如图 9.16,1 号裁判跑向犯规发生地,指明发球点。2 号裁判跑向球门底

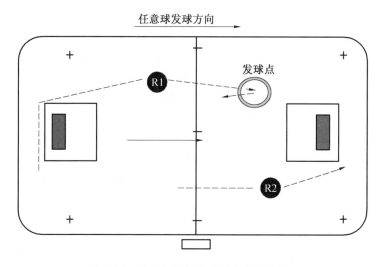

图 9.16　进攻方发任意球时裁判的站位 1

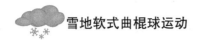

线延长线附近,移动过程中两名裁判保持一定的眼神接触,以便2号裁判可以直接跑向球门底线延长线处。1号裁判鸣哨示意开始发球。如果防守方发任意球,1号裁判有足够的时间跑向发球点并指明,然后返回最初位置。

如图9.17所示,R1示意犯规地点随之后撤,监控发球并进行换位,R2控制球门区域发生的状况及邻近的运动员,并和另外一名裁判对角换位。

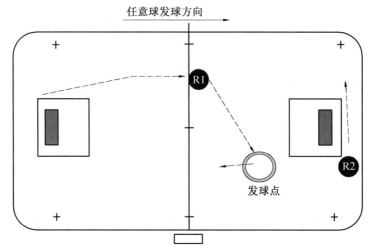

图9.17 进攻方发任意球裁判的站位2

13. 防守方发任意球裁判的站位

如图9.18所示,1号裁判在防守方发任意球时后撤,主要负责监控进攻方及其球门区域的状况,而2号裁判负责控制发任意球并负责好自己所属对角线区域。

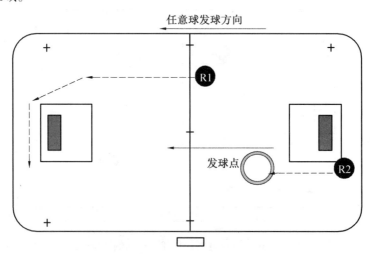

图9.18 防守方发任意球裁判的站位1

第9章　如何成为一名优秀的雪地软式曲棍球裁判

如图9.19所示，1号裁判后撤负责监控进攻方和球门区域，并和2号裁判互换对角线区域。2号裁判监控发任意球并和1号互换对角线区域。

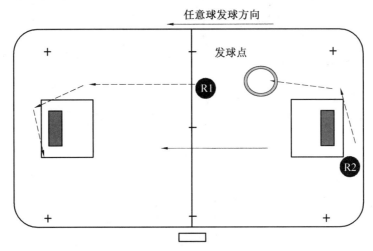

图9.19　防守方发任意球裁判的站位2

14. 球场上关键区域及裁判移动路线

裁判如图9.20、图9.21所示站位，关键区域根据有球和无球两种不同的情况而有所不同，一般而言球门正前方以及球门线左右两侧都是比较重要的区域。

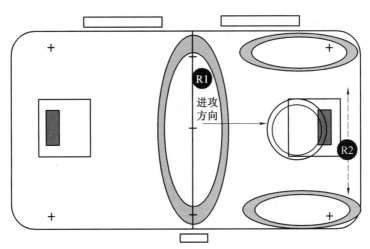

图9.20　球场上关键区域裁判移动路线1

349

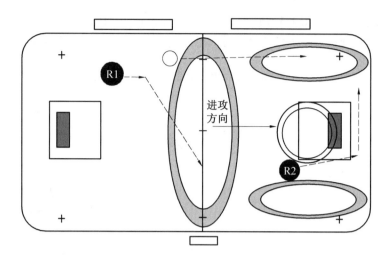

图9.21 球场上关键区域裁判移动路线2

15. 和记录台沟通时裁判站位及移动

首先决定两名裁判碰头的地方，第一名裁判决定停留地方等候第二名裁判，如图9.22。中场开球点是距离记录台较为合适的地方，记录员无须了解场上裁判交谈的内容，交谈时一名裁判始终保持面对球场，以便能控制场上发生的状况。另外一名裁判转身面对记录台并告知记录员相关信息。

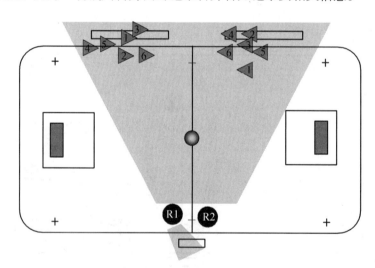

图9.22 和记录台沟通时裁判站位及移动

第9章　如何成为一名优秀的雪地软式曲棍球裁判

移动时须注意,如果从记录台对面移动至记录台,裁判必须选择能避开场上队员的跑动路线。永远不要直接从两支已经做好开赛准备的球队中间直接穿过去。进球或者罚点球得分后始终站在情绪亢奋的球队前面,控制场上局面。

16. 发生冲突时裁判站位注意事项

裁判如图9.23所示站位,如果一名裁判能够处在冲突双方中间并有能力处理好,则另外一名裁判站在现场外围监控并避免其他冲突事件发生。另外一名裁判也要注意确认受罚的具体队员。在较大的冲突中,两名裁判都站在冲突外围观察哪些队员应该被处罚以及为何处罚。

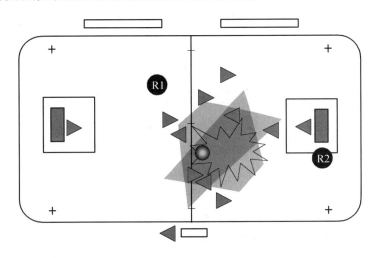

图9.23　发生冲突时裁判站位

17. 比赛结束时裁判站位

如图9.24所示,裁判始终面对球队直至双方相互致谢并最终离场,如果可能的话,裁判应该站在离球队不太接近的地方。如果替补席和记录台同处一侧,则对侧被认为是进球后、点球判罚以及比赛结束后裁判中立的站位位置,站好位后,其中一名裁判走向记录台进行相关信息的沟通。

雪地软式曲棍球运动

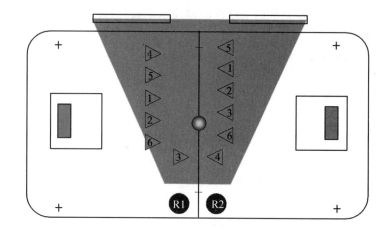

图9.24　比赛结束时裁判站位

第4节　裁判体能测试

雪地软式曲棍球是一项高强度的运动,裁判在比赛中几乎没有任何时间休息。这是基于所有人都希望裁判在任何时候都能出现在合适的位置上并能做出正确判罚的要求。这就对裁判的身体素质提出了很高的要求。

一名身体素质欠佳的裁判在比赛中非常容易失去对比赛的专注度,他们的判断就会受影响,从而影响比赛的进程。

良好的身体条件是确保裁判在整场比赛中始终能跟上比赛的节奏并做出正确判罚的基础,也是保持心理压力平衡的重要保障。

裁判的身体特点也和其在比赛中移动和跑位的技巧密切相关。如果裁判能够紧跟比赛进程,就有最大的可能观察和控制整场比赛。

体能测试的主要目的是督促裁判进一步加强身体素质练习,并给其指引一定的方向,比如耐力练习、力量练习、灵敏性和移动技巧练习等,为裁判提高场上执法能力提供良好的体能保证。

一、裁判体能测试的顺序

整套体能测试必须在1至1.5个小时内按照下列顺序完成:
1. 耐力测试:1 500米跑

第9章　如何成为一名优秀的雪地软式曲棍球裁判

15分钟休息、慢跑或拉伸放松

2. 速度和灵敏度测试：10米往返跑（4×10米）

10分钟休息、慢跑或拉伸

3. 变向跑

10分钟休息、慢跑或拉伸

如果每个项目第一次测试不达标，则可以进行重测，但最多不超过3次。不同等级裁判（金牌裁判、金银牌裁判、银牌裁判、铜牌裁判）的测试标准不同。

二、体能测试的具体内容

雪地软式曲棍球运动裁判体能测试主要从耐力、速度和灵敏性以及移动技能等三个方面进行，要想成为一名优秀的雪地软式曲棍球裁判必须拥有优秀的身体素质，并通过IFF或各国家协会组织的体能测试才能进行正式比赛的执法工作。

1. 耐力测试：1 500米跑

方法：在规定时间内，不借助外力完成1 500米跑。

达标：根据各个国家的不同情况，在6分30秒到7分之内完成即可。

2. 速度和灵敏度：4×10米折返跑

方法：出发前，双脚分开站在出发线后面，然后向前跑去，跑到前方标志线处触线（单脚触线即可）返回，返回时背身跑，如此循环反复。也可以选择出发时先背身跑（图9.25）。

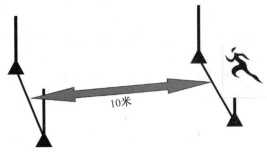

图9.25　4×10折返跑示范图

达标：根据各个国家的不同情况在11秒到13秒之内完成即可。

3. 变向跑

方法：在一个长为30米、宽为6米的矩形方框内，横向每隔10米摆放若干个障碍物，纵向每隔1米摆放若干个障碍物，第一个10米做正向跑绕过障碍物进行背身跑→正向跑 20 米→背身跑→正向 30 米→侧向移动→背身跑→正向跑回起点(图 9.26)。

达标：根据各个国家的不同情况在 42 秒到 48 秒之间完成即可。

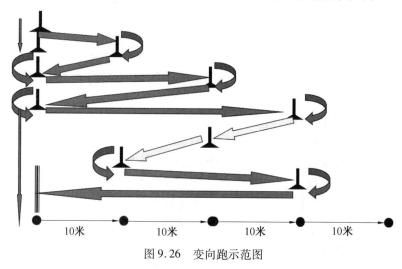

图 9.26　变向跑示范图

第 5 节　优秀裁判注意事项

1. 优秀裁判通常十分注意自己的形象，这样做的目的不是吸引眼球，而是使自己显得整洁干练。虽然裁判的工作服装通常由其所在的协会或联盟指定，但注重外表是个人的分内之事。

2. 优秀裁判必须守时。裁判准时到场可以为赛前的各项准备工作创造一种气氛。"准时"并不意味着和比赛时间同步，优秀裁判会留出充足的时间整饬行头，和同伴讨论比赛情形，然后气定神闲地走进赛场，没有什么比裁判在比赛(或比赛的下半场)开始前一分钟急匆匆地从更衣室冲向球场更糟糕的了。

3. 优秀裁判决不自行其是。要知道，每场比赛都有三支队伍参加，其中一支是裁判组。优秀裁判不仅把赛前与同伴的沟通交流作为执法比赛的首要前提，在比赛的整个过程之中更是注重与同伴以及记录台的配合。优秀裁判要意识到记录台稍有失误就会招来观众的指责甚至辱骂，因此，任何时候都要给予他们完全的支持。在赛后总结的时候，优秀裁判会给记录台提出并且欢迎记录台给自己提出建设性的、友好的、私下的批评和建议，以使大家在今后有更优秀表现。

第9章　如何成为一名优秀的雪地软式曲棍球裁判

4. 在比赛过程中,优秀裁判从不与教练员、队员费过多的口舌。争论和解释可能使问题复杂化,并对比赛产生消极影响。如果必须提醒或者告知某人,说话要礼貌、表达要清楚,最重要的,语句要简短。而与记录员和计时员的交谈则要细节分明,不能含糊其辞。记录台工作人员是裁判组的组成部分,无论他们需要何种协助,临场裁判都有责任予以配合。

5. 优秀裁判应当努力避免使自己成为场上焦点。裁判的角色就是尽可能地保持低调。夸张的手势、毫无必要的大喊大叫、稀奇古怪的面部表情及肢体语言都可能煽动起队员、教练员和球迷的情绪,优秀裁判对这些手段不感兴趣。相反,吐字清晰,声音威严、自信,哨子洪亮短促,手势干净利落,需要中断比赛的时候尽可能及时果断,因为大多数违反体育道德的犯规发生在中断比赛的过程中;当一名队员受伤或者感觉自己受到侮辱,而另一名队员却认为自己没有任何过错的时候,尽快让他们重新投入比赛以防止冲突发生。这才是优秀裁判应该做的。

6. 优秀裁判应当知道,每一个使比赛中断的判罚实际上都有多种其他的判罚方式可以不中断比赛。不是每一次判罚都需要鸣哨,大多数时候,不管队员、教练员和球迷怎样想,裁判都要断定并没有发生侵害行为,在这种情况下,裁判不鸣哨其实是一种交流。没有必要深究摇头或者使用未批准的手势是不是正确的判罚方式。

7. 优秀裁判不能做规则手册的奴隶。应该知道任何规则都有一个目的,即反映一种内在统一的哲学。优秀裁判必须十分重视研究领会这种哲学。在他们看来,"合拍""流畅""控制"等习语和教科书上的各种概念同样重要。

8. 优秀裁判要在场上表现出职业素养。他们不可在比赛间歇在球场上用球杆玩耍,也不会经常与同伴交头接耳暗示别人自己缺乏自信心。在比赛进行中,裁判应当时刻占据最有利的位置,在比赛暂停时,应当站在指定的位置,并利用暂停时间为后面的比赛做好精神准备。

9. 优秀裁判要彬彬有礼,有自律意识,能够控制自己的情绪,不会对队员、教练员和球迷失去耐心,也不会在赛后接受采访时谈论有争议的比赛情节,更不会倨傲自大。优秀裁判清楚谁才是真正的负责人,他们知道如果有人质疑或者挑战裁判的权威,可以用文字形式请求援助,雪地软式曲棍球竞赛规则的意图绝不是以愚弄某一个人的方式解决争端。

10. 最后,优秀裁判要意识到自己并非完人。错误是在所难免的,一旦出现错漏,不应当有任何犹豫和不舒服,要勇于承认自己的过失。如果错误可以挽回,要积极更正;如果已然无法补救,比赛必须进行下去。

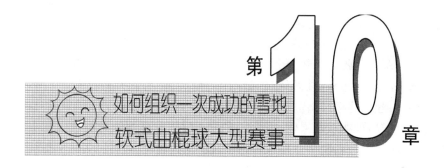

第10章 如何组织一次成功的雪地软式曲棍球大型赛事

第1节 总论

一、赛事组织委员会

组织一次大型赛事,其中最重要的一个机构是赛事的组织委员会,这里的组织委员会是指承办方赛事组织委员会(LOC)。LOC 是面向球队及 IFF 的窗口,因此人员架构的选择和赛前策划就显得尤为重要。

IFF 的组织原则以及竞赛原则都对赛事承办单位提出了必须要满足的条件,并对赛事组委会必须提供的服务做出了详细的解释。

1. 如何开始

对于赛事组织者来说,不管是基于组织活动的经验还是所拥有资源的多少,都必须搭建符合如下要求的组织委员会:

(1)必须详细解释组织委员的具体分工。

(2)一旦明确了具体职责,必须对各个部门及相关人员进行工作安排,IFF 已经对组委会工作进行了详细的解释,但是如何操作应由组委会进行落实。

第10章　如何组织一次成功的雪地软式曲棍球大型赛事

(3) 选用具有丰富经验、专业技能以及不同背景的人员进入组委会具有相当重要的意义。如果工作人员背景相似,对组委会工作开展具体工作弊大于利。从不同视野出发选用工作人员,不应局限于雪地软式曲棍球领域,还应包括其他领域的专业人士。

(4) 组委会机构不应过于庞大,否则效率将大打折扣。5~7人的组合较为适合,但是也可以根据需要增加至10人,具体取决于如何组织或者赛事的规模。

(5) 每个赛事组委会必须至少有一名专职人员负责处理和安排具体事务。

(6) 组委会中关键部门分别为竞赛部、后勤部、财务部、市场部、媒体部以及贵宾接待部。

(7) 财务计划和管理是组委会最重要的工作之一,必须尽早安排专职人员负责监督、管理并做好预算。是否完全按照预算行事,不是特别重要,但仍需按计划使用资金。

(8) 开始进行准备工作有不同的方法,但是构建赛事组织委员会是首先完成的工作之一。可以在早期以小团队形式开展准备工作,但组织委员会必须在大型赛事开始前18~24个月开始组建,在小型赛事开始前8~12个月开始组建。

2. 组织委员会的基本职责

(1) 组委会主席:全面负责赛事组织委员会的工作。

(2) 财务:负责赛事预算、门票销售、对接广告、赞助商等。

(3) 场地:负责竞赛架构、适应比赛场地、安排参赛者使用场地。

(4) 竞赛部门:负责球队指导、比赛安排、安排比赛记录、数据统计等。

(5) 交通:负责参赛球队、IFF官员、贵宾的交通事宜以及赛事相关物资的运输。

(6) 住宿:负责参赛球队、IFF官员的酒店安排、会议场所安排。

(7) 认证:负责参赛球队、IFF官员、组委会工作人员、贵宾、媒体工作人员的认证工作。

(8) 仪式:负责开、闭幕式和比赛当中相关仪式,最佳运动员颁奖仪式等。

(9) 医务保障:负责比赛中出现的紧急救援、负责和医院沟通、兴奋剂检测等。

(10) 贵宾服务:负责邀请、接待、安排贵宾休息室、礼品等工作。

(11) 媒体:确认媒体工作人员、新闻中心、网站、标识、互联网接入、打印赛事秩序册、复印等工作。

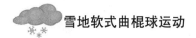

(12)电视和网络电视:现场广播、电视直播。
(13)市场部门:市场开发、赞助商、合作伙伴、形象开发以及推广等工作。
(14)志愿者:志愿者招聘、工作安排及管理。

小贴士

明确各项工作负责人
组织委员会＿＿＿＿＿＿
信息沟通＿＿＿＿＿＿＿
下发信息到各球队＿＿＿＿＿＿

竞赛部
比赛场地＿＿＿＿＿＿
互联网服务＿＿＿＿＿＿
竞赛办公室＿＿＿＿＿＿
比赛记录员＿＿＿＿＿＿
数据统计团队＿＿＿＿＿＿
现场主持、广播以及DJ＿＿＿＿
旗帜＿＿＿＿＿＿
仪式＿＿＿＿＿＿

后勤保障部
注册＿＿＿＿＿＿
交通＿＿＿＿＿＿
住宿＿＿＿＿＿＿
饮食＿＿＿＿＿＿
地毯＿＿＿＿＿＿
物资运输＿＿＿＿＿＿

工作人员与志愿者
志愿者管理＿＿＿＿＿＿
球队指导＿＿＿＿＿＿
场地工作人员＿＿＿＿＿＿
场地维护小组＿＿＿＿＿＿
紧急救援＿＿＿＿＿＿
安保＿＿＿＿＿＿

贵宾服务
贵宾接待＿＿＿＿＿＿＿＿
贵宾休息室

财务及市场部
预算＿＿＿＿＿＿
门票＿＿＿＿＿＿
市场开发＿＿＿＿＿＿
赞助商＿＿＿＿＿＿
商务开发＿＿＿＿＿＿
场地广告＿＿＿＿＿＿
展示台＿＿＿＿＿＿
赛事节目单＿＿＿＿＿＿
其他事务＿＿＿＿＿＿

媒体
媒体＿＿＿＿＿＿
媒体注册＿＿＿＿＿＿
新闻发布材料＿＿＿＿＿＿＿＿
主持人＿＿＿＿＿＿
混合采访区＿＿＿＿＿＿
新闻中心＿＿＿＿＿＿
新闻发布会＿＿＿＿＿＿
摄影＿＿＿＿＿＿
电视转播＿＿＿＿＿＿
网络电视及视频＿＿＿＿＿＿
赛事网站＿＿＿＿＿＿
社会媒体＿＿＿＿＿＿

IFF官员
IFF工作人员及仲裁＿＿＿＿＿＿
裁判＿＿＿＿＿＿
会议＿＿＿＿＿＿
每日报道＿＿＿＿＿＿

兴奋剂
兴奋剂检测＿＿＿＿＿＿＿＿

第10章 如何组织一次成功的雪地软式曲棍球大型赛事

二、信息沟通

赛前良好的信息沟通与交流是赛事取得成功的关键因素。主办方及承办方必须确保参与赛事的所有人员都能及时得到所发生的以及即将发生的一切与赛事有关的信息。其中,赛事承办方、主办方、志愿者、媒体、工作人员、供应商和赞助商之间的交流尤为重要。承办方与其他一些参与者之间如何交流和沟通?谁负责与IFF沟通?在赛前及赛中如何与志愿者交流?不仅有关交流的信息重要,如何进行沟通与交流也至关重要。

1. 任务与职责

赛前:

(1)在赛前的准备阶段,LOC决定如何把所有必要信息传递给参赛人员。

(2)计划好系统的交流方式与志愿者进行沟通,确保他们能知晓正在发生什么,明确告知何时将提供何种系统,以便志愿者能及时更新个人信息及联系方式。例如SMS、E-mail、Website等。

(3)计划好如何与所有赛事参与人员进行交流并告知赛事相关事宜,例如云存储文件、电邮群组、Skype会议、内联网等。

(4)订购和设置电话服务,比较不同供应商,确保采购最优产品,或者与赞助商协商以提供产品形式赞助比赛。

(5)确定赛事进行期间如何与工作人员和志愿者进行有效交流。确保在安检区域如果工作人员或志愿者需要帮助时能与竞赛部或他们的上级进行联系。

(6)如果在赛场需要使用对讲机,应尽早使用并预先进行测试,并按不同分工进行频道分配。

(7)每个场地都要设置信息中心(也可设立在竞赛办公室),而且所有工作人员和志愿者都可以方便地到达。

(8)决定在比赛场地需要何种程度的互联网服务,以方便组织者和媒体使用。

赛事进行当中:

(1)在信息中心必须配备公告栏,所有与比赛相关的信息,例如工作安排、就餐时间、交通时刻表、比赛时刻表、现场负责人联系方式、LOC和IFF人事信息等都可以在公告栏中发现。

(2)使用即时通信工具、电子邮件、公告牌等与各自负责的志愿者保持沟通。

2. 注意事项

总体情况:

(1)必须具备清晰的沟通渠道并使所有人都知晓。

(2)确保每一个参与赛事的人都知道如何找到相关信息或者可以联系到具体负责人咨询详细信息。

(3)沟通是双向的,不仅要将信息有效传递给所有人,同时也要学会倾听。倾听 IFF 工作人员的建议、倾听来自志愿者、媒体以及参赛球队的评论和反馈等。

(4)通过收集来自各种渠道的信息,使整个赛事运作得更流畅、更完美。

与 IFF 保持合作:

(5)赛前与 IFF 保持持续、良好的沟通非常重要。汇报准备工作的最新进展并且在需要帮助的时候寻求中国曲棍球协会软式曲棍球委员会的支持。

(6)赛事进行中,IFF 官员负责确保所有事情顺利进行。任何临时发生的事情都及时向相关人员汇报并在需要帮助的时候寻求 IFF 的支持。

(7)LOC 和 IFF 之间举行每日工作例会,确保赛事进行当中每天发生的赛况及其他信息能传达到所有赛事参与人员。

具体规划:

个人职责:_____

必备资源	必备器材
●负责与各部门沟通人员	●移动电话和 SIM 卡
●负责信息中心人员	●对讲机
●沟通具体计划	●公告牌

时间表				
	任务	截止日期	职责	是否完成
赛前 12 个月	1. 确定与赛事组委会沟通的信息 2. 确定与工作人员和志愿者沟通的信息 3. 确定采用何种沟通方式			
赛前 8 个月	1. 与赞助商协商确定采用必需的通信工具 2. 确定比赛场地赛事中心设置位置			
赛前 3 个月	1. 招聘负责信息中心工作人员 2. 制订沟通计划			
赛前	1. 确保赛事参与人员知晓各种沟通方式:短信、电话、对讲机、公告牌等 2. 对志愿者进行沟通方面的培训			

第10章　如何组织一次成功的雪地软式曲棍球大型赛事

附:待定事项

1.参赛球队须知信息

参赛球队和赛事组织者之间良好的沟通是赛事能否成功举办的重要因素之一。球队很多重要的信息都需要准确传递给承办方,因此,设立准确的时间节点并进行适时提醒就显得尤为重要。

任务和职责

赛前:

IFF根据收到的注册信息,将球队联系方式及报名信息等发送给承办单位。

首次联系:赛事组织者通知球队比赛的日期、举办地点、比赛场地。承办单位对来自IFF的相关球队联系方式进行确认。

主办方和承办方就具体时间表进行沟通和确认,就参赛球队的具体信息与IFF进一步核实,比如球队名单、照片等信息。

函件1:承担单位首次发送给球队的函件应该包括提供的住宿选项、提供的各种服务并询问球队抵达和离开的具体时间等内容。在这份函件中确认各种信息收集的截止时间非常重要。

函件2:在组委会和球队已有函件来往的基础上,确认详细的日程安排,包括交通工具的选择、训练场地的安排、其他活动的安排等。有关球票信息也要告知各参赛球队。

函件3:此函件由IFF发送至各参赛球队,包括队员参赛资格、兴奋剂检测、技术会议、社会媒体沟通要求等。IFF也会要求所有球队发送球队名单、信息表以及照片给IFF办公室并抄送至赛事组委会。

赛事进行中:

球队秩序册:组委会应当给每支球队提供包含所有比赛相关信息的秩序册,在球队、IFF官员、工作人员抵达参赛地之前印刷成册并分发给所有相关人员。

球队信息箱:组委会应当在每个比赛地点放置信息箱,提供相关信息及当日赛事状况以方便球队领队或参赛人员进行查询。

2.球队需要掌握的重要信息

●赛事将于何时、何地举行

●比赛时间表

●承办单位的组织和职责

●选择何种类型的住宿

●承办单位提供何种服务(训练场地、餐饮、交通、门票、比赛录像、纪念

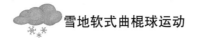

品、自由活动等)
● 提交报名表给承办方或 IFF 的时间节点
● 赛事期间每日安排时间表
● 组委会和参赛球队联系方式
各赛事所设时间节点
● 首次联系
世界锦标赛:赛前 12 个月
19 岁以下世界锦标赛:赛前 8 个月
世界锦标赛资格赛、冠军杯、欧洲冠军杯:赛前 4~6 个月
● 函件 1
世界锦标赛:赛前 9 个月
19 岁以下世界锦标赛:赛前 5 个月
世界锦标赛资格赛、冠军杯、欧洲冠军杯:赛前 4 个月
● 函件 2
世界锦标赛:赛前 1~6 个月
19 岁以下世界锦标赛:赛前 1~3 个月
世界锦标赛资格赛、冠军杯、欧洲冠军杯:赛前 1~2 个月

3.球队秩序册主要内容

(1)介绍。

(2)前言(IFF、承办方、承办地)。

(3)承办方、球队领队、球队经理、IFF 官员、IFF 工作人员、交通部门办公室等负责人的姓名及详细联系方式。

(4)承办方城市的总体介绍、注意事项及基本交通信息。

(5)赛程安排、更衣室安排、球队队服颜色、球队首发阵容表、赛前赛后时间表、颁奖仪式安排、IFF 竞赛规程、参赛资格认定规则等赛事相关信息。

(6)现场救援、最近的医院、反兴奋剂等医疗信息。

(7)各参赛球队比赛期间每日交通及训练时间安排信息。

(8)IFF 官员及工作人员交通、餐饮、贵宾服务、特殊事项的具体安排等。

(9)赛事新闻发布会、混合采访区安排、电视转播、网络直播、赛事录像等信息。

(10)第一次技术会议上 IFF 建议参赛球队需要掌握的相关信息。

第10章 如何组织一次成功的雪地软式曲棍球大型赛事

 第2节 竞赛组织工作

一、场地

选择适合雪地软式曲棍球竞赛的场地是承办单位最重要的工作之一。一个良好的场地为赛事顺利进行提供了保障。赛事场地必须通过IFF认可方能使用。

1. 基本要求

场地数量
- 根据赛事中参赛球队数量来决定所需场地数量。
- 中国曲棍球协会软式曲棍球委员会建议将场地集中安排在一起,尽可能减少场地数量。但原则上如果参赛球队数量超过10支,承办单位至少要提供两块场地。

场地租用协议
- 承办单位必须提前预定好且确定好比赛所使用的场地并通过IFF的验收。

场地布置
- 比赛场地应该能够有足够的空间提供给各电视台进行广告方面的宣传,并且确保场地上的广告或者商品与赛事赞助商不冲突。
- 赛事期间比赛场地不允许出现任何与竞赛冲突的活动。
- 场地可以设置隔离墙或观众隔离区域,但是不能简单地用窗帘或其他简易物品来进行隔断。

停车和交通
- 比赛场地应该能够提供足够的停车位以供参赛球队和观众使用。
- 应当为组委会和IFF提供必要的停车证。
- 通过使用公共交通工具应该能够方便抵达比赛场地。

场地检查
- 在赛事进行前几个月,IFF有权要求对场地进行检查,如果承办单位是第一次举办IFF的大型赛事活动,这是必须完成的一项程序。

特殊情况
- 根据具体情况,承办单位有权要求IFF降低对场地的要求,例如场地观

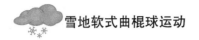

众席位低于 IFF 要求。

●要求降低场地使用规格的函件必须以书面形式向 IFF 提出。

租用比赛场地时需要考虑的几个问题：

地点：比赛地点是否方便球队和观众抵达？赛事使用场地如果超过两个，那么这两个场地之间是否方便球队或观众往来？比如是否在步行距离之内。

容量：预计抵达现场观赛的观众人数是多少？决赛中能提供多大观众席位的场地？

竞赛区域：竞赛场地是否符合 IFF 的要求？（最大可用空间为 42×21 米）

场地设施：是否有充足提供给球队、裁判、官员、观众等使用的设施？

2. 场地空间要求

办公场地

●组委会竞赛办公室必须配备电脑、打印机、复印机以及其他一些办公必备用品，能方便接入互联网。

●应该为 IFF 提供办公场所并配备相应办公用品，IFF 可以和当地承办单位共用同一办公场所。

●赛事注册办公室应该提供互联网接入、打印、拍照等制作参赛证件所必需的设备和服务。注册办公室应该靠近赛场主入口和主要的门票销售点。

●要提供裁判休息室。

贵宾服务

●提供贵宾休息室并提供各式茶点。

●如果是大型国际赛事，贵宾休息室至少提供能容纳 150 人的空间。

媒体服务（更多详细内容参照第五章）

●新闻中心。

●新闻发布会专用房间。

●混合采访区。

●有清晰标识的记者休息区。

●讲坛。

●电视或互联网直播间、检测区等。

急救室（更多内容参照第六章）

●配备急救设备的医疗检查室。

3. 注意事项

竞技场地

●比赛竞技场地标准为 40×20 米的长方形，最小为 38×18 米。

●竞技场地高度从地面开始计算至少挑高 7 米。

第10章　如何组织一次成功的雪地软式曲棍球大型赛事

- 竞技场地界墙外围离墙面或障碍物至少离开1.5米的距离。
- 竞技场地表面必须是雪地。

练习场地

- 练习场地最小规格为38×18米。
- 练习场地高度从地面开始计算至少挑高7米。
- 练习场地表面必须和竞技场地表面材质类似。
- 练习场地在同一时段只能提供给一支预约过的球队使用。
- 在练习场地进行训练的球队必须自带器材。

记分牌

- 尽量提供两块电子记分牌,并且记分牌的位置必须处于球队、裁判、技术官员、媒体以及观众都能看见的地方。
- 记分牌上必须显示球队名称、比分,比赛进行时还必须显示比赛已用时间及剩余时间。
- 如果可以的话,电子显示屏也应该显示禁赛时间、暂停时间以及前一比赛阶段其他比赛结果等。

4. 个人职责

负责人:_____

(1) 竞技场地设施。

比赛记录员

- 准备记录台(桌),至少准备四张椅子并且能接入电源。
- 准备电脑和打印机并且能接入互联网。
- 准备队员受罚区长凳,长凳至少能提供4个座位。

替补席

- 准备足够一支球队20人坐的长凳或椅子。
- 每支球队替补席区域内配备一个垃圾桶。

(2) 更衣室。

球队更衣室

- 在正式比赛和训练期间,每支球队都须拥有自己的更衣室。
- 如果球队是在进行场地适应并训练,则更衣室至少要保证提前半小时开放,并在训练结束后至少30分钟才关闭。正式比赛则必须保证赛前90分钟至赛后60分钟期间对球队开放。

裁判更衣室

- 至少提供两个裁判更衣室。
- 必须提供不同性别使用的独立更衣室。

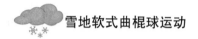 雪地软式曲棍球运动

●裁判更衣室必须提供矿泉水、水果、小食等供裁判使用。

二、互联网接入服务

互联网及相关服务是当今举行主要体育赛事的重要组成部分之一,如果在赛事举行期间无法提供良好的互联网服务,将极大地影响比赛的完整性。互联网是网站建设、视频分享、媒体报道、精美图片、信息交流以及其他更多衍生物的重要载体,对于比赛的顺利举行具有举足轻重的作用。

1. 任务和职责

(1)赛前。

●确定所有使用互联网服务的用户,例如电视、摄像、记者、IFF、组委会、比赛记录员等。

●确定使用互联网服务用户的不同需求:

◇每家电视台转播席或评论席必须有专用的网络连接口。

◇网上视频下载链接提供至少2MB下行速度。

◇新闻中心和媒体讲坛应该提供 WiFi 接入或者有线接入。

◇必须提供安全的有线互联网接入供记录员使用。

◇IFF-有线或无线互联网接入。

◇LOC-有线或无线互联网接入。

●确定使用何种网络硬件、软件、网络路由器等。

●确定赛场已有的 IT 基础设施。

●一旦明确赛事互联网服务所需要完成的各项事宜,立即着手联系供应商,确定其提供相关服务及价格。

●尽早与网络供应商确定各项协议,确保所有事项在赛前准备就绪(例如可能需要在使用互联网服务前 6 周与供应商签订合同)。

(2)赛事进行当中。

●确保互联网接入畅通,不出现网络中断现象。

●确保出现故障时能立即进行修复。

●竞赛办公室有网络供应商详细的联系方式。

●保持对使用不同网络用户人数的监控。考虑针对不同用户是否使用不同的带宽,现有带宽是否能满足所有用户的需求。

2. 注意事项

●网络服务供应商必须具有相当的资质,能提供优质的服务并能满足不同用户使用的需求。

第10章　如何组织一次成功的雪地软式曲棍球大型赛事

●在使用无线网络时必须设置密码,仅限工作人员或者有需要的人使用。
●媒体服务、电视网络转播等需要服务商提供大容量的宽带。
●必须保证记录员能接入互联网以方便进行在线数据统计及赛事报告。
●在确认投入互联网使用时与 IFF 办公室保持沟通非常重要。
●如果在有些方面不能确认如何操作,请与 IFF 工作人员联系,他们在很多方面具有丰富的经验,能提供极大的帮助。
●IFF 工作人员必须能随时接入各个赛场、酒店、会议室等场所的网络。

个人职责

负责人：_____

必备资源	必备设施
●专人负责管理互联网服务 ●互联网弹性服务,可按需提供不同网速的宽带 ●现场配备 1~2 名网络技术服务人员	●路由器、网线、转换器 ●无线网络接入密码

时间表

	任务	截止日期	职责	是否完成
赛前 8 个月	1. 确定用户群 2. 确定每个用户群使用网络的不同需求 3. 确定赛事所需要使用的 IT 基础设施及硬件			
赛前 4 个月	任命专职人员负责管理网络服务与网络服务供应商进行谈判			
赛前	对所有服务和设备进行测试,确保网络服务运行通畅			

三、竞赛办公室

在赛事开展期间,所有参与赛事组织工作的人都需要知道从哪里获取信息和发布信息,出现问题也需要有个地方可以寻求帮助和解答,这个地方就是竞赛办公室。

竞赛办公室是整个赛事活动运转的中枢机构,明确竞赛办公室的职责,构建良好的信息沟通渠道,做好组织竞赛工作是竞赛办公室的主要任务。竞赛办公室必须保证在赛事期间有专职工作人员全天候为赛事参与者提供相关服务。

1. 任务和职责

任务总论

●每个赛场都必须设置竞赛办公室,作为承办方信息交流的神经中枢,这个竞赛办公室可以没有具体的办公地点,但必须有专门负责的人或承担此功能的其他组织。

●竞赛办公室必须扮演赛场和工作人员所需要的核心信息中心角色。

●竞赛办公室负责有关竞赛文件的归档,包括球场使用计划、秩序册、交通信息、紧急时间处理计划等。

●竞赛办公室是将所有信息发送给不同部分的集散地。

●为球队和IFF提供相关信息。

●如果赛事没有专门负责志愿者的部门,竞赛办公室负责指导志愿者开展工作。

●提供合适的办公设备,如计算机、打印机、电脑、复印机等。

●对赛事开展期间所有使用的物质进行监督,也可作为物质仓储地。

●保管球馆或场地的钥匙,对钥匙具体的保管人员保持密切联系,确保其不脱岗。

赛前

●收集赛事所需的所有设备和物资。

●提供赛事所需的必要文件、项目检查表、物资汇总表等。

●检查所有技术装备。

●检查不同部门之间信息沟通是否通畅。

赛中

●通过球队信息箱通报IFF或LOC做出的最新决定以及赛程或其他日程上所发生的变化。

●发送每日赛况、当日比赛录像给参赛球队。

●通过即时通信工具或者内部信息通道将可能发生的变化告知主办单位。

●发送LOC晨会和晚会相关信息。

●在志愿者公告栏里发布志愿者工作名单及每日反馈。

●对注册办公室最新的信息进行及时更新。

●更新第二日受邀观赛的客人或贵宾名单。

●对任何可能发生的紧急事件做好应急准备,安排专门人员随时待命。

●发布LOC和IFF每日报道至组委会所有部门。

第10章　如何组织一次成功的雪地软式曲棍球大型赛事

2. 注意事项
- 组织一定的培训活动，以更利于所有信息的汇总。
- 要求所有信息必须汇总至竞赛办公室。
- 尽可能安排 IFF 办公室与竞赛办公室共处一地或者尽可能地靠近。
- 竞赛办公室必须有应急处理计划及紧急联系方式。

个人职责

负责人：＿＿＿＿＿＿＿＿＿＿＿＿＿＿＿＿＿＿＿

必备资源	必备设施
● 一人全职负责竞赛办公室 ● 根据赛事具体规模，每个竞赛办公室安排 1~3 名工作人员	● 电脑、打印机、复印机 ● 互联网接入 ● 竞赛文件——注册文件、赛事报道、场地使用计划等 ● 与 LOC 负责人建立沟通体系 ● 交通信息

时间表				
	任务	截止日期	职责	是否完成
1~6 个月	招聘竞赛办公室专职负责人 招聘竞赛办公室工作人员			
3 个月	计划具体的工作排班			
赛前	召开简短会议对志愿者进行培训 确保竞赛办公室可以提供所有赛事信息			

四、比赛记录员

比赛记录员的主要任务是填写比赛记录表、记录比赛时间，在比赛进行中与裁判员保持沟通。

比赛记录员主要有以下几种分工：在线比赛记录管理员、计时员、停表计时员、广播员以及两名受罚区监督员。

1. 任务和职责

赛前
- 比赛开始前提前 75~90 分钟抵达赛场。
- 记录台准备好记录员工作所需要的所有设备。
- 比赛开始前至少提前 60 分钟向记录员提交球队出场名单及官员名单。

雪地软式曲棍球运动

- 比赛开始前至少提前45分钟在线填写好球队人员名单及队员出场名单。
- 确保广播员有双方球队的花名册及出场队员名单、裁判员名单。

比赛进行中

- 使用比赛记录表记录比赛中所发生的所有事项。
- 及时对比赛中所发生的与赛事相关的事项进行在线更新。
- 就比赛中所发生的所有事情与广播员保持密切的沟通。
- 做好计时工作,包括暂停、队员受罚时间,仔细认真时刻关注比分牌上的时间。
- 受罚区监督员应该管理好受罚队员,在受罚期满后立即让队员重新进场投入比赛。
- 与裁判员时刻保持沟通。

2. 注意事项

- 保持中立和礼貌的态度尤为重要,不准起哄,不准侮辱队员或裁判员。
- 比赛进行当中不可替换记录员。
- 必须与裁判员保持密切沟通。
- 确保完全理解裁判员的所有指示,如果有不清楚的地方,必须再次进行询问。
- 记录员无权对竞赛规则做任何决定。
- 如果记分牌、计时器或者球队发生任何问题,立即与裁判员联系并做出解释。
- 如果裁判员有要求,记录员必须立即进行协助。
- 记录员应当位于场地外围,在球场中线位置。
- 记录台、替补席、受罚区应当处于球场的同一侧并且与电视转播台处于一侧。
- 为了避免不要的冲突,替补席和受罚区必须相隔一定的空间。受罚区监督员必须处于替补席和受罚区中间。

第10章 如何组织一次成功的雪地软式曲棍球大型赛事

个人职责

负责人：_____

必备资源	必备设施
一场比赛所需记录员	● 记录台后面至少准备四张椅子
● 一名记录员负责网上在线填写赛事记录	● 电子记分牌及控制装备
● 一名记录员负责填写现场记录表	● 接入互联网的电脑和打印机
● 一名记录员负责记分牌（比赛进行时间和比分）	● 空白的赛事记录表和球队上场队员名单
● 一名记录员负责暂停时间及比赛剩余时间	● 球队官员名单
● 两名受罚区监督员负责受罚队员	● 秒表、扩音器、麦克风等
● 一名广播员负责播报赛况	● 备用的IFF专用比赛用球、哨子
	● 测量球杆拍头弧度的仪器
	● 竞赛规程
	● 修补球门或界墙的胶带或其他相关物品

时间表				
	任务	截止日期	职责	是否完成
赛前 1～3个月	招聘负责比赛记录工作人员 招聘计时员 招聘受罚区监督员 招聘广播员			
赛前 3周	计划具体的工作排班 准备记录员专用设备			
赛前	简短会议对志愿者进行培训			

备注：

五、数据统计团队

根据赛事规模，数据统计团队的人数从2人到10人甚至更多。一个必须记录在册并进行网上在线填写的数据是守门员的扑救数。大型赛事通常具有较为庞大的数据统计团队，一般都会对球队的射门数量、射正球门的次数、控球率、传球成功率、队员个人技术等数据进行统计。

数据统计团体应当与记录员保持密切联系，在每个比赛休息间歇和每场比赛结束将数据抄送记录员。

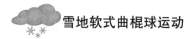 雪地软式曲棍球运动

1. 任务和职责
赛前
● 确保数据统计人员从记录员处获取比赛官方最新的球队名单。
● 详细并清晰解释数据从何而来,数据如何进行统计。
比赛进行中
● 准确计算比赛中双方守门员所做出的扑救数量。
● 记录其他一些主办方要求的统计数据。
● 每节比赛结束后,将守门员扑救数抄送至记录员和广播员处。
赛后
● 将数据统计结果告知统计团队负责人。
● 将数据统计结果抄送至各参赛球队和媒体。

关于统计守门员"扑救"数据的详细解释:在统计"扑救"数量时,所谓的"扑救"是指守门员将对方球队势在必进的球扑救出来,不包括扑出对方在球门区域以外以及射在球门框上的射门。

2. 注意事项
● 在比赛正式开始前,数据统计团队必须获取球队官方的正式名单以及首发名单。
● 确保数据统计人员知晓要统计什么数据以及如何进行统计。
● 确保统计员所处位置能清晰看到球场上发生的任何情况,并且也能够清晰看到记分牌、比赛时间等。
● 确保用于数据计算和统计的电脑等有充足的电源。
● 如有必要,确保能接入互联网。

个人职责

负责人:_____

必备资源	必备设施
● 两名统计员负责统计守门员扑救数 ● 其他统计员根据需要统计不同的数据 一组统计员不能连续工作超过两场比赛	● 统计扑救数所需的笔、纸、计算器等 ● 数据统计指导说明 ● 球场预留统计员专用位置,以方便统计员进行数据统计

第 10 章　如何组织一次成功的雪地软式曲棍球大型赛事

时间表				
	任务	截止日期	职责	是否完成
赛前 1~3 个月	确定数据统计的详细内容 明确进行数据统计的方法 招聘统计员			
赛前 3 周	计划具体的工作排班 收集和准备相关设备			
赛前	召开简短会议对志愿者进行培训 球场预留统计员专用席位			

备注：

有关国歌播放的注意事项
- 所有 IFF 主办的赛事，由 IFF 来提供正式的官方国歌音乐。
- 一定按照先播放客队再播放主队的顺序来播放国歌。
- 如果现场有乐队进行现场演奏国歌，必须为双方球队演奏。

六、仪式

仪式包括赛事的开、闭幕式以及每一场比赛开赛之前和比赛结束之后的一些小型仪式。为了使赛事更加规范化，赛前必须进行精心策划并将整个仪式流程通知到每个参加仪式的人，特别是要通知到参赛队员。

1. 任务和职责

大型活动举办之前
- 详细计划好开幕式流程。
- 根据赛事计划表做好赛前倒计时准备工作。
- 计划好每场比赛都要举行的仪式。
- 做好闭幕式计划，包括颁奖仪式。
- 做好各仪式流程计划，报 IFF 审批并获得 IFF 的批准。

大型活动举办期间
- 在进行大型仪式之前，将仪式所有相关信息和资料发送给竞赛官员、场地工作人员、领队、参赛队员、裁判、现场播音主持、IFF 官员和工作人员、电视和媒体等相关人员。
- 在举行领队会或赛前技术会议时将仪式详细流程告知与会人员。
- 全程对仪式进行指导。
- 如果有必要对仪式进程时间进行更改，及时通知相关人员。

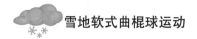

赛前
- 确保举行仪式所需物资都准备就绪,比如队旗和裁判旗。
- 将举行仪式的相关信息张贴在更衣室门口。
- 确保播音主持人拥有球队完整名单、球队首发名单以及场上执法裁判员名单。
- 确保 DJ(调音师)按照正确的顺序播放正确的国歌。
- 组织专业人员进行比赛"最佳运动员"评选(数据统计团队、贵宾等),并将评选结果在比赛结束前至少提前三分钟通知播音主持人。
- 在恰当的时间提醒球队和裁判员进入仪式举行场地。

赛中
- 在比赛中断期间,确保表演人员能及时出现在合适的场地中间进行表演。
- 确保一场比赛结束时,本场比赛最佳运动员奖牌或奖品放置在记录台。
- 如有必要,指定专人在比赛结束前 2 分钟将奖牌或奖品送到比赛场地。
- 对领奖人员进行一定的指导。
- 通知播音主持获奖队员的姓名以及所获奖项。

2. 注意事项
- 严格按照原计划所制定的时间表进行。
- 主持人全面掌控仪式进程,因此确保主持人手头的时间表和流程表正确无误。
- 如果涉及电视转播,必须确保整个仪式按既定时间表进行。

赛事开幕式简单流程模板
1. 参赛国国旗和裁判员进场
2. 主办方致辞
3. 东道主致辞
4. IFF 官员致欢迎词并宣布比赛开幕
5. 文艺表演

七、颁奖仪式

颁奖仪式是整个大型赛事在电视转播或摄影图片中最常被重复播放的部分,因此,确保整个过程顺利流畅尤为重要。

在颁奖仪式上,需要同时控制很多要素,这使得整个管理颇有难度。必须具有清晰的洞察力,熟悉整个颁奖流程,并让所有参与者了解相应的时间节点

第10章　如何组织一次成功的雪地软式曲棍球大型赛事

以及各自的任务。

IFF倾向于将颁奖仪式流程标准化,以有助于媒体、参与者熟悉相应流程,确保颁奖仪式的顺利进行。基于以上考虑,IFF制定了颁奖流程的基本框架以供承办单位参考使用。

1. 任务和职责

颁奖仪式基本框架

●在所有IFF主办的赛事中,颁奖仪式通常在决赛以后举行,包括铜牌争夺战。

●如果要进行全明星球队选拔,全明星队员授予仪式必须在冠军颁奖仪式之前进行。

●IFF将提供基本的颁奖仪式框架供承办单位使用。

●如果决赛现场进行电视直播,必须在规定的时间内完成颁奖仪式,否则将由于转播时间的限制而无法呈现给电视观众精彩的颁奖仪式。

2. 颁奖仪式构建

●重要的基本原则是一定要有来自IFF、东道主、组委会、赞助商的特别代表出席颁奖仪式。

●一般而言,颁奖仪式的时间主要受获奖队员和颁奖官员的出场时间所影响。

●尽管事先工作人员会对参加领奖的运动员做多次指导,但是运动员往往会因为过于激动或兴奋而忘记他们应该站的位置,导致现场的混乱。

●现场播音主持起主导作用,能控制整个流程按照既定的方案顺利进行。

●在进行整个颁奖仪式时间安排时,必须留有一定的余地。

3. 颁奖仪式主要内容

●颁发最佳运动员奖项。

●颁发最佳裁判员奖项。

●宣布全明星球队和最有价值队员并进行颁奖。

●为第二名球队颁发银牌。

●为第二名球队颁发奖杯。

●为冠军球队颁发金牌。

●为冠军球队颁发奖杯。

●现场演奏或播放获得冠军球队国家国歌。

●媒体为获奖球队进行拍照。

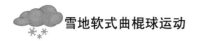

4. 相关仪式安排表

每场比赛的相关仪式安排时间表应该一致。队员通过对相关仪式安排表的熟悉,明白和理解他们所要做的事情,何时做?在哪里做?有助于整个比赛的顺利进行。

具体的时间安排表应该在第一次技术会议或领队会议上予以说明,并印发在球队手册上,张贴在球队更衣室门上。

赛前时间安排表

时间	内容
0:45	前一场比赛结束后开始进行准备活动
0:15	准备活动结束(鸣哨或其他方式示意)
0:08	球队准备入场。国旗在前,队长带领其他队员按号码顺序入场。
0:07	双方球队和裁判员进入竞技场地(界墙里面),并进行挑边。
0:06	奏国歌(客队优先)
0:03	参赛球队做好最后开赛准备
0:02	宣布双方球队先发阵容(客队优先)
0:00	裁判鸣哨,比赛正式开始

赛后时间安排表

时间	内容
0:00	比赛结束
0:02~	双方球队在中场附近面对面排好队伍
0:03	宣布本场双方球队最佳运动员获得者(客队优先),播放最佳运动员照片
0:04	双方队长相互致谢(主队优先)
0:05	双方球队队员相互之间握手
0:06	双方球队通过中场快速离开场地

决赛后时间安排表

时 间	主持人	内容
0:00		比赛结束
0:02		双方球队在各自半场排好队伍
0:03	LOC	本场比赛双方球队最佳运动员颁奖(客队优先),播放最佳运动员照片
0:04	IFF 裁判	颁发决赛最佳裁判奖章,播放最佳裁判照片
0:05	IFF 评审委员会主任和 LOC	宣读全明星队员名单,颁发奖金,播放全明星照片
0:07	IFF 评审委员会主任和 LOC	宣读最有价值运动员并颁发奖金

第10章　如何组织一次成功的雪地软式曲棍球大型赛事

0:08	IFF 贵宾和 LOC	亚军球队队长领奖，队员接受奖牌，和获胜球队握手
0:10	IFF 贵宾	队长返回颁奖台领取奖杯，球队可以通过混合区离开球场
0:11	IFF 主席和 LOC	冠军球队队长带领队员领受奖牌
0:13	IFF 主席	冠军队队长返回颁奖台领取奖杯，全体冠军队员站在标识牌后面，播放冠军球队照片
0:14		演奏冠军球队国家国歌
0:15~0:20		冠军球队通过混合区离开球场

各种仪式个人职责

负责人：_____

必备资源	必备设施
●仪式总监负责所有进行仪式的完整流程，如有必要协助相关人员做好每场比赛的赛前和赛后各种仪式安排 ●每场比赛安排1~2人专职负责指导现场仪式安排 ●在开、闭幕式仪式上必须安排更多的工作人员参与其中	●仪式流程指导说明 ●比赛仪式所需旗帜 ●比赛仪式所需国歌 ●比赛仪式所需奖金 ●闭幕式上全明星球队和最有价值运动员奖金 ●闭幕式上所需各种奖牌和奖杯

时间表				
	任务	截止日期	职责	是否完成
赛前 1~3个月	招聘负责所有仪式的总监，并对所有仪式流程和协议进行审核 招聘仪式工作人员 招聘负责开、闭幕式运营的团队			
赛前 3周	计划具体的工作排班 收集和准备相关设备			
赛前	赛前对志愿者进行培训			

备注：

第3节　后勤保障

一、注册

　　为更好掌握整个赛事活动期间各类人员的动向,赛事必须设置注册系统。通过注册系统对各类人员进行分类,并赋予各自对应部门权限以及参加不同活动的限制。

　　注册系统的主要核心内容是大赛个人信息卡(ID卡)。ID卡包含所有个人信息及所属部门。在ID卡上清晰标明人员分类,通往不同赛场许可证等。

　　1.任务和职责

　　计划阶段

　　●根据赛事实际需要,对注册人员进行分类,并开通使用不同赛场或场地的权限。

　　●在进行通道使用权限分配时,尽量避免通道的交叉重叠。

　　●在开始阶段,组委会要全面考虑参赛人员的分类,统计不同类别参赛人员数量,从而颁发不同区域参赛证件。

　　●每位参赛人员必须制作参赛证并进行分类,比如通过参赛证的颜色来区分所属类别。

　　●根据不同工作性质,有些参赛证可以通往多个赛场区域,可以通过参赛证上的数字来表示。

　　●组委会可以预先做个计划确定不同参赛证可以通往的区域,但是在决赛阶段,可以根据现场情况单独做出评估,如有必要,取消相应限制,确保所有持参赛证的人员都可以进入决赛现场。

　　赛前

　　●承办方与IFF沟通协商注册系统的搭建。

　　●征集并公布此次赛事的LOGO,并在进行参赛证制作时,将LOGO连同IFF、各协会以及赞助商的LOGO排入。

　　●在进行参赛人员分类编排时,与IFF沟通协商具体发证数量及如何分类。

　　●设计赛场的行走通道及标识,在每个检票口安排安保人员。

　　●从注册系统下载手机所有参赛人员信息,开始制作参赛证。

第 10 章　如何组织一次成功的雪地软式曲棍球大型赛事

●在召开第一次技术或领队会议时,把球队、IFF 官员、工作人员和 IFF 贵宾的参赛证交给 IFF。

●为参赛证分发便利,无须将链带系在参赛证上,分开发放。

●IFF 仲裁或员工将在第一次技术或领队会议将通过身份确认的参赛证发放到各支球队。

●承办单位组织志愿者进行参赛证的发放。

赛中

●赛事进行时,有其他贵宾或重要客人抵达赛场时,到每个赛场现场注册中心领取相应参赛证并分发给贵宾或其他重要客人。

IFF 赛事注册系统

●IFF 提供给所有 IFF 赛事承办方注册系统的接入端口和系统,并对如何使用该系统进行相应的指导和培训。

●所有参赛人员的相关信息在被输入注册系统后,会自动生成可以打印的 PDF 文档。

●IFF 对所有输入系统的球队信息、IFF 员工和 IFF 贵宾、IFF 官员负责,而 LOC 负责承办单位自己工作人员、媒体、贵宾以及志愿者的信息输入。

●LOC 负责制作所有参赛证件并提供链带。

赛事注册系统个人职责

负责人：_____

必备资源	必备设施
●专人负责注册系统参赛人员的分类,以及赛场需要设置不同区域时,相应区域使用的权限 ●专人负责与 IFF 就注册系统设计和注册文件使用事宜保持沟通与合作 ●专人负责参赛证制作和打印 ●1~3 人负责管理下载的参赛人员个人信息 ●1~3 人负责组织和发放参赛证 ●1~2 人负责在赛事进行期间注册办公室的全职工作	●IFF 赛事注册系统使用说明 ●每张参赛证必须配备的链带 ●一台能联上互联网的彩色打印机 ●一台现场制作参赛证的数码相机 ●制作参赛证所需的塑封机及配件 ●备用的链带

雪地软式曲棍球运动

时间表		截止日期	职责	是否完成
	任务			
赛前 3~6个月	招聘负责计划和组织注册并与IFF合作、沟通的专职人员 设计参赛证、对参赛人员进行分类、对使用区域进行分类			
赛前 3个月	评估所需参赛证的数量,并与提供参赛证制作的公司达成相关协议 招聘赛事期间在注册办公室全职工作人员			
赛前	准备LOC、媒体、志愿者、重要客人及贵宾的注册文件 打印所有注册文件 将参赛证进行分类摆放,以便于发放 将参赛证发放给各参赛人员 对安保人员和志愿者进行参赛证识别培训			

备注:

二、交通

整个赛事交通主要分为两大块,一是人员交通,另外一块是物流。根据举办赛事的不同,所选择的具体管理方式也不尽相同。

根据主办方与承办方的具体协议,IFF办公室提供给承办方使用的物质需要承办方提供相应的交通服务。按照惯例,绝大多数赛事都是由承办方来提供各参赛球队和IFF官员的交通服务。

1. 任务和职责

IFF官员交通

赛前

●告知IFF办公室整个赛事期间负责IFF官员交通工具使用的联系人。

●IFF在赛事开始前一个月,发函给承办方确认所有参赛IFF官员到达和离开赛会的具体时间。

●预先对交通路线和所需时间进行实地测量,做好相应交通计划安排。

●根据IFF抵达和离开的具体时间来安排交通,并做好计划于赛前两周

第 10 章　如何组织一次成功的雪地软式曲棍球大型赛事

和 IFF 办公室再次进行确认。
- 强烈建议多备一辆车以防不时之需,为 IFF 贵宾准备专用交通工具。

赛事进行中
- 在赛场和参赛人员住宿地之间安排交通工具,IFF 建议安排固定时间的往返大巴。
- 与 IFF 办公室沟通,根据赛程时间表安排每日的交通时刻表。
- 一般而言,IFF 官员需住在离任一赛场开车时间在 30~90 分钟之间的地方。

赛后
- 根据 IFF 提供的返程时间表安排各参赛球队、IFF 官员等从驻地至机场、港口、火车站等地方的交通。

参赛球队交通
- 如果由承办单位负责各参赛球队交通,则需负责从赛前两天至最后一场比赛结束之后期间的交通。
- 参赛球队的交通根据赛前发给承办方的时间表包括抵达参赛城市时的接、送机(站),赛事进行期间,从驻地至赛场的往返交通等。
- 承办方至少提前三个月询问各参赛球队有关交通事宜。
- 最好通过专业交通旅游公司来运作和规划球队的交通事宜,如果可行,也可使用公共交通。
- 尽量避免在同一时间段,同一地点运送多支参赛球队。

2. 注意事项
- 在有关人员交通或物质运输问题上始终与 IFF 办公室保持合作。
- IFF 办公室会指派有奉献精神和责任性的工作人员来协助处理交通问题。
- 尽早提供 LOC 负责交通运输工作人员的联系方式给 IFF 办公室。
- 在赛前尽早安排比赛相关物资运输事宜,并在进行赛事安排时予以考虑。
- 开赛前与 IFF 办公室合作,就所有交通安排开展最后确认检查工作。

雪地软式曲棍球运动

交通事务个人职责

负责人：_____

必备资源	必备设施
●专人负责整个赛事期间的交通安排 ●2 人专门负责与司机沟通 ●每天安排 5~6 名司机 具体参与交通安排的工作人员和司机人数根据赛事的规模、球场的数量以及所使用交通工作类型来决定	●小车、大巴、中巴等 ●移动电话 ●场地专门设立交通管理办公室 ●球场和酒店驻地的地图 ●导航仪、GPS

时间表				
	任务	截止日期	职责	是否完成
3 个月	招聘专职人员负责交通运输事宜 招聘负责与司机沟通工作人员 招聘司机			
4 周	计划工作排班，对团队进行培训 收集和准备相关设备			
赛前	召开简短会议，和团队成员确认最终交通安排			

备注：

三、物资运输

IFF 物资运输是整个后勤工作中非常重要的一部分。取决于 IFF 与承办单位的具体协议，在有些赛事中，IFF 会提供给承办单位一些比赛必需的设备，比如地板、界墙、球门、球、球杆等。

1. 任务和职责

●赛前至少提前三个月和 IFF 办公室联系商量竞赛物资事宜。

●检查和熟悉当地政府有关交通运输的一些规程和要求，明确 IFF 在运送比赛设备到承办单位所在地时清关的相关要求。

●根据主办方和承办单位所达成的协议，确保在物资运送到承办单位时有足够的仓储空间。

●与赛场方面沟通，询问是否有合适的装卸设备的场所，是否配有装卸货物的叉车（一卷比赛用地毯的重量在 150 公斤，一箱地毯重量可达 1 000 公斤）。

第10章　如何组织一次成功的雪地软式曲棍球大型赛事

●设备抵达赛场时，必须有专人负责接收并反馈给 IFF。

●必须安排足够多的人手来进行设备的装卸，人手不够时也可安排安保人员。

●在赛事结束之前，对所有设备进行清点和检查，列出详细清单并向 IFF 进行报告。

●赛事结束之后，合理安排所有物资设备的运输，确保有足够的工作人员可以参与设备的装载。由于运输公司通常在周末休息，因此，尽量不要安排在周六或周日进行设备的装载。

●所有 IFF 的物质和设备必须按时返还给 IFF。

2. 注意事项

●在事关人员交通和物资运输问题上与 IFF 保持紧密联系和合作。

●必须配备专人负责整个赛事期间的交通和物资运输事宜。

●必须提前至少三个月时间安排后勤相关事宜，并在赛事开展期间根据计划随时保持关注。

●尽可能早地将赛事交通和物资运输负责人的信息发送至 IFF 办公室。

●与 IFF 办公室合作，在开赛前做好最后的检查工作。

●IFF 办公室可以提供设备所需的仓储空间并告知承办单位。

●IFF 办公室来提供铺设赛场地板的指导工作。

●在将所有 IFF 提供设备和器材打包托运回 IFF 时，确保所有设备和器材按最初运抵赛场时样子进行打包。运输工具必须保持整洁。

物资运输个人职责

负责人：_____

必备资源	必备设施
●专人负责整个赛事期间的物质运输安排	●叉车
●6~8 人团队负责地板铺设	●打包机、封带机
●一名专业人士负责指挥地板铺设	●场地线胶带
●一人负责赛前和赛后处理 IFF 物质的装卸和打包封箱	●其他一些场地标识的贴纸

时间表				
	任务	截止日期	职责	是否完成
赛前3个月	与IFF办公室联系与合作 招聘专职人员负责规划物资运输 招聘铺设地板人员 招聘负责指挥铺设地板的专业人员			
赛前2~4周	与IFF最终确认所有比赛所需物质清单 确认物质运输具体计划			
赛前	对有关团队工作人员进行培训			

备注：

四、住宿

为了满足参赛球队、IFF、赞助商以及观众等的住宿需求，东道主城市必须提供价格合适、数量充裕、环境舒适的酒店或公寓。酒店的地址尽量安排在离赛场10公里范围以内。

1. 任务和职责

酒店和其他住宿场所

●提前8~12月的时间，根据预估的赛事参赛人员数量和酒店进行初步的协商和沟通。

●至少提供三种不同价位的酒店供不同参赛球队使用，三星级以上酒店、快捷酒店以及青年旅舍、汽车旅馆等其他价位酒店。

●确保推荐的酒店距离在合适的范围以内，离赛场不超过10公里。

●单独为IFF工作人员及官员安排酒店，他们的驻地应该与球队驻地分开。酒店的标准固然重要，但是位置和提供的服务同样也很重要，比如是否提供会议室、互联网服务以及餐饮服务等。

●除了满足球队正常的住宿要求，还需确认酒店提供的其他服务，比如餐饮和会议室等。

●尽可能早地通知参赛球队有关住宿酒店的选择，大型赛事不晚于赛前8个月，小型赛事不晚于赛前4个月。

●确认所有参赛球队在比赛开始前都已经预订好他们的酒店。

●在网站上公布组委会推荐入住的酒店相关信息。

会议室

●IFF需要会议室来安排每日的裁判例会、组委会会议以及技术会议等。

第10章　如何组织一次成功的雪地软式曲棍球大型赛事

●如果是举行世界锦标赛,承办单位必须准备一个至少能容纳120人的大会议室以便在赛事期间举行国际雪地软式曲棍球联合会全体会员大会或赛事组委会会议等。

餐饮

●和酒店进行协商尽可能在晚上也提供就餐服务,特别是在有些晚间的比赛结束之后。

●对于在哪里就餐也可提供各参赛球队多样的选择性,是在球场用餐还是回酒店用餐。

2. 注意事项

●必须按照不同参赛人员的要求,提供不同条件的住宿,尽可能满足所有参赛人员需求。

●承办单位有义务提供不同价位的酒店以供IFF官员、参赛球队、各会员国代表以及媒体工作人员选择。

●确保与承办单位进行合作的住宿提供方在赛事进行期间不会变更相应条款以避免发生不必要的麻烦。

●提供给IFF工作人员及官员住宿的酒店必须在三星级以上且通过IFF的认可。

●必须与各参赛人员或团队就酒店或其他住宿问题保持持续的沟通。

酒店住宿个人职责

负责人:＿＿＿＿＿＿＿＿＿＿＿＿＿＿＿＿＿＿＿＿

必备资源	必备设施
●一人专门负责和酒店进行协商以满足不同参赛人员的需求 ●一人专门负责和各参赛球队、人员联系,确认所有参赛球队都已经预订好酒店 ●一人专门负责安排IFF工作人员及官员的酒店住宿以及安排会议室	

时间表				
	任务	截止日期	职责	是否完成
赛前12个月	与酒店进行初步协商,初步预订各参赛人员的酒店或其他住宿			
赛前8个月	通知各参赛球队不同住宿条件酒店的选择,与IFF办公室确认IFF官员和工作人员的住宿安排			
赛前	确认所有参赛球队都已经预订好参赛期间的酒店住宿			

备注:

五、餐饮

主办任何赛事活动,餐饮永远是不可或缺的主题之一。绝大多数为赛事服务的工作人员都会花上一整天的时间或者至少连续好几个小时在赛场,基本没有外出就餐的可能性,因此给赛场工作人员、运动员提供营养可口的各式饭菜是赛事主办方和承办方必须考虑的问题。

1. 任务和职责

●赛前和当地餐饮服务公司或球场餐厅沟通协商比赛用餐问题。

●通常由承办单位来安排参赛人员用餐或提供相应的服务以供参赛人员选择。

●一般而言,用餐人数越多,越有利于承办单位和餐厅谈判以获得更优惠的价格。

●在与餐厅商谈用餐时,尽可能将用餐时间多样化,以满足各参赛球队不同的用餐要求。

●为赛场工作人员和IFF官员准备好饮用水,确保工作人员始终以饱满的精神状态投入到工作当中。

●在IFF工作人员和官员驻地、比赛现场,尽量提供多样化的用餐时间。

●比赛通常很早开始,很晚结束,因此,酒店一定要能给IFF工作人员提供更晚的就餐。

●有些参赛球队不需要承办方提供餐饮,但一定要给球队选择的余地。

●根据各参赛球队的赛程合理安排用餐时间。

●如果参赛球队选择承办单位提供的就餐服务,必须和球队确定提交每天用餐具体人数的截止时间。

第10章　如何组织一次成功的雪地软式曲棍球大型赛事

●安排志愿者就球队具体的用餐人数和用餐时间与餐厅沟通,确保餐厅掌握所有用餐信息以方便餐厅准备菜肴。

●可以选择不同的付费方式,比如事先领发的就餐券、个人现金支付或者统计人数领队签字最后结账等方式,不管使用哪种付费方式,赛前一定要和餐厅达成一致。

2.注意事项

●应该提供所有参赛人员不同的就餐选择。

●承办单位有义务提供不同价位的餐饮以供 IFF 官员、参赛球队、各会员国代表以及媒体记者们自行选择。

●确保餐饮服务公司或酒店餐厅在赛事期间不随意变更原先预定的就餐时间和菜肴。

●提醒就餐人员注意环境保护、不得浪费食物。

●与不同参赛人员就用餐问题保持良好的沟通。

●良好的沟通可以确保避免出现诸如订餐超过用餐人数或订餐少于用餐人数等问题。

餐饮服务个人职责

负责人:_____

必备资源	必备设施
●一人专门负责和酒店餐厅或餐饮服务公司进行协商以满足不同参赛人员的需求 ●一人专门负责和 IFF 办公室、各参赛球队,确认有用餐需求的参赛人员预定了用餐	●每个赛场提供用餐区域

时间表				
	任务	截止日期	职责	是否完成
赛前 12个月	与酒店或餐饮服务公司进行初步协商,初步预定各参赛人员用餐			
赛前 8个月	通知各参赛球队和 IFF 办公室不同酒店餐厅的选择			
赛前	确认所有参赛球队和 IFF 工作人员所需用餐的具体次数 和酒店餐厅确认用餐人数 准备清晰明了的用餐指南 告知球队领队如何用餐及如何结账			

备注:

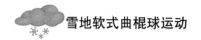

六、秩序册(赛程表)

IFF赛事承办条款明确规定,LOC负责提供赛事官方赛程表(手册),并提供与赛事相关重要信息给组委会所有成员。

秩序册除了是赛事活动重要载体,也是LOC传递信息、图文资料等给参加者、观众、邀请的客人、贵宾的有效工具。

任务和职责

计划阶段

●开始设计秩序册,决定秩序册是免费发放还是进行销售。

●确定秩序册的规格(A4/A5大小),进行何种类型的分类。

●确定秩序册所要包含的信息:只有球队信息或者赛事推广的广告、赞助商信息等。

●确定秩序册的具体内容,明确制作秩序册的目的,选择制作团队。

●确定提交秩序册各种内容的时间表和截止时间,包括制作材料、内容编排、打印材料,以及具体数量等。

●对秩序册内容进行详细规划,明确商业内容所占的比例,原则上不超过50%。

赛前

●通告IFF拟制作秩序册的模式和类型。

●要求IFF、东道主城市、各会员国协会提供致辞内容。

●确定秩序册各部分内容完工的截止时间,就IFF如何将参赛运动员信息告之LOC的方式达成一致意见。

●必须在秩序册送印前2~3周将所有材料收齐,进行仔细检查确保所有信息符合要求。

●与制作商约定严格的时间表,因为从收齐所有参赛球队信息到比赛正式开始之间的时间非常有限。

赛事进行中

●准备好在哪里以及如何将秩序册(赛程表)发放到观众、球队、贵宾和邀请来的客人、各国家协会官员、新闻中心、IFF官员等手中。

●确保球场上每天都有足够的秩序册(赛程表)。

秩序册(赛程表)样本主要内容

●官方致辞:东道主城市、承办国家雪地软式曲棍球协会/LOC、IFF。

●赛事描述(2~4页)。

第10章　如何组织一次成功的雪地软式曲棍球大型赛事

- ●赛事历史(1~2页)。
- ●正式比赛场次安排(1~2页)。
- ●场地分布图,提供给观众的各种服务导图。
- ●参赛球队名单(8~16页):球队和运动员参赛信息和统计、预选赛赛况、球队进球数等。
- ●商业广告(14~24页)。

秩序册(赛程表)个人职责

负责人:＿＿＿＿＿＿＿＿＿＿＿＿＿＿＿＿＿＿

必备资源	必备设施
赛前 ●设计团队或LOC策划 ●一人专门负责收集各种所需资料 ●一人专门负责选择制作或打印公司 ●一人专门负责与制作或打印公司就秩序册编排问题进行沟通 ●一人专门负责秩序册(赛程表)的发放和销售 ●4~8人负责在赛事开展期间进行销售	●内容设计与编排 ●秩序册在媒体或其他方面的信息发布 ●秩序册发放或销售计划 ●针对赞助商、销售团队的计划 ●技术规格

时间表

	任务	截止日期	职责	是否完成
赛前 1~3个月	确定秩序册(赛程表)的大小、类型 寻求打印或制作公司 确定秩序册内容和使用方法 告知技术规格 设立具体时间表、要求提供各种资料 与IFF就输入秩序册内容达成一致意见			
赛前 3周	设立出版成册的截止日期 就编排和内容进行最后确认 决定销售价格、发放和销售计划			
赛前	将秩序册(赛程表)送至球场 秩序册的发放和销售安排			

备注:

第4节 赛会工作人员和志愿者

一、志愿者管理

任何赛事都需要大量的志愿者参与到赛事当中协助管理人员做好赛事的各项服务工作。志愿者不分男女老少,不分行业,只要有责任心,愿意为赛事奉献自己一分力量的人都可以报名参加赛事的志愿者工作。

不管赛事规模大小,组织承办一个比赛都需要大量的工作人员确保赛事顺利进行,如何对志愿者进行良好的管理是保证赛事圆满成功的重要保证。

任务和职责

赛事策划阶段

● 对赛事整体运行进行分析,确认需要多少志愿者,准备组成多少支不同工种的志愿者队伍以及他们具体的工作内容。

● 确认志愿者团队领导层人数。

● 根据不同分工,安排不同年龄段的志愿者。

● 对志愿者招募办法进行广而告之。有很多人非常希望能加入大型赛事的志愿者团队,尽管他们之前可能并没有任何与体育运动相关的工作经验。

志愿者招募阶段

● 招募广告简单清晰:对应聘者的要求、具体岗位、招聘人数以及选用程序。

● 在发出招募广告之前,先做好何时对录用志愿者进行何种内容的培训进行规划,如果IFF要求对应聘志愿者进行考试,还需进行相关考试准备。

● 志愿者填好自己想要从事工作的第一志愿和第二志愿表格。

● 收集所有必要的信息、比如衣服尺寸、工作经历、语言能力、联系方式、职业、特长、是否能全程参与赛事的志愿者工作等。

● 如果有必要,帮忙联系和安排家庭离赛区很远的志愿者的住宿问题。

志愿者安排阶段

● 通知志愿者正式被录用以及进行岗前培训的具体时间。

● 根据应聘者的意愿、技能以及可以参加志愿工作的时间来分配具体工作,首先确定团队管理层,然后再组建各个团队。

● 一些特殊工作岗位需要安排招募志愿者,如安保、医疗、视频剪辑等。

第10章　如何组织一次成功的雪地软式曲棍球大型赛事

●每个志愿者都必须分配第二岗位,以便发生人员变动时,不影响工作进程。

志愿者教育

●首先对志愿者团队领导进行培训,详细解释团队运作管理办法。

●团队领导层培训结束后再对志愿者进行培训和技能测试,并统一志愿者着装。

●培训和测试结束后,接受志愿者的岗位调动书面申请。

●最终确定参加志愿服务的人员名单,以方便订餐和订购服装。

赛前

●确认所有团队负责人招募到了所需的员工,安排相关工作的应急计划。

●确认比赛现场志愿者的餐饮问题得到解决。

●保障志愿者和该团队领导层之间沟通渠道的畅通。

志愿者管理注意事项

1. 明确志愿者工作职责和所需志愿者数量。

2. 做好志愿者岗前培训计划。

3. 收集志愿者相关信息。

4. 做出最终选择并通知应聘人。

5. 首先对团队负责人进行培训,再对团员进行培训。

6. 进行赛事服务工作模拟测试。

7. 基于测试结果,安排相应岗位。

8. 最终确认参加志愿者工作人员名单、志愿者花名册、志愿者餐饮服务等。

9. 小结、反馈以及感谢志愿者。

志愿者主要来源

●队员、裁判员和教练员。

●正在进行职业培训的学生。

●在职的或已退休的经商人员。

●外国雪地软式曲棍球球迷。

●军队或政府部门雇员。

●其他体育运动组织的员工。

志愿者管理个人职责

负责人：_____

必备资源	必备设施
●LOC 确定赛事所需的志愿者数量 ●一人专门负责志愿者招募计划及其管理 ●一人负责选用志愿者团队领导层 ●一人和志愿者领导挑选志愿者组建团队 ●一人负责在赛事开展期间管理志愿者	●人力资源分配计划 ●项目计划 ●组织架构表 ●招聘广告和申请表 ●志愿者所需制服、食物、饮料等

时间表				
	任务	截止日期	职责	是否完成
赛前 12个月	计划志愿者组织架构及所需数量 邀请志愿者参与赛事工作 组织第一次志愿者负责人培训 书写 LOC 赛事手册			
赛前 6个月	将志愿者分组并进行管理 组织志愿者技能测试			
赛前 3个月	确认参与赛事的志愿者名单及每个人可以提供服务的具体时间 为志愿者订购制服			
赛前	制定志愿者工作排班表 确认志愿者餐饮			

备注：

二、球队向导

球队向导负责照料球队在球场内外的相关事务，只要是球队在比赛期间需要的事务，球队向导都会尽最大努力去帮助他们达成意愿。

球队向导有时还要承担翻译工作，因此，如果球队向导会说所服务的球队当地语言的话，将极大地促进有关工作的顺利完成。

任务和职责

赛前

●比赛开始前两周，球队向导应该和所服务的参赛球队的领队进行联系

第10章　如何组织一次成功的雪地软式曲棍球大型赛事

(电话或者电子邮件)介绍自己,确认球队抵达赛场的相关细节,询问是否有其他问题或需要提供什么帮助等。

- 到机场、港口、火车站等地方接待所服务的参赛球队。
- 在球队抵达参赛地同时,提供赛事指南手册给参赛球队。
- 带领球队去酒店并协助办理登记入住手续。
- 告知领队第一次技术会议的时间和地点。

赛事进行中

- 每天和球队领队确认当日行程和赛程表。
- 如果球队行程发生任何变动及时和竞赛办公室联系并进行处理。
- 带领球队到练习场进行训练并详细讲解相关程序(更衣室使用、练习时间表等)。
- 在赛事的最初几天,花费尽可能多的时间陪伴所服务的球队。
- 每天和所服务球队联系2~3次,询问时候有任何问题并帮助处理。
- 在比赛现场,帮助场地工作人员向球队解释球场相关规定及移动路线。
- 比赛结束后,提供送机服务。

球队向导注意事项

- 给所服务的球队留下良好的第一印象,因为球队向导很有可能是参赛球队抵达参赛地所遇到的第一个组织方的人员。
- 尽量创造一种轻松的氛围,使得所服务球队的队员、工作人员愿意在遇到问题时和球队向导沟通。
- 在比赛现场,需要协助场地工作人员完成一部分工作。
- 如果遇到不能立刻解决的问题或者不懂的问题,想办法尽可能快地找到答案和处理办法。
- 确保自己值得信赖,如果答应或者许诺要解决的问题,确保能实现自己的诺言。

球队向导个人职责

负责人:_____

必备资源	必备设施
● 每支参赛球队配备一名球队向导 ● 如果有多名球队向导,指定一名确保在球队需要帮助的时候能够联系	● 球队抵达参赛时需要分发的材料 ● 承办单位联系名单 ● 赛事期间专用电话号码

雪地软式曲棍球运动

时间表				
	任务	截止日期	职责	是否完成
赛前 1~3个月	招聘球队向导 招聘负责和球队向导联系的工作人员 指派球队向导至所服务的球队			
赛前 3周	收集和准备相关设备 要求球队志愿者和所服务的球队联系确认他们的抵达时间并介绍自己			
赛前	对球队向导进行简单培训			

备注：

三、球场工作人员

球场工作人员负责处理比赛期间各参赛球队在球场上的相关事务，场地工作人员是球队和组委会之间联系的桥梁和纽带。球场更衣室使用也由场地工作人员负责。

任务和职责

每场比赛开赛前

●在球场入口欢迎球队并指引他们到各自的更衣室。

●将更衣室钥匙交给球队领队。

●和球队领队确认正在进行的比赛进程及时间，并将比赛时间表复印件交给领队。

●和球队经理确认赛后的颁奖仪式相关事宜。

●指引球队开始进行赛前的热身活动。

●指引球队参加比赛的开幕式。

比赛结束后

●在每场比赛结束之前联系媒体主持人，询问他们是否有特殊的采访要求。

●指引接受采访的队员到混合采访区接受采访。

●如果球队滞留在球场观看另外一场比赛时，指引球队到球队专属区域。

●指引球队到候车区等候大巴返回驻地。

●清洁更衣室以提供给下一支参赛球队使用。

●根据更衣室安排表更换更衣室门口标识以提供给下一支参赛球队使用。

第10章　如何组织一次成功的雪地软式曲棍球大型赛事

注意事项
- 始终保持良好的工作状态、随时准备好为参赛球队提供服务。
- 和球队向导进行合作，必要时请球队向导进行翻译。
- 有关颁奖仪式的举行时间和具体安排必须在赛事指南里注明，并张贴在更衣室门上。
- 球队抵达赛场时，和球队领队一起召开简短会议，就比赛时间表、开幕式以及赛后的颁奖仪式等具体细节进行沟通，确保球队明白相关事务。

队员结束采访的相关事宜
- 每场比赛结束后，赛会注册过的媒体可以在混合参访区对队员进行采访。
- 主持人通知场地工作人员，媒体要求进行采访的具体运动员名单。
- 每场比赛结束后，场地工作人员负责指引接受采访的队员到混合采访区接受采访，主持人负责协助队员。
- 最佳队员或队长和教练自动获得出席赛后新闻发布会的资格。
- 在赛后新闻发布会上，如果媒体想要对其他队员进行采访，可以事先在混合采访区联系主持人，询问是否可以进行采访安排。

球场工作人员个人职责

负责人：_____

必备资源	必备设施
每场比赛必须配备的球场工作人员 ●每支球队两名工作人员完成相关任务	●更衣室使用编排表 ●更衣室钥匙 ●各种仪式参加指南 ●球队交通时间表，以便工作人员知晓球队抵达和离开球场的具体时间

时间表				
	任务	截止日期	职责	是否完成
赛前 1~3个月	招聘球场工作人员 计划各种仪式的时间和编排，并写好给球队的指南 结合赛程表安排更衣室使用计划			
赛前 3周	工作排班表 收集和准备相关设备			
赛前	对志愿者进行简单培训			

备注：

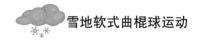
雪地软式曲棍球运动

四、界墙工作小组

界墙工作小组的主要任务是照顾场地界墙和球,如果界墙倾倒,立即进行复位,如果球飞出界墙外,立即将新球抛入球场内。

任务和职责

第一场比赛准备活动前

● 检查界墙,将界墙摆直、扣紧,确保界墙安全。
● 将即将要用的球放在球门顶端网上。
● 用拖把对球场地面进行清洁。

准备活动期间

● 和球场经理碰面,确认有关指导。
● 1~2名小队成员站在界墙四角,负责将球从界墙边缘放回场地,不能抛或扔进场地。

准备活动结束后

● 对球队发出信号,请球场上热身的队员离开场地。
● 再次将界墙摆正拉直。
● 将界墙内和四周的球收好。
● 再次用拖把清洁球场
● 队员进场时打开界墙。

比赛进行中

● 保持对比赛的关注,必要时将出界的球放回场地。
● 如果界墙倾倒,将界墙复位并拉直。
● 如果裁判要求,迅速用拖把清洁指定部位。
● 指引球队其他人员不要靠近比赛场地限定区域。
● 暂停期间,迅速进场用拖把清洁场地。

比赛结束后

● 把多余的球放在角落里。
● 指引球队离开球场。
● 摆正拉直界墙,清洁替补席区域,把垃圾放进垃圾桶,整理桌椅。
● 将准备活动用球仍然放在球门顶端网上,以供下一场比赛使用。
● 再次和球场经理碰面听取反馈。
● 比赛结束后将球和拖把放回储藏室。

注意事项

第10章 如何组织一次成功的雪地软式曲棍球大型赛事

- 保持中立和礼貌，禁止欢呼、侮辱队员或裁判。
- 在球场工作时不准使用移动电话。
- 工作快速有效、精神状态饱满。
- 匆忙或仓促并不代表着速度或效率。
- 富有责任心，为自己的工作而自豪，以饱满的精神状态投入工作当中。
- 负责好自己所管辖区域的界墙。
- 当球靠近分离的界墙时，不得进行界墙复位工作。
- 如果界墙一大片完全倾倒或者当同伴一人无法进行界墙复位时，立即上前协助。
- 在界墙每个角落配备4~5个备用球。
- 注意力高度集中，关注其他小队成员的行为，确保球场上只有一个球。
- 应该将球轻轻放置在出界前的位置，不得将球扔或抛进球场。
- 赛前和比赛暂停期间上场进行场地清洁工作，每半场两人同时进行。
- 比赛期间只有裁判要求的情况下才可以上场拖地，快速跑到指定清洁地点，完毕后快速跑回原处。
- 比赛结束后对替补席区域进行清洁。

球场经理的任务和职责

- 至少在比赛开始前90分钟抵达赛场。
- 检查球门，确保所有比赛用设备到位。
- 在开赛前和比赛暂停期间对界墙工作小队进行指导和工作安排。
- 比赛结束后对界墙工作小队的工作进行反馈。

五、紧急医疗救援

医疗保障小队负责处理现场观众、队员和工作人员的医疗问题。如果比赛现场发生严重的伤害事故，急救人员在120急救车来临之前，负责对受伤人员进行现场急救，争取最佳的治疗效果。

所有医疗保障小队成员必须持有医师资格证或紧急救援资格证书。

任务和职责

赛前

- 通知当地医院和健康中心有关赛事具体情况，确定在比赛中如果发生运动伤害时可以送往哪家医院进行治疗。
- 告知所有球队，要求所有人员购买赛事期间的保险并进行检查。
- 赛场安排医务室并配备急救所需器材和设备。

赛事进行期间
- 在比赛现场随时待命,提供必要的医疗救援。
- 比赛进行当中,急救人员只有在裁判通知时才被允许进入比赛场地。
- 队员受伤提供紧急医疗救援。
- 观众或工作人员受伤时提供紧急医疗救援。
- 现场决定伤者是否需要转送医院进行更进一步治疗。
- 如有必要和球场安保负责人一起呼叫救护车到现场。
- 配备一些常用的医疗药品和器械。

注意事项
- 每个东道主城市必须有赛会指定医院,以方便发生意外时可以直接送往指定医院。医院必须离赛场尽可能近。
- 医院应该能够提供全面的医疗服务,包括对赛事期间发生的运动伤害提供24小时优先医疗服务。
- 如果最近的医院距赛场超过10公里,则必须在比赛现场配备救护车。
- 赛会必须提供医务室,医生可以在医务室开展工作,观众、队员、工作人员可以到医务室寻求帮助。
- 比赛进行当中,紧急医疗救援小组必须在比赛现场随时待命。
- 紧急医疗救援小队成员必须持有医师资格证、医疗紧急救援等。
- 医疗救援人员必须在比赛开始前30分钟到位,比赛结束后15分钟才能离开。
- 安保人员必须确保无关人员远离医务室。
- 如果受伤队员因语言问题无法与医护人员交流,寻求球队向导、球队工作人员或球场工作人员的帮助。

紧急医疗救援个人职责

负责人:＿＿＿＿＿＿＿＿＿＿＿＿＿＿＿＿＿＿＿＿＿＿＿

必备资源	必备设施
● 每场比赛安排两名受过专业训练的医护人员在球场旁边待命 ● 增加医护人员为现场观众和工作人员提供服务	● 医务室配备有关医疗器械和药品 ● 负责运送严重受伤队员的担架 ● 紧急医疗救援人员专用背心 ● 医护人员专用紧急呼叫步话机

第10章　如何组织一次成功的雪地软式曲棍球大型赛事

时间表				
	任务	截止日期	职责	是否完成
赛前1~3个月	招聘紧急医疗救护专业人员 联系当地医院,确定定点医院 制订急救计划			
赛前3周	工作排班表 收集和准备相关设备			
赛前	准备医务室 召开简短会议,对志愿者进行简短培训			

备注:

六、安保工作

安保部门负责控制球场内人员的走动,阻止没有相关领域通行证的人员进入相应区域。LOC负责球场内队员、工作人员和观众的安全保卫工作,制订整个赛事期间的安保计划。必要时通知当地政府和警察部门,请求他们派出警力参与到赛事的安保工作中来。

任务和职责

赛前

● 制订整个赛事期间的安保计划,如有必要,报备举办地主管部门并获得认可。

● 对赛事进行风险评估。

● 计划和安排不同团队在赛事开展期间的行动路线。

● 对比赛进行时进入内场不同区域的人群进行划分。

● 和竞赛办公室一起计划、打印、放置相关标识,对行进路线进行引导。

● 确保安保人员正确识别通行证上相关信息,并对通行证类别进行识别。

● 明确使用伪造通行证的处理办法。

赛事进行中

● 确保重点安保地区,闲杂人员不得入内。

● 建议所有参赛人员随身携带通行证并将它放置在显眼的部位。

● 确保未经授权人员不靠近球场附近。

● 确保队员人身安全,观众或记者不得进入队员专属区域。

● 掌控摄影师的行动,确认他们只在靠近场地的摄影专属区域移动。

● 在比赛即将结束时,为队员留出安全的离场通道。

● 比赛中,裁判因工作需要经常从不同的队员入口进入场地,确保他们进出不受干扰。

注意事项

● 安保人员应该保持中立和礼貌,但是必要时仍然需要严肃,严格按照规则制度开展工作。

● 如果需要其他同事或部门支援,及时进行呼叫。

● 现场观众很可能询问与安保无关的事情,如洗手间位置、出口位置、乘车信息等,此时,请尽可能提供相关服务。

● 除了严谨认真完成安保工作以外,为观众服务也是工作内容之一,因此,每个安保人员都应该在面对询问时保持微笑,以优质的服务态度展现安保人员的风采。

安检点注意事项

● 安检点必须有人值守,值班人员不得擅自离开岗位,即使是短暂离开也绝不允许。

● 对通过安检点的每个人进行认真仔细的检查。

● 没有通行证的一律不得通过安检。

安检工作个人职责

负责人:_____

必备资源	必备设施
根据安检点的数量配置相关安检人员 ● 每个安检人员负责一个安检点的工作 ● 如果必要,安排1~2人对安检点进行轮换	● 指引行进路线的标识 ● 贴在门和墙上的标识用胶带 ● 安保人员专用背心

时间表				
	任务	截止日期	职责	是否完成
赛前 1~3个月	制订场地安保工作计划 制定不同人员的行走路线 招聘安检点保安人员 招聘负责处理问题场地的管理人员			
赛前 3周	工作排班表 收集和准备相关设备			
赛前	准备医务室 召开简短会议,对志愿者进行简短培训			

备注:

第10章　如何组织一次成功的雪地软式曲棍球大型赛事

 ## 第5节　其他关联活动

如果没有其他关联活动，即使承办方将大量人力物力投入赛事，也会由于赛事品牌知名度不够而使效果大打折扣，造成只有参赛人员知晓比赛，而其他人员漠不关心的结果。组织比赛的最主要原因之一即是增强雪地软式曲棍球在本国的影响力，展现雪地软式曲棍球的发展状况。

赛事是否举办成功的评价标准之一是看普通民众通过赛事的举办对雪地软式曲棍球的认识有多大程度的提高。将纯粹的体育赛事活动转变为整个城市参与的文化盛会。

任务和职责

赛前

●组织各种活动的宗旨是为了增强赛事在普通民众中的影响力，提高门票销售，促进雪地软式曲棍球运动知识的普及。

●对经费能够支持开展的活动进行分析，比如在城市广场组织雪地软式曲棍球游戏活动的开销远比在市中心广告的费用要低。

●为了提升赛事关注度，应该在赛事的不同阶段组织不同的活动。例如门票预售阶段、小组抽签阶段、宣布主队参赛队员阶段等。

●组织这些活动的目的之一也是为了增加更多的媒体报道。

●鼓励赛事合作伙伴、主办城市、球场等利用比赛调动各自员工和客户的积极性。

●安排专人负责相关活动的组织策划和操作。

●其他活动计划中最重要的因素是要尽可能多地让与赛事相关的团队加入进来，如观众、当地雪地软式曲棍球队员、其他一些体育组织和当地居民等。

赛事进行中

●尽量结合赛程表安排各种活动。

●将活动介绍给整个赛场的观众，而非仅仅关注本地的市场。

可能的活动

与比赛场馆相关的活动

●由LOC或IFF组织的研讨会：

教练研讨会

竞赛规程和裁判观察员研讨会

赛事组织研讨会

雪地软式曲棍球运动

- 特殊目标群体：残疾人雪地软式曲棍球、青年或特殊奥运会等。
- 各成员国俱乐部培训等。
- 为赛事合作方组织的娱乐竞赛。
- 为承办城市、合作伙伴和邀请来的客人举行各种贵宾接待服务。
- 场地上的展示和趣味活动区。
- 邀请参赛国家的大使参与雪地软式曲棍球趣味比赛并观看正式比赛。

和承办城市相关的活动

- 推广活动，比如"欢迎参与趣味推广互动"。
- 利用社交媒体，通过比赛创建球迷会等。
- 为俱乐部、球迷以及刚入门者举办比赛等。
- 和媒体合作，在比赛前和比赛进行中举行各种趣味挑战赛。
- 在赛事进行期间，在繁华的商业地段开展相关活动。
- 利用城市现有资源，比如大屏幕、高楼、酒店、公共汽车等进行宣传。
- 邀请学校管理者观摩比赛。
- 为赛事创建特别的集市，吸引市民前来。
- 在户外举办开幕式。

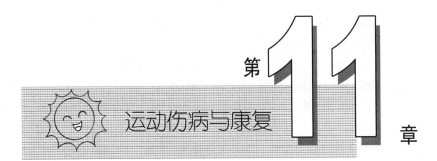

第 11 章 运动伤病与康复

 ## 第 1 节 常见的运动损伤及处理

运动伤病是运动损伤和运动性疾病的简称,在体育运动过程中受到机械性或物理性方面因素造成的伤害称为运动损伤。了解和掌握运动损伤的产生原因、预防措施和常见运动损伤的处理方法,有利于进行科学的锻炼,减少或避免运动损伤,使体育锻炼更好地起到增强体质、促进身心健康的积极作用。雪地软式曲棍球是具有身体对抗的运动,在平时的训练和比赛中难免会发生一些意外伤病,本章就根据常见的运动伤病与康复进行详细的讲解。

一、运动损伤的原因

造成运动损伤的原因是多方面的,它既与锻炼者的运动基础、体力水平有关,也与运动项目、技术难度以及运动环境等外部因素有关。归纳起来可分为直接原因和诱因两大方面。

1. 直接原因

(1)思想麻痹大意。这是所有运动损伤中最主要的因素。其中包括对预防运动损伤的意义认识不足,运动前不检查器械,预防措施不力,好胜好奇,常

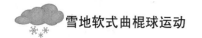

在盲目和冒失的运动中致伤。

（2）准备活动不足。运动前不做准备活动或做准备活动不足,使人体机能未达到运动状态,肌肉弹力差,韧带伸展和关节活动范围小,以及身体协调性低下而致伤。

（3）缺乏运动经验与自我保护能力。部分锻炼者在运动时,常因犹豫、恐惧以及过分紧张造成损伤事故。但更多的是由于缺乏运动经验和自我保护能力而致伤。对运动项目了解不详细,对运动的风险系数没有正确的判断和评估。没有前期的基础训练和经验的积累非常容易产生损伤,同时还有一个原因是自我评估不准确,以上问题如果不及时纠正不仅仅会带来伤病,甚至会使人失去生命。

（4）技术动作缺点和错误。违反身体结构、机能特点、运动时的生物力学原理或运动学效率,可导致损伤发生。其中最常见的是踝关节、膝关节、肩关节、腕关节等关节的扭伤和拉伤。

（5）身体素质较差。肌肉力量不足,柔韧性不好,协调性差等,均易导致损伤的发生。

（6）身体状况不佳。身体疲劳或睡眠、休息不好,带伤、带病或伤病初愈,身体机能相对较低,在这种情况下运动,如不适当降低练习强度和难度很容易致伤。

（7）缺乏保护。保护用具、他人保护及自我保护方面做得不好,在对抗及有高难度动作的运动中会出现损伤。

（8）运动负荷（尤其是局部）过大。运动负荷超过了运动者可以承受的生理负担量,尤其是局部负荷过大,常是专项训练中引起损伤的主要原因。

（9）动作粗野或违反规则。不遵守比赛规则、动作粗野、故意犯规等都是运动中发生损伤的主要原因。

（10）场地设备的缺点。运动场地不平,有小碎石或杂物;场地太滑;器械维护不良或年久失修,表面不光滑或有裂缝;界墙安装不牢固或放置位置不妥当;器械的标准不符合锻炼的要求;运动时的穿着不符合运动卫生要求等。

（11）不良气候因素的影响。气温过高易引起疲劳和中暑,气温过低易造成冻伤,或因肌肉僵硬、身体协调性降低引起肌肉韧带损伤;潮湿高热易引起大量出汗,发生肌肉痉挛或虚脱;光线不足,能见度差,影响视力,使兴奋性降低和反应迟钝导致受伤。

2.诱因

诱因即诱发因素,它必须在局部负荷量过大、技术错误等直接原因的同时作用下,才可成为致伤因素。

第11章 运动伤病与康复

（1）雪地软式曲棍球具有自己的技术动作特点，使身体各部位所承受的负荷量不同，若训练方法不当，容易引起负担较大部位的受伤，如滑步防守和进攻、急停、抢断等，膝关节经常处于半蹲位发力或扭转活动，易引起髌骨劳损。射门时，肩关节发生急剧旋转，容易引起肩周和肱二头肌长头肌腱损伤等。移动或制动时过度屈膝，也容易引起膝关节损伤。

（2）局部解剖生理特点，某些组织所处的特殊解剖位置。在运动时可与周围组织发生挤压和摩擦，如肩周肌腱。局部组织较脆弱，抗拉能力较弱，在一定外力作用下易造成损伤。有的关节在一定的屈曲角度时，稳定性下降，关节面间易出现"不合槽"运动而引起摩擦，如膝关节半蹲位下发力等。

由于各项运动都有各自的技术要求，再加解剖生理上的特点，在直接原因的作用下，使雪地软式曲棍球在运动中发生的损伤都具有一定的特点和规律。

二、运动损伤的预防

1. 预防运动损伤的意义

参加雪地软式曲棍球锻炼是为了增强体质，提高健康水平。但是，在该项目锻炼时，如果不重视运动损伤的预防工作，不采取积极的预防措施，就可能发生各种伤害事故，轻者影响学习和工作，重者则造成终身残疾甚至危及生命，对个人、家庭和社会都会带来不应有的损失。因此，积极预防运动损伤对推动全民健身运动、体育教学和运动训练都具有重要的意义，对提高国民素质和运动技术水平也具有积极的作用。

2. 运动损伤的预防原则

（1）树立安全观念，克服麻痹思想，发扬互相帮助、互相保护的精神。

（2）针对个体特点，合理安排运动量，防止过度疲劳或局部负担过重。在学习新动作时，要遵循从易到难、从简到繁、从分解到完整的学习原则。

（3）充分做好准备活动，提高中枢神经系统的兴奋性，加强各器官系统之间的系统活动，克服各种功能惰性，增强肌肉弹性，提高运动能力并保持准备活动和正式运动的内容相一致。

（4）加强保护与帮助及自我保护能力的培养。保护和自我保护能力是预防运动损伤的重要手段。如：摔倒时应立即低头、屈肘、团身，以肩背着地顺势滚翻，切忌直臂撑地，以防手腕部和前臂骨折、脱位等损伤。

（5）加强保健指导。经常参加体育锻炼的人要定期进行体格检查，了解体育锻炼前与体育锻炼后的身体变化，对体重、运动成绩、脉搏、食欲、睡眠、面色、锻炼欲望等要及时观察、及时调整运动量，做到科学锻炼。对患有各种慢性病的人,应加强医务监督,进行定期的和不定期的体格检查。根据具体情况,采取针对性医务监督措施和开运动处方。禁止患病带伤参加剧烈的雪地软式曲棍球的运动和比赛。

(6)注意锻炼环境的空气质量和场地设备卫生。

三、常见运动损伤及处理

(一)软组织损伤的处理

软组织损伤是运动损伤中常见的一种,根据损伤组织是否有创口与外界相通,可以分为闭合性软组织损伤和开放性软组织损伤两大类。

1.闭合性软组织损伤的处理

(1)急性损伤。

急性损伤为遭受一次较大外力作用所致。发病急,病程短,临床症状和体征较明显。若处理不当,常可演变成慢性损伤或留下不同程度的功能障碍。因此,及时而正确地处理急性软组织损伤是避免伤势扩大和减少后遗症(重者出现关节僵直和运动功能受限)的重要环节。

根据损伤的病理发展过程,急性软组织损伤的处理,大致可分为早、中、后3个时期。

早期,也称为急性炎症期,指伤后 24～48 小时。此期组织内出血和局部出现红、肿、痛、热及功能障碍等征象。处理原则主要是制动、止血、防肿、镇痛和减轻炎症。治疗方法一是采用冷敷,即受伤局部用冷自来水冲淋 15 分钟或用冰水、冰袋冷敷(图 11.1)。应急时,可就近买棒冰捆绑在肢体受伤部位。有条件时可用冷镇痛气雾剂、"好得快"等喷射受伤部位,喷射距离约 10 厘米,喷射时间约 3～5 秒,重复使用至少间隔半分钟(此方法不宜用于面部和创口)。冷敷时要注意防止冻伤,尤其是在寒冷的冬天。急性软组织损伤 1～2 天内原则上不能搓拿和热敷。二是加压包扎(图 11.2),它是处理急性软组织损伤的关键,包扎得当可止血、防肿和缩短伤后康复时间。冷敷后伤处可用绷带、手帕、布条加压包扎约 24 小时。包扎时要注意松紧适当,包扎太松起不到加压作用,太紧会引起局部血液循环障碍。一旦出现肢端青紫、麻木感,应及时松开,重新包扎。三是制动和抬高伤肢,当肢体受伤较重时,为防止局部继续出血,减少肿胀和疼痛,一般应限制肢体活动和抬高患肢数日,促进血液、淋巴回流,有利于消肿。然后外敷伤药。疼痛较重者,可服止痛片,瘀血较重者可服跌打丸、七厘散等。在损伤急性期,伤后一般不做按摩,否则会加重出血和组织液渗出,使肿胀加重。

第 11 章 运动伤病与康复

图 11.1 冰袋和弹力绷带

肘部

- 首先用绷带绕前臂靠近肘部处1~2圈，绷带需要绕过肘部（如图1）。
- 再绕上臂一整圈，然后向下绕到前臂处（如图2）。
- 再用绷带逐渐向上绕着上臂绕2~3圈，轻轻地把最后5~8厘米的绷带粘压在已包扎的绷带上（如图3）。

膝盖——弯曲时

- 在包扎之前，在膝盖后面放一小块毛巾或者海绵，这样能防止绷带卷在一起，包扎时，膝盖弯曲，用绷带在膝盖下处围绕小腿1~2圈（如图1）。
- 继续围绕膝盖包扎，先绕着小腿上侧，再绕大腿下侧，然后再小腿上侧，大腿下侧（如图2、图3）。
- 在围绕大腿下侧包扎1~2圈后停止包扎，轻轻地把最后5~8厘米的绷带粘压在已包扎的绷带上（如图4）。

膝盖或者肘部——伸直时

- 首先用绷带围绕膝盖下侧环绕1~2圈（如图1）。
- 把绷带向上拉到膝盖后部，围着大腿下侧绕整整2圈（如图2）。
- 沿着膝盖后部向下，围着小腿上侧绕一整圈。然后再次重复，把绷带向上拉到膝盖后部，围着大腿下侧绕整整2圈，沿着膝盖后部向下，围小腿上侧绕一整圈（如图3）。
- 在围绕小腿上侧包扎1~2圈后停止包扎，轻轻地把最后5~8厘米的绷带粘压在已包扎的绷带上（如图4）。

小腿下侧或者手臂

- 首先围绕小腿下侧包扎1~2圈然后直接到脚背，围绕着脚向脚踝绕2圈（如图1）。
- 继续沿着脚踝内侧向着小腿上侧进行螺旋上升型包扎（如图2）。
- 在围绕膝盖下侧包扎1~2圈时停止包扎，轻轻地把最后5~8厘米伊始的绷带粘压在已包扎的绷带上（如图3）。

脚或者脚踝处

- 首先围绕小腿下侧平绕1~2圈（如图1）。
- 然后直接到脚趾前部，围绕脚趾前部绕2~3圈，然后再绕回到脚踝处（如图2）。
- 围绕着脚跟上侧、脚底和脚跟进行螺旋型的包扎（如图3）。
- 在小腿下侧包扎1~2圈后停止包扎，轻轻地把最后5~8厘米的绷带粘压在已包扎的绷带上（如图4）。

肩膀

- 首先围绕着上臂绕1~2圈，然后向上进行螺旋型包扎（如图1）。
- 把绷带沿着肩膀下侧，绕过后背和前胸，然后再回到肩膀下侧进行包扎。然后再把绷带拉到腋下（如图2）。
- 绕过肩部，再绕过前胸。
- 就这样重复一次，绕过肩膀和腋下，再绕过肩膀和胸（如图3）。最后完成包扎后，轻轻地把最后5~8厘米的绷带粘压在已包扎的绷带上。）

图 11.2 加压包扎

中期(受伤 48 小时后),此期间伤部出血停止,急性炎症逐渐消退,但仍存在瘀血、肿胀和功能障碍。处理原则主要是改善伤部的血液和淋巴循环,促进组织的新陈代谢,使瘀血与渗出液迅速吸收以及坏死组织及时消除,促进再生修复。处理方法有理疗按摩、针灸、药物痛点注射、外贴活血膏或外敷活血药等综合治疗,其中热疗、按摩在此期间治疗中极为重要。同时在伤情好转后,尽早进行伤肢的功能锻炼,以促进愈合和功能恢复。

后期,此期损伤组织基本修复,肿胀、压痛等局部征象已经消失,但可能有粘连或瘢痕形成,功能尚未完全恢复,锻炼时或运动后仍感疼痛、酸胀无力,个别严重者出现伤部僵硬或活动受限等现象。处理原则是恢复和增强肌肉、关节功能。处理方法以按摩、理疗和功能锻炼为主,并配合中药熏洗和保护支持带的应用等。

(2)慢性损伤。

慢性损伤可由急性损伤因处理不当或运动过早转变而来,或因长期局部负荷过度,由微细损伤的积累形成劳损。慢性损伤的处理主要是减轻患部肢体负担,改善伤部的血液循环和新陈代谢。处理方法与急性损伤中后期基本相同,按摩和痛点注射药物治疗的效果较好。

2. 开放性软组织损伤的处理

局部皮肤或黏膜破裂,伤口与外界相通,常有组织液渗出或血液自创口流出。应急处理的要点是及时止血和处理创口,预防感染。先止血后处理创口,是处理开放性软组织损伤的基本原则。在体育运动中,常见的开放性软组织损伤有擦伤、切伤、刺伤和撕裂伤。

(1)擦伤。

皮肤受到外力急剧摩擦所引起表面被擦破出血或有组织液渗出称为擦伤。创口较浅、面积较小的擦伤,可用生理盐水或冷开水洗净创口或用75%酒精棉球消毒,然后涂抹红汞或紫药水,待干即可。不必包扎,使之在空气中很快形成干痂,避免细菌侵入和繁殖。创口内若存有煤渣、细沙等异物时应由医生处理。

(2)撕裂伤、刺伤与切伤。

撕裂伤是因钝物打击引起皮肤和软组织的撕裂,伤口边缘不整齐,组织损害广泛,严重者可导致组织坏死。刺伤是因尖细物件刺入人体所致。切伤是因锐器切入皮肤所致。这些伤口若撕裂伤口小,经止血、消毒处理后,可用粘膏粘合;伤口较大则需赴医院缝合,使用抗生素治疗等。

(二)常见的运动损伤

1. 肌肉损伤

肌肉损伤除由直接外力作用引起肌肉挫伤外,主要是在间接外力作用下使肌肉发生拉伤。常见的拉伤是大腿后群肌、腰背肌、大腿内侧肌肉等。

(1)损伤机制。

肌肉损伤可分为急性和慢性两类。引起肌肉急性损伤分为主动用力拉伤和被动拉伤。主动用力拉伤是指肌肉做主动的猛烈收缩时,收缩力超过了肌肉本身的承担能力所致。被动拉伤是指肌肉受力牵伸时超过了肌肉本身的伸展限度所致。

(2)征象。

肌肉拉伤后,伤处疼痛、肿胀、压痛或痉挛,触之发硬。受伤的肌肉做主动收缩或被动拉长的动作时,疼痛加重。严重拉伤时,患者在受伤当时可听到断裂声,疼痛和肿胀明显,皮下瘀血显著。运动功能发生严重障碍,肌内会出现收缩畸形。肌纤维部分断裂时伤处可摸到凹陷。若肌腹中间完全断裂时,会出现"双驼峰"畸形;一端完全断裂时,肌肉收缩成"球状"畸形。

(3)处理。

肌肉微细损伤或少量肌纤维断裂时,应立即冷敷,加压包扎并提高伤肢。24小时后可外敷中药,痛点进行药物注射、理疗或按摩等。肌纤维大部分断裂或肌肉完全断裂时,经加压包扎等急救处理后,应立即将伤员送至医院及早做手术缝合。

(4)预防。

在剧烈运动前,要充分做好准备活动,尤其是要结合练习的部位做热身活动。锻炼过程中要注意肌肉的拉伸,若出现肌肉僵硬或疲劳时,可进行按摩并减少运动强度;要合理、科学、正确地掌握运动技术要领;注意锻炼环境的温度、湿度和运动场地情况。治愈后再参加锻炼时要注意循序渐进,以防再伤。

2. 急性腰扭伤

急性腰扭伤包括肌肉、韧带、筋膜及关节扭伤等,主要发生于腰骶部和骶髂关节。

(1)原因。

重力超越了躯干一时所能承担的能力,在挑、搬、拉、举重物时腰部突然用力,引起部分肌纤维撕裂,造成腰肌急性拉伤;脊柱运动一时超越了正常的生理范围,尤其是动作错误和疲劳时更易发生腰扭伤;突然用力过猛或举重时负重过大,腰腹肌力量不足,支持不住重物,使身体重心不稳而发生突然扭转引起腰扭伤;肌肉发生不协调的收缩或腰部受到力的作用而发生突然的不协调运动，即可引起腰扭伤。

(2) 征象。

部分症状较重病例在受伤时自感腰部有撕裂响声，有剧烈的疼痛感，腹压加大的动作，如咳嗽、喷嚏都可以使疼痛加重；症状较轻者受伤时常无疼痛感，运动结束后或次日晨间起床时才感疼痛。损伤在骶髂部，疼痛可放射到大腿内侧或小腿外侧。伤侧下肢活动功能将受影响，甚至出现神经性间歇性跛行。椎间关节扭伤或错位，间盘突出症患者，常有棘突偏歪现象。

(3) 处理。

腰部急性扭伤后，一般需卧硬板床休息，腰后垫上一小枕头，使肌肉、韧带处于松弛状态，可采用按摩、药物、针灸等方法进行治疗。轻度腰扭伤可悬垂摆动放松或仰背抖动放松，重度腰扭伤应到医院治疗。

(4) 预防。

运动前要充分做好准备活动，提高肌肉的力量和协调性。在进行负重力量练习时，注意力要高度集中。要及时纠正技术动作上的缺点或错误，注意搬运重物时的姿势，使重物慢慢离开地面。要加强腰腹肌力量的锻炼，增强肌肉韧带的伸展性。要合理安排运动量，避免在疲劳情况下练习腰部的高难动作。腰部扭伤后应及时治疗，并在彻底治愈后才能参加剧烈运动。

3. 脑震荡

(1) 原因。

脑震荡是脑损伤中最轻而又较多见的一种。脑受到外力打击后神经细胞和神经纤维所引起的意识和功能的一时性障碍，不久即可恢复，多无明显的解剖病理的改变。在体育运动过程中，足球撞击、棒球打击或练习时从高处跌下、撞地等，都可能发生脑震荡。

(2) 症状诊断。

伤后立即出现意识障碍。一般意识障碍都较轻，有一时性意识丧失(昏迷)或神志恍惚。意识障碍的时间长短不一，短则几秒钟，长则几分钟乃至20～30分钟不等。在意识丧失时，伤员呼吸表浅，脉率缓慢，肌肉松弛，瞳孔稍放大但左右对称，神经反射减弱或消失。意识清醒后出现逆行性健忘，患者不能回忆受伤经过和情境，但能清清楚楚地回忆受伤以前的事情。头痛、头晕，在伤后数日内较明显，表情紧张、活动或变换体位时，症状加重；恶心、呕吐，伤后数天内多可逐渐减轻和消失。此外，还伴有情绪不稳、易激动、不耐烦、注意力不集中和耳鸣、心悸、多汗失眠等植物性神经功能紊乱的症状。

诊断脑震荡的依据是头部有明确的外伤史；伤后即刻确有短时间的意识障碍；意识清醒后出现逆行性健忘；神经系统检查和血压、脉率、呼吸、脑脊液压及其细胞数等均属正常。

(3) 处理。

急救时，应让伤员平卧、安静，不可坐起或立起。头部冷敷，身上保暖。若有昏迷可指掐人中、内关穴，呼吸发生障碍时，可施行人工呼吸。伤员昏迷的时间超过4分钟以上，两侧瞳孔大小不对称，耳、鼻、口内出血及眼球青紫，伤员清醒后剧烈头痛、呕吐或再度昏迷者，都说明损伤较严重，应该立即送医院进行处理。在转送医院时，伤员要平卧，头两侧要用枕头或衣服垫起使之固定，避免颠簸振动。意识不清者，要注意保持呼吸道的通畅，伤员侧卧，以防止呕吐物吸入气管或舌头后坠而发生窒息，要密切观察病情的变化。对无严重征象、短时间意识丧失后很快恢复的伤员，经医生诊断后，也应平卧送回宿舍休息，并应卧床休息到头痛、头晕等症状完全消失。可用"闭目举臂单腿站立平衡试验"来决定可否参加体育活动，切忌过早参加体育活动和过多的脑力活动。

4. 踝关节扭伤

(1) 原因与症状：运动中跳起落地时失去平衡，使踝关节过度内翻或外翻所致。在准备活动不充分，场地不平坦的情况下，更容易造成这类损伤。主要症状为伤处疼痛、肿胀，韧带损伤处有明显压痛和皮下淤血。

(2) 处理：踝关节受伤后，应立即冷敷，用绷带固定包扎，并抬高患肢。24小时后根据伤情采取综合治疗，如外敷伤药、理疗、按摩等，必要时进行封闭疗法。伤后尽量少走路，待病情好转再进行功能性练习。对严重患者，可用石膏固定。

5. 骨折

骨或骨小梁的连续性（或完整性）发生断裂，称为骨折。骨折分完全性和不完全性两种。

(1) 原因。

① 直接暴力：骨折发生于暴力直接作用的部位。例如在踢球时，小腿被踢，可出现胫骨骨折；跌倒时膝盖直接撞击地面易引起髌骨骨折。

② 间接暴力：也称传达暴力。在接触暴力撞击较远的部位发生骨折。如摔倒时用手或直臂撑地，由于跌倒时的前冲惯力所引起的地面反作用力沿肢体向上传导，可引起尺骨与桡骨以及肱骨骨折。这是最常见的骨折机制。

③ 牵拉暴力：肌肉猛烈收缩或韧带突然紧张而引起附着部的撕脱骨折。如股四头肌猛烈收缩可引起髌骨或胫骨粗隆的撕脱性骨折。

在运动中，常见的骨折还有手骨骨折、锁骨骨折、肋骨骨折、髌骨骨折、头部骨折和颈椎、脊柱骨折等。

（2）症状。

发生骨折后,患部由疼痛到剧烈疼痛,活动肢体更会疼痛难忍,遂后出现肿胀和皮下淤血,这是由于骨和周围软组织的血管破裂所致。若骨折的部位表浅,软组织较薄;血肿会渗入皮下,形成青紫色的皮下瘀斑,亦可因血液沿肌间隙向下流注,造成远离骨折处出现瘀斑。肢体功能障碍,失去正常的活动能力,这是因患处疼痛、产生肌肉痉挛、骨杠杆作用破坏和周围软组织损伤;致使患肢不便站立、行走或活动。此种症状属轻微骨折,多是不完全性骨折。

完全骨折时,骨折部位常出现变形,使骨折断端移位,出现伤肢缩短、侧突成角或旋转畸形;若四肢长骨完全骨折时,骨折处会出现类似关节的异常活动,移动肢体时因断端相互摩擦面产生骨擦声,这是完全性骨折的特有征象。严重骨折时,因为疼痛、出血和神经损伤,患者常伴有发烧、口渴、恶心,直至发生休克等全身性症状。所以,在检查和救护时一定要谨慎小心,绝不可去有意寻找异常活动和倾听骨擦声,以免再度加重损伤和增加伤员的痛苦。

（3）处理。

骨折是一种严重的运动损伤,急救处理时要小心谨慎,贯彻急救原则。

①防治休克。

严重骨折、多发性骨折或同时合并其他损伤的患者,易发生休克。处理时要注意预防休克,若出现休克时,必须先抗休克,再处理骨折。方法是点按人中穴,并进行口对口人工呼吸或心脏胸外按压。

②现场固定。

骨折后及时固定,可避免断端移动,防止损伤加重,减轻患者疼痛,便于伤员转送。因此,未经固定,不可随意移动伤员或转动伤肢,尤其是大腿、小腿、腰部和脊柱骨折的伤员。若伴有伤口出血时,应同时施行止血和包扎。

注意事项:固定骨折时,夹板的长短、宽窄要适宜,要使骨折处上下两个关节都固定,若无夹板时,可用树枝、竹片等代用品;夹板要用绷带或软布包垫,夹板的两端、骨突部和空隙处用棉花或软布填妥,防止引起压迫性损伤;肢体明显畸形而影响固定时,可将伤肢沿纵轴方向稍加牵引后再固定;束扎夹板的绷带或软布条应缚在骨折处的上下段;固定要牢靠,松紧度要适中,过松则失去固定作用,过紧会压迫神经血管,因此四肢骨折固定时应露出指（趾）端,若发现指（趾）苍白、发凉、发麻、疼痛或呈青紫色时,应立即松解夹板,重新固定;上肢骨折固定后,用悬臂带把患臂挂于胸前,下肢骨折固定后,可把患腿和健腿捆在一起;固定后应尽快将伤员送到医院检查治疗,争取及早整复。

总之,在处理各种运动损伤时,一要了解损伤情况,二要迅速止血、止痛,三要对损伤部位进行固定和包扎。

几种常见骨折的固定方法:

①前臂骨折:用2块有垫夹板分别放在前臂的掌侧和背侧,前臂处中间位,屈肘90°,用3~4条宽带缚扎夹板,再用大臂带把前臂挂在胸前。

②手腕部骨折:用1块有垫夹板放在前臂和手的掌侧,手握棉团或绷带卷,再用绷带缠绕固定,然后用大臂带把患臂挂在胸前。

③小腿骨折:用2块有垫夹板放在小腿的内、外侧,两块夹板上至大腿中部,下至足部,用4~5条宽带分别由膝上、膝下及踝部缚扎固定。

④足踝部骨折:取一块直角夹板置于小腿后侧,用棉花或软布在踝部和小腿下部垫妥后,用宽带分别在膝下、踝上和足部缚扎固定。

四、急救

(一)急救的意义

急救是指对运动中突然发生的严重损伤进行紧急、初步和临时性处理,以减轻患者痛苦,预防并发症,为转送医院进一步治疗创造条件。这对保护患者生命安全具有十分重要的意义。运动损伤的急救,是一种极其重要的工作,如果处理不当,轻者加重损伤导致感染,增加患者痛苦;重者致残,甚至危及生命。因此,必须及时、准确、合理、有效地急救。

(二)急救原则

1. 抓住主要矛盾急救

现场急救比较复杂,如果同时出现多种损伤时,必须抓住主要矛盾进行急救。如发现休克,应先施行抗休克针刺人中、内关穴,并及时进行人工呼吸。如伴有出血时,应同时施行止血,然后再做其他损伤的处理。

2. 分工明确、判断正确

急救人员必须分工明确,并具有高度的责任感和救死扶伤的崇高品德;要临危不惧,判断正确,有条不紊地抢救;要有熟练、正确的抢救技术和丰富的临场经验。

3. 快抢、快救、快转运

急救时必须分秒必争,当机立断,切勿犹豫,延误时机。待抢救有效后,尽快转运医院,做进一步治疗。运送途中,应保持患者平衡、安静,消除紧张情绪,必要时继续进行人工呼吸。

(三)急救方法

1. 止血法

冷敷法:冷敷可以使血管收缩,减少局部充血,降低组织温度,抑制神经感觉,从而有止血、止痛和减轻局部肿胀的作用。冷敷止血法,常用于急性闭合性软组织损伤。最简便的方法是,用冷水冲洗或用冷毛巾敷于伤处,有条件的使用氯乙烷喷射。

抬高伤肢法:抬高伤肢,可使伤处血压降低,血流量减少,以达到减少出血的作用。采用加压包扎后,仍应注意抬高伤肢。

压迫法:可分为指压法、止血带法、包扎法等。

指压法:包括直接指压法和间接指压法两种。直接指压法是用指腹直接压迫出血部位。但由于手指直接触及伤口,容易引起感染,所以最好敷上消毒纱布后进行指压。间接指压法是用指腹压迫在出血动脉近心端搏动的血管处,如能压迫在相应的骨头上更好,以阻断血流,达到止血目的。

颌外动脉压迫止血法:进行时,在下颌角前1.5厘米处摸到动脉搏动,并将其压迫在下颌骨上。此法常用于一侧面部出血的止血。

肱动脉压迫止血法:进行时,将伤臂外展,用大拇指将上臂中部的肱动脉压迫在骨上。此法适用于前臂和手部出血的止血。

止血带法:常用的止血带有皮管、皮带、布条、毛巾等。进行时,先将患肢抬高,然后在患处上方缚扎止血。缚扎时最好加垫,以防缚扎太紧,造成肢体组织坏死。

包扎法:主要有绷带包扎法,如环形包扎法、螺旋形包扎法、反折螺旋形包扎法、"8"字形包扎法,另外还有三角巾包扎法等。

2. 搬运法

伤员经过现场急救处理后,应迅速和安全地送到宿舍休息或医院治疗。其搬运方法很多,归纳起来有以下几种:

扶持法:急救者让伤员的一臂搭扶在自己的颈肩上,并拉握其手部,另一手扶挽住伤员的腰部。此法适用于神志清醒、伤势较轻、自己基本能步行的伤员。

抱托法:急救者一手抱托住伤员的背部,另一手托住其大腿及膝窝处,将伤员抱起,伤员的一臂搭扶在急救者肩上。此法适用于神志清醒但身体虚弱的伤员。

椅托法:两名急救者相对,用同侧的手相互握住对方的双臂,另一手相互搭在对方的肩上,像一把椅子,让伤员坐在"椅架"上,伤员的两臂分别搭在急救者的肩上。

三人托抱法:人站在同一方向,将伤员托抱起来,并协调地行走。此法适用于体力严重衰弱和神志不清的伤员。

担架法:可用特制担架或门板、阔凳子代用品。

车辆运送法:运送途中防止震动和颠簸。

3. 人工呼吸法

进行时将患者仰卧,头部后仰,托起下颌,捏住鼻孔,压住环状软骨(即食道管),防止空气吹入胃中,急救者随即深吸一口气,两口相对,将大口气吹入患者口中,吹气后将捏鼻子的手松开,如此反复进行。吹气频率每分钟16~19次,直至患者自主恢复呼吸为止。如伤者牙关叩紧,一时撬不开,则采用口对鼻吹气法。

4. 心脏胸外按压法

将患者仰卧,急救者两手上下重叠,将掌根置于患者的胸骨下半段处,借助于体重和肩臂力量,均匀而有节律地向下施加压力,如果是成人患者应将胸壁下压4~5厘米,然后迅速地将手松开,胸壁自然弹回。如此反复进行,每分钟以至少100次的节律进行,直到心脏恢复跳动为止。

第2节　常见的生理反应、运动性疾病及处理

一、常见的生理反应、运动性疾病的概念

由于体育运动使人体生理活动过程的有序性受到暂时性破坏,从而常常出现某种生理反应;运动性疾病是由于体育运动中,运动负荷超过了人所能承受的生理、心理限度,引起机能紊乱和病理变化而导致的各种疾病或症状,称为运动性疾病。剧烈运动消耗了大量的能量,会使人大量流汗,身体会出现乏力、酸软、酸痛,重者会因呼吸接不上而昏晕、暂时性休克等。有些是由于运动时间过长、运动量过大,造成运动性贫血、肝脏疼痛综合征等运动性疾病。常见的运动性疾病有运动中腹痛、肌肉痉挛、运动性中暑、运动性昏厥、低血糖症、游泳性中耳炎、运动性贫血等。

二、常见的生理反应、运动性疾病的治疗原则

1. 调整运动量,改变训练内容,轻度的过度训练,经适当调整运动量即可恢复。如运动性血红蛋白尿均在直立体位下运动时发生,在卧位及坐位下不发生,所以改变训练内容后既可保持身体训练水平,又可避免发生血红蛋白尿。

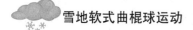

2. 药物治疗,多用维生素 C、E 等,三磷酸腺苷(ATP),能量合剂(三磷酸腺苷、胰岛素、辅酶 A),灵芝,刺五加等。根据症状,可用镇静安眠、降压、止血等类药物。

三、常见的生理反应、运动性疾病的预防原则

1. 遵守运动训练的基本原则,主要有循序渐进、系统性、全面性、节奏性和个别对待等。要避免突然增大运动量,尤其不要突然加大运动强度。全面训练是进行各专项训练的基础,全面身体训练水平不够者,较易发生运动性疾病,也易发生创伤。

2. 注意外界环境的影响。场地条件、气象变化都对运动员身体健康有很大作用,如跑鞋、跑道过硬可引起运动性血红蛋白尿,高原训练较易出现运动性血尿和心律失常,高热环境易发生中暑等。

3. 患病时应停止训练,除患急性病或急性创伤被迫突然停止锻炼外,有锻炼习惯的人不要突然中断锻炼。

四、常见的生理反应和运动性疾病的处置

(一)运动后肌肉酸痛

在一次活动量较大的锻炼以后,或是隔了较长时间未锻炼,刚开始锻炼之后,常常会出现运动后肌肉酸痛,这种酸痛不是发生在运动中或运动后即刻,而是发生在运动后结束 1~2 天之后,因此也称为肌肉延迟性疼痛。

1. 原因

一是肌肉对负重负荷及收缩放松活动未完全适应,引起局部肌纤维及结缔组织的细微损伤,以及部分肌纤维产生痉挛所致。二是代谢产物积聚过多(如乳酸),以致肌纤维的化学成分有变化。神经末梢受刺激引起酸痛感。酸痛后,经过肌肉内局部细微结构的修复或聚积代谢产物的排除,肌肉组织会变得较强壮,以后再经历同样负荷就不易再发生酸痛。

2. 处置

(1)热敷。可对酸痛的局部肌肉进行热敷,促进血液循环以及代谢过程,有助于损伤组织的修复及痉挛的缓解。

(2)伸展练习。可对酸痛局部进行静力牵拉练习,保持伸展状态 2 分钟左右,然后休息 1 分钟左右,重复进行。每天做几次这种练习,有助于缓解痉挛,但练习时注意不可用力过猛,以免牵拉时再使肌纤维损伤。

(3) 按摩。按摩有使肌肉放松、促进肌肉血液循环的作用,有助于损伤的修复及痉挛的缓解。

(4) 口服维生素 C。维生素 C 有促进结缔组织中胶原合成的作用,有助于加速受损伤结缔组织的修复,从而减轻和缓解酸痛。

(5) 针灸、电疗等手段对缓解酸痛也有一定作用。

3. 预防

(1) 根据不同体质,不同健康状况科学地安排运动负荷。

(2) 锻炼时,尽量避免长时间集中练习身体某一部位,以免局部肌肉负担过重。

(3) 准备活动中,注意对即将练习的负荷重的局部肌肉活动得更充分,这对酸痛有预防作用。

(4) 整理活动除进行一般性放松练习外,还应重视进行肌肉的伸展牵拉练习,这种伸展性练习有助于预防局部肌纤维痉挛,从而避免酸痛的发生。

(二) 运动中腹痛

在体育运动中,因生理和病理原因而发生的腹部疼痛症状,称为运动中腹痛。如足球运动中较常见的是肝脾瘀血、胃肠痉挛和膈肌痉挛导致的腹痛。

1. 原因

运动中腹痛的发生,往往与下列因素有关:缺乏训练或训练水平较低,准备活动不充分,过度紧张,饭后过早地参加运动,运动前吃得过饱、过多,或吃了较难消化的食物使胃肠充盈、饱满,在剧烈的运动中受到牵扯引起胃肠痉挛。空腹运动时,胃酸或冷空气对胃的刺激,也可引起胃痉挛。运动中呼吸与动作之间的节奏配合不良,呼吸急促、表浅,使呼吸肌的收缩过于频繁、过于紧张与疲劳,引起膈肌痉挛。此外,运动的速度和强度突然加得过快和过大,以致内脏器官和心肺的功能赶不上肌肉工作的需要,也是引起腹痛的常见原因。腹内的某些疾病,如肝炎、胃炎、肺炎、肠炎、胆结石、胆囊炎等也可引起运动中腹痛。

2. 症状

一般由呼吸肌痉挛或活动紊乱而引起的腹痛,疼痛的性质多为锐痛,疼痛部位以肋部和下胸部为多。由肝脾瘀血肿胀而引起的腹痛,性质多为钝痛、胀痛或牵扯性痛,部位在左腹部。由胃肠道痉挛或功能紊乱而引起腹痛,性质可以是钝痛、胀痛甚至绞痛,部位一般在肚脐周围。另外,运动性腹痛的程度与运动量的大小和运动强度成正比,活动量小,较慢速度运动时,疼痛不明显,随着运动量的加大,运动速度加快和运动强度增大,疼痛逐渐加剧。

3. 处理

(1) 对运动时出现腹痛的运动员要慎重对待,首先要了解腹痛的性质、部位。根据腹痛的部位与运动强度的关系,来判断是由疾病引起的,还是与运动有关的生理原因引起的,做到有的放矢。

(2)出现腹痛时应立即降低运动强度,适当减慢速度,调整呼吸与动作的节奏,用手按压疼痛部位,如果无效或疼痛反而加重,应立即停止运动,请医生诊治。

(3)对疾病引起的腹痛应根据原发疾病进行相应的治疗。

4. 预防

锻炼要保持卫生,一般在饭后 30 分钟至 1 小时才可进行运动(饭后与运动前的间隔时间长短,主要依餐点及用量而定,其他决定性因素还包括年龄、体能条件及运动强度。如果运动前的用餐量很大,而且多半是以含有高热量蛋白质及脂肪为主的食物,间隔时间应为两小时以上;如果用餐量较少且以碳水化合物为主,间隔时间可以缩短为 30 分钟至 1 小时)。首先做好准备活动,运动量要循序渐进,并注意呼吸节奏;夏季运动要适当补充盐分;对于各种慢性疾病引起的腹痛应就医检查,病愈之前,应在医生和体育教师的指导下进行锻炼。

(三)极点和第二次呼吸

1. 极点

在剧烈运动特别是在中长跑中,能量消耗较大,下肢回流血量减少,氧债不断积累,达到一定程度时,就会出现呼吸急促、胸闷难忍、下肢沉重、动作不协调甚至恶心的现象,这在运动生理学上称为"极点"。

2. 第二次呼吸

"极点"出现后,适当减慢运动速度,并注意加深呼吸,坚持下去,上述生理反应将逐步缓解和消失。随后功能重新得到改善,氧供应增加,运动能力又将恢复,动作变得协调有力。这种现象标志着"极点"已经有所克服,生理过程出现新的平衡。此种现象,在运动生理学上称之为"第二次呼吸"。"第二次呼吸"出现后,循环功能将稳定在新的较高的水平上。"极点"与"第二次呼吸"是长跑运动中常见的运动生理现象,无须焦虑和恐惧,只要坚持经常不懈地锻炼和正确处理,"极点"现象是可以延缓和减轻的。

(四)肌肉痉挛

肌肉痉挛俗称抽筋,即是肌肉不自主地强直收缩,运动中最容易发生痉挛的肌肉是小腿腓肠肌,其次是足屈肌和屈趾肌等。

1. 原因

在体育锻炼中,出现肌肉痉挛的原因通常有:受到寒冷的刺激,通过神经系统传至肌肉,使肌肉兴奋性提高;大量出汗时电解质丢失过多,使体内电解质缺乏,肌肉不能正常代谢;在紧张激烈的训练和比赛中,由于肌肉连续过快地收缩,放松时间太短,或肌肉突然剧烈地收缩等缘故,肌肉舒缩失调;还有的是由准备活动不足、体内缺钙或情绪过分紧张所致。

2. 症状

肌肉痉挛时,产生无效性收缩,肌肉变得僵硬、疼痛难忍,所涉及的关节暂时屈伸功能受限,而且一时不易得到缓解。

3. 处置

对痉挛部位的肌肉做牵引,并保持一段时间。例如腓肠肌痉挛时,即伸直膝关节,并配合按摩、揉捏、叩击以及点压委中、承山、涌泉等穴位,以促使痉挛缓解和消失。

4. 预防

运动前做好准备活动。对容易发生痉挛的部位,事先应做适当按摩;夏季进行长时间运动时,要注意补充盐分,冬季要注意保暖;游泳下水前,应先用冷水淋浴,不要在水中停留时间过长;疲劳和饥饿时,不要进行剧烈运动。

(五)过度紧张

过度紧张是在训练或比赛时,运动负荷超过机体承受能力而引起的生理紊乱或病理状态。

1. 原因

过度紧张多见于锻炼较少、训练水平低、生理状态不良或伤病中断训练后突然参加剧烈活动,机体不适应或过分疲劳引起紧张反应,也可因饭后不久进行剧烈运动而引起。高水平运动员受到强烈的精神刺激也会发生。

2. 症状

过度紧张常在剧烈运动中或比赛后即刻或短时间内发病。表现为头晕、眼前发黑、面色苍白、全身无力、站立不稳,严重者有恶心呕吐、脉搏快速细弱、血压明显下降、嘴唇青紫、呼吸困难、心前区痛、心脏扩大等急性功能不全等征象,甚至昏厥。

3. 处理

轻度的过度紧张应使患者安静平卧,注意保暖,可服用热糖水或镇静剂,一般经短时间休息即可恢复。对严重的心功能不全的患者应使其处平卧位,保持安静,并针刺或掐点内关、足三里等穴位;若昏厥时,可用指掐人中、百会、合谷、涌泉等穴位;对于呼吸或心跳停止者,应做人工呼吸与胸外心脏按压术,并迅速请医生处理。

4. 预防

体育锻炼基础较差者,不可勉强参加紧张的训练或比赛,应加强体育锻炼的医务监督。锻炼或比赛前要充分做好准备活动,平时要加强身体全面锻炼,遵循循序渐进的原则。伤病初愈或因其他原因中断体育锻炼后重新参加锻炼时,要逐渐增加运动量,避免立即进行大强度训练或剧烈比赛。

(六)运动性贫血

我国成年健康男性每100毫升血液中含血红蛋白量为12.5~16克,女性为11.5~15克。若低于这一生理数值,则被视为贫血。因运动引起的这种血红蛋白量减少,称为运动性贫血。

1. 原因

在一般情况下,女性发病率高于男性。由于贫血能引起多种不良的生理反应,危及健康,所以有些学生常常恐惧体育锻炼,特别是害怕进行中长跑锻炼。这是不必要的,因为只要措施得当,运动性贫血完全可以避免。

(1)由于运动时肌肉对蛋白质和铁的需求量增加,一旦需求量得不到满足时,即可引起运动性贫血。

(2)由于运动时脾脏释放的溶血卵磷脂能使红细胞的脆性增加,加上剧烈运动时血液流动加速,易引起红细胞破裂,致使红细胞的新生与衰亡之间的平衡遭到破坏,从而导致运动性贫血。

2. 症状

运动性贫血发病缓慢,其症状表现为头晕、恶心、呕吐、气喘、体力下降以及运动后心悸、心率加快、脸色苍白等。

3. 处置

如运动中(后)出现头晕、恶心、四肢无力等现象时,应适当减小运动量,必要时暂停运动,并补充含蛋白质、铁的蔬菜和食物或者口服硫酸亚铁,这对缺铁性贫血的治疗有明显的效果。

4. 预防

应遵循循序渐进和区别对待的原则,注意调整膳食和运动量。如运动时经常有头晕、恶心等不适现象,应及时就诊医治,以利于正常地参加体育锻炼,保持身体健康。

(七)运动性晕厥

在运动中,由于脑部一时性供血不足或血中化学物质变化所致的意识短暂丧失。

1. 原因

(1)血管扩张性晕厥病因,常由精神过分激动、受惊、恐怖等引起。由于神经反射使血管紧张性降低,引起广泛的小血管扩张,血压下降,产生一时性脑部缺血。

(2)植物性神经功能失调:久蹲后骤然起立或长期卧床后突然改变为站立时,肌肉泵和血管调节功能失调,致使回心血量骤减以及动脉血压降低所致;

(3)重力性休克:①疾跑后立即站立不动,下肢毛细血管和静脉失去肌肉的收缩对它们的节律性挤压作用;②血液本身的重力关系,使大量的血液积聚在下肢舒张的血管中,导致回心血量和心输出量的减少。

(4)胸膜腔内压和肺内压增高:吸气后憋气用力,致使胸膜腔内压和肺内压显著增高,引起回心血量和心输出量的减少,可出现短暂的昏厥前状态。

(5)低血糖症:正常人当血糖浓度低于一定数值时,会发生血糖过低而引起晕厥。此症多发生于长跑和超长跑项目,其主要原因是由于长时间剧烈运动,体内血糖大量消耗,再加上饥饿等原因。

(6)心源性晕厥:心源性晕厥常发生在足球、篮球、网球、马拉松和慢跑等项目中,以中老年人常见。因剧烈运动时心肌需氧量增加,易造成冠状动脉供血不足,引起心肌缺血、缺氧而发生晕厥;剧烈运动还会激发心律失常,也可引起短暂晕厥;另外,在剧烈运动后立即洗澡或淋浴也会造成心肌缺血和脑供血不足从而发生晕厥。

2. 症状

表现为全身无力、头晕耳鸣、眼前发黑、面色苍白、失去知觉、突然昏倒、手足发凉、脉搏慢而弱、血压降低、呼吸缓慢等症状。

3. 处置

应立即使患者平卧,足部略高于头部,并进行由小腿向大腿和心脏方向的推摩或拍击。同时用手指点压人中、合谷等穴位。如有呕吐时,应将患者头部偏向一侧。如停止呼吸,应立即进行人工呼吸。轻度休克者,应由同伴搀扶慢走一段时间,进行深呼吸,即可使症状消失。

4. 预防

平时要自觉坚持体育锻炼增强体质;久蹲后不要突然立起;不要带病参加剧烈运动;疾跑和长跑后不要立刻停下来;不要在饥饿时参加剧烈运动。只要遵循上述要求,运动性昏厥是可以避免的。

(八)运动性中暑

雪地软式曲棍球是一项冬季项目,但在夏季也要加强训练,由于天气炎热,也可能引起中暑现象。中暑是由于人体运动时产生的热,超过了身体的散热能力而发生的高热状态,称为运动性中暑。夏季足球训练和比赛中较易出现此种现象。运动性中暑可分为热射病、日射症、热痉挛和循环衰竭四种类型。

1. 原因和发病原理

（1）热射病：是发生在高热环境中的一种急性病。运动时，如果天气温度和湿度较高，且不流动，体内产热较多，散热就会受到影响，热量在体内大量积累，造成体温大大升高，水、盐代谢出现紊乱，严重影响体内的生理机能以及中枢神经系统的机能活动。

（2）日射症：由于阳光直接照射头部而引起的机体强烈的反应。

（3）热痉挛：运动中机体大量排汗，失水失盐过多以致电解质平衡紊乱，发生肌肉疼痛和痉挛。

（4）循环衰竭：由于运动失水过多，使血容量减少，如果心脏功能和血管舒张调节不能适应，可导致周围循环衰竭而发生中暑。

2. 症状

（1）热射病症状轻者体温微微升高，头昏、头痛、全身无力，口渴舌干，大量出汗，呈虚弱状态。重者有高热和虚脱症状，体温可达41 ℃以上，皮肤灼热，脉搏极快，呼吸短促，无汗、无尿、呕吐，甚至出现昏迷。

（2）日射症的患者体温升高不显著，表现为头昏、眼花、恶心、剧烈头痛、烦躁不安、脉搏细而快、血压降低，重者昏睡。

（3）热痉挛患者体温升高不明显，负荷较重的肌肉，尤其是下肢肌肉发生痉挛，疼痛难忍。负荷较轻者一般是对称性肌肉痉挛，重者大肌肉群也会发生痉挛。

（4）循环衰竭的患者表现为皮肤冷温，脉搏细弱，面色苍白，神志恍惚，甚至出现昏迷。

3. 处理

一旦出现中暑，首先必须降温，迅速将患者移到凉爽、通风的地方，平卧休息，头部稍垫高，松解衣服，全身扇风，头部冷敷，用温水或酒精擦身，服饮盐水或清凉饮料，必要时服解热药物。肌肉痉挛者主要是牵引痉挛的肌肉，补充盐和水。头痛剧烈者，针刺或点按太阳穴、风池、合谷、足三里等穴。如有昏迷，可刺激人中穴急救，对四肢进行重推摩和揉捏，必要时一面急救，一面迅速准备送医院治疗。

4. 预防

在高温炎热季节锻炼时，应适当减少运动量和运动时间；避免在烈日下长时间锻炼；夏天在室外锻炼时，应戴白色凉帽，穿较薄的宽敞透气的衣服；在室内锻炼时，应保持良好的通风，并备有低糖含盐的饮料；身体疲劳或患病时，不宜参加剧烈运动。

(九)低血糖症

正常人每 100 毫升血液中的葡萄糖含量为 80～100 毫克。当每 100 毫升血液中的葡萄糖含量低于 55 毫克时,就会出现一系列症状,称为低血糖症(图 11.3);当低于 10 毫克时,就会出现深度昏迷,称为低血糖性休克。本病多发生于长跑、超长跑、自行车、长距离滑冰、滑雪等项目的比赛过程中或结束后不久。

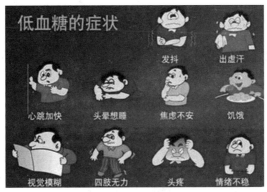

图 11.3　低血糖症

1. 原因

长时间进行剧烈运动使体内血糖大量消耗和减少;运动前或运动时饥饿,体内肝糖储备不足,又不能及时补充血糖的消耗;赛前精神过于紧张、赛后强烈的失望情绪或患病(如胰岛疾病、严重肝脏疾病),引起中枢神经系统调节糖代谢的功能紊乱,使胰岛素分泌量增加等,是造成运动时低血糖症状的重要原因。

2. 症状

轻度者有强烈的饥饿感、疲乏无力、心慌、头晕、面色苍白、出冷汗。较重者神志模糊、言语不清、烦躁不安或精神错乱(如赛跑者返身向反方向跑)、四肢发抖、步态不稳甚至昏倒。检查时,脉搏细而弱,呼吸短促,瞳孔扩大,每100 毫升血液中的葡萄糖含量降至 40～50 毫克以下,严重者可低至 10 毫克。

3. 处理

让患者平卧、保暖、神志清醒者可饮糖水或进食少量流质食物,一般经短时间处理后症状就能消失。昏迷者可静脉注射 50% 葡萄糖 40～100 毫升,同时针刺(或指掐)人中、涌泉、合谷等穴,并迅速请医生来处理。

4. 预防

平时缺乏锻炼、空腹、饥饿或患病未愈者,不要参加长时间的剧烈运动。包括洗澡时长时间的热水浸泡;长时间的运动中要注意补充糖分。可按每千

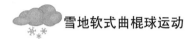

克体重进食 1 克糖。参加长距离（10 000 米跑、马拉松等）跑的训练者,途中应有含糖饮料的供给。

（十）运动性血尿

血尿是一个重要的临床症状。在剧烈运动后,健康的人可能出现肉眼或显微镜下的血尿,称为运动性血尿。

1. 原因和分类

引起运动后血尿有多种原因,总的来说,可以分为下述三类。

（1）器质性疾病所引起的血尿 常见的疾病为泌尿系结石、肾小球肾炎、泌尿系感染。这种病人的血尿严重程度,一般与运动量无明显关系,同时还有病变本身特有的一系列症状,经过详细询问病史及检查,不难确诊。但是无痛性的微小结石或透光结石,容易被忽略,剧烈运动时它能损伤泌尿道黏膜而产生血尿,与运动有明显关系,诊断时要注意。

（2）外伤性血尿。

运动时腰部受到钝器打击或摔倒,造成肾脏直接挫伤或间接损伤,可以引起运动后血尿。一般说来,这类病人的诊断不很困难,但当外伤史不明显或间隔一段时间时,容易造成诊断上的困难。

（3）运动性血尿。

其特点为运动后骤然出现血尿,血尿的明显程度往往与运动量大小及训练强度有密切关系;除血尿外,不伴随其他特异症状和体征;男运动员多见,尤以跑跳运动员为多见,其中长跑运动员和三级跳运动员则更多见;肾功能检查、血液检查均正常;运动中止后,血尿迅速消失,一般不超过三天;预后良好,对身体健康无不良影响。

运动性血尿的发生原理尚不十分清楚,可能是在直立位下用力踏地和跳跃以及腰部猛烈屈伸,造成肾被挤压或肾血管的被牵扯、扭曲,使肾静脉压力增高,引起红细胞渗出所致。

2. 处理

对每例运动后血尿均应做仔细的问诊和检查,明确诊断。不要把具有病理改变的运动后诱发的血尿当作运动性血尿处理,以免延误治疗。出现肉眼血尿时,应中止运动,做有关检查。做出明确的诊断,器质性疾病引起的血尿和外伤性血尿,应针对病因进行积极治疗,一般不能进行正常训练。运动性血尿诊断成立之后,可以参加锻炼,但要安排好运动量,加强医务监督,并由医生根据情况给以适当治疗。

（十一）运动性冻伤

运动性冻伤是体育运动中人体受低温、寒冷侵袭,引起局部组织血液循环障碍,发生水肿、水疱、坏死等损害的症候群。好发于身体的末梢部位,如足、手、耳及面部等,冻疮是最常见的一种冻伤。

1. 运动性冻伤的原因

冻伤最易发生于手、足、指、趾、耳等处。低温寒冷是造成冻伤的主要因素,但是否发生冻伤还与其他因素有关。

①气候因素:包括空气的湿度、流速和天气骤变等。潮湿和风速大都加快身体的散热。

②局部因素:任何使局部血液循环发生障碍,热量减少的因素均可导致冻伤,如长时间站立或浸泡水中等。

③全身因素:冻伤与否与身体素质和当时的身体状况有关,如疲劳、虚弱、紧张、饥饿、创伤等均可减弱人体对外界温度变化调节和适应能力,使局部热量减少。

2. 症状

皮肤出现紫色斑块,局部肿胀、发痒、灼痛,或有麻木感,重者起水疱,溃烂。

局部冻伤分为三度。

①一度:损伤发生在表皮层,皮肤红肿充血,自觉热、痒、灼痛。如不继续受冻,症状数日后即可消失,不留瘢痕。

②二度:损伤达真皮层,除红肿充血外还有水疱,疼痛剧烈,感觉迟钝,1~2日后水疱可吸收,约2~3周愈合,不留瘢痕。

③三度:损伤达全皮层,严重者深达皮下组织、肌肉、骨骼,甚至整个肢体坏死。开始时皮肤变白,以后逐渐变褐色直至黑色,组织坏死。坏死组织脱落后,可留有溃疡经久不愈。

3. 冻伤处置

(1)迅速脱离寒冷环境,防止继续受冻。

(2)抓紧时间尽早快速复温。

(3)局部涂敷冻伤膏。

(4)改善局部微循环。

(5)抗休克、抗感染和保暖。

冻伤的基本治疗目标是迅速复温、恢复血液循环,防止进一步的冷暴露。冻伤的早期治疗包括用衣物或温热的手覆盖受冻的部位或其他身体表面使之保持适当温度,以维持足够的血液供应。需要快速水浴复温,水浴温度应为37~43℃,适用于各种冻伤,其他复温方法:如热饮、温溶液静脉注射、吸入湿热空气、腹膜透析复温等。除非有禁忌,止痛剂应在快速解冻时服用,以便止痛。当皮肤红润柔滑时，表明完全解冻了。禁用冰块或雪擦拭冻僵的肢体，干热或缓慢复温，会进一步损伤组织；对受伤部位的任何摩擦都是禁止的。

4.预防

（1）要注意保暖，例如剧烈运动后、比赛间歇及赛后，都要及时穿上衣服。冬季锻炼要戴防寒用具，如手套、暖兜带、耳套等。经常摩擦容易冻伤部位为手部、耳部等。

（2）要防止潮湿，保持干燥。

（3）加强体育锻炼，促进血液循环，提高人体对寒冷的适应能力。

（4）要积极治疗已有的具有相关性的疾病，比如营养不良、贫血及一些慢性疾病，这些疾病也是冻疮的诱因。

第三节　常见的体育康复锻炼内容与方法

一、体育康复的概念

体育康复是根据伤病的发展规律及特点，采用体育手段或机体功能练习的方法，以达到伤病预防、治疗和康复为目的的一门应用科学。体育康复是医学科学中一门新兴的独立学科，是运动医学的重要组成部分，也是康复医学的重要组成部分。体育康复在预防医学、临床医学和康复治疗中占有很重要地位。体育康复既可以强身健体，又具有身体康复作用。既可以预防疾病，又可以治疗疾病。既适合年长体弱者，又适合恢复期患者。

二、体育康复的特点和原则

（一）体育康复的特点

在运动医学中，体育康复是综合疗法的一个重要组成部分，属于一种支持、辅助的治疗方法。在疾病的恢复期或慢性阶段，有时体育康复又是治疗疾病的主要手段之一，体育康复的特点如下。

1.体育康复是一种主动疗法

体育康复要求患者主动运用体育疗法，用自己的意志和身体运动来治疗自身的疾病，既有利于调动患者治病和康复的积极性，又有利于增强战胜疾病的信心。同时能使患者对疾病有更清晰的认识，克服单纯依赖药物的思想和

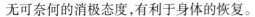

无可奈何的消极态度,有利于身体的恢复。

2. 体育康复是一种功能疗法

体育康复具有药物疗法无法替代的作用,可以促进患者的机体功能和四肢关节肌肉活动能力的康复,使已衰退的机体功能得到增强,有缺陷的器官功能得到一定程度的补偿。

3. 体育康复是一种全身疗法

体育康复通过神经、神经反射机制改善机体功能,通过局部影响全身,增强神经系统,改善血液循环,提高新陈代谢,增强体质,提高机体抵抗力。

4. 体育康复是一种自然疗法

体育康复具有经济、简便、操作性强,便于推广等特点。大多数属于不需要体育设备的锻炼,一般不受时间、地点、设备条件的限制。常常利用人类固有的自然功能(运动)作为治疗手段,如医疗体操、慢跑、散步、自行车、气功、保健按摩、太极拳和特制的运动器械(如拉力器、自动跑台等),以及日光浴、空气浴、水浴等。

5. 体育康复疗效独特

体育康复防治疾病的机理,主要是通过神经反射、神经体液因素、代谢功能和生物力学(关节、肌肉运动时的机械影响)等途径,对人体的局部乃至全身产生作用,能够调整神经功能,改善代谢过程,促进血液循环,增强呼吸运动,恢复甚至提高人体的各种生理功能。既可以促进疾病痊愈,又可以恢复体力和预防复发。坚持不懈地进行全身性的体育康复锻炼,能够增强体质,提高人体免疫力、记忆力、适应力、分析力等。

6. 局部治疗与全身治疗并举

体育康复既属于局部治疗,也属于全身疗法。在体育康复活动的安排上,局部恢复与整体改善并举。针对局部恢复的需要,结合全身素质的提高。注重动静结合、上下肢协调、力量、灵活性和协调性等方面的统一。既能改善全身功能,增强机体抵抗力,又能够促进疾病的康复。

7. 治疗与预防的双向作用

体育康复对中枢神经系统、运动系统、循环及呼吸系统具有良好的刺激作用,能够提高代谢能力,增强体质,促进和加强机体的代偿功能。因此,体育康复具有双向作用。既能够治疗疾病和损伤,促进机能康复,防止并发症或继发症,又能够增强内脏系统的机能,增强抗病能力,预防疾病。

8. 体育康复无毒、副作用

体育康复没有使用药物治疗过程中常见的过敏性、耐药性和蓄积中毒等。体育康复应用时间越久,远期疗效越好。实施体育康复疗法,一般应在医生

(教师)指导下进行,制定运动处方,进行体育康复锻炼。

(二)体育康复的原则

1. 持之以恒。一般来说,每日或隔日进行体育康复活动,坚持数周至数年,逐步积累治疗效果,可达到治疗的目的。

2. 循序渐进。体育康复的运动量要根据患者的身体和病情而定。运动量由小到大,动作由易到难,使身体逐步适应,并在适应过程中逐步增强机体功能,促使疾病痊愈和康复。否则会适得其反,进一步损害机能,加重病情。

3. 因人而异。根据患者的体质、年龄、性别的不同,根据疾病的发生发展规律、疾病性质、程度、疾病所处的阶段等,来决定体育康复运动的方式方法、运动负荷、运动量。

4. 多法并举。体育康复与药物疗法、手术疗法、物理疗法、合理的饮食、良好的作息制度等相结合,综合使用,互为补充,相辅相成,能够收到更好的治疗效果。

5. 动态管理。在进行体育康复锻炼中,随时观察了解病情变化,根据患者的身体状况,以及是否发现不良反应等,相应地调整锻炼方法和运动量。必要时由医生定期检查。体育康复锻炼的运动量以中等运动量(脉搏 90～110 次/分)为宜,以稍感疲劳、身体微微发汗,运动后有愉悦感为度。

三、常见运动性损伤的体育康复

(一)肩袖损伤

肩袖是冈上肌、冈下肌、小圆肌及肩胛下肌的肌腱组成的一组具有相似功能的肌群。附着于肱骨大结节和解剖颈边缘,其内面与关节囊相连,外面为三角肌下滑囊。肩袖具有支持和稳定肩关节,使肩关节旋转和外展的作用,维持肩关节腔的密封,保持滑液营养关节软骨,预防继发性骨关节炎症的功能。肩袖损伤又称肩撞击综合征,是指肩袖肌腱或合并肩峰下滑囊的损伤性炎症病变。一般原发性损伤在肩袖肌腱,以后继发肩峰下滑囊炎。在运动性损伤中,多见于体操、排球、乒乓球、投掷、游泳、划船、举重等运动项目。

1. 病因病理

对肩袖损伤的发病有两种观点。一是退变外伤学说,即冈上肌乏血管区随着年龄增长而退变,弹性减小,脆性增加,遇肩部摔伤、扭打等外力而断裂。另一种是撞击学说,在低位肩峰、肩峰前下方钩状畸形、肩袖肌腱肥大、肩峰下或肩锁关节下退变增生的人群中,肩关节外展上举时,肩袖与喙肩弓很容易碰撞,而使肩袖发生充血、水肿、变性直至断裂。

肩袖处在肩弧与肱骨上端之间狭窄的间隙之中，由于解剖位置特殊，容易受到摩擦、挤压、牵拉等作用而发生创伤性炎症。肩袖肌腱特别是冈上肌肌腱不断地与肩峰发生摩擦及挤压，当外展至60°～120°时，这种摩擦与挤压最为严重。而外展超过120°后，因肩胛随之发生回旋，使冈上肌肌腱与肩峰间的距离增大，这种摩擦和挤压现象随之缓解或消失。肩袖损伤的病理变化主要表现为冈上肌肌腱纤维的玻璃样变性、断裂或部分断裂，有时腱纤维中可出现钙化和骨化，在裂隙中充满坏死组织或瘢痕组织，小血管周围有圆细胞浸润，呈慢性炎症。

肌腱长期磨损可导致变性。在肌腱发生变性的基础上再受到外力作用，可发生肌腱断裂。如体操运动中的单杠、吊环和高低杠的转肩动作，投掷标枪和垒球的出手动作，举重抓举时肩的突然背伸，蝶泳时的转肩划水，排球扣杀和发大力球动作，乒乓球的扣杀和提拉动作等都是引起肩袖损伤的重要病因。

此外，肩袖损伤也与肩部准备活动不够，动作要领掌握不好，或专项训练过于集中在肩部等密切相关。特别是在疲劳的情况下训练，更易致肩袖受伤。

2. 临床表现

（1）急性损伤。

主要表现为急性肩峰下滑囊炎症状。肩部疼痛、活动受限、肩外侧肩峰下有剧烈压痛，在外伤或无明显原因下出现疼痛，初期呈间歇性，以夜间为甚，不能卧向患侧。疼痛分布于肩前方及三角肌区域。肩的外形也常因滑囊肿胀使肩部轮廓改变，肩关节各方向的抗阻活动时都有疼痛。患肢不能外展、上举或外展、上举无力，严重者有肩部不稳感。多因一次扭伤或运动过度所致。

（2）亚急性损伤。

主要症状是肩峰下疼痛弧试验阳性。这是肩袖损伤，尤其是冈上肌损伤的重要特征。主动或被动使上肢外展、内收，60°～120°范围内出现疼痛，小于60°和大于120°时，疼痛反而减轻或消失，此即肩弧疼痛试验。常因多次损伤逐渐形成，在肩袖损伤中最为常见。

（3）慢性损伤。

一般情况下，如做一般活动或臂外展、内外旋克服阻力时，未出现肩部疼痛，常常只有反弓时痛，而无其他体征。病程长者，三角肌后部、冈上肌和冈下肌都可出现萎缩，如标枪运动员的肩袖损伤常于臂上举做反弓投枪姿势时才发生疼痛。冈上肌肌腱完全断裂时，肩关节外展明显障碍，肩外展60°后出现"耸肩"现象，被动使肩外展90°后，则患者又能自动将臂上举。

3. 体育康复治疗

根据损伤程度和病程时间可进行中药、针灸、理疗和按摩等治疗。大多数患者经上述保守治疗后都能痊愈,极少数病例经保守治疗无效而需手术。肌腱完全断裂者应送医院手术处理。

(1)固定。

损伤时疼痛剧烈,应将上臂外展30°固定,减少上臂活动,防止损伤加重,减轻疼痛。限制肩部活动,凡是肩部活动时疼痛,肩峰下有压痛者,应调整运动量,以减轻肩部负担。如果肩部症状较重,并有肿胀,应当停止肩部训练,用三角巾悬吊伤肢于胸前约1周。

(2)推拿按摩。

①揉滚拿揉法。

患者取坐位,在开始进行推拿按摩时,常用手法为表面抚摩、揉、揉捏、搓等。术者用双手拿揉肩背部肌肉。术者用双手相对揉患者的肩关节前后侧。在肩部使用揉、滚、推等手法时,力量先可大一些,然后逐渐减轻,使患者有舒适感。待症状好转后,逐步加重按摩强度,并加做抖动等手法。

②点按经穴法。

患者取坐位,用一手拇指先沿肩井、肩髃、曲池、手三里、外关、中渚、合谷穴进行点按,以疏通经络、活血止痛。每日或隔日按摩一次。若有肩关节活动受限者,可用肩关节运拉法。

(3)医疗体操。

方法一:患者取站立位,用体操棒、滑轮或在健侧上肢帮助下,进行肩关节各个方向的运动。运动时,要尽量限制不必要的连带运动,尽可能增加肩关节活动的范围。一日3次,一次15~20分钟。还可以用患侧手指练习爬墙做肩外展、肩前屈等,增加肩关节活动范围和牵拉粘连。

方法二:患者取站立位,患肩可做前后旋转、单臂上摆及下摆、单臂向前旋转及向后旋转、单臂侧屈,同时上举等动作。还可以弯腰使垂下的上肢分别做顺时针和逆时针的旋肩运动、放松摆动等动作。一日3次,一次15~20分钟。做医疗体操前,配合热敷则有利于提高疗效。锻炼后,以局部有酸胀和轻微疼痛为宜。

方法三:患者取站立位,双脚分开与肩同宽,上肢放松下垂,两手同时做前后、内外摆手动作,幅度由小到大,一日3次,一次15~20分钟。患者取弯腰位,双脚分开,比肩稍宽,身体向前屈70°~90°,上肢放松下垂,同时做前后、内外摆动,幅度由小到大,时间逐渐增长,每次摆动到手指微微胀麻为止。一日3次,一次15~20分钟。本法又称科德曼(Codman)下垂摆动运动。高血压病患者头不宜埋得过低。

(4) 练功疗法。

在肩关节制动期间,可做耸肩活动。即患者取站立位,健手扶托患臂肘后,然后患者主动作肩臂向上耸肩动作,动作幅度逐渐加大,反复做20~30次。还可做屈伸肘关节、前臂旋转及手部屈、伸活动等,连续做10~20次。症状减轻后的练功方法,可做耸肩和肩关节的前屈、后伸、小弧度外展动作,防止肩关节粘连。除继续做以上动作外,还应做肩部上举、环绕、拉力器扩胸、拉橡皮筋后划臂等练习。

急性损伤:为防止肩部肌肉萎缩和关节粘连。应及时开始肩关节的功能锻炼,如身体前屈90°,上臂下垂,肩部肌肉放松,进行主动的钟摆样动作,肩关节可在大范围内活动。但应避免做引起疼痛的动作。

亚急性损伤:可以从事一般身体练习,但应暂停专项转肩动做练习,改为肩部肌肉小力量练习,以不引起明显疼痛为准。如用哑铃练习肩部肌群的活动,以改善血液循环,增加肌力,防止肌肉萎缩。

慢性损伤:除进行以上练习外,同时应加强三角肌力量练习,方法是肩外展90°负重静力练习。

4. 预防

(1) 剧烈活动前,特别是在气温较低的情况下,应进行肩部准备活动。如进行无负荷的大范围肩关节活动或伸展练习,也可进行肩部按摩,以加强柔韧性,防止损伤发生。

(2) 注意掌握正确的动作要领,如投掷时不要只使用臂力,应配合腿、腰等的力量,并注意动作的协调性。

(3) 注意加强肩部肌肉力量练习和柔韧性练习。在急性损伤后应及时制动和治疗,避免加重病理变化而致慢性改变。治愈后恢复锻炼时应循序渐进,防止再度受伤。

(二) 腰肌劳损

腰肌劳损,是指腰部肌肉、筋膜、韧带等组织的慢性损伤,是最常见的腰痛疾病之一,也是运动性损伤中的常见病,不少运动项目都可发生。

1. 病因病理

腰肌劳损涉及的疾病很多,泛指没有器质性改变的慢性腰背部痛。腰肌劳损可分为动力性腰肌劳损和静力性腰肌劳损。动力性腰肌劳损多见于从事运动和体力劳动的人;静力性腰肌劳损多见于久坐和久站的人员。引起腰肌劳损的病因较多,常见的有以下几种:

(1) 腰部急性扭伤后,未能获得及时而有效的治疗,损伤的肌肉筋膜撕裂出血,血肿不能很好地吸收,渗出物纤维化,使肌肉、筋膜发生粘连。逐渐发展成为慢性腰痛。这是腰肌劳损的主要原因之一。

（2）长期腰部姿势不良，或长期从事腰部持力及弯腰工作，可引起腰背筋膜肌肉劳损，导致腰痛。如在训练中，过多或过密的腰部活动，腰肌负担过重，由于过度疲劳，逐渐积累而发生腰肌劳损。

（3）在训练、比赛或健身后，没有及时更换已汗湿的衣裤，或立即吹风、冲冷水，风寒湿邪意侵入机体，使经络阻滞，气血运行不畅。或骤然受凉肌肉痉挛，小血管收缩，严重地影响肌肉的营养与新陈代谢。长期营养障碍，使肌肉发生纤维变性，导致慢性腰痛。

（4）人体肾气虚弱，易感受风寒湿邪的侵袭，以致筋脉不和，使腰部肌筋发生痉挛而常感腰部酸痛不适。

（5）腰椎有先天性畸形和解剖缺陷者，这是腰部肌筋慢性劳损的内在因素。

2. 临床表现

（1）多有不同程度的外伤史或急性腰扭伤未彻底治疗的历史。

（2）有些患者有腰部活动过多、密度过大或长期弯腰作业或遭受风寒湿的病史。腰骶部一侧或两侧酸胀、疼痛、软弱无力，多为隐痛，时轻时重，反复发作，休息后疼痛减轻，劳累后疼痛加重。并与天气变化有关，遇寒冷和潮湿，腰部酸胀痛明显。久站久坐，腰部发胀，常需变换体位或用拳叩击腰部即感舒适。部分患者夜间疼痛加重，盗汗，会阴和肛周有牵张感，影响睡眠。

（3）检查：检查脊柱外形一般正常，俯仰活动多无障碍。腰肌或筋膜劳损时，骶棘肌处、髂嵴后部或骶骨后面腰背肌止点处有压痛，棘上或棘间韧带劳损时，压痛点多在棘突上或棘突间。病情严重者，有一侧或两侧骶棘肌痉挛，呈板状或条索状。

3. 体育康复治疗

（1）推拿按摩。

主要在痛点及其周围做按摩揉压等手法，推拿按摩时间宜长，力量宜大。结束前，用拇指强刺激、弹拨痛点，以疏通经络，缓解痉挛。对老年患者不宜用较重的手法。手法治疗一般隔日一次，十次为一疗程。

①指推摩揉法。

患者取俯卧位，用双手拇指与食、中、无名指，推拿患者腰背部两侧骶棘肌，以皮肤微红，酸胀的肌肉有松弛的感觉为度。再用滚法继续作用于骶棘肌，然后在腰背部两侧的骶棘肌出，分别使用摩法、揉法。最后用手掌在腰部使用振荡法。

②揉按滚拿法。

患者取俯卧位，用手掌揉按脊柱两侧足太阳穴膀胱经循行部位，先从上至下,再从下至上,并用滚法施术一分钟,然后拿捏腰痛点及腰肌痉挛处。

③拨络点穴法。

患者取俯卧位,用拇指拨动腰部肌群,以有剥离感的肌腔为主,用点穴法点按痛点及肾俞、展阳关、承扶、委中和腰痛反应点等穴。

④斜扳牵引法。

患者取俯卧位,斜扳腰椎左右各一次,然后双手拿患者双踝向上方牵引一分钟,再用力抖动次,也可用机械牵引床。

⑤热擦拍打法。

患者取俯卧位,用冬青油膏抹于患者腰骶部做直擦,以透热为度。最后用拍打法拍打腰部和下肢一遍,结束治疗。

⑥揉拔捻拿法。

患者俯卧位,双上肢平放,使肩胛背部平坦松弛,先揉拔脊柱两侧疼痛区,力量由轻渐重,可反复操作 3~5 遍,然后让患者暴露腰背部,从腰骶部开始,沿脊柱线、脊柱旁两侧线,用拇指、食指及中指提起皮肤,双手交替捻动向前,使皮肤向前滚动,直至大椎穴处,先中间,后两侧,各捻拿一次为一遍,每次 2 遍,最后用轻快柔和的滚、揉、叩击手法予以缓解。

在使用推拿按摩手法时,结合功能锻炼,如仰卧起坐、飞燕式运动,即俯卧、上半身和下肢向上同时抬高,或站立压腿、仰卧直腿抬高活动和旋转腰部活动,并放松腰部肌肉。

(2)腰部体操。

第一节:上体前后屈伸法。患者取站立位,两肩放松,两眼平视,两手扶后脑,身体向前弯曲 90°后,再向后伸挺(向前挺髋),两膝挺直,做 4×8 拍。

第二节:左右转体法。体位同上,两手叉腰,两脚不动,身体向左右转动 90°,做 4×8 拍。

第三节:上体侧屈法。体位同上,两脚不动,两手扶后脑,身体向左右侧屈伸,做 4×8 拍。

第四节:仰卧举腿法。患者取仰卧位,两腿伸直向头部方向举起再放下,重复做 4×8 拍。

第五节:腰部绕环转动。两腿开立,两手臂放松直臂带动上体随腰部向前、左、后、右绕环转动 360°,做 4×8 拍。

第六节:仰卧起坐法。患者取仰卧位,双腿伸直,两手扶后脑,上体向脚的方向起来再后倒,重复 4×8 拍。

以上腰部体操,每次做 2~4 遍,一日两次。

(3)倒退行走法。

患者在平坦安全路段上倒退行走。行走时上体适当后仰,重心后移,尽量用前脚掌着地发力;同时注意膝、踝关节的缓冲。根据患者体质、年龄、病情不同而定速度、步幅。循序渐进,运动量以每次运动后微微出汗为宜。每次运动25~35分钟,10天为1个疗程,连续三个疗程。

(4)练功疗法。

腰部慢性劳损症状缓解期和康复期的功能锻炼。公认效果较好的有两种。

拱桥式:患者取仰卧位,双腿屈曲,以双足、双肘和后头部为支点(五点支撑)用力将臀部抬高,如拱桥状。随着锻炼时间、次数的增加,可将双臂放于胸前,仅以双足和头后部为支点进行练习。反复锻炼20~40次。早晚各一次。

飞燕式:患者取俯卧位,双臂放于身体两侧,双腿伸直,然后将头、上肢和下肢用力向上抬起,不要使肘和膝关节屈曲,要始终保持伸直如飞燕状。反复锻炼20~40次。早晚各一次。

4. 预防

(1)运动时,应充分做好准备活动。认真掌握动作要领,克服和纠正不正确的动作。平时加强腰背部肌肉力量练习,增强肌肉韧带的伸展性。

(2)避免腰部过度疲劳,改变不良的身体姿势。运动后,及时擦干汗水,更换衣裤,避免出汗时吹冷风、冲冷水和坐卧湿地,防止受寒冷潮湿。

(3)某些需要弯腰工作、久坐和久站的人员,不要过度劳累,应该坚持工间操,以消除腰部疲劳。正确及时地治疗急性腰肌损伤。

(三)腰椎间盘突出症

腰椎间盘突出症是常见的腰腿痛疾病,好发于20~50岁的青壮年,男多于女。椎椎间盘突出症之所以易发生在腰部,是因为腰椎的负重量及活动度较胸椎为大,在运动性损伤中,多见于举重、体操、排球、投掷、跨栏等运动项目,也常见于体力或脑力劳动者。

1. 病因病理

椎间盘位于两个椎体之间,每个椎间盘由软骨板、纤维环、髓核三个部分组成,有稳定脊柱,缓冲震荡等作用。一般在20~30岁以后,随着年龄的增长以及不断遭受挤压、牵引和扭转等外力作用,使椎间盘逐渐发生退化,髓核含水量逐渐减少而失去弹性,纤维环可发生萎缩变性,这是造成腰椎间盘突出症的内因。在这种情况下,可以因一次急性腰部扭伤,或长期反复损伤,或弯腰抬取重物时致腰部闪扭伤,易引起已萎缩变性的纤维环发生破裂,使髓核从破裂处膨出,压迫神经根而产生相应症状,造成腰椎间盘突出症,可见外力作用是导致腰椎间盘突出的主要外因。另外,少数患者腰部着凉,成寒湿侵袭腰部,使肌肉痉挛,小血管收缩,影响局部血液供应,椎间盘营养障碍,肌肉痉挛,亦可加重椎间盘的负担,促使已变性的纤维环的损伤加重,发生髓核突出。

2. 临床表现

(1)多有不同程度的外伤史。少数患者有腰部受寒史。

(2)伤后立即出现腰部一侧或双侧剧烈疼痛。伤侧腰肌痉挛,僵硬,活动受限,患肢发凉,小腿外侧,足背、足跟处有麻木感。行走及坐卧困难,以后逐渐产生坐骨神经痛。咳嗽、打喷嚏、直腿抬起、伸腿坐起、直腿弯腰、步行、弯腰、屈颈等动作可引起疼痛加剧。站立后、行走时疼痛加重,侧卧休息则减轻,夜晚疼痛加重,甚至不能入睡。

腰椎间盘突出症应与其他损伤相鉴别:如急性腰扭伤、腰臀部肌肉拉伤等。

3. 体育康复治疗

对病程较短、症状较轻者,多采用卧床休息、针灸和药物等进行治疗。症状较重者还可采用手法、麻醉推拿、骨盆牵引或手术治疗。

(1)推拿按摩。

对腰腿疼痛,脊柱侧弯不大,直腿抬高可达50°者,宜用推拿手法。

①推按指针法。

患者取俯卧位,双手置体侧放松,术者立于患者侧面。术者在腰骶部擦舒活酒做按摩,先做表面抚摩,然后顺脊柱和骶棘肌由上而下做揉、推压、按压数分钟,再于肾俞、环跳、委中等穴位做指针刺激,最后抚摩表面。一次推拿约15~20分钟,每日或隔日1次。

②斜扳伸腿法。

对症状较重,起坐困难的患者,经用俯卧推拿手法后,再嘱患者侧卧,术者一手按其髂骨后外缘,另一手置于其肩前,两手同时用力向相反方向斜扳(也可由二人共同按上法进行斜扳),此时在腰低部常有弹响声。然后伸直下肢做腰髋过伸动作3次。再换体位做另侧治疗。

(2)骨盆牵引。

牵引治疗腰椎间盘突出症效果显著。对初次发作或反复发作的急性期患者,仰卧于床上,在腰骶部缚好骨盆牵引带后,将足跟一侧的床脚垫高10~15厘米,以做对抗牵引,其牵引重量可在两侧各用10公斤,每天牵引1次,每次约30分钟。牵引重量和牵引时间可根据患者情况进行调整。孕妇或合并高血压、心脏病者禁用。如能坚持治疗,3~4周内可望缓解。

(3)练功疗法。

急性期患者应严格卧床休息 3 周。麻醉推拿后一般应卧床休息 2 周,以利损伤组织的修复。一般按摩推拿治疗期间也应注意休息。待症状明显减轻基本消失后,可开始锻炼腰背肌或在腰围保护下起床活动。常用的床上训练方法如下。

飞燕式:患者俯卧床上,双臂放于身体两侧,双腿伸直,然后将头、上肢和下肢用力向上抬起,不要使肘和膝关节屈曲,要始终保持伸直如飞燕状。反复锻炼 20～40 次。睡前和晨起各做一次。

双桥式:患者仰卧床上,双腿屈曲,双脚平放床上,腰部用力使身体离开床面。尽量引起身体,保持平衡。保持 30 秒为 1 次。10 次为一组,一日练习 2～3 组。

蹬空车训练法:患者平卧床上,双腿抬起,在空中模拟骑自行车动作,动作要缓慢而用力。20～30 次为一组,一日练习 2～3 组。

俯卧撑式:患者俯卧于床上,双臂屈曲于胸前,用双肘和双脚尖将身体支撑抬起,至身体成一直线。保持 10～30 秒为 1 次,间歇 5 秒。5～10 次为一组。一日练习 2～3 组。

4. 预防

(1)合理安排训练量,在全面训练的基础上,加强腰腿部肌肉锻炼,提高腰腿部肌肉力量,保护脊柱,维持脊柱稳定性。注意佩戴护腰或宽腰带。

(2)平时注意站、坐、行和劳动姿势,经常保持良好的坐姿。避免长期固定于一种体位。坚持工间操,以消除腰部疲劳。

(3)及时、彻底治疗急性腰伤,防止复发。预防机体和组织老化等。当天气变化或遇寒冷和潮湿时,要加强腰部保暖。

(四)髌骨劳损

髌骨劳损是指髌骨软骨面及其相对的关节软骨面因慢性损伤后,形成髌骨骨关节炎症的一种退行性疾病(图 11.4)。亦称"髌骨软化""髌骨软骨病""髌骨软骨炎",是膝部常见的运动损伤,多见于篮球、排球、跳跃、短跑、举重、投掷、登山等运动项目,也多见于舞蹈演员。

1. 病因病理

髌骨劳损的主要原因是膝关节长期反复过多的屈伸运动,髌骨长期处于直接压迫下活动,髌骨之间反复摩擦、互相撞击,致使软骨面被磨损而发病。篮球运动中的滑步防守与进攻、急停起跳;排球运动中的跳起扣球及滚动救球;短跑中的起跑;跳高、跳远中的踏跳;体操运动中的跳跃等动作都可使髌骨受损。也有因局部受到一次冲撞或牵拉致伤。

第 11 章 运动伤病与康复

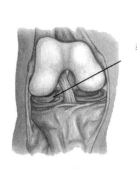

图 11.4 髌骨损伤

髌骨软骨面退行性病变是髌骨劳损的主要病理改变,局限性软化、纤维化,甚至软骨床的骨质外露,同时股骨内外髁的对称部位也发生同样改变。与此同时,关节滑膜及髌韧带也有一定程度的充血,渗出增加等变化。此外,髌骨劳损还与膝部超负荷的专项训练,超出了人体的合理负担水平,股四头肌力量较弱,运动员急于求成而违反训练原则等因素密切相关。

2. 临床表现

（1）起病缓慢,病程较长。

（2）最初感膝部隐痛、发软、乏力,逐渐出现髌后疼痛,酸胀无力,时发时止,与运动量和劳作有一定关系。休息后减轻,劳累后加重。上楼梯困难,严重者影响步行。膝内有摩擦样疼痛,严重者走路和静坐时也痛,股四头肌可发生轻度萎缩。

（3）检查:膝部无明显肿胀,髌骨两侧之偏后部有压痛。

（4）伸膝位抗阻试验:患膝伸直,用拇、食二指将髌骨向远端推压,嘱患者用力收缩股四头肌,此时会引起髌骨部疼痛。

（5）单足半蹲试验:患者患肢做蹲起动作,出现膝软、膝痛者为阳性。

3. 体育康复治疗

（1）推拿按摩。

①推摩点压法。

患者取仰卧位,伸膝,术者立于患侧。术者先在小腿的上 1/3 到大腿的下 1/3 间,用推摩、捏揉、搓等手法,然后再固定髌骨,用拇指在髌骨边缘疼痛部位,用刮法并点压髌骨周围的穴位。

②点按穴位法。

患者取坐或仰卧位,术者立于患者侧面或前面。患膝呈 90°～150°屈曲位,术者拇指指腹点按阳关、阳陵泉、膝鹤、血海、阴陵泉、足三里等穴,并用双手拇指点按双侧膝眼穴。

③推按髌骨法。

患者取坐或仰卧位,术者立于患者侧面或前面。患膝屈曲,术者双手拇指重叠,由下向上推按髌骨下缘及整个髌骨周围。用拇指指端刮髌骨周缘的痛点。

④髌骨滑移法。

患者仰卧伸膝,术者立于患侧。术者用双手拇指与其余四指相对拿捏股四头肌2分钟。关节肿胀明显者,髌骨上方多做几次揉拿法,以刺激髌上囊滑膜加速吸收功能。

(2)力量疗法。

①等长肌力锻炼:患者取仰卧位,腿伸直抬高,患者取俯卧位,腿伸直抬高练习,股四头肌等长收缩训练。这三个动作,每个动作30~50次为组,每次共做3~5组,一日3次。

②等张肌力锻炼:伸膝抗阻锻炼,利用坐式大腿屈伸训练器进行锻炼,主要锻炼股四头肌力量。开始时重量一般为20千克,逐渐增加,每组20~30次,每次做3~5组,一日3次。腘绳肌抗阻练习,利用坐式小腿屈伸训练器,开始时重量一般为20千克,逐渐增加,每组15~20个,每次做2~3组,一日3次。

在训练过程中,应坚持循序渐进的原则。应根据肌肉的适应情况,增加或减少收缩次数和训练单位,一般每周3~5次为宜,避免训练后产生疼痛。

(3)练功疗法。

减轻劳动强度或减少运动量,影响工作者宜休息。根据损伤程度和症状轻重的不同,可采用不同的训练方法。

轻型:可以参加训练,但应适度减少膝关节负荷大的专项训练。

中型:其特点是走路不痛,上下楼梯或半蹲位时疼痛,适度活动后疼痛减轻,但较大运动量后又加重。要控制运动量,改变训练内容,避免以膝半蹲为发力的各种动作的练习。

重型:走平路甚至静坐时也有疼痛感,停止训练,进行治疗。

4. 预防

(1)训练、比赛前做好充分的准备活动。训练、比赛后进行膝关节周围的自我按摩保健。

(2)遵循循序渐进、个别对待、全面发展的原则进行训练,防止"单打一"训练模式。加强运动技术训练,提高专项技术训练水平,纠正错误动作。

(3)加强股四头肌的力量训练。加强髌腱周围腱止点的适应性牵拉练习。

(五)踝关节扭挫伤

1. 病因病理

在运动训练或比赛中,准备活动不充分,动作不协调,或踝关节周围的力量不足,以及在跳起落地时踩空,人体重心失衡等,都可使踝关节处于不稳定状态,从而导致踝关节损伤。内翻姿势扭伤时,可引起外踝前下方的跟腓韧带和距腓韧带的损伤;由于足内翻比足外翻的活动范围大,而且踝内侧三角韧带比外侧韧带坚强。所以踝关节内翻引起的踝外侧副韧带损伤较多见。如当篮球运动员抢篮板球落地时,足踩在对方足背上,对方把足猛然抽走,使其足过度跖屈内翻,造成外侧副韧带的损伤。

踝关节扭挫伤轻者,为韧带附着处骨膜撕裂,骨膜下出血;较重者为韧带纤维部分撕裂;重者,韧带完全断裂,并常伴有撕脱骨折或距骨半脱位。距腓前韧带撕裂,多有踝关节囊及关节滑膜的撕裂,关节积血。内侧副韧带深层断裂,断端可嵌入关节间隙内。踝关节的反复扭伤可导致创伤性骨关节病。

2. 临床表现

(1)有踝关节急性扭伤史。

(2)伤后踝部很快出现肿胀疼痛,行走困难,跛行或不能行走。患足不敢着地,即使勉强行走,也只能用足的外缘着地。2～3日后局部可见瘀斑。内翻扭伤时,在外踝前下方肿胀、压痛明显,若将患足做内翻动作时,则疼痛加剧;外翻扭伤时,在内踝前下方肿胀、压痛明显,若将足再做外翻动作时,则内踝前下方发生剧痛。

(3)检查:踝关节强迫内翻试验:检查者一手握住踝关节上方固定小腿;另手握住足外侧将踝关节内翻。两侧对比,如果距上关节在外侧"开口"较大,即为踝外侧距腓前韧带断裂,或与跟腓韧带同时于止点断裂,踝关节强迫内翻试验阳性。

踝关节前抽屉试验:检查者一手握小腿,一手握住足跟向前推拉,使距骨后前错动。两侧对比,如果活动范围大即属踝关节前抽屉试验阳性,说明踝外侧副韧带完全断裂。

3. 体育康复治疗

伤后切忌随意转动踝部,以免加重损伤。如果没有骨折,应立即予以冷敷、加压包扎、抬高患肢,并适当固定休息,外敷新伤药,损伤较重者,将损伤韧带固定于松弛位(图11.5)。

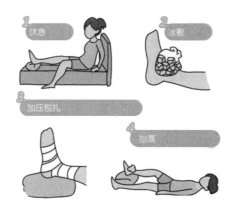

图 11.5 踝关节急性损伤处理方法

（1）冷敷。

在扭伤部位用冷水冲洗或用冰块等轻轻环形滑动,但不能把冰块直接放到损伤部位不动。冷敷可以减轻疼痛感,减缓受伤部位的血液循环和麻痹神径,消肿止痛。

（2）固定。

根据损伤程度不同,可选用细带、胶布、夹板或石膏等,将踝关节固定于中立位。早期敷药后用细带包扎,保持踝关节于受伤韧带松弛的位置,并暂时限制走路。内翻扭伤采用外翻固定,外翻扭伤采用内固定,并抬高患肢,有利于消肿。对严重内翻扭伤成外翻扭伤者,应将患足固定于外翻位或内翻位,一般固定 8 周左右。固定期间做足趾屈伸活动。

（3）推拿按摩。

推拿按摩对治疗单纯性韧带损伤或韧带部分断裂者,疗效较好。

①按压理筋法。

患者取平卧位,术者立于患侧。术者一手托住足跟,一手握住足尖,缓缓进行踝关节的背伸、跖屈及内翻、外翻动作,然后用两掌心对握内外踝,轻轻用力按压,可以起到散肿止痛的作用。伤后第二天开始做按摩,肿胀明显者,手法刺激宜轻,在足踝部及小腿做表面抚摩、揉、揉捏、摇晃等,由下而上顺理筋络,反复数遍。再按摩足三里、昆仑、商丘、解溪、丘墟、太溪等穴。如早期瘀肿严重者,则不宜用理筋手法。

②提拿拍击法。

患者取平卧位,术者立于患侧。术者用拇、食、中指指端,提拿腓肠肌,自上而下,用力柔和,酸胀为宜,同时做踝关节抖动和回环运动。再用两手掌心或掌根,紧贴小腿,相对用力,由上而下拍击,20 次左右,同时做踝关节抖动和回环运动。

患者自我按摩:具体步骤如下:

a. 用拇指或手掌在伤部轻轻揉 1~2 分钟,力度由轻到重。

b. 用拇指或手掌在伤处及周围推摩 1~2 分钟,按摩时力量要均匀。

c. 用手掌在小腿下 1/3 处,内侧与外侧推揉 1~2 分钟。

d. 拇指和其余四指呈钳形状,由上而下捏小腿后群的肌肉 1~2 分钟。

e. 摇踝:一手握足部;另一手握小腿下部,使踝关节旋转 3~5 次。

f. 点穴:常用穴位有解溪、昆仑、悬钟、阳陵泉等。点穴要有酸、麻、胀、痛的感觉,每个穴位点 30 秒。

(4)体育疗法。

患者取站立位,双脚提踵 20~30 次,速度宜慢,尽力提起,如未见疼痛加重,可以在原地踏步 1~2 分钟。如疼痛减轻,嘱患者原地双脚纵跳 8~10 次,一日 3 次。

(5)练功疗法。

解除固定后,在弹力绷带或护踝的保护下,指导患者积极进行踝关节周围肌肉力量练习及屈伸活动,并逐步练习走路,做一些有准备的小跳和提踵运动,逐渐参加一般锻炼。重压患处和踝关节强迫内翻试验无疼痛时,可完全解除支持带恢复正常训练。

4. 预防

(1)平时重视踝关节周围肌肉韧带力量练习和关节协调性训练,如负重提踵、跳绳、足尖走路等。

(2)训练前踝关节要裹以保护带,运动前充分活动踝关节,特别是踝关节外侧韧带要充分拉伸,使其承受一定的负荷。

(3)做好运动场地医务监督,准备活动要充分,训练方法要得当,提高落地动作的技术水平。防止撞人犯规动作。

四、常见运动性疾病的体育康复

(一)运动性疲劳

运动性疲劳又称过度训练综合征、过度劳累、运动过度等。运动性疲劳是指运动者在体育健身、运动训练或比赛时,由于运动量或运动强度过大,超过了运动者机体的承受能力,产生疲劳。疲劳的连续积累,将导致人体生理功能紊乱以及运动能力和身心机能暂时下降。运动性疲劳多见于篮球、拳击、自行车、体操、摔跤、划船、游泳、田径和长跑等运动项目。

1. 病因病理

无论是体力还是脑力的疲劳都是大脑皮质保护性抑制的结果。连续疲劳使大脑皮层兴奋与抑制之间的动态平衡遭到破坏,造成过度兴奋或过度抑制,大脑皮层功能紊乱,引起人体各系统的功能失调。导致运动性疲劳的原因主要有以下几个方面。

(1)训练安排不当。

在教学和训练中未遵守循序渐进、全面性和系统性训练原则。安排运动负荷时,对锻炼者或运动员的生理特点缺乏周密细致的考虑。运动负荷的安排超过了锻炼者或运动员可以承受的生理负担量。训练内容单一,缺乏全面身体素质和心理素质的训练。没有根据个人特点、机体状况、季节、地理环境等调整训练计划,或者是运动量增加太快。

(2)运动技术动作的错误。

不遵循人体解剖学规律,违背人体解剖学特点、组织器官结构功能,违背了力学原理,违背了人体功能活动的规律,出现运动技术动作的错误。

(3)比赛安排不当。

连续比赛缺乏调整和足够的休息,体内乳酸堆积过多,使运动系统及其肌肉工作能力降低,从而产生厌烦训练的心理。赛后体力未完全恢复就进行大运动量负荷运动训练,伤病后过早进行大运动训练或参加比赛。

(4)其他原因。

参加运动者或训练者心理压力过大、心情不畅、情绪低落或急躁等;在睡眠或休息不好、营养不良以及过度疲劳的情况下,生理功能和运动能力都相对下降,进行大运动量训练或参加比赛,容易发生运动性疲劳。

2. 体育康复治疗

(1)调整训练量和训练强度。

初练者必须遵循循序渐进的原则,训练量和训练强度要逐渐加大。运动性疲劳病情轻者,主要是调整训练内容,改变训练计划,如减少运动量、控制训练强度、减少力量性练习等。一般经过两周左右的时间即可基本消除,恢复正常训练。运动性疲劳病情重者,除减少运动量外,宜避免大强度、大力量性训练,暂停专项练习,做一般小强度的身体训练,持续几周到几个月。较重者避免专项训练,进行小强度身体训练。对严重过度训练者,须完全终止训练,并改换环境进行一段时间的疗养和药物治疗。

(2)加强训练后的恢复措施。

①补充营养物质,如高能量物质、高糖、各种微量元素、维生素、动物性蛋白质、矿物质等,可多吃些新鲜蔬菜和水果。特别应增加蛋白质的摄入。

②保证充足的睡眠时间,有利于肌肉的恢复和增长。

③根据条件,可以进行桑拿浴和心理放松,以加速疲劳消除,促进身体恢复。

(3)温水浴。

沐浴是消除运动性疲劳简单有效的方法。它通过刺激血管的扩张,促进血液循环,加快新陈代谢,加速代谢产物的排出,有利于运动性疲劳的恢复。一般在运动训练或比赛后30分钟后进行温水浴。水温以42℃左右为宜,一次15~20分钟,一日1~2次。在进行冷热水浴时,热水温度以40℃为宜,冷水温度以15℃为宜,热水浴时间为3~5分钟,冷水浴时间为1~2分钟,交替3次。

(4)足浴。

足浴是一种物理保健疗法。在健身、训练或比赛后,选用具有舒筋活络、疏导腠理、流通气血、活血止痛的中草药,置于锅或盆中加水煮沸后,先用热气熏蒸双脚,待水温稍减后用药水浸洗双脚,冬季可在患肢上加盖棉垫,使热能持久,每次15~30分钟。可选用海桐皮汤加减或舒筋活血洗方。其他还有八仙逍遥汤、下肢损伤洗方等。

4. 预防

(1)严格遵循训练原则,合理安排运动量和运动强度,逐渐增加训练量。应从实际出发,坚持因人而异和循序渐进的原则。根据运动员的性别、年龄、身体发育状况、机体承受能力、训练水平、训练状态等具体情况,制订科学的训练计划和训练内容。

(2)采取形式多样的训练方法和手段,训练内容要全面。加强对青少年运动员的全面训练,尤其是身体素质的基本训练。对优秀运动员训练量的安排应注意节奏性,即大、中、小运动量有机配合。训练要注意上,下肢的交替运动;专项练习为主,非专项练习为辅。

(3)加强医务监督,定期身体检查,注意生活制度,训练计划。掌握锻炼强度,当出现受伤和肌肉疼痛次数增加、早上起来时脉搏加快、持续出汗或大量出汗、训练情绪下降,易激动,在下一次训练前肌肉恢复不过来、发热、食欲减退、失眠、肌肉围度缩小、提不起精神、缺乏耐力、感冒不断等现象时,应考虑是否出现了运动性疲劳。如果出现运动性疲劳,应及时调整运动量,早调整,早治疗。

(二)运动性头痛

运动性头痛是由于运动负荷过大、运动强度增加过快,身体机能紊乱而引发的一种症状。运动性头痛多发生在运动过程中,严重时常使运动者被迫中

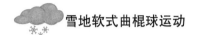

止运动。其疼痛的程度与运动量、运动强度和运动速度等因素密切有关。在高原地区,运动性头痛的发生率更高。运动性头痛多见于中长跑、越野滑雪、高山滑雪滑降、网球和壁球等运动项目。

1. 病因病理

导致运动性头痛的原因主要有以下几个方面。

(1)平时缺少锻炼,或在海拔较高的地方进行运动时,由于剧烈运动时的过度换气和高原造成的低碳酸血症,导致颅内外血管扩张而出现运动性头痛。这是越野滑雪运动员、高山下降滑雪或短雪橇滑雪下降者发生运动性头痛的原因。

(2)剧烈运动时,由于胸内压力升高,全身血压骤然升高,引起颅内压一过性升高,造成静脉窦的扩张,而导致运动性头痛。

(3)原发性疾病所致,如患高血压病、慢性鼻窦炎、内耳疾病、贫血等,在运动时特别是剧烈运动时,可出现头痛、头昏等。

运动医学界认为,运动性头痛是心肌缺血的重要征兆。凡是反复发作与运动或体力劳动等密切相关的头痛,应立即中止运动或劳动,及时检查治疗。要警惕心肌缺血发生心肌梗死或运动性猝死的可能性。

2. 临床表现

运动后立即出现头痛,呈跳动性,以两侧颞部疼痛为甚,休息后可缓解,运动后又发作。伴头昏、头晕、面色苍白、肢体无力、出汗过多、恶心甚至呕吐等症状。持续几小时后逐渐缓解,并可反复发作。

3. 体育康复治疗

(1)推拿按摩。

①拇指点揉法。

患者取坐位、仰卧或俯卧位,术者立于患者身旁。术者用中轻度手法,拇指揉百会、印堂穴各15~20次;由内向外推眉弓15~20次;用一指禅推法对上关、听会、晴明、承泣、期门、侠溪、太冲、行间、风池等穴施术,每个穴位各15~20次,以上均取双侧穴位。最后用十指指端沿足太阳、足少阳、足阳明三经经脉走向,从头前发际到后发际,沿着头正中线向两侧梳理15~20次。一日治疗1次,7次为1疗程。

②推摩点揉法。

患者取坐位、仰卧或俯卧位,术者立于患者身旁。术者用拇指螺纹面从印堂推摩至上星穴10~20次;拇指揉百会、神门、关元、气海、血海、三阴交、肝俞、脾俞、肾俞等穴,每个穴位各15~20次;指针合谷穴10~20次。以上均取双侧穴位。一日治疗1次。7次为1疗程。

③掌揉止痛法。

患者取坐位或仰卧,术者立于患者正面或身旁。患者双目自然闭合,术者用双手掌掌根揉太阳穴20~30次。同时,可以拿捏印堂、风池、合谷、天柱等穴10~15次,以局部感酸麻胀为度,一日2~3次。

(2)呼吸练习。

患者处于舒适稳定的姿位下,通过意念、暗示,使肌肉完全放松状态,有节律地呼吸运动。采用腹式呼吸,即先吐(口呼),后纳(鼻吸),一吐一纳为一息,每次300~480息,一日4~6次。呼吸运动结束后,患者取坐位,先后做头部左右旋转、前俯后仰、左右侧屈等活动。

另外,还可以分别选五禽戏、八段锦、太极拳、医疗步行和慢跑等,对运动性头痛有较好的疗效。

4. 预防

(1)合理安排运动量,坚持科学的训练原则。

根据参加体育健身运动和竞技体育者的年龄、性别、健康状况和运动技术水平,坚持循序渐进的原则,合理安排运动量。

(2)认真做好运动前的准备活动。

根据运动训练内容或比赛情况、个人身体状况、气候条件等来确定准备活动的内容与活动量。准备活动以感到身体发热,微微出汗为宜。天气寒冷或运动持续时间较短,准备活动的强度宜大,时间宜长。反之,天气炎热或运动持续时间较长,准备活动的强度宜小,时间宜短。

(3)积极锻炼身体,提高身体素质和训练水平,增强颈部肌力,避免或防止剧烈运动引起的头颈部肌肉持续性收缩所致的运动性头痛。

(三)运动性腹痛

运动性腹痛是由于运动引起或诱发的一种症状。多发生在运动过程中或结束时,严重时常使运动者被迫中止运动。其疼痛的程度与运动量、运动强度和运动的速度等因素密切相关。运动性腹痛多见于中长跑、马拉松、自行车、篮球、排球和体操等运动项目。

体育康复治疗的方法

1. 一般处理

如在运动中出现腹痛,应立即减慢运动速度,降低运动强度,调整运动节奏和呼吸节奏,加深呼吸,用手按压疼痛部位,或弯着腰跑一段距离,疼痛即可减轻或消失。一般说来,如果没有腹内外器质性疾病,采用本法,即可缓解疼痛。如无效或疼痛反而加重,应立即停止运动,认真检查。病情较重者应送医院处理。

2. 推拿按摩

(1) 推摩点按法。

患者取俯卧位,术者立于患者身旁。术者由下而上推按患者两侧足太阳膀胱经,并点压胃俞、脾俞、胆俞等穴。如找到有明显的压痛点和条索状结节时,用双手拇指重压反应点,手指上下滑动,以产生酸胀感为度,可持续 2～3 分钟。同时,点按足三里穴,并嘱患者做深呼吸以配合。全过程不超过 20 分钟。

(2) 推摩揉捏法。

患者取仰卧位,术者立于患者身旁。术者点按患者人中、足三里、涌泉、内关及阿是穴,然后按摩腹部 4 分钟左右,再推摩胸腹部,揉捏斜方肌、胸大肌、腰大肌,同时给适量的温开水或吸氧。

(3) 抚摩按揉法。

患者取俯卧位或坐位,术者立于患者身旁。术者按摩腹痛部位,按揉双侧合谷、肝俞、脾俞、胃俞穴 1 分钟。或予以腹部热敷,并适量饮些热饮料,一般可自行缓解。

(4) 消除腹直肌疼痛的推拿按摩。

方法一:推摩腹肌法

患者取仰卧位,术者立于患者身旁。术者用两手拇指外展,其余四指并拢由锁骨下开始,向下推摩至小腹处,反复操作 10～20 遍。放松腹部肌肉,缓解腹直肌疼痛。

方法二:按揉神阙法

患者取仰卧位,术者立于患者身旁。术者用双掌重叠于神阙穴,以肚脐为中心,按顺时针方向揉 3 分钟。

(四) 运动性痛经

运动性痛经是指参加运动训练至经前,腰酸痛,下腹部坠痛难忍,直至行经结束后才逐渐减轻,经血量少色暗。如不参加训练,则无痛经发生。

1. 体育康复治疗的方法

(1) 体育疗法。

①扭腰转臀法:患者取站立位,两脚同肩宽,两手叉腰,两膝关节微微弯曲,腰胯放松,扭转腰臀部,从左向右转动。可连续转动 30～45 次。然后,用两手握拳轻轻捶打腰骶部。连续 30～45 次,一日 3 次。

②膝胸运动法:患者跪在床上,弯腰,前臂屈曲贴床上,尽量使胸部向下压床,拱起臀部,轻轻向前移动。每次 15～30 分钟,一日 3 次。

③叉腰提肛法:患者取站立位,全身放松,两手叉腰,两腿下蹲,下蹲时站

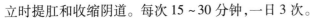

立时提肛和收缩阴道。每次 15~30 分钟,一日 3 次。

④捶打腰骶法:患者取站立位,两脚同肩宽,用两手握拳轻轻捶打腰骶部,连续 30 次。

⑤伸腿抬臀法:患者取仰卧位,两腿伸直抬起,两手托住臀部,尽量抬高臀部,两腿尽量向上翘,每次持续 2 分钟左右放下,一日 3 次。

(2)推拿按摩。

①推按擦揉法:患者取坐位或卧位,术者立于患者侧面,术者取关元、气海、足三里、三阴交、肾俞、太溪、太冲、天枢等穴,施以一指禅推法、按法、擦法等。用揉法揉小腹部。

②按摩小腹法:患者取坐位或卧位,先将两手搓热,然后轻轻按摩小腹部,先上下,后左右按摩,最后转圈按摩,直到小腹发红发热。每次 15~30 分钟,一日 3 次。

③耳穴:子宫、肝、内分泌,每次取 2~3 穴。

2. 预防

(1)合理安排训练强度和训练持续时间,不宜长期在大运动强度下训练。超负荷训练的持续时间不宜过长。训练强度应以次最大运动量为限。

(2)合理安排饮食,把摄入的总热量提高到正常水平。蛋白质、脂肪的摄取应大于非运动员,以利于身体的正氮平衡。

(3)女运动员不宜服用人体激素来提前或推迟月经来潮。但对临近比赛,为了进入最佳竞技状态,可采取月经提前法和月经推迟法。

参考文献

[1] 白永正,权黎明.武术散打教学与训练[M].北京:北京体育大学出版社,2004.

[2] 张力为.体育科学研究方法[M].北京:高等教育出版社,2006.

[3] 王崇喜.球类运动——足球[M].北京:高等教育出版社,2014.

[4] 周登嵩.学校体育学[M].北京:人民体育出版社,2004.

[5] 史国生,邹国忠.体育竞赛组织与管理[M].南京:南京师范大学出版社,2008.

[6] 曹可强,刘清早.体育赛事运作[M].北京:高等教育出版社,2015.

[7] 张孝平.体育竞赛组织编排(修订版)[M]北京:北京体育大学出版社,2018.

[8] 梁华伟.体育赛事组织与管理[M].上海:海交通大学出版社,2019.

[9] 朱志强,张宏岩.冰球[M].北京:高等教育出版社,2020.

[10] 付进学,王晓亮.单排轮滑球教程[M].北京:北京体育大学出版社,2018.

[11] 袁勇.旱地冰球运动[M].上海:东华大学出版社,2014.

[12] 国家体育总局干部培训中心.冬季运动项目科学训练研究[M].北京:北京体育大学出版社,2013.

[13] 国家体育总局冬季运动管理中心,中国冰雪大会组委会.冰雪运动通用知识教材[M].北京:中国人民大学出版社,2021.

[14] 鲍勃·安德森.拉伸[M].边然,译.北京:北京科学技术出版社.2010.

[15] 彭文革,余惠清.美国高等体育院系体育休闲娱乐教育概况研究[J].北京体育大学学报,2007(05):610-611+628.

[16] 郑伟涛,李全海,马勇,石清.帆船帆板运动项目特征与制胜规律初探[J].武汉体育学院学报,2008(06):44-47+60.

[17] 杨志刚.棒球运动项目一般特征分析与研究[J].山东体育学院学报,2011,27(08)77-81.

[18] 冷倩.我国高校啦啦队推广模式研究[D].上海:华东师范大学,2010.

[19] 姚远.合球运动的特点、价值及在我国的开展模式研究[D].北京:北京体育大学,2008.

[20] 王三保,刘大庆.论运动项目的特征与本质[A].中国科学技术协会、重

庆市人民政府.自主创新与持续增长第十一届中国科协年会论文集(3)[C].中国科学技术协会、重庆市人民政府:中国科学技术协会学会学术部,2009:6.

[21] Michael W. Beets MPH, PhD, Megan Wallner MS, Aaron Beighle PhD. Defining Standards and Policies for Promoting Physical Activity in Afterschool Programs[J]. Journal of School Health,2010,80(8).

[22] International Floorball Federation. FLOORBALL Youth Start Up Kit[EB/OL]. https://floorball.sport/materials/downloads/.

[23] Michael W. Beets MPH, PhD, Megan Wallner MS, Aaron Beighle PhD. Defining Standards and Policies for Promoting Physical Activity in Afterschool Programs[J]. Journal of School Health,2010,80(8).

[24] Rodney J. Paul, Andrew P. Weinbach. Determinants of Attendance in the Quebec Major Junior Hockey League: Role of Winning, Scoring, and Fighting[J]. Atlantic Economic Journal,2011,39(3).

[25] Chandler TJ, Brown LE,. Conditioning for Strength and Human Performance[M], Philadelphia:Lippincott Williams&Wilkins, 2006.

[26] International Floorball Federation. IFF Basic ref mat 2014 update[EB/OL]. http://www.floorball.org/materials.asp.

[27] Schmidt RA, Wrisberg CA. Motor Learning and Performance[M]. Champaign:Human Kinetics, 2007.

[28] Floorball. Wikipedia. http://en.wikipedia.org/wiki/Floorball.

[29] International Floorball Federation. Rules of the game[EB/OL]. International Floorball Federation, Rules and Competition http://www.floorball.org/materials.asp.

[30] Michael W. Beets MPH, PhD, Megan Wallner MS, Aaron Beighle PhD. Defining Standards and Policies for Promoting Physical Activity in Afterschool Programs[J]. Journal of School Health,2010,80(8).

[31] International Floorball Federation. Teaching Team Tactics in Floorball; Instrustions and Drills[EB/OL]. https://d3kfx7mdprc67r.cloudfront.net/2018/08/teamtactics_www.pdf.

[32] D. Alpini, A. Hahn, D. Riva. Static and dynamic postural control adaptations induced by playing ice hockey[J]. Sport Sciences for Health,2008,2(3).

[33] U. S. Department of Health and Human Services. 2008 Physical Activity

Guidelines for Americans[EB/OL]. Washington, DC: U.S Department of Health and Huamn Services; 2008. https://health.gov/sites/default/files/2019-09/paguide.pdf.